MILAGROSOS ALIMENTOS CURATIVOS DE LA BIBLIA

REESE DUBIN

PRENTICE HALL

Datos de catalogación en la Biblioteca del Congreso de Washington, D.C.

Dubin, Reese P.
  [Miracle healing foods from the Bible. Spanish]
  Milagrosos alimentos curativos de la Biblia / Reese Dubin.
    p. cm.
  Includes index.
  ISBN 0-13-083426-2 (case) — ISBN 0-13-083425-4 (paper)
  1. Diet therapy. 2. Food in the Bible. I. Title.
  RM217 .D7818 2000
  615.8'54—dc21

                                                                99-053032

Título original: *Miracle Food Cures from the Bible*
Traducción de: Daniel González

© 2000 por Prentice Hall

AVISO
Este libro es solamente una obra de consulta, no una guía médica. La información presentada tiene el propósito de ayudar al lector a tomar decisiones bien informadas acerca de su salud. Pero en ningún sentido tiene el propósito de sustituir a los tratamientos médicos profesionales.

Impreso en Estados Unidos de América

10 9 8 7 6 5 4 3 2 1   10 9 8 7 6 5 4 3 2 1
0-13-083425-4 *(paper)*   0-13-083426-2 *(ppc)*

ATTENTION: CORPORATIONS AND SCHOOLS
Prentice Hall books are available at quantity discounts with bulk purchase for educational, business, or sales promotional use. For information, please write to: Prentice Hall Special Sales, 240 Frisch Court, Paramus, New Jersey 07652. Please supply: title of book, ISBN, quantity, how the book will be used, date needed.

PRENTICE HALL
Paramus, NJ 07652

On the World Wide Web at http://www.phdirect.com

Dedico este libro a mi madre,
Pauline N. Dubin

A mis abuelos maternos ya fallecidos,
Bertha Sachs y Morris Nicenholtz

A mi querido tío,
Sam M. Nicenholtz (1915-1979)
y a mi padre, David J. Dubin (1909-1956)

Al caballero Wayne Carson
(si no hubiera sido por él...)

Al extinto George L. Costello
Vicepresidente ejecutivo
Prentice Hall

A Stewart C. Sloan, vicepresidente (jubilado)
Editor jefe, gerente de publicidad
Parker Publishing Co., Prentice Hall
(lo lamento, S.S., de nuevo tarde)

A Joseph Schaumburger, vicepresidente (jubilado)
Parker Publishing Co., Prentice Hall
(mi mentor de toda la vida)

A Vincent Wilhelm, vicepresidente
Prentice Hall Direct (si no hubiera sido por él...)

A Douglas Corcoran, editor sénior
Prentice Hall Direct
(mi mayor aliado y patrocinador)

Agradezco especialmente a:
Phyllis Rosenthal Palley, directora,
y al personal de la Biblioteca Pública de New Milford;
a Inter-Library Loan System;
a Ruth Holz de la Biblioteca Pública de Bracebridge, Ontario;
y a la Biblioteca Nacional de Canadá

CONTENIDO

CAPÍTULO 4
Los poderes curativos del *Charoset*   45

CAPÍTULO 5

Miles de personas aseguran que una hoja milagrosa de la Última Cena les salvó la vida   71

CAPÍTULO 6

La baya milagrosa de la corona de espinas   111

C A P Í T U L O 7

"La mano de Dios", una planta casera que salva vidas 125

C A P Í T U L O 8

El asombroso poder curativo de un grano bendecido por Jesús 145

CAPÍTULO 9

Curaciones milagrosas producidas por un alimento con omega-3 bendecido por Jesús   157

CAPÍTULO 10

¡Un Alimento Bíblico que elimina el dolor de la artritis! 199

CAPÍTULO 11

Extraño jugo medicinal revelado en la Biblia; muchos afirman que cura las enfermedades rápidamente   221

CAPÍTULO 12

La Bebida Medicinal Sagrada que salvó a miles previene los coágulos sanguíneos, alivia el dolor y disuelve la grasa en las paredes arteriales 243

CAPÍTULO 13

La planta "Matusalén": Él la usó y vivió durante tres siglos 261

CAPÍTULO 14

Cómo algunos de los más famosos alimentos de la Biblia combaten el SIDA, el mal de Alzheimer, la enfermedad de Parkinson, y más   283

CAPÍTULO 15

Directamente de la Biblia: el antibiótico natural más poderoso del mundo   353

CAPÍTULO 16

El néctar del cielo que produce curaciones
milagrosas en la tierra   391

CAPÍTULO 17

El roble de Abraham 407

CAPÍTULO 18

Una planta humilde e insignificante con poder curativo milagroso 413

CAPÍTULO · I
MILAGROSOS ALIMENTOS CURATIVOS DE LA BIBLIA

"...Eso será un remedio para tu cuerpo, y allí encontrarás el vigor". *Proverbios 3:8*

¿Qué nos está diciendo la Biblia cuando menciona ciertos alimentos una y otra vez? Creo que el mensaje es claro: *Estos son Alimentos Bíblicos Curativos —utilícelos y muchos de sus problemas desaparecerán*. Y lo que es más, en estas páginas presento poderosa evidencia científica de que...

La Biblia, en efecto, contiene Milagrosos Alimentos Curativos para cualquier enfermedad imaginable: para cataratas, cálculos biliares, sangrado de las encías, pleuresía, epilepsia, ciática, problemas estomacales e intestinales, problemas de la piel, infección vaginal, artritis, esterilidad, herpes, incluso medicinas que —miles de años más tarde— ¡combaten el SIDA!

En este libro le mostraré exactamente cuáles son los Alimentos Bíblicos Curativos y, paso a paso, le indicaré cómo todos pueden usarse rápida y fácilmente, para aliviar casi cualquier problema de salud o afección que se pueda imaginar. En casi todos los casos, puede conseguir estos alimentos en la huerta, en el mercado de la esquina o en la tienda de alimentos naturales (*health food stores*). Y en los pocos casos, cuando puede que no estén disponibles en esos lugares, le diré exactamente dónde y cómo pueden conseguirse.

1

Descubrimientos "recientes" se encuentran en escrituras de 3000 años de antigüedad

La Biblia está sorprendentemente actualizada. Por ejemplo, a pesar de que el Viagra últimamente ha acaparado la atención de los medios de prensa, el libro de Daniel revela un Alimento Bíblico Curativo que, según se informa, tiene el mismo efecto. Además, 16 onzas (450 g) de este Alimento Bíblico contienen la cantidad necesaria de una sustancia química que se utiliza para tratar la enfermedad de Parkinson, para que sea terapéuticamente activa en las primeras etapas de la enfermedad. (Para más detalles, vea la página 294).

Aquí tiene más ejemplos fascinantes:

+ Una planta que brindó protección a la Virgen María durante el recorrido a Egipto contiene 6 compuestos químicos que tienen la capacidad de combatir las cataratas y ayudar a proteger la visión conforme se envejece. (Vea la página 19).

+ Esta misma Hierba Bíblica Curativa tiene un largo historial como un mejorador de la memoria y contiene media docena de compuestos químicos que combaten el mal de Alzheimer, de la misma manera que lo hacen ciertos medicamentos, según un científico destacado. (Vea la página 20).

+ Esta Planta Bíblica Curativa es tan poderosa que, con tan sólo remojarla en un poco de vino y aplicarla sobre las piernas, se dice que curó el reumatismo y la gota de la Reina de Hungría, a los 72 años de edad —le devolvió la juventud a tal punto que el Rey de Polonia le pidió que se casara con él. (Vea la página 19).

+ Esta planta que eligió Jesús como símbolo de salvación —y que llevaba en sus manos cuando entró en Jerusalén— contiene una sustancia para evitar la pérdida ósea en mujeres menopáusicas... literalmente conserva fusionados a los huesos. (Vea la página 54).

+ Una de las hierbas amargas de la Última Cena contiene un aceite que puede curar un dolor de cabeza en unos pocos minutos. Usted verá cómo se pueden aliviar esos terribles dolores de cabeza —*¡simplemente mojándose la frente!* (Vea la página 15).

+ Se dice que una baya milagrosa de la Corona de Espinas es el mejor tónico del corazón que se ha descubierto, ya que puede aliviar tanto la presión sanguínea alta como la presión sanguínea baja, los latidos rápidos, débiles o irregulares del corazón, el edema cardiaco, la respiración fatigosa y el insomnio. Los expertos han dicho que mejora la circulación, destapa las arterias obstruidas y fortalece el músculo del corazón. Las personas que a duras penas podían dar unos pocos pasos arrastrando los pies, se transformaron de inválidos sin esperanza en hombres y mujeres robustos, gracias a este Alimento Bíblico Curativo. (Vea la página 111).

+ Otra de estas Plantas Bíblicas Curativas —cuentan que ha curado la artritis, las úlceras estomacales, la diabetes, la presión sanguínea alta, las caries y el deterioro de las encías y muchas enfermedades más— es una de las plantas que se utilizaron para conservar el cuerpo de Jesús. Ahora está siendo sometida a pruebas para comprobar su capacidad para aliviar los síntomas del SIDA ("los síntomas desaparecen casi por completo, a pesar de que no se ha confirmado ninguna cura", según un médico). (Vea la página 125).

+ Una tiroides hiperactiva —conocida como la enfermedad de Graves— se puede aliviar con un Alimento Bíblico Curativo que se dice que suprime la producción hormonal de la tiroides. (Vea la página 21).

+ Una tiroides poco activa —conocida como hipotiroidismo— se puede aliviar con un alimento milagroso de la Última Cena, que se dice que aumenta la producción de tiroxina (la hormona de la tiroides) en un 100 por ciento. (Vea la página 48).

+ Este Alimento Bíblico —que por lo general se encuentra en caramelos y helados— contiene una sustancia para aliviar el dolor que es muy similar a los medicamentos más potentes —pero sin los efectos secundarios— para enfermedades como la artritis, el reumatismo y las del corazón. También es un sedante poderoso que le puede ayudar a dormir bien toda la noche. (Vea la página 17).

+ Este mismo Alimento Bíblico Curativo es uno de los pocos tratamientos eficaces para curar el herpes, el eczema, las úlceras de la piel, el acné, la soriasis, la tiña (*ringworm*), las verrugas y las manchas de la vejez. Las manchas de la piel desaparecen como por arte de magia, asegura un experto. También aniquila las infecciones vaginales causadas por hongos, como la Cándida, mejor que cualquier otro medicamento contra los hongos recetado por un médico, según indica otro experto. (Vea la página 50).

+ La "Planta de las siete velas" —una planta bíblica con 7 ramas que simbolizan los 7 días de la creación— está salvando vidas en China, donde se usa para restablecer la circulación en casos de bloqueo cardiaco y dolores del corazón. (Vea la página 334).

+ Se decía en el siglo XVIII que la "Planta de las siete velas" aliviaba la parálisis temblorosa... recientemente se ha descubierto que ayuda a prevenir y tratar el mal de Alzheimer... y tiene una reputación de muchos años por oscurecer las canas y hacer crecer cabellos nuevos. (Vea la página 336).

+ Mientras los médicos buscan una cura para la artritis —un Alimento de la Biblia bendecido por Jesús está acabando con el dolor, la rigidez y la hinchazón ¡en cientos de casos! Los rayos X muestran articulaciones soldadas que se han desbloqueado, vértebras comprimidas que se han regenerado y la recuperación del movimiento normal en casi todos los casos, desde el tercer al décimo día, según informa un médico. (Vea la página 199).

+ ¿Sabía usted que existe en la Biblia un alimento tan poderoso que podría protegerle de la peste bubónica; tan poderoso que los científicos lo están probando contra el SIDA; tan poderoso que hasta la versión más suave de esta planta podría curar un brazo paralizado, corto y marchito? Aunque usted no lo crea, existe uno y usted lo encontrará —no en el botiquín de medicinas— sino en su huerta. (Vea la página 353).

+ Durante un ataque de cálculos biliares, si no podía consultar a un médico, bebía un té fuerte hecho con una de las hierbas milagrosas de la Última Cena. Esta Planta Bíblica Curativa puede disolver los cálculos biliares de una manera segura, sin necesidad de cirugía, según investigadores. (Vea la página 30).

+ Se dice que otro milagroso Alimento Bíblico Curativo —cuyo nombre en hebreo significa "un regalo de Dios"— es la única medicina que puede eliminar con éxito las arrugas, sin recurrir a la cirugía plástica. Una belleza francesa lo utilizaba a los 90 años de edad y todavía era tan atractiva que los jóvenes se enamoraban locamente de ella. Su rostro era tan terso y libre de arrugas como lo había sido cuando tenía 20 años. (Vea la página 284).

✦ Se ha descubierto que un Alimento Bíblico Curativo, bendecido por Jesús, duplica la esperanza de vida de las personas que resultaron VIH positivas. Este alimento contiene una sustancia que parece prevenir el cáncer del seno posmenopáusico en las mujeres mayores de 50 años. (Vea la página 160).

✦ Este mismo Alimento Bíblico parece prevenir el asma, la bronquitis, el enfisema, la diabetes tipo II, el glaucoma, el lupus, el eczema, la soriasis, los síntomas de la esclerosis múltiple, los infartos, los coágulos sanguíneos, las apoplejías, la presión sanguínea alta, la colitis ulcerativa, los pólipos en el colon, la enfermedad de Crohn y la de Raynaud. (Vea las páginas 157 y 330).

✦ Este alimento milagroso —disponible en todos los supermercados— contiene una sustancia que alivió a 50 pacientes, entre los 3 meses y los 37 años de edad, que padecían de fibrosis quística, (los intestinos se normalizaron, la flema de los pulmones disminuyó, la energía y el peso aumentaron, al igual que la resistencia a las infecciones). (Vea la página 181).

✦ Un paciente que se encontraba en la etapa final de la distrofia muscular —a quien le habían dicho que no se le podía hacer nada— probó este Alimento Bíblico junto con otros alimentos que contenían esta sustancia. Los niveles de triglicéridos, colesterol y CPK mejoraron drásticamente. (Vea la página 181).

✦ Los científicos han descubierto en un grano que Jesús bendijo, sustancias que suprimen la capacidad del hígado para elaborar el colesterol malo (*LDL*, por sus siglas en inglés). *Esta es la misma idea que en la que se basa una píldora popular llamada Mevacor.* (Vea la página 152).

✦ Este mismo Alimento Bíblico fue un ingrediente de un remedio para los cálculos biliares, que los judíos llamaron en la Antigüedad "agua de lanza" debido a que éste "da lanzadas" o destruye el cálculo y puede prepararse sencillamente hirviendo el grano en agua y bebiéndolo. (Vea la página 147).

+ Una de estas Plantas Bíblicas se ha usado con éxito para el tratamiento del agrandamiento benigno de la próstata. Su efecto es similar a un fármaco que se vende con receta: *Proscar.* (Vea la página 421).

+ Esta planta ha sido aclamada por curar el bocio, por ser un asombroso reductor de peso y es famosa por aliviar la artritis, el reumatismo, la gota ciática y la fiebre del heno. (Vea la página 413).

+ En el monte, desde donde se dice que Jesús ascendió al cielo, crece una planta que los científicos consideran que es responsable por la increíblemente larga vida de los judíos en la antigüedad —la planta Matusalén que un hombre a los 65 años, con un estado de salud deteriorado, utilizó para recuperarse y sentirse sano y robusto nuevamente, capaz de hacer saltos mortales a los 100 años, montar bicicleta a los 108, bailar toda la noche con una jovencita a los 110, y llegar a vivir tanto tiempo como el mismo Moisés, durante tres siglos. (Vea la página 261).

Una de las más grandes novedades de los últimos años fue que los científicos han descubierto fármacos que secan el suministro de sangre alrededor de un tumor, el cual, a no ser nutrido llega a reducirse al tamaño de la cabeza de un alfiler, en animales de laboratorio. Están por comenzar las pruebas con seres humanos. Pero hace 2000 años, Jesús bendijo a un cierto tipo de alimento que se dice que actúa de la misma manera. Nadie sabe en realidad si esto puede dar buenos resultados —o si el alimento pueda ser equivalente a los fármacos con los que se está experimentando— pero la idea básica es muy similar. (Para mayores detalles vea la página 190).

Aquí encontrará hechos completamente documentados...

Se presenta evidencia en pro y en contra —parte de la cual es abrumadoramente convincente. Como en la mayoría de los temas relacionados con la salud, el uso de alimentos comunes, que no han sido recetados como medicinas, es controversial. Algunos médicos las elogian, las usan ellos mismos y se las recomiendan a todos sus amigos. Se los considera una minoría no ortodoxa. La mayoría expresa su desacuerdo en forma violenta y dice que tales cosas son totalmente inútiles, o que no deberían usarlas los practicantes no médicos.

...¡Y una advertencia!

Este libro no es un sustituto de la identificación, diagnóstico y tratamiento de su problema que sólo un médico matriculado puede proporcionarle. Él o ella también puede decirle si usted es alérgico a algún alimento específico mencionado, o si éste interferiría o produciría una interacción perjudicial con algún medicamento o tratamiento que usted esté tomando. Estas son cosas que obviamente este libro no puede hacer. Y los términos *cura* y *curación* se usan sólo en el sentido de remedios o tratamientos populares. Pero todos los Alimentos Bíblicos Curativos revelados aquí, tienen una larga historia de curaciones —en muchos casos, las llamadas curaciones milagrosas— que los sustenta. Y ya que se trata de alimentos, más que de fármacos recetados, se pueden conseguir en Estados Unidos, Canadá, Sudamérica, Europa y en todo el mundo. Si su médico lo aprueba, pueden considerarse suplementos inocuos para una terapia ya existente. A menos que el médico dé su autorización, estos alimentos no deberían usarse nunca como único medio de tratar su afección.

"...Y los años de su vida se multiplicarán"

"Toma en serio mis palabras, y vivirás largos años", dice Proverbios 4:10. Desobedece y padecerás de enfermedades, es lo que parece decirnos. En las páginas de este libro, usted podrá ver cómo los Milagrosos Alimentos Bíblicos Curativos han salvado innumerables vidas a través de los siglos.

ACEITES DE PLANTAS CURATIVAS QUE ENCENDIERON LA ZARZA ARDIENTE

> Entonces fue cuando el Ángel de Yavé se presentó a él, como una llama ardiente en medio de una zarza. Moisés estuvo observando: la zarza ardía, pero no se consumía. Y se dijo: "Voy a dar una vuelta para mirar esta cosa tan extraordinaria: ¿por qué la zarza no se consume?" ...Dios lo llamó desde el medio de la zarza. *Éxodo 3:2-4*

El fenómeno de la zarza que "ardía en fuego", pero "no se consumía" era, con toda probabilidad, el díctamo blanco (*Dictamus albus* o *dittany* en inglés) —una planta cubierta por miles de diminutas glándulas de aceite. Este es tan volátil que escapa continuamente en la atmósfera y emite un olor a cáscara de limón.

En el clima caliente, seco o nublado, este vapor es tan inflamable que la más mínima chispa, de una vela o un rayo de luz, provoca que el aire alrededor de la planta estalle en llamas ¡sin destruir la planta!

Los científicos dicen que no pudo haber ardido mucho tiempo por los incidentes que según la Biblia se llevaron a cabo, que Moisés quizás confundió muérdagos florecientes con fuego. Sin embargo, Moisés era muy educado y conocía los campos bastante bien. Para mí, el poder de Dios pudo haber causado que la planta continuara ardiendo.

9

Aceites de la Zarza Ardiente que curan

Considere al díctamo blanco —la Zarza Ardiente— como la primera de las plantas aromáticas medicinales, cuyos aceites esenciales se utilizan para prevenir las enfermedades.

En forma natural, como una parte de la planta, los aceites esenciales pueden ayudar a aliviar en forma segura el dolor, la hinchazón, la rigidez, la fiebre y muchos otros síntomas, cuando la planta se consume en forma de té.

Pero envasados, como aceites para el baño, masajes corporales o inhalantes, los aceites esenciales sólo se deberían usar externamente. Como se venden, en forma de concentrado puro embotellado, son muy venenosos.

Las raíces del díctamo blanco, cuando se pulverizan y se vierten en agua hirviendo, se han usado médicamente para:

+ tuberculosis
+ desórdenes nerviosos
+ cpilepsia
+ fiebre intermitente
+ encías esponjosas
+ dientes flojos
+ trastornos estomacales y digestivos

Según la famosa herbolaria Maude Grieve, este polvo, combinado con el de la menta piperita (*peppermint*), se ha utilizado en casos de epilepsia. "Dosis: de 4 a 8 gramos (1/4 a 1/2 onza) de la raíz en polvo preparada como una infusión". (A diferencia del té, una infusión se remoja en agua caliente de 10 a 15 minutos, después se cuela y endulza).

El díctamo estimula fuertemente los músculos del útero, induciendo la menstruación. Las mujeres embarazadas no deberían usarlo, debido a que puede causar un aborto.

⊙tros poderosos aceites medicinales

El mismo tipo de aceites que encendieron la Zarza Ardiente están presentes en muchas plantas más y tienen fuertes poderes medicinales.

Algunos son volátiles (inflamables) como la Zarza Ardiente, pero en menor escala. Usted mismo puede comprobarlo. Por ejemplo, consiga una vela y una cáscara de naranja fresca. Encienda la vela y exprima la cáscara entre sus dedos, de manera que salga aceite en forma de aerosol en dirección a la llama. Admire los juegos pirotécnicos.

Los aceites esenciales o volátiles le dan el delicioso olor a las plantas. Cuando la planta se machaca, su aroma o esencia escapa fácilmente en la atmósfera. Cuando los aceites se frotan en la piel, penetran con rapidez a través de todo el cuerpo.

Åire medicado

Por ejemplo, el díctamo blanco —la Zarza Ardiente— ha tenido durante mucho tiempo una reputación similar a la de la menta piperita, la menta verde (*spearmint*) y otros miembros de la familia de la menta. Las mentas son comunes en Palestina. De hecho, se cree que la menta fue una de las hierbas amargas de la Última Cena.

Los judíos de la antigüedad cubrían el piso de las sinagogas con hojas de menta para que su fragancia perfumara el aire a cada paso. Se creía que los vapores aromáticos emitidos tenían algún tipo de efecto sanitario sobre la muy concurrida asistencia de los templos al penetrar en los pulmones y por consiguiente en el torrente sanguíneo, como un antiséptico transportado por el aire para prevenir enfermedades.

La inhalación de la menta y otras plantas aromáticas como el incienso y la mirra ayudó a conservar la salud de los judíos en los campos densamente poblados durante el éxodo a Egipto. El incienso santo, que se mantenía encendido día y noche sobre el altar del Santuario, también actuaba como desodorante y fumigador —para purificar el aire y así actuar como un desinfectante de las epidemias contagiosas.

"...Y el flagelo se detuvo"

Se dice que Acrón de Agrigento venció a la plaga de Atenas en 430 a.C. al encender fogatas y tirar plantas aromáticas sobre ellas para purificar el aire. Sin embargo, casi miles de años antes, según Números 17:11-13:

> Moisés le dijo entonces a Aarón: "Toma tu incensario, pon en él fuego del altar, échale luego incienso y corre hacia la comunidad con tu incensario... se paró en medio de los muertos y de los vivos, y el flagelo se detuvo".

Esto se realizó para seguir las Leyes de Moisés —el primer y sorprendentemente moderno sistema de sanidad pública que se conoce— ordenadas a Moisés por Dios, y si no fue por Dios, por algún ser extraordinario con un conocimiento que iba más allá de lo que Moisés o cualquier otra persona de aquel tiempo conocían, *sin microscopios ni el más mínimo conocimiento sobre gérmenes.*

¡El poder curativo secreto de las hojas de menta!

Las plantas de la familia de la menta deben sus poderes curativos a los aceites aromáticos. Para tomar como ejemplo una de las mentas más conocidas, el aceite de la menta piperita se compone en su mayor parte de *mentol.* Los escritores de la Biblia estaban en el camino correcto, ya que el aceite de menta piperita, como la mayoría de los aceites de menta, es activamente germicida.

En pruebas de laboratorio, el aceite de menta piperita mata:

+ Los virus de la influenza A, la causa de la gripe "asiática"
+ El herpes simple, la fuente del herpes labial y genital
+ El virus de las paperas
+ *Estreptococo aureus,* del cual contraemos pulmonía, sinusitis, impétigo y endocarditis

+ *Pseudomona acruginosa*, la cual produce una gran variedad de infecciones con pus
+ *Candida albicans*, el hongo que causa la infección vaginal

De hecho, la menta piperita para en seco a un total de más de 30 microorganismos peligrosos.

El ingrediente principal de la menta piperita es el mentol (50-78%), un anestésico poderoso cuando se aplica en casos de heridas, quemaduras, escaldaduras, picaduras de insectos y dolor de muelas. Los vapores del mentol pueden aliviar el asma, la fiebre del heno, los resfríos, la tos, la gripe, las congestiones nasales y pectorales, y la sinusitis. Es un ingrediente de varios productos como: *Mentholatum, Vicks VapoRub, Solarcaine, Unguentine, Ben-Gay,* y *Noxema.*

Alivia los espasmos

Herbolarios de todas partes del mundo conocen la propiedad de la menta piperita para calmar los trastornos estomacales y tonificar el tracto gastrointestinal.

La menta piperita alivia los espasmos y las convulsiones tan efectivamente como muchos fármacos antiespasmódicos, tales como *Bentyl, Librax* y *Donnatal.*

Se ha descubierto que la menta piperita reduce el tono del esfínter del esófago bajo, de manera que el aire atrapado, responsable en muchos casos de la indigestión dolorosa, pueda escapar de una forma más fácil.

Ayuda digestiva —Debido a que facilita la digestión, alivia los gases, las náuseas y los cólicos, la menta piperita es un ingrediente de *Tums, Gelusil, BiSoDol* y la leche de magnesia de *Phillips.* Estudios alemanes y rusos muestran que también puede ayudar a prevenir las úlceras del estómago y que estimula el flujo de la bilis hacia el estómago, lo cual promueve la digestión. También puede disminuir los retortijones de hambre.

Una mujer de California dice que, por lo general, un cuarto de taza de té de menta piperita tibio es suficiente para acabar con el mal genio de un niño con cólico. "En realidad los tranquiliza", indica. "Al cabo de 20 minutos, ellos ya están durmiendo".

Para calmar el estómago, pruebe el té de menta piperita, que está disponible en forma de polvo (coloque de 1 a 2 cucharaditas en una taza de agua hirviendo, deje en remojo durante 10 minutos y cuele), o use bolsas de té de menta piperita y endulce al gusto. Tómelo hasta tres veces al día. O pruebe los caramelos de menta piperita. Algunos expertos creen que la menta piperita no se debería administrar a infantes y niños pequeños debido a que el mentol les produce náuseas. Si esto sucede, pruebe otra cosa. Manténgase alejado de la menta piperita si tiene la tendencia a padecer de acidez estomacal, por las razones que explicaré a continuación.

Síndrome del intestino irritable —El aceite de menta piperita puede aliviar el síndrome del intestino irritable. El aceite se administra en cápsulas o píldoras con recubrimiento entérico para evitar que se disuelvan en el estómago. En lugar de eso, el aceite de menta piperita se dirige hacia los intestinos grueso y delgado, donde relaja los músculos intestinales, con lo cual reduce los síntomas abdominales del síndrome del intestino irritable. Se colocan dos gotas de aceite de menta piperita en una cápsula de gelatina vacía. Se toma una cápsula con un vaso de agua 10 minutos antes de las comidas, tres veces al día. Usted también puede comprar cápsulas ya hechas que se venden en la mayoría de las tiendas de alimentos naturales (*health food stores*). Una marca típica es *Peppermint Plus*, fabricada por *Enzymatic Therapy*.

En el estómago, la menta piperita puede causar acidez al relajar el músculo esfínter que separa el estómago del esófago, produciendo un aumento (reflujo) de ácido desde el estómago hacia el esófago, razón por la cual las cápsulas se recubren, para prevenir que se disuelvan en el estómago.

Cálculos biliares —La menta piperita puede que disuelva los cálculos biliares. Sus aceites esenciales estimulan las contracciones de la vesícula biliar y promueven la secreción de bilis. Tradicionalmente las mentas se han utilizado para tratar los cálculos biliares. Un té inglés para cálculos biliares, que se vende sin receta, llamado *Rowachol*, contiene aceite de menta piperita y varios otros aceites de menta.

Si yo no podía consultar a un médico durante un ataque de cálculos biliares, bebía un té fuerte de menta piperita por su efecto medicinal, para aliviar el cólico causado por un cálculo biliar. Ya no tengo más cálculos biliares pero los tuve durante muchos años, y este té siempre me alivió.

El mentol ha demostrado ayudar a disolver los cálculos biliares, en forma segura, durante un periodo de tiempo (hasta 4 años). Lo hace disminuyendo los niveles del colesterol de la bilis mientras que aumentan los niveles de ácido biliar en la vesícula. Debido a que es más que nada mentol, el aceite de menta piperita puede dar el mismo efecto. Vea "Síndrome del intestino irritable" para obtener la dosis sugerida.

Artritis —El mentol de las hojas de menta piperita se puede usar como un contrairritante en el tratamiento de la artritis, la fibromiositis, la tendinitis y otras afecciones. Las hojas frescas de menta piperita machacadas aliviarán el dolor si se aplican localmente sobre la piel. Para la neuralgia, el reumatismo y el lumbago, se puede untar la piel con aceite de menta piperita para obtener grandes beneficios. Deje de usar si provoca algún tipo de sarpullido.

Dolor de cabeza —El aceite de menta piperita es una cura milagrosa para los dolores de cabeza —actúa con rapidez y es más segura que la aspirina ó 1000 mg de *Extra Strength Tylenol*— *y todo lo que tiene que hacer es frotarlo en la frente.* Si se usa de esta manera, no tiene efectos secundarios, mientras que a la aspirina se la ha relacionado con las úlceras de estómago y el tinnitus (zumbido en los oídos), y al *Tylenol*, con daños severos en el riñón y el hígado.

En pruebas realizadas en Alemania con 41 pacientes entre los 18 y los 65 años de edad, quienes padecían de 22 ataques de dolor de cabeza al mes provocados por la tensión, un poco de aceite de menta piperita esparcido sobre la frente produjo un alivio al cabo de 15 minutos en la mayoría de los pacientes, sin importar la edad o el sexo, y sin efectos secundarios.

Para los dolores de cabeza comunes, sólo se esparce el aceite suavemente sobre la frente de lado a lado, o en el cuello para aliviar el dolor de la parte posterior de la cabeza, usando las yemas de los dedos o un hisopo de algodón. Si el aceite entra en contacto con el ojo, enjuáguelo con agua; puede arder pero no es dañino. Las hojas frescas de menta piperita machacadas también aliviarán el dolor de cabeza si se aplican localmente sobre la piel. Sólo un médico puede determinar si el dolor de cabeza es algo serio que requiere de otro tipo de tratamiento.

Dolor de muelas —La acción anestésica local del aceite de menta piperita es bastante fuerte. También es un antiséptico poderoso. Estas dos propiedades lo convierten en un valioso alivio para el dolor de muelas y el tratamiento de las caries. Para un alivio de emergencia, hasta que pueda ir al dentista, aplique unas pocas gotas de aceite de menta piperita en el diente o la encía inflamada. El aceite de clavo de olor (*cloves*) brinda un alivio similar.

Una preparación muy útil e inocua para los niños, durante la etapa de la dentición, se prepara de esta manera: 1/2 onza (15 g) de menta piperita, 1/2 onza (15 g) de la hierba escutelaria (*skullcap*) y 1/2 onza (15 g) de la hierba poleo (*pennyroyal*). Ponga estos ingredientes en una pinta (1/2 litro) de agua hirviendo, tape y deje en reposo en un lugar cálido durante 30 minutos. Cuele, endulce al gusto y administre tibio con frecuencia en dosis de una cucharadita.

Estado de alerta mental, senilidad —La menta piperita puede aumentar el estado de alerta mental, la capacidad de recordar y la concentración, al mejorar la circulación sanguínea hacia el cerebro; asimismo, fortalece y calma los nervios. Esto se produce debido a la presencia de varios aceites esenciales, que previenen la congestión del suministro de sangre en el cerebro. Cuando se les administró té de menta piperita a estudiantes universitarios, sus técnicas para rendir exámenes y los resultados de los mismos mejoraron.

Dolores y retortijones repentinos en el abdomen —Maude Grieve afirma: "Si se hierve con leche y se toma caliente, la menta piperita es buena para los dolores abdominales". El aceite esencial que contiene la hierba es antiespasmódico. Esto significa que relaja los músculos abdominales, reduce las contracciones musculares y, por consiguiente, alivia los espasmos, los dolores repentinos y los retortijones en el abdomen. (Nota del autor: la ingestión del aceite puro de menta piperita es peligrosa si no se realiza bajo la supervisión de un médico. El té de menta piperita, que está disponible en los supermercados y las tiendas de alimentos naturales, es más seguro y preferible).

Problemas de la mujer —La menta piperita, como la mayoría de las mentas, incita la menstruación al estimular las contracciones uterinas. También se dice que alivia las náuseas matutinas. Las mujeres embarazadas que la quieran probar deberían usarla en soluciones de té poco cargadas, en lugar de concentraciones más fuertes y medicinales que pueden causar un aborto.

Náuseas y mareos causados por el movimiento —"El aceite de menta piperita alivia los mareos y las náuseas", afirma la Sra. Grieve. "Debido a su efecto anestésico en las terminaciones nerviosas del estómago, es útil para prevenir los mareos causados por el movimiento".

Si se marea al viajar en auto o en avión, o simplemente siente malestar estomacal después de una comida, coloque unas pocas gotas de la tintura de menta piperita debajo de la lengua. Esto calma el estómago al cabo de pocos minutos.

O pruebe el té o los caramelos de menta piperita. Estos también funcionan muy bien. Evite la menta piperita si tiene tendencia a sufrir de acidez estomacal.

Alivio para el insomnio —Se ha descubierto que la siguiente preparación sencilla es útil en casos de insomnio: Mezcle bien 1 onza (30 g) de menta piperita, cortada finamente, 1/2 onza (15 g) de hierba de ruda (*rue herb*), 1/2 onza (15 g) de betónica (*wood betony*). Coloque una cucharada grande de la mezcla en una taza de té, llene con agua hirviendo, revuelva y tape durante 20 minutos. Cuele, endulce y beba la infusión tibia a la hora de ir a la cama.

Herpes zoster (culebrilla, *shingles*), herpes labial, quemaduras, heridas —El aceite de menta piperita, que nunca debería beberse, se ha aplicado sobre la piel para aliviar el dolor del herpes zoster y por lo general se incluye en aceites analgésicos y linimentos para dar masajes. Para aliviar el dolor, aplique algunas gotas de aceite de menta piperita directamente sobre el área afectada. Deje de usarlo si se produce cualquier tipo de sarpullido.

Resfríos, gripes y sinusitis —Para los problemas respiratorios y las infecciones generales, las inhalaciones son una forma de introducir el aceite esencial en el torrente sanguíneo para ayudar a destruir las bacterias invasoras. El inhalar los vapores medicinales también ayuda a combatir los virus y las bacterias en la nariz, la garganta y el sistema respiratorio. (El aceite de menta piperita es sólo para uso externo; no lo ingiera).

Puede preparar su propio medicamento para inhalar: coloque 2 ó 3 gotas de aceite de menta piperita en un bol de agua caliente y luego inhale los vapores. Al comienzo de un resfrío, el uso frecuente del té de menta piperita, en muchos casos lo curará, señala un experto. El mentol del té actúa también como un descongestionante nasal y bronquial.

Bronquitis y enfisema —La menta piperita contiene nueve compuestos expectorantes para diluir la flema y ayudar a expulsarla de los pulmones. Su componente principal —el mentol— también posee las mismas propiedades para diluir la flema, lo que la hace útil para la bronquitis, donde los diminutos pelos (flagelos) que alinean el tracto respiratorio pierden la capacidad de eliminar la flema; esta condición por lo general va mano a mano con el enfisema, donde los diminutos sacos de aire de los pulmones se vuelven coriáceos y pierden la capacidad de transportar el oxígeno adentro, y el anhídrido carbónico afuera, del torrente sanguíneo.

Más sorpresas sobre las mentas

Entre algunos beneficios poco conocidos de la familia de las mentas —con poderes curativos milagrosos— se encuentran el romero (*rosemary*) y el toronjil (*lemon balm*). Se asocia al toronjil con una vida larga y una mente clara. El inglés John Hussey, quien vivió hasta los 116 años, tomó té de toronjil todas las mañanas durante 50 años, así como lo hizo Llewelyn, Príncipe de Glamorgan, quien vivió hasta los 108 años.

En España el romero, otra menta, es venerado como uno de los arbustos que brindó protección a la Virgen María durante el éxodo a Egipto ("romero" también significa el peregrino que va en romería o peregrinación). En 1235, la Reina Isabel de Hungría se aficionó al romero a los 72 años de edad, cuando padecía de reumatismo y gota. El romero, remojado en vino durante 4 días y aplicado en sus piernas, la curó —le devolvió la juventud a tal punto que el Rey de Polonia ¡le pidió que se casara con él!

Existen unas 60 variedades de mentas —todas muy similares a la menta piperita— que son útiles para varios tipos de enfermedades, desde la artritis, el asma y el enfisema hasta la calvicie, la depresión y las arrugas, y desde las cataratas, el glaucoma y la hipertensión hasta el VIH y mucho más. Por ejemplo:

+ *¿Puede este sencillo té prevenir las cataratas?*   El romero contiene seis elementos químicos que se sabe que combaten las cataratas, y pueden ayudar a proteger la visión conforme usted envejece. Los pacientes con arterioesclerosis cerebral reaccionan sorprendentemente bien al administrarles romero. Para hacer una infusión con este propósito, agregue a una pinta (1/2 litro) de agua hirviendo 1/2 onza (15 g) de romero y deje en remojo, en un recipiente tapado, durante 10 minutos. Cuele y endulce al gusto. También aliviará los dolores de cabeza de la misma manera que una aspirina.

+ *Para palpitaciones cardiacas*   Se dice que el vino de romero calma las palpitaciones del corazón y alivia la hinchazón o edema en las extremidades. Para prepararlo, pique ramitas de romero verde y vierta sobre estas vino blanco. Deje en remojo durante 3 ó 4 días; luego cuele el vino que está listo para utilizar: un vaso pequeño entre las comidas.

+ *Para estimular el crecimiento del cabello*   El romero se emplea en forma externa por su efecto, al estimular a que los bulbos pilosos renueven su actividad, para evitar la calvicie. Para este propósito, use infusión de romero fuerte y enfriada (vea las instrucciones anteriores para prepararlo), como un enjuague después del champú.

+ *Para renovar las energías*   Para renovar las energías y liberarse de esa sensación de "cansancio", coloque un buen puñado de pétalos y hojas de romero en 1-3/4 pintas (casi 2 litros) de agua hervida. Deje en remojo, en un recipiente tapado, durante 10 minutos. Luego vierta en el agua del baño. Los baños de romero son tan vigorizantes, que nunca deberían tomarse por la noche, ya que pueden impedir el sueño.

+ *Una hierba que mejora la memoria y combate el mal de Alzheimer*   El romero tiene un largo historial como una hierba que mejora la memoria. Contiene compuestos que previenen la pérdida de una sustancia química (acetilcolina) que desempeña un papel importante en el pensamiento y el razonamiento. Las personas que padecen del mal de Alzheimer por lo general tienen niveles bajos de esta sustancia química. Un antiguo libro de hierbas señala:

El romero puede mejorar la movilidad y el intelecto en los años de una vejez afectada de pérdida de memoria y articulaciones rígidas. Los griegos lo bebían para aclarar la mente y facilitar la actividad mental. Una infusión de romero purifica la cabeza y es muy refrescante para los hombres de negocios y los estudiantes cansados. Es un antídoto natural para la fatiga mental y además fortalece la visión. Se sabe que puede restaurar el habla después de una apoplejía (derrame cerebral).

Cuando se le preguntó a la Sra. D. B. cómo se las arreglaba para conservar su memoria tan aguda y activa a la edad de 88 años, respondió: "No sé a qué viene tanto alboroto; tantos que preguntan sobre mi memoria. En el pequeño pueblo donde crecí, todos —viejos o jóvenes— bebíamos té de romero todos los días. Bueno pues, yo creía que todo el mundo sabía que el té de romero era bueno para la memoria". Al decir eso ella señaló hacia una hilera de arbustos en el patio. "Eso es todo romero", dijo. "Yo misma lo planté hace años cuando me mudé aquí. ¡Nunca hubiera soñado estar sin mi té de romero! [1]

La enfermedad de Graves (glándula tiroides hiperactiva)   Los síntomas de una tiroides hiperactiva, conocido como hipertiroidismo o enfermedad de Graves —como un nudo en la parte frontal de la garganta, ojos saltones, pulso acelerado, sudor profuso, fatiga, pérdida de peso no deseada, impaciencia, irritabilidad, pequeños estremecimientos musculares— siempre deberían ser tratados por un médico y no por usted mismo. La información sobre las hierbas que pueden ayudarle con esta afección debería ser discutida con el médico y usada sólo con su autorización. Los médicos tratan la glándula tiroides hiperactiva procurando suprimir la producción de hormonas de la tiroides, con medicamentos o usando medicina nuclear para destruir parte de la glándula. Entre las hierbas que cumplen la misma función —suprimir una tiroides hiperactiva— se encuentran 2 mentas: pinillo (*bugleweed*), agripalma (*motherwort*) y otra Hierba Bíblica (vea la página 302), ¡la col (repollo) común!

El pinillo y la agripalma contienen sustancias que inhiben o bloquean conjuntamente la producción de hormona tiroidea. Sus efectos son menos potentes que aquellos de los fármacos sintéticos, pero, por lo general, son bastante adecuados en casos menos graves, según Rudolf Fritz Weiss, M.D. La ventaja, afirma el Dr. Weiss, es que como muchos fármacos provenientes de hierbas, son seguros y, por lo tanto, apropiados para un tratamiento a largo plazo.

Se requieren muy pequeñas cantidades. Los extractos de hojas han demostrado ser mucho más productivos que los de raíces, según el Dr. Weiss.

Para preparar una infusión (vea la página 426) de pinillo, dice la herbolaria Maude Grieve, coloque 1 onza (30 g) de la hierba seca

---

[1]Del libro *The Magic of Herbs in Daily Living* escrito por Richard Lucas, West Nyack, NY: Parker Publishing Company, Inc., 1972.

en una pinta (1/2 litro) de agua hirviendo. Se toma en dosis de la medida de un vaso de vino, una o dos veces al día.

Usted no notará ningún efecto durante, por lo menos, un par de semanas. Demora 3 ó 4 semanas en producirlo. Para entonces, los síntomas de la glándula tiroides hiperactiva deberían desaparecer. Se ha confirmado, en pruebas con seres humanos, que los extractos de pinillo inhiben el metabolismo del yodo y la tiroxina descargada en la tiroides.

La mejor receta de agripalma, dice el Dr. Weiss, es como infusión hecha de hierba: 2 cucharaditas en una taza de agua hirviendo —una taza por la mañana y otra por la noche. Se usa para aliviar las palpitaciones y la taquicardia, síntomas de los cuales se quejan los pacientes con hipertiroidismo.

Es interesante saber que el uso de plantas para suprimir las hormonas tiroideas, comenzó con la col blanca (repollo, *white cabbage*) común. Los médicos notaron que las personas que comían grandes cantidades de col, especialmente en la época de guerra, desarrollaban bocio debido a la reducción de los niveles de yodo en la tiroides.

Todos los miembros de la familia de la col suprimen poco a poco la producción tiroidea. Entre los primos de la col se encuentran el bróculi, las coles (repollitos) de Bruselas (*Brussels sprouts*), la coliflor, la col rizada (*kale*), las hojas de mostaza, los rábanos, los rutabagas y los nabos.

MILAGROSOS ALIMENTOS CURATIVOS DE LA ÚLTIMA CENA

La Última Cena se llevó a cabo la noche anterior a la muerte de Jesús. Consistió en la Pascua y la Cena del Señor. La Pascua conmemora el paso del Ángel de la Muerte, enviado por Dios, por los hogares judíos para castigar al Faraón por negarse a liberarlos de la esclavitud:

> Durante esa noche, Yo recorreré el país de Egipto y daré muerte a todos los primogénitos... tome cada uno un cordero por familia... lo sacrificarán al anochecer... tomarán de su sangre para untar los postes y la parte superior de la puerta... Al ver esta sangre, Yo pasaré de largo, y ustedes escaparán de la plaga mortal. *Éxodo 12:12-13*

Jesús celebró la Pascua su última noche en la tierra y compartió el cordero con hierbas amargas, como se instruye en el Antiguo Testamento...

> Esa misma noche comerán la carne asada al fuego; la comerán con panes sin levadura y con hierbas amargas. *Éxodo 12:8*

...con cuatro tazas de vino durante la comida, para conmemorar las cuatro promesas de Dios ("Yo soy Yavé que quitaré de sus espaldas los duros trabajos de Egipto"; "Yo los liberaré de la esclavitud"; "Yo les devolveré la libertad"; "A ustedes los tomaré para pueblo mío" —Éxodo 6:6) y un huevo para simbolizar el renacimiento y la primavera.

Al final de la Cena de Pascua, Jesús instituyó la Cena del Señor, siendo Él mismo el cordero sacrificado.

> Mientras comían, Jesús tomó pan, pronunció la bendición, lo
>
> partió y lo dio a sus discípulos, diciendo: "Tomen y coman; esto
>
> es mi cuerpo". Después tomó una copa de vino, dio gracias y se
>
> la pasó diciendo: "Beban todos de ella: esta es mi sangre... que
>
> es derramada por una muchedumbre... *Mateo 26:26-30*

Jesús falleció en la Cruz el mismo día que asesinaban a los corderos de sacrificio en el Templo, para la Pascua.

¿Qué poderes extraños poseen estas hierbas amargas?

Si piensa en lo que se encontraba en la mesa durante la Última Cena, encontrará algunas plantas medicinales poco comunes. Se enterará de la Bebida Medicinal Sagrada, parte de...

Una medicina especial revelada por los ángeles: una mezcla de cuatro Alimentos Bíblicos, que se decía que hacía desaparecer todos los dolores cardiacos. "Desaparecieron todas mis quejas", dice un paciente cardiaco en la página 245. Usted descubrirá cómo un aceite proveniente de las plantas milagrosas de la Última Cena, puede aliviar un terrible dolor de cabeza en pocos minutos ¡simplemente frotando uno de estos aceites sobre la frente! (Vea la página 15).

...cómo elimina los gérmenes que provocan influenza, herpes, parotiditis, pulmonía y otras enfermedades. Las hierbas amargas de la Última Cena, el legado de Dios para el mundo, poseen poderes medicinales especiales y específicos...

¿Sabía usted, por ejemplo, que...

+ ...una de las hierbas servidas en la Última Cena es un vegetal de huerta, seguro y lícito, para aliviar dolores, con un poder narcótico similar al de la codeína y la morfina, pero que no crea hábito. (Vea la página 26).

+ ...otra hierba que se encontraba sobre la mesa es uno de los mejores diuréticos que se conocen, y que aquellos médicos que no les gusta utilizar medicamentos, la recetan para aliviar la retención de fluido, la cistitis, la nefritis y la hepatitis? (Vea la página 31).

+ ...según un investigador, esta hierba puede usarse como un simple remedio para las venas varicosas... dolor de senos (mastitis)... enfermedades oculares... cálculos biliares... cálculos renales... y la curación rápida de ¡los casos más graves de hepatitis! (Vea la página 34).

+ ...los inválidos artríticos se fueron a bailar después de haber usado esta y otra hierba amarga de la Última Cena. (Vea la página 33).

+ ...otra hierba amarga de la Última Cena, no es sólo un remedio para los cálculos y la litiasis, sino que actúa como una píldora anticonceptiva para los hombres. (Vea la página 40).

+ ...otra hierba de la Última Cena es un remedio para las enfermedades de transmisión sexual, tuberculosis, herpes zoster (culebrilla, *shingles*) y gingivitis, y es uno de los tres Alimentos Bíblicos que conservaron vivo durante 30 años a un diabético desahuciado, después que lo habían enviado a la casa a morir. (Vea la página 41).

+ ...otra hierba que se encontraba sobre aquella mesa, hace que en muchos casos, desaparezca el dolor en las articulaciones causado por la menopausia. Un anciano que apenas podía cojear con dos muletas utilizó esta hierba y pudo deshacerse de las muletas. Ayuda a prevenir hernias... aliviar la presión prostática... y puede traer alivio instantáneo para las alergias. (Vea la página 63).

+ ...un vegetal, que Jesús comió en la Última Cena, contiene bloqueantes naturales del calcio que ayudan a prevenir y tratar el latido cardiaco irregular, disminuir la presión sanguínea y el colesterol. (Vea la página 69).

+ ...este vegetal es una alternativa natural a la prescripción de fármacos para la gota, y también se dice que previene la bursitis, el reumatismo, la neuralgia facial y las cataratas.

+ ...otra hierba de la Última Cena integra un tratamiento famoso para combatir el cáncer (aunque no comprobado). Un sencillo té de hierbas del que se afirma que alivia el dolor, restaura la fuerza y que ha salvado vidas, mientras todo lo demás fracasó. La mayoría de las autoridades médicas advierten que no constituye una cura, y que no debería usarse como el único medio para tratar esta enfermedad. Tres de las cuatro hierbas de este té son de la Biblia. (Vea el Capítulo 5).

¿Cuáles eran las hierbas amargas de la Última Cena? Hoy en día, estas hierbas olvidadas —que eran siete— son simbolizadas en algunas ocasiones por un solo alimento de la Pascua: el rábano picante (*horseradish*). En el tiempo de Jesús se utilizaban las hierbas amargas originales. Aquí se las presento, al igual que los increíbles descubrimientos que se han hecho sobre ellas:

Lechuga "opiácea": Un alivio seguro de venta libre para el dolor

Al té de lechuga se lo ha conocido por mucho tiempo como un aliviador del dolor y un inductor del sueño cuando el opio no está disponible. Su acción, parecida a la de un narcótico, se debe a un jugo blanco y amargo, que exuda de la planta cuando se corta. Este jugo, cuando está seco, se llama lechuga silvestre o "opiácea" (*lettuce-opium* o *lactucarium*), y emana un olor característico parecido al del opio.

La lechuga silvestre es como una dosis leve de opio —sin la tendencia del opio a descomponer el sistema digestivo. Varios estudios farmacológicos han demostrado que esta sustancia posee propiedades sedantes y supresoras de la tos, similares a las de la morfina y la codeína pero más débiles, sin ningún riesgo a adquirir una adicción.

Todas las lechugas poseen un poco de este jugo narcótico, siendo la lechuga silvestre la que más lo tiene, seguida por la lechuga espinosa (*prickly lettuce*) y la lechuga de huerta. El narcótico se obtiene cortando la planta en la temporada de floración, cuando los tallos y los troncos están tan llenos de jugo que se quiebran al más mínimo toque. Se hace una incisión y se deja que el jugo exude. Este se recoge en pequeños pedazos de algodón que se echan en un recipiente lleno de agua, en el cual se disuelve la lechuga silvestre. Después se hierve el agua hasta que quede sólo una resina marrón parecida a la goma. Una forma de preparación más fácil consiste en dejar en remojo o remojar durante 24 horas los tallos y las hojas que acaban de madurar (esto se conoce como maceración). Después se hierve el agua durante tres horas y se deja evaporar en un bol poco profundo, quedando un residuo parecido a la goma.

Disuelto en vino se dice que suaviza, reconforta, calma y alivia el dolor. En Francia se utiliza el agua destilada de la lechuga como un sedante leve en dosis de 2 a 4 onzas (60 a 120 g) y las hojas frescas hervidas en agua se usan en algunas ocasiones como una cataplasma. El té de lechuga es un remedio a la antigua para el insomnio. Dos o tres hojas exteriores —que contienen 30 por ciento más nutrientes que las interiores— se lavan bien, luego se hierven a fuego lento durante 20 minutos en media pinta (250 mg) de agua. Se cuelan y se beben caliente antes de irse a la cama.

Para aquellos que padecen de insomnio, la forma más simple de obtener el efecto, parecido al del opio, de la lechuga consiste en comer lechuga como último alimento en la noche, justo antes de acostarse. Esto ayuda a los soldados en guerra a poder dormir mejor. No existe ninguna recomendación mejor que esta.

Usos reportados:

Muchas personas usan una infusión de lechuga para los espasmos gástricos, la fiebre y el insomnio, y también aplican la savia sobre los sarpullidos, las verrugas y el acné. Una infusión se parece al té pero es un poco más fuerte. Se vierte una pinta (1/2 litro) de agua hirviendo sobre la planta, con el recipiente tapado, y se deja reposar la solución unos 15 minutos antes de tomarla. Después se cuela y endulza al gusto.

El herbolario inglés Nicholas Culpepper (1616-1654), cuyos libros y panfletos sobre remedios herbarios fueron condenados por los profesionales médicos a pesar de que las ventas entre la gente común eran exitosas, padecía de dolores de cabeza constantes e insomnio después de haber sido herido en el campo de batalla. Las heridas se curaron, pero los dolores de cabeza continuaron. Después de haber probado varios remedios a base de plantas, cogió un poco de lechuga de huerto, extrajo el jugo de las hojas, lo mezcló con el jugo de pétalos de rosa y se lo frotó sobre la frente y las sienes. Para su sorpresa, los dolores de cabeza desaparecieron al cabo de poco tiempo y pudo volver a dormir tranquilamente.

Hace algunos años, un corresponsal del *London Times* escribió que su tatarabuelo, el Dr. James Murdoch, fue un funcionario médico del penal de Van Dieman's Land durante 26 años, hasta que cerró en 1849. De acuerdo con su resena biográfica, cuando no había opio disponible, él "ordenaba que trajeran algunas lechugas del huerto, las machacaba con una mano y extraía un opiato de ellas".

Durante la Segunda Guerra Mundial, cuando el suministro de codeína era escaso, los médicos recurrían al jugo amargo de la lechuga —llamado lechuga "opiácea"— debido a sus propiedades sedantes y supresoras de la tos similares a las de la codeína y la morfina, sólo que más suaves. Se administraba extracto de jugo de lechuga a los soldados que padecían de problemas respiratorios, necesitaban conciliar el sueño o aliviar el dolor —y lograban buenos resultados.

En un estudio, 23 de 24 casos de edema (retención de fluido) se curaron, con dosis de 18 granos (3/10 de una cucharadita) a 3 "dracmas" (3 cucharaditas) de extracto de lechuga silvestre, en un lapso de 24 horas.

Se ha descubierto que varios vegetales y frutas están relacionados con el bajo riesgo de contraer cáncer al estómago, en especial las frutas y la lechuga.

"Incluso los casos más serios... se han curado rápidamente" con este Alimento Bíblico

La próxima hierba amarga de la Última Cena es el diente de león. Los beneficios principales de esta gran hierba son ejercidos sobre las funciones del hígado y la vesícula biliar. El diente de león tiene la capacidad de destapar las obstrucciones así como estimular y ayudar al hígado a eliminar las toxinas de la sangre. Esto se debe principalmente a que contiene una sustancia amarga, llamada taraxacina. "Incluso los casos más serios de hepatitis se han curado rápidamente, a veces al cabo de una semana", afirma el Dr. Tierra, "tomando dosis de una taza de té, de la raíz de diente de león de cuatro a seis veces al día, junto con una dieta liviana, fácil de digerir, a base de caldos de vegetales y arroz con potaje de judía de mung (frijol chino, *mung bean*)".[1]

En un estudio, se utilizó con éxito el extracto de diente de león para tratar la hepatitis, la hinchazón del hígado, la ictericia y la dispepsia con una secreción deficiente de bilis. En otro estudio, los pacientes con un desequilibrio severo del hígado y con síntomas como ictericia, poca energía, falta de apetito, fueron tratados con extracto de diente de león (una inyección de 5 ml al día, durante 20 días). Casi todos mostraron una disminución drástica del colesterol en la sangre.

Casos reportados:

A principios del siglo XX, un médico escribió: "Hace 15 años padecía del hígado. Utilicé toda mi capacidad para tratar de

---

[1]Reimpreso con permiso de Pocket Books, una División de Simon & Schuster, del libro *The Way of Herbs* escrito por Michael Tierra. Copyright 1980, 1983, 1990 por Michael Tierra.

curarlo, pero fallé". Luego una enfermera mayor de edad le dijo que el diente de león era un buen remedio para el hígado. Lo probó, "tomaba dos veces al día una taza de té llena de una decocción cargada". Aseguró que: "En casi todos los casos he restablecido la salud de aquéllos que han usado esta planta", ¡incluso él mismo!

"Mientras conversaba con un farmacéutico retirado, mencioné que mi hijo tenía hepatitis y que, a raíz de lo cual, había sido obligado a tomar un permiso para ausentarse de la universidad. Estaba casi por perder el segundo semestre. El médico dijo que el té de diente de león era un remedio antiguo muy confiable. Le dí esta información a mi hijo, quien tomó varias tazas de té fuerte todos los días. En un poco más de un mes ya estaba curado". —Sra. S. W.

"Hace pocos años, unos amigos míos contrajeron la hepatitis después de haber comido almejas durante unas vacaciones en Nueva Orleans. La esposa, siendo una firme creyente de los remedios naturales, preparó un té de raíz de diente de león y lo tomó de tres a cuatro tazas al día, durante casi un mes. Ella se recuperó completamente, mientras que el marido que había tomado medicamentos recetados, nunca se recuperó por completo". —Sra. N. D.

Se puede preparar una infusión con una cucharadita de la raíz en polvo y una taza de agua y se puede tomar libremente, según un experto. O se puede preparar una decocción hirviendo esta solución durante 15 minutos. Cada día se pueden tomar varias tazas, endulzadas al gusto con miel, y llenas de esta medicina más fuerte, indica.

Un Alimento Bíblico Curativo para las molestias producidas por los cálculos biliares

El té de diente de león es un buen remedio para las complicaciones biliares, según un médico. Las últimas investigaciones muestran que es cierto, en especial en las personas que tienen tendencia a desarrollar cálculos biliares, él dice y agrega que se debería administrar por un periodo de 4 a 6 semanas en tales casos. "Los pacientes se sienten refrescados después de haber seguido el tratamiento, los síntomas del epigastrio superior desaparecen y no se producen más recaídas, o por lo menos se producen muy pocas", explica este médico.

El té de diente de león es completamente inofensivo, incluso si se consume por periodos largos, él continúa.

Se puede usar un té hecho con la raíz seca y molida y la hierba, de una a dos cucharaditas en una taza de agua, hervido brevemente y dejado en remojo durante 15 minutos. Se toma una taza por la mañana y otra por la noche durante un periodo de 4 a 6 semanas. También está disponible jugo de diente de león fresco, del cual se debe tomar una cucharada llena en la mañana y otra en la noche, mezclada con medio vaso de agua, de acuerdo con este médico.

"Uno de los mejores diuréticos que se conocen... para la retención de fluido, la cistitis, la nefritis, la pérdida de peso y la hepatitis"

A pesar de que la acción principal del diente de león radica en el hígado, beneficia a todo el organismo. Según el Dr. Tierra, "La raíz también es útil para destapar las obstrucciones del bazo, del páncreas, de la vesícula biliar, de la vejiga y de los riñones. Es de gran beneficio para el estómago y los intestinos..."[2]

Para eliminar el exceso de fluido del organismo (edema): "El té de hojas de diente de león es uno de los mejores diuréticos que se conocen, o por lo menos iguala a cualquier medicamento conocido", indica el Dr. Tierra. "Así que se puede tomar té de hojas de diente de león para aliviar la retención de fluido, la cistitis, la nefritis, la pérdida de peso y la hepatitis..."[3]

---

[2]*The Way of Herbs* por Michael Tierra, *op. cit.*
[3]Tierra, *op. cit.*

La raíz de diente de león ayuda a disminuir la presión sanguínea alta, de esta manera favorece la actividad del corazón. También puede ser útil en el tratamiento de la anemia, al proveer los minerales nutritivos necesarios".

Un Alimento de la Biblia para el bajo nivel de azúcar en la sangre, y la diabetes incipiente

"Considero que la raíz de diente de león es un remedio específico para la hipoglucemia", afirma el Dr. Tierra, "sin embargo, se puede combinar con otras hierbas tónicas como el ginseng y el jengibre pequeño (*little ginger*) para obtener un beneficio máximo. Se toma una taza de té de raíz de diente de león tres veces al día, junto con una dieta balanceada. De la misma forma se puede utilizar para remediar los primeros síntomas de la diabetes, en particular cuando se combina con la hoja de arándano en forma de té".[4]

Un Alimento de la Biblia ayuda a evacuar los cálculos renales

Los cálculos renales provocan el dolor más terrible que el cuerpo puede padecer, dolor repentino y constante en la espalda. Afortunadamente, en muchos de los casos, esta afección se cura por sí misma de forma espontánea. Para aliviar el dolor, algunos médicos recomiendan lavar o aplicar una compresa muy caliente sobre la región del riñón. En algunas ocasiones esto es más que suficiente. Sin embargo, en otros casos es necesario tomar pastillas para el dolor. Cuando ha pasado el estado agudo de la enfermedad, un té de manzanilla caliente, bebido despacio y a sorbos, puede ayudar por su efecto antiespasmódico.

Grandes cantidades de té de diente de león frecuentemente hacen que un cálculo renal pase o se disuelva. El herbolario Michael Moore recomienda hasta una onza (30 g) de raíz picada, hervida y bebida varias veces por día, por lo menos durante 10 días. Rudolf

---

[4]Tierra, *op. cit.*

Fritz Weiss, M.D., aconseja hasta 10 tazas del té de diente de león al levantarse, hasta que el cálculo haya sido evacuado.

Para asegurarse de que el cálculo sea despedido, se debe orinar en un recipiente. Se producirá un ¡clic! cuando el cálculo salga de la uretra y toque el fondo del recipiente. En ese momento la batalla habrá terminado y cesará el dolor.

Alimentos de la Biblia que combaten la osteoporosis

El escritor sobre temas médicos, Carlson Wade, una vez me dijo que los brotes de diente de león contienen 130 partes por cada millón, de boro —y que ocupan un segundo lugar próximo a la col (vea la página 305), la cual contiene 150. Él afirma que el boro ayuda a elevar los niveles de estrógeno en la sangre y el estrógeno ayuda a conservar los huesos y previene la osteoporosis.

Wade indicaba que el diente de león es también una buena fuente de silicona, lo que en algunos estudios se ha sugerido que también ayuda a fortalecer los huesos.

Una persona lisiada por la artritis sale a bailar después de haber usado 2 hierbas amargas de la Última Cena

El diente de león, afirma el Dr. Weiss, es uno de los mejores remedios para las enfermedades reumáticas crónicas. Él considera que es un remedio específico para la enfermedad crónica degenerativa de las articulaciones. Administró jugo de diente de león a sus pacientes artríticos y les dijo que tomaran media taza en la mañana y media taza en la noche, con el estómago vacío. En los casos más severos —cuando los pacientes se encontraban lisiados o postrados en cama, sin poder moverse— recetaba una mezcla de partes iguales de diente de león y berro, otra hierba amarga de la Última Cena (vea la página XX).

Caso reportado:

La Sra. F. M., de 61 años de edad, tenía reumatismo nodular, con hinchazón dolorosa de las articulaciones de las manos y los pies, fiebre leve, pérdida de peso y sensación constante de enfermedad, debilidad y cansancio. Los médicos le habían recetado aspirinas, salicilatos, varios medicamentos *NSAID* (antiinflamatorio no esteroide) como el *Motrin*, el *Voltarin* y el *Naproxyn* y, por último, inyecciones de oro seguidas por esteroides inyectados directamente en las articulaciones. Cada uno de estos medicamentos produjo efectos secundarios, tales como irritación gástrica, sangrado intestinal, zumbido en los oídos y disfunción del hígado y del riñón. Entonces acudió al Dr. Weiss, quien le hizo seguir un programa sencillo a base de jugo de diente de león y berro y una dieta restringida. Al cabo de dos semanas, ella podía mover los dedos deformes de las manos y los pies. Al cabo de un mes, el dolor y la hinchazón de las articulaciones habían desaparecido casi por completo y podía sostener un lápiz y agarrar los utensilios de la cocina. Después de dos meses podía caminar hasta una milla al día y subir las escaleras y, la última vez que tuve noticias de ella, me enteré que había salido a bailar con su esposo.

El Dr. Weiss consideraba al diente de león como un regalo especial de Dios para aliviar los problemas del hígado y del riñón, la enfermedad de Bright, los cálculos biliares y renales, la presión sanguínea alta, la arterioesclerosis y la obesidad —y tenía en su haber muchos casos exitosos para demostrarlo.

Un Alimento de la Biblia que actúa como un remedio para las venas varicosas

A una mujer con venas varicosas le contaron sobre la posibilidad de curarse con un té de hierbas, hecho a base de diente de león, mejorana y orégano, de la siguiente manera:

    1 cuarto de galón (litro) de agua
    2 cucharadas de raíz de diente de león
    1 cucharadita de mejorana (*marjoram*) y otra de orégano

Deje que la raíz de diente de león hierva a fuego lento en una cacerola tapada durante 10 minutos. Agregue las especias, revuelva bien, vuelva a tapar y hierva a fuego lento 2-3 minutos más. Después retire del fuego y deje descansar por 20 minutos. Cuele, endulce al gusto, y beba 1 taza tres veces al día, entre comidas.

"En poco más de un mes", ella dice, "la mayor parte de las venas varicosas desparecieron; mis piernas tenían un mejor aspecto, las sentía más sanas y mucho más jóvenes".

Un Alimento de la Biblia para la ceguera nocturna

El Dr. Niedermeier receta rutinariamente el extracto de jugo de diente de león para la ceguera nocturna, con un éxito extraordinario, según informa el *Deutsche medizinische Wochenschrift* (76:210, febrero 16, 1951). Atribuye el éxito a una sustancia que se encuentra en el diente de león, llamada helenina, la cual produce púrpura visual para el ojo, en la presencia de las vitaminas A y B, que el diente de león contiene en abundancia. También parece aliviar la ceguera nocturna que acompaña a la retinitis pigmentaria —una inflamación crónica de la retina en la parte posterior del ojo.

Un impulso increíble de energía relacionado con dos hierbas amargas de la Última Cena

"El tomar una taza de jugo de diente de león", indica John Heinerman, "solo o combinado con una cantidad igual de berro [también de la Última Cena], proporcionará al cuerpo una 'recarga natural' o una increíble sensación de energía en el momento que el jugo llega al hígado. En algunos casos, esto puede ser un tanto abrumador para los ancianos o para aquellos que tienen tractos digestivos delicados. Si esto sucede, simplemente diluya el jugo de diente de león con un poco de jugo de zanahoria".[5]

---

[5]John Heinerman, *Enciclopedia de jugos curativos*, 1997.

Cómo se utiliza este Alimento Bíblico en la China para curar el dolor de los senos, las enfermedades de los ojos y mucho más

En la China, el diente de león se ha utilizado para tratar los problemas del seno (cáncer, inflamación, carencia de flujo de leche, etcétera). En su libro *Chinese Herbal Cures*, el Dr. Henry C. Lu nos relata esta historia:

> La hija de un funcionario de la China antigua, de 16 años de edad, padecía de mastitis con un bulto triangular debajo del seno izquierdo. Ella sufría mucho y se quería suicidar. Trató de ahogarse, pero fue rescatada por un pescador y su hija. Al cambiar la ropa de la muchacha, la hija del pescador se dio cuenta de la hinchazón del seno izquierdo. Le contó a su padre, quien dijo, "mañana a primera hora vamos a ir a arrancar algunas plantas para curarle el seno". Las plantas a las que se refería eran dientes de león, que se encontraban en la orilla de un camino no muy lejos del río. Arrancaron unas pocas plantas equivalentes a un cuarto de libra (120 g), las lavaron, limpiaron e hirvieron en agua. Le dijeron a la muchacha que tomara el líquido. Mientras tanto, machacaron algunas de las plantas y las aplicaron externamente sobre el seno.
>
> La muchacha regresó a la casa de sus padres, trajo consigo un montón de plantas de diente de león, y siguió usándolas tal como le había explicado el pescador. Después de haberse recuperado de la enfermedad, hizo plantar diente de león en su jardín y lo nombró la hierba del pescador – *pugongying*.[6]

Según indica el Dr. Lu: "En la actualidad se utiliza el diente de león asiático para tratar muchas enfermedades inflamatorias, entre las cuales se encuentran las paperas, la tonsilitis y la mastitis. A pesar de que esta hierba tiene un sabor amargo, los chinos de las

---

[6]Del libro *Chinese Herbal Cures* escrito por Henry C. Lu. Copyright 1991. Publicado por Sterling Publishing Co., Inc., NY. Reimpreso con permiso.

áreas rurales tienen el hábito de preparar té con ella y tomarlo como un remedio para las enfermedades oculares, el enrojecimiento de los ojos, las enfermedades de la nariz y los problemas al orinar.

"Para tratar dichos síntomas, los chinos utilizan esta hierba por medio de la decocción de 50 g [unas 2 onzas o 1/4 taza] de diente de león en dos vasos de agua, hasta que la cantidad de agua se reduzca a la mitad. Después cuelan y beben el líquido una vez al día. En el tratamiento de los desórdenes oculares, también cogen una bola de algodón, mojada con este fluido, y la presionan sobre los ojos cerrados durante aproximadamente media hora al día. A diferencia de la mayoría de las hierbas chinas, cuando se utiliza el diente de león asiático para tratar las enfermedades inflamatorias, se deberían aplicar tanto los métodos internos como los externos, ya sea que se esté tratando la mastitis, la tonsilitis o las paperas".[7]

Cómo utilizar este Alimento Bíblico Curativo

Todas las partes de la planta contienen un jugo un tanto amargo y lechoso, pero el jugo de la raíz, el más potente de todos, es la parte de la planta que más se usa con propósitos medicinales.

+ Para remover las verrugas, un antiguo remedio tradicional, que parece funcionar para mucha gente, consiste en romper el tallo del diente de león y exprimir la leche sobre la verruga varias veces al día. Al cabo de más o menos una semana, la verruga se encoje y desaparece.

+ Se conoce que el tomar diariamente, durante varios meses, caldo de raíces de diente de león, cortadas en rodajas y guisadas en agua con un poco de hojas de acedera (*sorrel*) y la yema de un huevo, cura casos de congestión crónica del hígado, que al parecer eran intratables.

---

[7]Lu, *op. cit.*

✦ En casos de cálculos y arenillas, se prepara una decocción hirviendo durante 15 minutos una pinta (1/2 litro) de la raíz cortada en rodajas en 20 partes de agua, colando cuando esté fría y endulzando con azúcar morena o miel. Se puede tomar una taza pequeña llena, una o dos veces al día.

✦ Cuando el estómago está irritado, una decocción o un extracto de diente de león tres o cuatro veces al día, frecuentemente será un remedio valioso, aumentando el apetito y mejorando la digestión.

✦ Numerosas pruebas clínicas han demostrado la eficacia del diente de león contra la pulmonía, la bronquitis y las infecciones respiratorias superiores, según el Albert Leung, Ph.D. Mi amigo Carlson Wade sugería cocinar las hojas y las raíces y tomar el "licor de la olla", el jugo que permanece en la olla después de que las hojas han sido cocinadas. El té del diente de león o las cápsulas también son buenos, afirma él.

Con las hojas jóvenes del diente de león se pueden preparar sandwiches deliciosos, colocando estas delicadas hojas entre rodajas de pan y mantequilla salpicadas con un poco de sal. Una vez que las hojas están maduras son muy amargas para ser consumidas. Las hojas jóvenes también se pueden hervir como un vegetal (como lo haría con la espinaca), luego se escurren, se salpican con pimienta y sal, se humedecen con un poco de sopa o mantequilla y se sirven calientes. Se puede agregar un poco de ajo rallado o nuez moscada, una cucharadita de cebolla picada o una cáscara de limón rallada a las hojas, mientras son cocinadas. También se puede preparar una sopa de vegetales sencilla con diente de león.

La cerveza y el vino de diente de león son bebidas comunes en muchas partes de Estados Unidos y Canadá. En Inglaterra, la cerveza (malta) de diente de león es la favorita.

Las raíces tostadas se utilizan para preparar café de diente de león. Se dice que es casi imposible distinguir la diferencia entre el polvo preparado y el verdadero café. Se puede conseguir en la mayoría de las tiendas de alimentos naturales (*health food stores*) y en los restaurantes vegetarianos. El café de diente de león es una bebida natural sin ninguno de los efectos perjudiciales que el café ordinario produce en los órganos nerviosos y digestivos. Ejerce una influencia estimulante sobre todo el organismo, ayudando al hígado y los riñones a realizar su trabajo y manteniendo los intestinos en buena condición, sin causar insomnio.

Un herbolario médico inglés, T. H. Bartram, nos indica que el café de diente de león no sólo previene la formación de cálculos biliares, sino que también previene "la hepatitis, o inflamación del hígado, y la ictericia, cuando no es complicada, que la acompaña".

Dos plantas "menospreciadas" con historial noble

La achicoria (*chicory*) y la endibia (*endive*) han caído en tiempos duros —la una, una hierba empolvada de los bordes de las carreteras, la otra, su única familiar, una vagabunda. Sin embargo, la achicoria y la endibia se encontraban entre las siete hierbas amargas de la Última Cena, dotadas con poderes curativos milagrosos. La achicoria aparece en el más completo y antiguo libro de hierbas que se conoce, del siglo I d.C., y todos los sabios de la medicina occidental respetaban tanto la achicoria como a la endibia. Por buenas razones:

El jugo de achicoria, indica un experto, "es un remedio popular para los tumores y los cánceres del hígado, el estómago y el útero. Las semillas en polvo se aplican para los endurecimientos del bazo. La hoja, hervida con miel, se utiliza como un gargarismo para el cáncer de la boca... El jugo de las hojas maceradas es sedante y calmante". Alivia el edema (hinchazón producida por la retención de líquido) y se ha usado como un remedio para el asma, la dismenorrea, la dispepsia, y como si no fuera suficiente, fue considerada un afrodisiaco excelente y sus semillas se utilizaban para preparar pociones para el amor.

El látex —una sustancia lechosa de la planta— de la endibia se utiliza para el cáncer del útero, los tumores del hígado, el bazo y la garganta y el endurecimiento del bazo. La endibia se usa para aumentar el flujo de la bilis y junto con la achicoria se dice que disuelve los cálculos biliares.

Una mujer, de 86 años de edad, asegura que la osteoporosis desapareció después de haber tomado un jugo de tres Plantas Bíblicas

Nos cuentan la historia de una mujer de 86 años, quien descubrió que después de haber bebido una taza de los jugos combinados de achicoria, endibia y escarola (*escarole*) (otra de las hierbas amargas que comieron los judíos antes de huir de Egipto) —una vez al día durante seis meses— la osteoporosis despareció. Debido a su sabor amargo, ella lo mezcló con jugo de zanahoria o de remolacha para endulzarlo. Considera que esto le ha fortalecido de forma significativa los huesos, e indica que lo recomendaría a cualquier persona que esté preocupada por caerse y romperse los huesos frágiles.[8]

Una hierba amarga que comió Jesús fortalece los corazones débiles y regula los latidos acelerados del corazón

Investigadores egipcios han descubierto que la raíz de achicoria ofrece dos beneficios para el corazón. Regula los latidos acelerados del corazón (taquicardia) y también tiene un efecto leve que estimula al corazón, parecido al de la digitalina. Mi amigo Carlson Wade recomendaba probar una taza o dos de café de achicoria, que él mismo tomaba como un tónico para proteger al hígado.

Un Alimento de la Biblia para los cálculos, las arenillas y el control de la natalidad para el hombre

Según se informa, el café de achicoria es excelente para purificar el hígado y el bazo, así como para tratar la ictericia. También ofrece protección. En un estudio, el 70 por ciento de los animales de laboratorio, a quienes se les administraron extractos de achicoria, sobrevivieron a altas dosis fatales de acetaminofeno, que mataron al 100% de los animales que no la recibieron.

---

[8]John Heinerman, *Enciclopedia de jugos curativos*, 1997.

Se dice que el té preparado con las raíces de achicoria y endibia es muy bueno para eliminar los cálculos biliares. Agregue 3 cucharadas de raíz de achicoria picada a un cuarto (un litro) de agua hirviendo, baje el fuego, hierva a fuego lento durante 20 minutos, retire del fuego, agregue 1/2 taza de endibia finamente picada, tape y deje en remojo por 45 minutos. Tome de 2 a 3 tazas entre las comidas, y una taza 2 horas antes de irse a dormir.

Se ha descubierto que una decocción de una onza (30 g) de raíz de achicoria con una pinta (1/2 litro) de agua hirviendo, tomada libremente, es eficaz en casos de ictericia, agrandamiento del hígado, la gota y las complicaciones reumáticas. Se ha recomendado una decocción de la planta fresca, recién recogida, para las arenillas.

El café de raíz de achicoria promete ser un anticonceptivo para los hombres. Científicos de la India administraron extractos de té de achicoria en polvo a animales de laboratorio, mientras que el grupo de control no recibió la achicoria, sólo agua. Aquellos que habían estado tomando la infusión de raíz de achicoria mostraron un alto recuento de espermas estériles. Un científico indica que el tomar café muy fuerte de achicoria, hasta 6 tazas al día, debería esterilizar las espermas de un hombre promedio por una semana.

Un Alimento Bíblico que actúa como un remedio para las enfermedades transmitidas sexualmente y la tuberculosis

El berro (*watercress*) —la quinta hierba amarga de la Última Cena— se ha usado como un remedio para la tuberculosis, que todavía es un gran problema en muchos de los países del Tercer Mundo y que recientemente ha vuelto a emerger en Estados Unidos, y para varias enfermedades transmitidas sexualmente.

En un caso reportado[9], a una persona que padecía de clamidia, una enfermedad infecciosa transmitida sexualmente —cuyos síntomas son el dolor frecuente y malestar en los tractos urinario y genital y dolor al orinar— se le recomendó tomar una combinación de jugo de berro y nabo (*turnips*) dos veces al día. El alto contenido de sulfuro

---

[9]Heinerman, *op. cit.*

del berro ayuda a matar los virus que causan la clamidia, mientras que el jugo de nabo le da un sabor más agradable. En 7 semanas, se informó que la persona que utilizó este remedio se curó por completo.

En otro caso, un veterano de la guerra de Vietnam estaba padeciendo de tuberculosis en un hospital de la Administración de Veteranos de Guerra. Ninguno de los medicamentos que le administraban los médicos parecía ayudarle mucho. Se le administró la combinación de jugo de berro y nabo —mezclado también con ajo de marca *Kyolic* líquido—, en dosis de dos vasos pequeños al día, con las comidas. Para el asombro de los médicos, el hombre experimentó una recuperación increíble. Según se informa, los compuestos de sulfuro del berro y el ajo de *Kyolic* fueron los responsables de la recuperación en este caso intratable de tuberculosis resistente a los medicamentos.[10]

En San Francisco, en los últimos años del siglo XIX, muchos trabajadores chinos de ferrocarril estaban muriendo de tuberculosis. La leyenda cuenta que ellos descubrieron por sí mismos, por medio de la experimentación, que el berro ayudaba a tratar la tuberculosis. Algunos de los que se recuperaron después de haberlo comido llevaron el secreto a la China, donde lo plantaron y empezaron a usarlo médicamente.

Un Remedio de la Biblia para la gingivitis

Una de las formas en que los chinos usan el berro es para tratar la gingivitis. Esta es una inflamación de las encías, con hinchazón, enrojecimiento, descarga acuosa y sangrado. Si no se trata, progresa hasta convertirse en piorrea, una degeneración del tejido de las encías que sostienen los dientes. Juntas, estas dos condiciones son conocidas como la enfermedad periodontal. La mayoría de las personas la tienen en cierto grado, conforme envejecen, debido a que ni el cepillarse o limpiarse los dientes con hilo dental pueden eliminar las bacterias que la causan, las cuales están escondidas en las cavidades profundas que están entre los dientes y las encías. En el sur de la China, las personas simplemente mastican berro para liberarse de estos síntomas.

---

[10]Heinerman, *op. cit.*

Un Alimento de la Biblia que alivia el herpes zoster

Un prominente investigador sugiere que el tomar dos tabletas de 500 miligramos del aminoácido lisina (*lysine*), tres o cuatro veces al día, podría ayudar a aliviar los síntomas del herpes zoster (culebrilla, *shingles*).

Pero el berro es uno de los varios Alimentos Bíblicos Curativos que contienen una gran cantidad de lisina. Muchas clases de frijoles (vea el Capítulo 14) también son ricos en lisina, como los brotes de frijoles negros, las lentejas, los brotes de lentejas y los frijoles faba (*fava beans*). También el perejil (vea el próximo capítulo).

Un Milagroso Remedio Bíblico de múltiples usos

"El berro", dice el famoso herbolario francés Maurice Mességué, "produce un efecto purificador. Tome un vaso de este jugo por la mañana, y los venenos desaparecerán... su eficacia para librar al sistema de parásitos intestinales es bien conocida. Lo recomiendo para la bronquitis crónica... y para la diabetes, debido a que disminuye el nivel de azúcar en la sangre, para la neuralgia, para el dolor de muelas y para la pérdida del cabello. En otras palabras, en mi propia opinión, es un remedio herbario de valor supremo. Para aplicarlo externamente lo utilizo en forma idéntica a la col, en cataplasmas y compresas para la gota, el reumatismo y los dolores musculares. El jugo de esta planta aplicado sobre la piel constituye una cura excelente para la dermatitis y el acné". En pequeñas cantidades, se cree que el berro actúa como un anticonceptivo oral que puede producir esterilidad temporal.[11]

+ + +

Las dos hierbas restantes de la Última Cena son mentas, cuyas asombrosas propiedades se revelan en el Capítulo 2, y la acedera (*sheep sorrel*), cuyos secretos se revelan en el Capítulo 5.

---

[11]Del libro *Health Secrets of Plants and Herbs* escrito por Maurice Mességué. Copyright 1975 por Opera Mundi. Copyright 1979 por William Collins & Co., Ltd. Con permiso de William Morrow & Company, Inc.

"Y ellos comerán la carne... asada al fuego..." *Éxodo 12:8*

En el libro del Éxodo, Dios ordena a los judíos a comer una pierna de cordero asada al fuego. En la actualidad sabemos que la carne nunca debería comerse cruda o a medio asar; debe estar muy bien cocida y asada, para que se libere de las bacterias perjudiciales. Entre los muchos organismos dañinos, a los cuales los judíos estaban expuestos, estaban aquellos que provocaban enfermedades venéreas —el castigo principal que se producía como consecuencia del culto a Baal, una práctica muy difundida, en particular entre los moabitas y los madianitas, en los tiempos de Moisés (Números 22:41), la cual incluía ritos extremadamente licenciosos.

Cómo prevenir y curar el herpes

Los judíos de la Antigüedad no sabían nada sobre bacterias y virus, pero seguían la Biblia y las leyes mosaicas, las que les requerían comer ciertos alimentos ricos en lisina, elemento que detiene el desarrollo y la diseminación del virus del herpes en las células del organismo. La lisina parece que recubre cada célula con una cobertura protectora y, de esta manera, evita que el virus penetre. Dos Alimentos Bíblicos ricos en lisina son la leche y la carne.

CAPÍTULO · 4
LOS PODERES CURATIVOS DEL *CHAROSET*

Jesús presentó los rituales de la Cena del Señor al final de la última Pascua a la que asistió. Pero es importante recordar que la primera mitad de los procedimientos de esa noche final eran rituales judíos tradicionales que rendían homenaje a Dios.

La Pascua marca el nacimiento de los judíos como pueblo hace más de 3.000 años, así como su surgimiento como nación bajo el liderato de Moisés. Dios ordenó a los judíos que recordaran cada año —"mantener la Pascua"— en la misma época, cada abril, y de la misma forma (Éxodo 12:26-7). Esta es una ceremonia que ha permanecido inalterada por 30 siglos y que existía 1.000 años antes del nacimiento de Jesucristo.

Empieza una noche cercana al Viernes Santo —varía un poco cada año debido a que el antiguo calendario hebreo era diferente. Ya que Dios salvó a todos los primogénitos judíos, todos los hijos primogénitos tienen que ayunar el día anterior a la Pascua en muestra de gratitud.

Antes del nacimiento de Jesús, se había instituido una comida ceremonial —con oraciones apropiadas— que incluía no sólo hierbas amargas, pan sin levar y pierna de cordero quemada, sino también perejil, símbolo de fe renovada y esperanza de un futuro mejor —y un postre dulce conocido como *charoset* (o *haroset*).

Los poderes curativos del *Charoset*

El *Charoset* es una combinación de manzanas finamente picadas (por lo menos media manzana por persona) y nueces picadas, a las cuales se deben agregar pasas picadas o machacadas, dátiles, canela, vino y miel. (Para obtener más información sobre las pasa, el vino y la miel vea las páginas 243 y 391). La mezcla de estos ingredientes, simboliza la argamasa que los hebreos antiguos utilizaban para fabricar ladrillos como esclavos en Egipto.

Este plato dulce contiene plantas medicinales curativas que pueden aliviar el dolor del corazón... disolver y eliminar los cálculos biliares y renales... ayudar a la tiroides poco activa... hacer desaparecer las manchas de la piel, las verrugas desagradables, las manchas de la vejez, el acné, la soriasis, los herpes y mucho más.

Una característica famosa de esta ceremonia se llama *Karpas*, en la cual una de dos Plantas Bíblicas Curativas, perejil o apio, que simbolizan la nueva vida y el renacimiento, se sumerge en agua salada para recordar las lágrimas derramadas durante la esclavitud. Una de estas plantas puede ayudar a curar las hernias, el dolor de las articulaciones, la diabetes y los trastornos urinarios (vea la página 60). La otra es una medicina vegetal que conservó a una mujer de 96 años sin cataratas y capaz de leer sin lentes, por casi medio siglo... que alivia la gota, la bursitis, la neuritis y el reumatismo... que contiene bloqueadores de calcio y otras sustancias químicas que provienen de las plantas, que ayudan a prevenir y evitar el latido cardiaco irregular, contribuyen a reducir la presión sanguínea y el colesterol, y mucho más (vea la página 69).

El milagro en el *Charoset* que alivia el dolor del corazón

En los tiempos de Jesús, los nogales crecían en las orillas del Mar de Galilea. Se dice que su manto sin costura fue teñido de un color marrón oscuro utilizando hojas de nogal. Josefo, en el siglo I d.C., relata que en su época abundaban en Palestina árboles de esta especie bastante viejos, en especial alrededor del lago Genesaret (mar de

Galilea). En Cantar 6:11 se lee de la siguiente manera: "Había bajado a los nogales para ver las flores del valle, por ver si la viña estaba brotando y florecían los granados". El "jardín de nueces" de Salomón era una enramada de nogal. Su sombra tenue, hojas fragantes y fruta deliciosa la convirtieron en una de las favoritas.

Las nueces (*walnuts*) contienen ácidos grasos omega-3, los cuales producen un efecto antiinflamatorio similar al de medicamentos poderosos, sin provocar efectos secundarios, para enfermedades como la artritis, el reumatismo y las enfermedades del corazón.

Según se informa, una infusión preparada con las particiones leñosas que se encuentran dentro de las nueces es excelente en casos donde los vasos coronarios se han endurecido y para los dolores cardiacos y la fiebre. Quite las paredes divisorias de cuatro o cinco nueces, déjelas en remojo en agua por un día, y a la mañana siguiente hiérvalas unos minutos (aproximadamente veinte). Tome el té por la mañana, con el estómago vacío. Un herbolario europeo conocido mundialmente afirma: "cuando se toma regularmente aliviará la sensación de constricción y el dolor del pecho. Esta infusión también es eficaz en casos de fiebre alta acompañada de dolores del corazón. Con frecuencia se siente alivio después de haber tomado la primera taza, pero si el dolor continúa, debería tomar frecuentes sorbos de té hasta que el dolor y la fiebre hayan desaparecido".

En 1992, investigadores de la Facultad de Medicina de la Universidad de Loma Linda informaron que los Adventistas del Séptimo Día, quienes rara vez comen nueces, padecen del doble de infartos y muertes coronarias que aquellas personas que comen nueces cinco veces a la semana. Un análisis más cuidadoso reveló que comer cantidades moderadas de nueces, sin aumentar el total de grasa dietética y calorías, "disminuyó los niveles del suero de colesterol y modificó favorablemente el nivel de lipoproteínas en hombres saludables".

Estas conclusiones se basaron en dos dietas experimentales, con una duración de 4 semanas cada una, en las cuales el 30% de las calorías provenía de la grasa –el nivel recomendado por la *American Medical Association*.

Cientos se han curado de los cálculos renales y biliares en 2 días

A principios de la década del 60, médicos chinos informaron haber curado a cientos de pacientes de todas las edades, de cálculos renales y biliares, usando 2-1/4 tazas de pulpa de nuez cruda, frita en aceite puro de oliva (para obtener más detalles sobre el aceite de oliva vea el Capítulo 13) hasta que esté crocante. Luego, se la muele hasta formar un polvo grueso y se mezcla con 2-1/4 cucharaditas de miel oscura para formar una pasta. Esta pasta se administró a los pacientes durante 2 días, al final de los cuales la mayoría de los cálculos se habían disuelto en forma parcial. Después se ablandaron y fueron eliminados.

El elemento milagroso del *Charoset* que ayuda a la tiroides poco activa

Recientemente le pregunté a un amigo herbolario el por qué de su repentina afición por las nueces. Me dijo que por años había padecido de una tiroides poco activa (hipotiroidismo), junto con fatiga, lentitud mental, una tendencia al sobrepeso y por último tobillos hinchados. Mencionó un estudio en el cual el jugo de nueces frescas había provocado que los niveles de tiroxina —la hormona de la tiroides— aumentaran en un 100 por ciento.

Desde que empezó a tomar a diario un vaso pequeño de esta mezcla, la hinchazón en los tobillos ha disminuido, dijo, y, a juzgar por la forma en que se sentía, esperaba una mejora definitiva en su próximo examen de sangre para la tiroides.

El elemento milagroso del *Charoset* que combate el cáncer

Estudios han demostrado que las cáscaras de la nuez negra contienen un compuesto cristalino —ácido elágico (*ellagic acid*)— que es eficaz para el tratamiento de la presión sanguínea alta, el cáncer de piel y la parálisis muscular debida a un choque eléctrico. Las uvas (vea la página 248), las fresas (frutillas), las grosellas (*currants*) negras, las frambuesas (*raspberries*) y los anacardos (*cashews*) también contienen esta sustancia valiosa.

Animales de laboratorio que fueron alimentados con ácido elágico experimentaron una disminución del 45 por ciento en la aparición de tumores y un retraso en el comienzo de los mismos de hasta 10 semanas, cuando fueron expuestos a una sustancia química que induce el cáncer, comparado con otro grupo que no recibió el ácido elágico. La cáscara de la nuez —si se usa por su contenido de ácido elágico— debería colocarse en agua hirviendo más o menos media hora y debería tomarse esta solución, como té, después de colarla y endulzarla al gusto.

"Administrado como medicamento", de acuerdo con el informe de un periódico, "el ácido elágico previene el cáncer del esófago, hígado y piel en ratas y ratones..." Los científicos señalan que "el ácido elágico sólo debe usarse como una forma de prevención", antes de que empiece el cáncer y no como tratamiento.

Una porción diaria de frutas o vegetales que contengan ácido elágico podría reducir casi a la mitad el riesgo de padecer de apoplejías, según afirman la Dra. Elizabeth Barrett-Connor y el Dr. Kay-Tee Khaw en un informe publicado el 29 de enero de 1987 en *The New England Journal of Medicine*.

¡Cómo desaparecieron las infecciones provocadas por cándida!

En un estudio, la cáscara fresca de nuez negra eliminó la cándida (*Candida albicans*, la cual produce las infecciones vaginales causadas por hongos) mejor que los medicamentos antihongos recetados habitualmente". Para extraer el ingrediente antihongos —juglona— de las cáscaras, recoja las cáscaras de una docena de nueces verdes y rómpalas en pedazos. Agregue los trozos a un cuarto (1 litro) de jugo de col hirviendo. Tape y hierva a fuego lento 15 minutos. Retire del fuego y deje en remojo por 20 minutos más. Use esta solución en duchas vaginales dos o tres veces al día, hasta que los síntomas desaparezcan.

El secreto del *Charoset* que puede ayudarle a rebajar kilos y kilos

Las nueces constituyen la fuente dietética más rica en serotonina, la sustancia que le hace sentirse "llena". Un estudio realizado con más de 25.000 Adventistas del Séptimo Día mostró que aquellos que comían más nueces eran menos obesos. Sin embargo, es importante recordar que los Adventistas del Séptimo Día son vegetarianos. Usted puede experimentar y ver si el comer bastantes nueces le ayuda a controlar sus ansias por la comida.

Un sedante poderoso del *Charoset* puede brindarle un sueño nocturno placentero

Las nueces contienen un sedante poderoso (ácido elágico) que se encuentra en su pulpa y que puede llevarla a la tierra de las maravillas para disfrutar de un sueño nocturno placentero. Los indios estadounidenses solían usar nueces para atontar a los peces. Simplemente echaban sobre el agua un poco de nueces peladas y trituradas. Los peces, que nunca antes habían visto trozos de nueces, los devoraban y al poco tiempo se dormían. Los peces salían a flote a la superficie, donde eran recogidos por los indios con facilidad.

Es un hecho poco conocido que el aroma dulzón de la madera del nogal —restos de cepillados y el aserrín— tiene un efecto relajante y calmante parecido al que se produce al fumar la mariguana. La madera del nogal no se encuentra en ninguna lista de sustancias controladas. Es un tranquilizante natural, proporcionado por la naturaleza para nuestro bienestar y placer.

"Las manchas de la piel... desaparecen como por arte de magia"

"Ciertas manchas de la piel, la tiña e incluso las verrugas desaparecen como por arte de magia, cuando se aplican nueces verdes o nueces negras inmaduras sobre la piel", afirma el Dr. John

Heinerman. "Simplemente haga un par de incisiones en la cáscara exterior... y frote el jugo sobre el área que quiera aclarar". Si experimenta una pequeña sensación de ardor o una mancha marrón, no tiene que preocuparse. Esto pasará muy pronto, añade. "Prácticamente todos los tipos de verrugas, las desagradables manchas oscuras de la vejez y la tiña se han eliminado exitosamente con este tratamiento".[1]

Él señala que dos cucharadas de hojas de nogal, agregadas a agua hirviendo, coladas, tapadas, retiradas del fuego y dejadas en remojo 30 minutos, constituyen un excelente enjuague para el acné; y que los ancianos que han padecido de eczema y soriasis han reportado un alivio considerable después de haber lavado con este té, varias veces al día, las partes afectadas del cuerpo. Esto no sólo alivia la picazón y la inflamación, sino que también ayuda a curar la piel.

En algunas ocasiones se agrega raíz de bardana (*burdock* —vea las páginas 91 y 99) para lograr un mayor efecto: una cucharada llena de la raíz seca, picada gruesa, se hierve a fuego lento durante 10 minutos antes de agregar las hojas de nogal y dejar en remojo la mezcla durante 40 minutos. Usted también puede tomar este té, señala el Dr. Heinerman.[2]

Según la herbolaria inglesa Maude Grieve, la corteza y las hojas del nogal "son las más valiosas para curar... herpes, eczema, etcétera, y para aliviar las úlceras indoloras [sin dolor]; se deja reposar durante seis horas una infusión [té] hecha con 1 onza (30 g) de la corteza o las hojas secas (un poco más de las hojas frescas) en una pinta (1/2 litro) de agua hirviendo, se cuela y se toma en dosis de un vaso lleno, tres veces al día. Esta infusión también se puede usar externamente. Las úlceras persistentes también se pueden curar con una decocción cargada de hojas de nogal bien saturada con azúcar".

---

[1]John Heinerman, *Enciclopedia de frutas, vegetales, y hierbas*, Paramus, NJ: Prentice Hall, Inc. 1998.

[2]John Heinerman, *Heinerman's Encyclopedia of Nuts, Berries, and Seeds*, West Nyack, N.J.: Parker Publishing Company, Inc., 1995.

Excelente para el estreñimiento

Las nueces son muy buenas para aquellos que padecen de estreñimiento. "Cuando los laxantes de las farmacias no producen los resultados deseados", dice un reconocido herbolario europeo, "las nueces pueden resolver el problema. Las nueces se recomiendan a personas que padecen de trastornos del hígado y, a pesar de que la mayoría de los pacientes del hígado no pueden tolerar la grasa, encontrarán que cantidades moderadas les caerán bastante bien".

El elemento milagroso en el *Charoset* que fue escogido por Jesús como su símbolo de salvación

La palmera, con su tallo largo y estrecho, que alcanza los 80 pies de altura o más, y su macolla terminal de hojas a manera de plumaje que la hacen sobresalir en forma llamativa, siempre ha sido un símbolo de elevación espiritual, esperanza y supervivencia. En el Antiguo Testamento, David el Salmista dice:

"El justo crecerá como palmera... Los plantados en la casa

del Señor darán flores... Aun en la vejez tendrán sus frutos..."

— *Salmos* 92:12-14

A los dátiles —la fruta de la palmera— se los llama "el alimento del desierto". Eran tan comunes en el valle del Jordán que a Jericó se le conocía como "la ciudad de las palmeras" (Deuteronomio 34:3). Aunque las multitudes carecían de otros tipos de alimentos durante los años de las vacas flacas, siempre tenían dátiles, debido a que la palmera promedio produce unas 100 libras (40 kilos) de fruta cada temporada por 100 años, y a que las palmas crecen en abundancia, siempre cerca del agua. Cuando un viajero agotado divisaba las palmeras, era una clara señal de que existían agua y alimentos en las cercanías.

La leyenda cuenta que Jesús ordenó a una palmera que se doblara, de manera que pudiera recoger los dátiles para Su madre después de que José se había negado a hacerlo. La palmera se inclinó de tan buena gana que Jesús la bendijo y la escogió como símbolo de la salvación para los moribundos, prometiendo que cuando Él entrara triunfalmente a Jerusalén, lo haría con una palma en Su mano.

Se dice que San Cristóbal utilizó un bastón de palma cuando cargaba a los pequeños y débiles, incluyendo al Niño Jesús, a través del río turbulento. Jesús le dijo que clavara el bastón en el suelo y éste se convirtió en una datilera, un milagro que produjo la conversión de Cristóbal. Se dice que los ángeles le llevaron una palma del cielo a María, la madre de Jesús, después de la crucifixión.

Según los mártires cristianos, antiguos y medievales, los ángeles traían "ramas" de palma para transportar sus almas al cielo. En el Día de los Muertos, las hojas de palma se echan en una fogata y el humo que se eleva a los cielos se considera una prueba de la victoria de las almas que en ese día son liberadas del purgatorio.

El uso de hojas de palma en las procesiones parece haberse originado en el tiempo que Judas Macabeos restauró el templo y los judíos lo han continuado hasta la actualidad en el Festival de los Tabernáculos y los cristianos en el Domingo de Ramos y la Semana Santa.

Un ingrediente del *Charoset* que se ha estudiado por su acción para combatir el cáncer

Se están estudiando los dátiles —frutos de la palma— por su actividad anticáncer. Según el botánico médico Dr. James Duke, antiguo director del *Germplasm Resources Laboratory* del Departamento de Agricultura de Estados Unidos, en su libro, *Medicinal Plants of the Bible*:

"Se dice que una cataplasma de nueces [un emplasto hecho con huesos machacados de dátiles] alivia los tumores de los testículos. Se cree que la fruta, preparada de varias maneras, es un remedio para el cáncer de estómago y de útero, los tumores abdominales, el endurecimiento del hígado y el bazo y los cánceres ulcerosos y no ulcerosos".

El Dr. Jonathan Hartwell, quien pertenecía al *National Cancer Institute* en Bethesda, Maryland, cuidadosamente seleccionó miles de plantas por su actividad anticáncer, y sus informes aparecieron en *Plants Against Cancer*, una encuesta publicada en la revista científica *Lloydia* (1967-71). Hartwell cita los usos medicinales de los dátiles en relación con los cánceres, los endurecimientos o los tumores del abdomen, las encías, el hígado, la boca, las parótidas, el bazo, el estómago, los testículos, la garganta, el útero y las vísceras.

El antropólogo médico Dr. John Heinerman afirma que "una bebida hecha con dátiles frescos y deshuesados en cualquier tipo de jugo (naranja, zanahoria o piña) sería la forma más lógica de ingerirlo, mientras que un puñado de dátiles deshuesados y hechos puré se puede esparcir sobre las erupciones externas obteniendo resultados aparentemente satisfactorios".[3]

Siempre se deben buscar los servicios inmediatos de un médico en casos tan serios como estos. No se recomienda el autotratamiento. El uso de dátiles debería ser considerado como un suplemento no comprobado pero aparentemente inofensivo para la terapia del cáncer, si su médico lo aprueba.

El milagro en el *Charoset* que ayuda a prevenir el desgaste de los huesos

Los dátiles son ricos en boro —un mineral que puede prevenir el desgaste (adelgazamiento) de los huesos que se presenta con el envejecimiento. Nuevas investigaciones muestran que el boro aumenta drásticamente los niveles de estrógeno natural en la sangre, una hormona que previene el desgaste de los huesos, conocido como osteoporosis.

Después de la menopausia, se produce una gran pérdida de hueso en las mujeres, en particular en las caderas, las rodillas y la columna vertebral. Esto también sucede a los hombres, a una

---

[3]John Heinerman, *Enciclopedia de jugos curativos*, Paramus, N.J.: Prentice Hall, Inc., 1997.

edad avanzada, pero la enfermedad se nota mucho antes en las mujeres.

El Dr. Forrest H. Nielson del *Human Nutrition Research Center* del Departamento de Agricultura de Estados Unidos, descubrió que cuando las mujeres posmenopáusicas consumían 3 miligramos de boro al día, las pérdidas de calcio disminuían en un 40 por ciento.

El Dr. Nielson descubrió que el boro producía la forma más activa de estrógeno, estradiol 17B, para *duplicar* los niveles encontrados en las mujeres sometidas a la terapia de reemplazo de estrógeno.

Sin boro, el organismo no puede retener calcio —sin embargo, el típico estadounidense consume sólo la mitad del boro necesario. Esto puede explicar por qué las personas que toman muchas tabletas de calcio y comen muchos alimentos ricos en calcio, todavía sufren de osteoporosis.

Los dátiles, las uvas, las pasas de uva, los frijoles (habas, habichuelas, judías), las almendras y la miel —todos Alimentos de la Biblia— son las fuentes más ricas de este mineral esencial que literalmente mantiene juntos a los huesos.

El milagro en el *Charoset* que alivia la enfermedad celíaca, el estreñimiento y el insomnio

La enfermedad celíaca, llamada también psilosis, es un trastorno intestinal crónico en el cual el organismo no puede tolerar el gluten, una sustancia proteínica elástica que se encuentra en la masa del pan, produciendo diarrea. Los dátiles contienen carbohidratos complejos de proteína y sales minerales que menguan esta reacción al gluten, según indica un experto. Los higos, otro Alimento Bíblico popular, actúan de manera similar. También los dátiles causan un efecto laxante dinámico y pueden aliviar los malestares intestinales y estomacales. Sin embargo, debido a que los dátiles son bastante dulces, no deberían ser consumidos por aquellos que tienen problemas de azúcar en la sangre, como diabetes e hipoglucemia.

Un Alimento Bíblico que consume las bacterias y mantiene los tejidos del cuerpo suaves y flexibles

Uno de los beneficios principales de las manzanas[4] es que proveen potasio —que mata los gérmenes quitándoles el agua: literalmente se secan y se consumen. El potasio también mantiene los tejidos suaves y flexibles, y combate el endurecimiento de las arterias. Usted puede comprobarlo usando vinagre de sidra de manzana como un suavizador de la carne (vea más adelante). Las manzanas también proveen pectina, una fibra soluble en el agua que reduce ampliamente el colesterol y protege a su corazón.

D. C. Jarvis, M.D., autor del best-séller *Folk Medicine*, prefería el vinagre de sidra de manzana —con propósitos medicinales— debido a que contiene todos los elementos de la manzana con la excepción del azúcar, que se convierte en ácido al fermentarse para formar el vinagre.

El ácido en el vinagre de sidra de manzana tiene mucho valor, afirmó el Dr. Jarvis, debido a que puede eliminar muchas enfermedades cambiando el sistema de alcalino a ácido. También mata las bacterias de los pulmones e intestinos —de tal manera que, de hecho, los desechos de los intestinos pierden su olor.

---

[4]Ha habido un gran debate sobre si las manzanas existían en la Tierra Santa de los tiempos bíblicos. Se ha sugerido que los membrillos, las uvas e incluso las bananas podrían ser lo que la Biblia trata de decir, cuando habla sobre las manzanas. Algunos expertos señalan a las exuberantes variedades de manzanas que crecen abundantemente allí en la actualidad, como muestra de su presencia en los tiempos bíblicos. Otros insisten que la manzana común no es nativa de Palestina, sino que es una introducción relativamente reciente, y que a lo mejor sólo unas pocas manzanas silvestres crecían en las montañas —pequeñas, ásperas y leñosas— que apenas podían sobrevivir al calor. Pero la verdad es que realmente existían manzanas exuberantes y comestibles en la Tierra Santa de los tiempos bíblicos, y lo sabemos debido a que el Talmud —los 39 libros de comentario bíblico que datan del siglo I d.C.— habla de ellas como alimento y medicina. Se las consideraba un manjar exquisito, notorias por su aroma agradable. A las manzanas, uvas y ciruelas se las consideraba saludables y se las servían a personas inválidas. El vino de manzana se utilizaba como una bebida, y si se lo añejaba, como una medicina. Vea *Biblical and Talmudic Medicine* por Julius Preuss, M.D., publicado en Alemania en 1911, traducido y editado por Fred Rosner, M.D., Sanhedrin Press, NY, 1978.

En tercer lugar, el ácido del vinagre de sidra de manzana disuelve el calcio y otros depósitos de minerales gruesos y obstructores del organismo, de manera que se puedan evacuar —exactamente de la misma forma en que disuelve el calcio y los depósitos de minerales de las teteras y los tubos de los hornos, indicó Jarvis.

Estos depósitos sólidos de calcio y minerales —que pueden ser la causa de varios tipos de dolor— son alcalinos antes de que el vinagre de sidra de manzana los disuelva.

Usted puede darse cuenta de esto con facilidad, según el Dr. Jarvis, sumergiendo la cáscara de un huevo en vinagre de sidra de manzana. Pronto empezará a hacer burbujas y ablandarse, y desaparecerá en forma gradual.

Se puede observar el mismo efecto al agregar jabón a la leche. Esto hará que la leche sea alcalina, espesa e incluso grumosa. Vierta un poco de vinagre de sidra de manzana y el ácido del vinagre disuelve los grumos de inmediato. (Obviamente la leche con jabón y vinagre no se debe consumir como alimento).

Se alivian muchas enfermedades con este maravilloso Alimento Bíblico Curativo

Entre las muchas enfermedades que se rinden ante el vinagre de sidra de manzana, según el Dr. Jarvis, se encuentran el endurecimiento de las arterias, las inflamaciones del riñón y la vejiga, la picazón del cuero cabelludo, la fiebre del heno y los síntomas de alergia como los ojos lagrimosos y la nariz que chorrea, la filtración de los senos nasales, el goteo posnasal, la sinusitis y el dolor facial o la neuralgia.

El dolor de la sinusitis paranasal se puede aliviar, dice, tomando siete dosis de una cucharadita de vinagre de sidra de manzana en un vaso de agua cada hora. Tome a sorbos, despacio. Por lo general aliviará el dolor de la neuralgia facial, según él. Tomar una cucharadita de vinagre de sidra de manzana en un vaso de agua, cuatro veces al día, producirá un alivio notable del dolor artrítico en las articulaciones pequeñas de las manos y los pies, por un periodo de dos semanas, afirmaba Jarvis.

Un Alimento Bíblico medicinal alivia la inflamación de los riñones

"Hace varios años", dijo la Sra. B., "padecía de ataques de pielitis, una inflamación de los riñones. Me ponía muy enferma, con escalofríos, dolores de cabeza, náuseas, fiebre, pulso acelerado y un dolor punzante en el riñón izquierdo que no me dejaba en paz. Me daba una urgencia tremenda por orinar, y cuando lo hacía me ardía, y el líquido estaba turbio, con pus. Mi médico me recetó antibióticos y reposo en cama. En realidad nada funcionó para librarme de este problema, hasta que un amigo me sugirió que probase vinagre de sidra de manzana, dos cucharaditas en un vaso de agua al día. La afección se mejoró de inmediato. Después de haber estado sin ataques unos pocos meses, interrumpí el vinagre de sidra de manzana. Un par de semanas después, la pielitis reapareció. Nuevamente pude librarme de ella con vinagre de sidra de manzana".

Un Alimento Bíblico Curativo para la vaginitis

Un antiguo pero eficaz remedio popular para la vaginitis consiste en agregar 3 tazas de vinagre de sidra de manzana a una bañera de agua caliente y sumergirse allí durante 20 minutos. Según se informa, los baños y las duchas de vinagre ayudan a restaurar la acidez normal de la vagina, lo que puede provocar la desaparición de la candida, la tricomona y la gardnerella.

Un Alimento Bíblico Curativo detuvo la esclerosis múltiple

La señorita L. A. relata: "Dos médicos me diagnosticaron esclerosis múltiple en abril de 1975. Todo mi lado izquierdo estaba débil y mi pierna izquierda estaba tan tiesa que en algunas ocasiones no podía subir ni bajar las escaleras. Estaba tomando todo tipo de suplementos vitamínicos pero no me mejoraron. Alrededor del primero de junio me acordé de un libro que había leído... escrito por un médico... Él decía que el vinagre formaba músculos fuertes. Empecé a tomar alrededor de una onza (30 g) al día mezclada con miel.

"Una semana después, visité a mi médico y mis pies ya no temblaban. Me dijo que definitivamente había mejorado. Pero todavía estaba débil así que empecé a tomar medio vaso al día. El mejoramiento fue drástico. He recuperado la mayor parte de la fortaleza... no sé por qué, pero el vinagre me ha aliviado más que cualquier otra cosa".

Cómo este Alimento Bíblico derrite la grasa

El vinagre de sidra de manzana contiene enzimas poderosas que ayudan a disolver masas de grasa y sacarlas del organismo de inmediato —tan poderosas, de hecho, que la carne remojada en vinagre de sidra de manzana se ablanda. Cuando se toma, incluso en pequeñas cantidades, como 2 cucharadas, mezcladas con jugo de frutas o vegetales, momentos más tarde empieza a disolver la grasa acumulada en los tejidos de las células, indica un experto.

Recuerdo muy bien cuando el libro *Folk Medicine* escrito por el Dr. Jarvis se convirtió en un gran best-séller entre 1958 y 1960, y sus remedios de vinagre de sidra de manzana eran muy populares. En ese entonces, un grupo de mujeres, entre las que se encontraba mi madre, solía almorzar juntas y entablar discusiones animadas. Uno de los temas más frecuentes era la dieta. El Dr. Jarvis aseguraba que era fácil adelgazar con el vinagre de sidra de manzana. Todo lo que tenía que hacer, decía, era tomar a sorbos un par de cucharaditas de vinagre de sidra de manzana disueltas en un vaso de agua con cada comida. No se necesitaba ninguna dieta en especial, simplemente una alimentación razonable. Aseguraba que una mujer podía rebajar tres tallas de vestido en aproximadamente 5 meses con esta fórmula; que una mujer que usaba la talla 50 de vestido podría usar la talla 42 al cabo de un año (eso es más de 100 libras ó 40 kilos) ¡haciendo poco esfuerzo!

Mi madre, quien nunca había podido rebajar de peso, adelgazó 12 libras en tres meses siguiendo esta "dieta"; bajó de 139 a 127 libras. Dos miembros más del grupo adelgazaron 10 y 16 libras, respectivamente, en 3 ó 4 meses. La ganadora, sin embargo, fue una mujer que bajó dos tallas de vestido en un año —una pérdida de aproximadamente 30 libras (12 kilos).

Cómo el óleo santo del Tabernáculo protege contra el botulismo, las infecciones causadas por estafilococos, candida y tuberculosis

La canela era uno de los ingredientes principales que se utilizaban en la preparación de los ungüentos preciosos u "óleo santo" que Moisés tenía que usar en el Tabernáculo para ungir los vasos sagrados y las personas de los sacerdotes que oficiaban el servicio religioso (Éxodo 30:23). Tenía que ser importado desde la India y por lo tanto era muy caro y apreciado.

La canela (*cinnamon*) es un antiséptico poderoso que mata muchas bacterias que causan descomposición y enfermedades. Elimina los microorganismos que causan el botulismo y las infecciones producidas por estafilococos. El jugo de la hoja tiene un efecto fuerte contra los gérmenes que causan la tuberculosis.

Suprime completamente la causa de la mayoría de las infecciones del tracto urinario (las bacterias *Escherichia coli* o colibacilo) y el hongo responsable por las infecciones vaginales (*Candida albicans*). Contiene un aceite anestésico natural, el eugenol, que lo hace útil para tratar las cortaduras y las contusiones. Estimula el útero y por lo tanto no debería ser usado por las mujeres durante el embarazo.

Una investigación reciente ha demostrado que ciertas especies —la canela, la nuez moscada (*nutmeg*), la cúrcuma (*turmeric*) y la hoja de laurel (*bay leaf*)— ayudan al organismo a utilizar la insulina mas eficazmente, de esta manera reduce los altos niveles de azúcar en la sangre. La canela también ayuda a descomponer las grasas en el sistema digestivo y a disminuir la presión sanguínea.

Una Hierba Milagrosa de la Última Cena elimina los venenos del organismo

En la mesa de la Pascua, el perejil (*parsley*) simboliza los nuevos comienzos, ya que es una de las primeras hierbas que aparece en la primavera. Pero el perejil es mucho más que eso. El jugo de perejil es de gran valor para eliminar las sustancias nocivas del organismo.

El perejil tiene una marcada acción sobre los túbulos de los riñones, neutralizando y promoviendo la excreción de desechos que contienen ácido úrico. Gracias a una sustancia que contiene, llamada apiol, ayuda en la concentración de la urea.

El perejil es un diurético excelente —elimina el exceso de fluido del organismo. Se usa medicinalmente para una variedad de enfermedades pero en particular para la inflamación del riñón, la incapacidad de orinar, la micción dolorosa, la presión de la próstata, la arenilla, los cálculos renales y otros trastornos urinarios. Culpepper escribió: "La semilla es eficaz para destruir los cálculos [biliares] y aliviar los dolores y tormentos que provocan..."

Casos relatados:

"Desde que empecé a comer perejil, la irritación de la vejiga y la presión de la próstata se aliviaron. Ahora, después de más de un año, me siento tan agradecido que quiero compartir esta información con otras personas que padecen como yo padecía". —Sr. R. B.

La Sra. M. D. R. informa: "Estaba discapacitada por lo que me diagnosticaron como una intoxicación acompañada por un caso serio de pielitis (inflamación de los riñones). Por dos años ayudé a ganarse la vida a un médico de medicina general y a un neurólogo. Después de dos años, no podía atravesar caminando mi dormitorio sin ayuda, había perdido 50 libras y mi billetera era una sombra de lo que antes había sido... Un conocido me preguntó si había probado el té de perejil... Como nunca lo había hecho, me dio estas instrucciones: 'Coja un ramillete de perejil fresco... lávelo con agua fría. Colóquelo en un bol y cúbralo con agua hirviendo. Tape para retener el calor. Cuando se enfríe, vierta el líquido y tómelo durante un periodo de 24 horas. Repita diariamente hasta que se cure'.

"Lo he recomendado a muchas personas. Todas se han curado, sin importar si el problema está relacionado con el riñón o con la vejiga, nunca ha requerido más de tres semanas para curar, y he conocido varios casos en los que sólo tres días fueron suficientes. Mi propio caso necesitó entres dos y tres semanas para curarse, y ha pasado un lapso de 35 años sin tener ninguna recaída.

"Hace unos pocos meses, me enteré que una amiga tenía problemas renales. Sin investigar más a fondo le aconsejé que siguiera las instrucciones mencionadas anteriormente. Después de un mes recibí una carta de dos páginas en la que me decía que ella había estado controlada por su médico durante seis meses con dos internaciones en el hospital. Recibió mi carta el día que había regresado de su última estadía en el hospital y se decidió a probarlo. En tres días, la orina estaba perfectamente clara y ella se encontraba lista para volver a realizar los quehaceres domésticos de su casa rodante. Al cabo de una semana, estaba recorriendo el parque para ponerse al día con sus obligaciones sociales y contarle a todo el mundo sobre su cura maravillosa".

Un diabético sin esperanza, que fue enviado a su casa a morir en paz, todavía está vivo después de 30 años, gracias a 3 Alimentos Bíblicos Curativos

Los médicos le dijeron a Ted V., un hombre con diabetes avanzada, que su caso no tenía cura, y a los 60 años de edad lo enviaron a su casa a morir en paz. A los 90 años de edad, todavía está vivo y ¡en excelente estado de salud! Había comenzado a comer una combinación de ajo, perejil y berro. El nivel de azúcar en la sangre disminuyó de 200 a 110. Y continuó usando felizmente este remedio por muchos, muchos años.

El Sr. C. D. padecía de agrandamiento de la próstata, con infección y pus, y finalmente una oclusión completa de la orina. Se encontraba muy asustado y tenía fiebre y escalofríos. Lo llevaron al hospital, donde un médico rápidamente le insertó un tubo para drenar la vejiga. No podía orinar sin el tubo. Le dijeron que necesitaba una cirugía, pero no le podían operar, debido a que tenía diabetes. Le recomendaron que tomara té de perejil. Después de tomar este té, finalmente pudo orinar sin la necesidad de un tubo, el nivel de azúcar se normalizó y felizmente ¡pudo evitar la cirugía! Muchas personas más informan que han obtenido el mismo alivio.

Tiró los bastones a la basura

Parece que el té de perejil ejerce un efecto beneficioso en algunos tipos de reumatismo. Un anciano nos contó que apenas podía arrastrarse con la ayuda de dos bastones. Este hombre empezó a tomar té de perejil y se recuperó de tal manera que tiró los bastones a la basura.

Estas mujeres aseguran que el dolor de las articulaciones causado por la menopausia desapareció gracias a un Alimento Bíblico Curativo

La Srta. M. H. le preguntó al director de una publicación sobre la salud, "¿Qué métodos naturales podría usar para tratar el reumatismo menopáusico?" El director respondió: "Se ha descubierto que el perejil, que contiene apiol, brinda alivio en muchos de los casos de reumatismo en mujeres que están atravesando por este 'cambio de vida'. ¿Cómo se toma? Coloque un puñado de perejil fresco en una cacerola enlozada (*enamel saucepan*), de 2 pintas (un litro) de capacidad, y cubra con una pinta y media (3/4 de litro) de agua fría. Haga hervir. Cocine a fuego lento no más de 10 segundos. Retire la cacerola de la hornilla; deje enfriar; cuele cuando esté frío. Aquellos que prefieren una infusión fuerte pueden agregar más perejil, ya que esta hierba culinaria común es inofensiva".

Usos reportados del perejil: [5]

> "Una mujer que conozco tomó té de perejil durante seis semanas para purificar los riñones. Ella jura que el té no sólo hizo el trabajo, sino que también mantuvo controlado el reumatismo durante esa etapa de cambio de vida. Ahora, cuando siente la más mínima punzada de reumatismo toma el té por

---

[5]Richard Lucas, *Magic Herbs for Arthritis, Rheumatism, and Related Ailments*, West Nyack, NY: Parker Publishing Company, Inc., 1981.

un tiempo, y dice que éste se encarga de solucionar el problema". —Srta. T. T.

"Muchas mujeres padecen de reumatismo durante la menopausia y yo fui una de ellas. Pero me alivié tomando té de perejil. El perejil es un buen remedio para muchas cosas y es completamente inofensivo". —Sra. C. B.

"Durante el cambio de vida, padecí de dolor en mi rodilla derecha. El médico me recetó algunas tabletas que no me aliviaron, sino que me provocaron malestares estomacales. Después le pregunté a una amiga mía, que cree en remedios tradicionales, qué hubiera utilizado en mi caso. Me recomendó el té de perejil. Después de usarlo por un periodo de varias semanas me dí cuenta de que mi rodilla se había normalizado.

"Le mencioné este remedio a una de mis familiares que también estaba pasando por la menopausia y se quejaba de un dolor en el hombro. Y ella, también, obtuvo muy buenos resultados utilizando el té, ya que el dolor desapareció". —Sra. E. P.

Un Alimento Bíblico ayuda a prevenir las hernias

Los antiguos creían que el perejil "ajustaba los dientes flojos" y "aclaraba los ojos oscuros" —lo que tiene respaldo científico, ya que el perejil contiene 22.500 unidades de vitamina A por onza (30 g), cuatro veces más vitamina C que el mismo peso de naranjas y tiene un contenido de hierro que supera el de la espinaca (5,73 mg por onza, contra 1,2 de la espinaca). Dorothy H. Anderson, M.D., de la Universidad Columbia informó sobre pruebas con animales en las cuales la vitamina A había aumentado la resistencia a las hernias —un problema frecuente de los ancianos. Ella descubrió que una deficiencia de vitamina A aumentaba la susceptibilidad a esta enfermedad.

Alivio instantáneo para la alergia con este Alimento Bíblico

El Dr. Heinerman relata que, en una convención sobre el estilo de vida natural donde iba a dar una charla, empezó a estornudar continuamente. A pesar de no tener idea de cuál podría ser la causa, durante la cena en la cafetería del edificio le dio antojo de comer un poco de perejil recién cortado y lavado que se encontraba en la barra de ensaladas. Llenó su plato de ramitas de perejil, las cubrió con un poco de aliño de aceite y vinagre y devoró el plato entero de perejil. "Algo maravilloso sucedió al poco tiempo", dice. "Mis persistentes estornudos ¡cesaron por completo! Todavía no sé qué es lo que tiene el perejil que produce este efecto, ¡sólo sé que esta hierba frondosa es buena para las alergias!" [6]

Un estudio realizado en 1984 por W. W. Busse y colaboradores, publicado en el *Journal Of Allergy and Clinical Immunology* (73:801) muestra que el perejil inhibe la secreción de histamina, una sustancia química producida por el organismo que provoca los síntomas de la alergia.

Cómo usar este Milagroso Alimento Curativo

Los antiguos utilizaban el perejil para absorber los vapores embriagadores del vino. También lo comían para neutralizar con rapidez el olor del ajo. El perejil es famoso por neutralizar los olores, debido a su alto nivel de clorofila, el ingrediente activo de muchos de los refrescantes para el aliento.

Tomar té de perejil después de las comidas es una buena protección contra la indigestión. Simplemente remoje unas ramitas de perejil en agua hirviendo, endulce al gusto y beba. Comer hojas de perejil frescas es mejor aún.

---

[6]John Heinerman, *Enciclopedia de jugos curativos*, Paramus, N.J.: Prentice Hall, Inc., 1997.

Cuando prepara té de perejil, también puede usar las raíces. Las raíces secas de perejil están disponibles en muchas tiendas de alimentos naturales (*health food stores*). Son mucho más poderosas que las hojas. Por lo tanto, se deberían seguir las instrucciones del fabricante.

Precaución

El jugo de perejil puede estimular las contracciones uterinas durante el embarazo. Esto se debe a una sustancia química que contiene, llamada apiol. A principios de siglo, se usaban grandes dosis de apiol para inducir abortos, a pesar de sus incómodos efectos secundarios (intoxicación, mareo, destellos de luz, vértigo, zumbido en los oídos). Las mujeres embarazadas pueden consumir cantidades normales de perejil. Y por lo general se considera que es seguro para las personas adultas saludables, no embarazadas y que no se encuentren en la etapa de lactancia.

Las mujeres que amamantan deberían saber que el perejil puede secar el suministro de leche. Pero después del periodo de destete, el té de perejil se puede usar para inhibir la producción de leche y aliviar la incomodidad de los senos rebosantes. El comer perejil fresco es un antiguo remedio popular para la sensibilidad de los senos causada por la retención de líquidos —elimina el exceso de agua del organismo.

Una alternativa natural a los medicamentos recetados para la gota

En las ceremonias de la Pascua, el apio se puede sustituir con perejil. El apio es un miembro de la familia del perejil, y se lo menciona en el Talmud, los 39 libros de comentario bíblico que datan del siglo I, como un remedio para las infecciones y los tumores. El uso más famoso del apio, sin embargo, es como un remedio para la gota.

El apio neutraliza el ácido úrico en el organismo. La causa inmediata de la gota es una acumulación excesiva de ácido úrico en las articulaciones —por consumir muchos alimentos dulces y feculentos. El ácido úrico forma cristales sólidos en las articulaciones, los cuales causan un dolor insoportable.

El dolor ataca de repente, casi siempre en el dedo gordo del pie, la muñeca, el tobillo o el pulgar. La piel se torna brillante, roja o morada, hinchada e intolerable al tacto. A diferencia de la artritis, donde el dolor es profundo, en la gota el dolor es agudo e intenso. Se pueden presentar fiebre o escalofríos, con un pulso acelerado. Los ataques pueden durar 4 días o más, aumentando en frecuencia.

Cuando los cristales de ácido úrico se agrupan en los riñones, pueden producir un daño serio en ellos. El derrame excesivo de ácido úrico en la orina puede producir cálculos renales.

El apio es hipourémico —disminuye el ácido úrico. Además contiene alrededor de 20 agentes antiinflamatorios diferentes. El té de semillas de apio se puede preparar colocando de una a dos cucharaditas de semillas frescas machacadas en una taza de agua hirviendo. Deje en reposo por 20 minutos, cuele y endulce al gusto. Dosis: 1 taza tres veces al día. También se puede tomar en forma de tabletas de extracto de semillas de apio, cuatro al día.

Para algunas personas, esto funciona tan bien como los medicamentos tradicionales, tales como el alopurinol (*Zyloprim*), el bicarbonato sódico, la fenilbutazona o la colchicina —sin ningún tipo de efectos secundarios. La colchicina, por ejemplo, fue descubierta por algún desconocido genio egipcio alrededor del año 500 a.C. y se la ha usado con regularidad desde ese entonces. Nadie sabe por qué funciona pero sí produce un alivio rápido. Sin embargo, es una medicina muy fuerte y puede causar náuseas, vómito y otros efectos secundarios.

Casos relatados:

El Sr. F. T. dice: "Desde que empecé a tomar diariamente té de semillas de apio y a agregar apio fresco a mis comidas, no he tenido más reumatismo. Y gracias a Dios ya no padezco de

ataques de gota en mi dedo gordo derecho, que solía provo
carme unos terribles espasmos de dolor. Espero que usted
sepa compartir con los demás esta experiencia extraordinaria".

"Estoy tan feliz de haberme enterado del té de apio", dice la
Sra. W. M. "Es la única cosa que eliminó el desagradable dolor
de la bursitis que tenía en el hombro, y me devolvió el movimiento. Tomé el té religiosamente todos los días y seguí una
dieta liviana".

Las semillas de apio también contienen una sustancia diurética
que causa que kilos de exceso de agua se drenen, y se ha utilizado
para perder peso, aliviar la presión sanguínea alta y la insuficiencia
congestiva del corazón. Las semillas de apio estimulan las contracciones urinarias y algunas mujeres las han utilizado para inducir la
menstruación o para aliviar la sensación de estar hinchada causada
por la retención del fluido premenstrual. Ha bajado los niveles de
azúcar en la sangre.

Alivio para el dolor de la ciática

La ciática es una inflamación dolorosa del nervio ciático que atra-
viesa la parte trasera del muslo y la pierna. Para aliviarse, mi madre
toma un té fuerte de semillas de apio antes de cada comida. Para
muchas personas, esto en realidad mejora la afección. El té de semillas de apio se puede comprar en las tiendas de alimentos naturales.
Pero las semillas de apio están disponibles en el estante de las especias del supermercado. También las puede conseguir permitiendo
que el apio de jardín crezca hasta que florezca.

Se desvaneció el dolor de la neuralgia facial

"Una amiga mía me dijo que se había aliviado por completo de la
neuralgia facial tomando jugo fresco de apio. Le pregunté si me
podía prestar su juguera, ya que quería ver si el jugo de apio

podía aliviar mis dolorosos ataques de neuritis que me hacían sufrir cada invierno. Tomé dos pintas (1 litro) de jugo al día y para el final de la semana el dolor había desaparecido. Seguí tomando el jugo durante tres semanas más para asegurarme que el dolor no regresara. Esto sucedió hace 5 años. Me compré mi propia juguera y cuando siento el más mínimo signo de dolor, de inmediato empiezo a tomar jugo de apio y el ataque de neuritis no se produce".
—Sra. L. S.

Un bloqueador de calcio natural

El apio contiene bloqueadores de calcio y otras sustancias químicas provenientes de plantas que ayudan a prevenir y tratar las arritmias y otros compuestos que ayudan a disminuir la presión sanguínea y el colesterol. El apio es rico en apigenina, una sustancia química que dilata los vasos sanguíneos y puede ayudar a prevenir la presión sanguínea alta.

Investigadores del Centro Médico de la Universidad de Chicago han descubierto que cantidades muy pequeñas de un compuesto del apio, 3-n-butilo ftalido, puede disminuir la presión sanguínea de un 12 a un 14 por ciento en animales, y el colesterol en un 7 por ciento aproximadamente. La dosis equivalente en seres humanos se puede conseguir con cuatro tallos de apio. Después de comer un cuarto de libra (120 g) de apio al día durante una semana, la presión sanguínea de un hombre de 62 años bajó de 158 sobre 96, a 118 sobre 82.

Un Alimento Bíblico Curativo mantiene a una mujer, de 96 años, sin cataratas

A los 96 años de edad, mi bisabuela Celia juraba que el jugo de apio, colocado en los ojos con un gotero, había eliminado sus cataratas hacía 40 años, había restaurado su visión y mantenido su visión tan aguda que podía leer en la oscuridad sin lentes.

Lo preparaba machacando con un tenedor un poco de apio hasta formar una pulpa; después colaba el jugo, agregaba un poco de agua y se ponía unas gotas en los ojos. El apio tenía que ser fresco del jardín y verde (y probablemente sin pesticidas). Y usaba agua de manantial pura. Se aplicaba el jugo de apio dos o tres veces a la semana.

✦ ✦ ✦

La agencia federal estadounidense *Food and Drug Administration* (*FDA*) considera que las preparaciones de apio son generalmente seguras. Sin embargo, las personas con afecciones específicas deberían consultar con sus médicos antes de usarlo. Esto es especialmente cierto en las personas con problemas del riñón y las mujeres embarazadas o en la etapa de lactancia. El té, jugo, aceite o extracto de apio nunca deberían usarse para tratar de inducir un aborto.

CAPÍTULO · 5

MILES DE PERSONAS ASEGURAN QUE UNA HOJA MILAGROSA DE LA ÚLTIMA CENA LES SALVÓ LA VIDA

...y su hoja servirá para medicina. *Ezequiel 47:12*

Otra planta milagrosa que se encontraba sobre la mesa en la Última Cena era la acederilla, una de las hierbas amargas. Su agradable sabor ácido la convierte en un buen condimento para la carne, que es exactamente como se usó en la Última Cena.

La acederilla (*sheep sorrel*) —un regalo del Cordero de Dios— estuvo cerca de ser considerada por los médicos como una hierba milagrosa, a través de los siglos, debido a su fuerte poder para combatir las infecciones, aliviar los bloqueos del estómago e intestinos, restaurar el apetito de las personas enfermas, aliviar las náuseas y el vómito, los abscesos y las úlceras. Tiene un largo historial como un remedio popular contra el cáncer en Europa y América.

El uso más conocido de la acederilla es como parte de un remedio anticáncer —un té sencillo de 4 hierbas llamado "Essiac"— revelado por un curandero indígena en Canadá hace 75 años. Es una de las historias más notables de toda la medicina, debido a que muchos médicos han dicho que alivia el dolor y restaura la fortaleza cuando todo lo demás ha fallado. Miles aseguran que les ha salvado la vida, mientras que la mayoría de los médicos aseveran que no tiene ningún valor medicinal.

La notable historia del Essiac

En 1922, una enfermera canadiense llamada Rene Caisse que traba-jaba en un hospital al norte de Ontario notó, cuando bañaban a una paciente anciana, que tenía un seno con muchas cicatrices. Cuando le preguntó a la mujer, quien tenía casi 80 años, qué había sucedido, ésta le respondió que hacía unos 20 años, cuando vivía en un cam-pamento minero con su esposo, había desarrollado tumores en sus senos. Los médicos de Ontario le habían diagnosticado un caso avanzado de cáncer y le dijeron que el seno tenía que ser extraído quirúrgicamente.

Debido a que no tenían dinero para la cirugía, regresaron al campamento, donde un curandero *ojibway* —amigo de su esposo— dijo que podía curarla. Él preparó un té herbario, que la mujer tomó diariamente. Su seno empezó a mejorar. El curandero le enseñó cómo preparar el té, para que pudiera seguir tomándolo. Ella lo hizo por más de un año y los tumores desaparecieron. Más de 20 años después, ella todavía lucía en excelente estado.

Rene le preguntó a la mujer cómo preparaba este té. "Pensé que si en alguna oportunidad yo desarrollaba cáncer, lo iba a utili-zar", dijo. Vea la receta en la página 92.

Los ingredientes —acederilla, raíz de bardana (*burdock*), cor-teza de olmo norteamericano (*slippery elm*) y raíz de ruibarbo turco (*Turkish rhubarb*)— han existido por años (tres de los cuatro son plantas mencionadas en la Biblia) y su compra es considerada lícita y segura en las tiendas de alimentos naturales y los distribuidores herbarios de Estados Unidos y el resto del mundo (vea "Una mirada más detallada al Essiac", en la página 98).

Su tía se recuperó, después de recibir la noticia de que le quedaban sólo seis meses de vida

En 1924, a la tía de Rene la operaron y le diagnosticaron con un caso avanzado de cáncer de estómago, que involucraba al hígado, y le dijeron que le quedaban seis meses de vida. Rene le comentó al médico de su tía sobre el té indio de *ojibway*, y le preguntó si su tía podía probarlo. Él dio su consentimiento. Después de tomar este té herbario todos los días por un mes, la tía de Rene se recuperó y vivió 21 años más.

El médico, R. O. Fisher, M.D., de Toronto, estaba tan fascinado por esta recuperación milagrosa que junto con Rene empezaron a experimentar con ratones inoculados con células cancerígenas humanas. Los resultados fueron tan impresionantes que el Dr. Fisher decidió probar esta mezcla herbaria en algunos de sus pacientes con cáncer avanzado. Estos pacientes también presentaron una mejoría definitiva.

Rene llamó "Essiac" al té —su apellido deletreado al revés. Otros médicos escucharon hablar de él y empezaron a enviarle sus pacientes con cáncer avanzado.

La diabetes desapareció y el páncreas volvió a la normalidad

En 1925, un médico persuadió a Rene para que tratara a una mujer que tenía cáncer de los intestinos complicado por la diabetes. Debido a que nadie sabía los efectos que el Essiac podría provocar en un paciente que tomaba insulina, su médico, el Dr. J. A. McInnis, decidió interrumpir la insulina y si la diabetes empeoraba ella podría volverla a tomar. "Para nuestra sorpresa", dice Rene, "la diabetes mejoró con el Essiac... y siguió mejorando hasta desaparecer por completo".

En cuanto al cáncer en los intestinos, según Rene: "Al principio se agrandó y endureció y por poco causa una obstrucción intestinal. Sin embargo, después de unos tratamientos se ablandó y redujo de tamaño hasta desaparecer por completo... se suspendieron los tratamientos de Essiac después de 6 meses de inyecciones semanales* y la paciente mantuvo su buen estado de salud".

---

*Algunos ingredientes del Essiac se administraban por medio de inyecciones —debido a que funcionaban más rápidamente de esta manera— y el resto se proporcionaba en forma de té para beber. Si se inyectaban todos los ingredientes, esto causaba una reacción violenta. Desgraciadamente, no se sabe cuáles hierbas conformaban la solución inyectable. En la actualidad el Essiac se utiliza sólo como bebida herbaria y contiene las cuatro hierbas.

En 1926, el Dr. Frederick Banting, co-descubridor de la insulina, revisó este caso y concluyó: "El Essiac debe hacer funcionar normalmente al páncreas, de otra manera la paciente hubiera tenido que seguir un tratamiento por el resto de su vida, de la misma manera que hubiera tenido que tomar insulina".

A pesar de que ningún diabético debería dejar de tomar la medicación recetada, décadas más tarde, encontramos este comentario de Julian Whitaker, M.D., en su boletín informativo sobre la salud, que se refiere al Essiac: "He visto expedientes de pacientes diabéticos que estaban tomando insulina y pudieron dejarla por completo después de usar esta fórmula herbaria".[1]

Ocho médicos afirman que alivia el dolor y no causa ningún daño

En 1926, ocho médicos, quienes habían comprobado los resultados del tratamiento con Essiac, pidieron a la agencia de sanidad canadiense (*Department of Health and Welfare*) en Ottawa, que le permitiera a Rene conducir pruebas a gran escala con el Essiac. En su petición indicaron: "Creemos que el tratamiento anticáncer de Rene Caisse *no causa ningún daño, alivia el dolor, reduce el agrandamiento y prolonga la vida en casos sin esperanza.* Por lo que sabemos, ella no ha tratado ningún caso hasta después de que todo [lo demás] ha fracasado, e incluso en esos casos ella pudo lograr resultados increíblemente beneficiosos".

En respuesta, la agencia canadiense envió dos médicos con una orden de detención. "Pero cuando descubrieron que estaba trabajando con ocho de los médicos más eminentes de Toronto", dijo Rene, "no me arrestaron". De hecho, uno de ellos, el Dr. W. C. Arnold, estaba tan impresionado que arregló para que Rene continuara su trabajo en los laboratorios del hospital Christie Street.

---

[1]Reimpreso con autorización del doctor Julian Whitaker, M.D.

ℿiles vinieron en busca de una nueva oportunidad

Las noticias sobre estas recuperaciones milagrosas se esparcieron rápidamente, con un flujo de pacientes siempre en aumento (unos 30 por día) que venían al apartamento de Rene en busca de tratamiento. Al poco tiempo, los vecinos empezaron a quejarse sobre la congestión de automóviles y personas. Ella se hacía cargo de casos diagnosticados como incurables. Para evitar las constantes amenazas de arresto, varios médicos y pacientes ayudaron a Rene a conseguir un permiso del Dr. J. M. Robb, el Ministro de Sanidad, para tratar a los pacientes. "El Dr. Robb me dijo que no me volverían a interrumpir siempre y cuando no cobrara los tratamientos y tuviera un diagnóstico de cáncer escrito por el médico de cada paciente".

En 1935, en la pequeña ciudad de Bracebridge (cerca de Toronto), donde vivía Rene Caisse, le alquilaron un edificio por $1 al mes, para que lo usara como clínica. Esto se produjo cuando el médico de la ciudad, Albert Bastedo, M.D., remitió a Rene un paciente terminal que padecía de cáncer de los intestinos y el paciente se recuperó. El médico estaba tan impresionado por la recuperación que convenció al ayuntamiento de la ciudad para que le dieran a Rene un hotel viejo que había estado cerrado debido a que no habían pagado los impuestos.

"Aquí, durante casi ocho años, traté a miles de pacientes, la mayoría de ellos desahuciados, después de que la ciencia médica había fracasado", dijo Rene. Ella lo hacía gratuitamente, siempre bajo la supervisión de un médico. La calle Dominion estaba tan concurrida como el santuario de Lourdes con gente en busca de una nueva oportunidad de seguir viviendo. Algunos llegaban cargados. Otros en ambulancia, que era precisamente donde se les administraba el primer tratamiento. Pero después de unos tratamientos, ellos podían ingresar caminando a la clínica cada semana. Algunos viajaban cientos de millas. Provenían de todos los puntos de Canadá y Estados Unidos.

Rene rechazaba a las personas que venían sin un diagnóstico escrito por un médico. (Algunos médicos se negaban a proporcionarlo). "Ellos me rogaban que los tratara... era muy triste en algunas ocasiones. A veces los médicos que me visitaban examinaban a estos pacientes y les daban un diagnóstico escrito por lástima del paciente".

Rene aceptaba pequeñas contribuciones voluntarias, nunca más de $2, que a duras penas cubrían los gastos y mantuvo en espera, por los siguientes 40 años, a los recaudadores que tocaban a su puerta. Ella se negó a lucrar, obtener beneficio económico, con el Essiac, a pesar de que le ofrecieron miles de dólares por los derechos exclusivos para vender la receta que encontrará en la página 92.

Con pocos días de vida, su madre se recupera

Poco después de que la clínica abrió sus puertas, a la madre de Rene, de 72 años, le diagnosticaron cáncer del hígado, inoperable debido a su corazón débil. Uno de los mejores especialistas de Ontario, el Dr. Roscoe Graham, le dijo que le quedaban pocos días de vida. Indicó que el hígado se había convertido en "una masa nodular". Rene empezó a administrarle inyecciones diarias de Essiac a su madre, a quien no le habían revelado que tenía cáncer, haciéndole creer que era un tónico para hacerle sentir mejor. Después de 10 días, la madre de Rene se repuso, recuperó su fortaleza y se restableció por completo, viviendo 18 años más antes de fallecer a los 90 años de edad, "sin dolor, sólo un corazón agotado".

"Esto me recompensó por todo el trabajo", declaró Rene más tarde, "dándole a mi madre 18 años más de vida que no hubiera podido disfrutar si no hubiera sido por el Essiac, y compensó en gran parte la persecución de la que fui objeto por parte del mundo médico".

+ + +

"Durante este tiempo, muchos, pero muchos médicos, cirujanos y científicos visitaron mi clínica, leyeron historiales médicos, examinaron pacientes y me observaron administrar los tratamientos de Essiac", dijo Rene. "Médicos de muchas partes de Estados Unidos vinieron [y] trajeron o enviaron pacientes".

"Por Dios, lo ha logrado"

El Dr. Richard Leonardo, cirujano especialista y médico forense de Rochester, en el estado de Nueva York, al principio se burlaba de la idea de que el Essiac tuviera algún mérito. Decía que era completamente sicológico –que era la personalidad de Rene y no el Essiac, que estaba logrando buenos resultados. Rene le dijo que la única manera de comprobarlo o descartarlo era permanecer en la clínica y observar a los pacientes, lo que el médico decidió hacer.

El Dr. Leonardo permaneció 4 días examinando a los pacientes y conversando con otros médicos. Antes de irse, se sentó, dio una palmada en el brazo del sillón y dijo, "Bien, ¡por Dios lo ha logrado! Pero la profesión médica no le va a permitir que me haga esto a mí. Pasé siete años en la facultad de medicina y he escrito varios libros".

"Me dijo", contó Rene, "que si se aceptaba mi tratamiento de una simple inyección hipodérmica, él tendría que ir a su casa, arrancar las hojas de sus libros y echar a la basura sus instrumentos quirúrgicos".

"La rapidez de la recuperación fue absolutamente maravillosa"

La Dra. Emma Carson, una doctora de Los Ángeles, viajó a Bracebridge en el verano de 1937 para ver con sus propios ojos si había algo de cierto en las noticias sobre los impresionantes resultados que Rene Caisse había logrado con el Essiac. Era escéptica y sólo tenía planeado quedarse por unos días. Terminó quedándose casi un mes, escrutando los expedientes de más de 400 pacientes y examinando a muchos de ellos,

The Huntsville Forester, una publicación canadiense, citó a la Dra. Carson diciendo: "Estoy simplemente impresionada por lo que he encontrado... Mientras más investigaba, más me convencía de que la Srta. Caisse ha descubierto un tratamiento contra el cáncer de importancia mundial".

En un comunicado de prensa publicado por varios periódicos, la Dra. Carson declaró: "La vasta mayoría de los pacientes de la Srta.

Caisse recurren a sus servicios después de que la cirugía, la radioterapia, los rayos X, los emplastos, etcétera, han fallado, y los pacientes han sido declarados incurables. El progreso obtenido por los resultados de los tratamientos de 'Essiac' y la rapidez de la recuperación fueron en realidad maravillosos y hay que verlo para creerlo".

"El remedio más humano, satisfactorio y frecuentemente exitoso que se ha descubierto"

En un informe de 5 páginas, la Dra. Carson expresó: "También visité, examiné y obtuve información en los hogares de los pacientes, donde ejercían sus vocaciones empresariales tan hábilmente como si nunca hubieran padecido de cáncer... Apenas podía creer lo que mi cerebro y mis ojos estaban presenciando, en algunos de los casos más seriamente afectados...

"Varios médicos y cirujanos destacados que están familiarizados con los irrefutables resultados obtenidos con los tratamientos de 'Essiac'... reconocieron que el 'tratamiento de Essiac' para el cáncer, de Rene M. Caisse, es el más humano, satisfactorio y frecuentemente exitoso remedio para la aniquilación del cáncer 'que ellos conocían en aquel entonces'..."

Un médico fue testigo del alivio del dolor en muchos casos difíciles

El Dr. Benjamin Guyatt, un profesor de anatomía de la Universidad de Toronto, era otro investigador independiente. Realizó docenas de inspecciones en la clínica de Rene durante los años treinta y escribió lo siguiente:

"En la mayoría de los casos, los semblantes distorsionados se normalizaban y el dolor disminuía, conforme el tratamiento avanzaba.

"El alivio del dolor es una característica distintiva, ya que en estos casos es muy difícil de controlar. Revisando casos auténticos de cáncer, se descubrió que la hemorragia se pudo controlar en casos muy complicados. Las lesiones abiertas en labios y senos respondieron muy bien al tratamiento. Los cánceres del cuello del útero, el recto y la vejiga habían desaparecido. Los pacientes con cáncer de estómago, diagnosticado por médicos y cirujanos de buena reputación, han retomado sus actividades normales.

"El número de pacientes tratados en esta clínica llega a muchos cientos y desconozco el número de los que han respondido completa o parcialmente, pero sí sé que he sido testigo en esta clínica de que este tratamiento provoca una recuperación, destruyendo el tejido del tumor, y suministra algo que mejora la perspectiva de vida y facilita el restablecimiento de las funciones fisiológicas".

"Para mí es un privilegio hacer todo lo posible para distribuir, a los que padecen de cáncer, este remedio, el 'Essiac', que ha traído alivio y ha restaurado la salud de muchos en el pasado".

Según Rene, el Dr. Guyatt visitaba la clínica casi todos los meses durante 3 años. "Sin embargo", ella expresó, "a pesar de los buenos informes y las peticiones firmadas por los médicos, la [*Royal Cancer Commission*] informó que no había encontrado ningún tipo de beneficio en el tratamiento".

55.000 firmaron una petición

En 1938, más de 55.000 personas, incluyendo muchos médicos, firmaron una petición respaldando un proyecto de ley que se presentó ante el Parlamento de Ontario para posibilitar que Rene siguiera tratando a pacientes que habían sido declarados incurables por los médicos, sin el continuo hostigamiento del Ministerio de Sanidad de Ontario y las amenazas de arresto por practicar la medicina sin un título, utilizando un método no aprobado, negándose a revelar con exactitud las hierbas que utilizaba en el Essiac y negándose a limitarse en probarlo sólo con ratones.

En lo que se refiere a practicar la medicina sin un título, ella dijo, "Soy una enfermera, no un médico, por lo tanto siempre me aseguraba que cada caso fuera diagnosticado por un médico calificado y, tan pronto como me era posible, administraba el tratamiento bajo la observación de los médicos".

En cuanto a limitarse a ponerlo a prueba sólo con ratones, ella dijo, "Me parecía que era inhumano que me pidieran que dejara de tratar a los pacientes mientras les demostraba si funcionaba o no con los ratones... he realizado varias investigaciones con animales... descubrí que en los ratones... después de 9 días de usar Essiac... el tumor remitía hasta el punto que ya no invadía el tejido vivo".

Correcta o incorrectamente, nunca reveló a nadie cuáles hierbas utilizó, o cómo, con la excepción de unos amigos cercanos que le juraron mantener el secreto.

Rene tenía una razón de peso para no revelar su receta. Decía que cada remedio herbario que caía en las manos de los investigadores desaparecía después de que ellos conseguían la fórmula —desacreditándola en favor de medicamentos y tratamientos mucho más caros.

Ella dijo que hubiera revelado su fórmula con mucho gusto a la comunidad médica si solamente hubiera aceptado que el Essiac tenía algún mérito, y hubiera prometido que sería usada para ayudar a la humanidad. Pero la comunidad médica rehusó a hacerlo.

Así que ella guardó su secreto hasta un año antes de morir. En ese momento, vendió la fórmula, por $1, a una compañía de medicamentos que ella pensó que la podría distribuir ampliamente. Pero las pruebas lo estancaron —y todavía continuaban—, cuando ella murió a los 90 años de edad (después de una cirugía de la cadera). Rene estaba harta. Quería que se usara de inmediato para detener el sufrimiento de los seres humanos.

Testimonios convincentes

Como resultado, se llevaron a cabo audiencias auspiciadas por la *Royal Cancer Commission*, en marzo de 1939. Los seis médicos del panel eran cirujanos, radiólogos y diagnosticadores. El presidente era un juez de la Corte Suprema de Ontario. De las 387 personas que vinieron a respaldar a Rene, todos ellos antiguos pacientes, sólo les permitieron testificar a 49. Todos declararon que ella les había salvado la vida después de que habían sido declarados incurables y con poco tiempo de vida, por médicos y especialistas.

Testimonio relatado ante la Comisión:

Tony Bazuik, un vigilante del ferrocarril, había recibido radioterapia para el cáncer de labio que le dejó la boca tan hinchada e inflamada que no podía comer o respirar por ella. El dolor le obligó a renunciar a su trabajo. Sus amigos le dieron dinero para que viajara a Bracebridge para ver a Rene Caisse. "Su cara estaba tan desfigurada que era casi intolerable verla", dijo. Sintió un alivio inmediato después de recibir la primera dosis de Essiac, pero no pudo regresar para la segunda visita. A pesar de eso, después de sólo un tratamiento, su labio volvió a la normalidad. Regresó a su trabajo, nunca tuvo una reaparición y casi 40 años después, a los 79 años, comentó en una revista canadiense que podía "comer como un hombre, trabajar como tres y dormir como un bebé".

A Annie Bonner le habían diagnosticado cáncer de cuello del útero que era inoperable debido a que se había esparcido por otros órganos. "Durante 10 días sufrí intensamente a causa de agujas de radio", declaró. Luego tuvo que someterse a tratamientos diarios de rayos X —en algunas ocasiones dos veces al día— con excepción de cuando estaba muy quemada. Se encontraba tan débil que no podía pararse por sí misma, había adelgazado de 120 a 90 libras.

Después de 9 semanas en el hospital y un año de tratamientos de rayos X, el cáncer se esparció hacia arriba hasta el lado derecho del hombro. El brazo se hinchó el doble de su tamaño normal y se volvió negro. Estaba muy sensible al tacto. Su médico le recomendó que se amputara el brazo. Le dijo que estaba muerto y que permanecería inútil.

Justo antes de registrarse en el hospital para que le amputaran el brazo, decidió visitar a Rene Caisse y probar los tratamientos de Essiac. "Estaba tan débil que tenía que recostarme en la parte trasera del automóvil", dijo. "Pero después de unos tratamientos empecé a sentirme mucho mejor. La hinchazón en el brazo disminuyó gradualmente y mejoró mi apetito".

Después de 4 meses con Essiac, su brazo regresó a la normalidad, subió de peso a las 150 libras y los exámenes de rayos X mostraron que estaba sin cáncer. "Me siento bastante bien", relató, "capaz de hacer todos los quehaceres domésticos. Le doy gracias a Dios por perdonarme la vida".

Estaba enfurecida al enterarse de que a pesar de que había tenido que enfrentarse con la posibilidad de perder su brazo después de los tratamientos de rayos X, la Comisión registró su caso como "una recuperación debida a la radiación".

Walter Hampson dijo a la Comisión que le habían diagnosticado cáncer de labio. Después de recibir el informe del patólogo, el médico le recomendó que se sometiera de inmediato a un tratamiento de radiología. El paciente se negó y en su lugar acudió a la clínica de Rene para seguir el tratamiento de Essiac. "Yo curé al Sr. Hampson", dijo Rene, "y este paciente se presentó a testificar ante la Comisión el 4 de julio de 1939... A pesar de que nunca le habían operado, con excepción de la extracción de un pequeño nódulo para analizarlo, este caso está registrado en el informe de la *Royal Commission* como una recuperación debida a la cirugía". Todavía estaba vivo, sin ninguna recaída, cuando lo contactamos 23 años más tarde.

El médico de May Henderson le dijo que ella tenía tumores en ambos senos y necesitaba de una mastectomía doble. Luego le dijeron que tenía un tumor grande en el útero. "El color de mi piel era amarillo oscuro, mi cabello delgado y sin vida y mis ojos grises y pétreos. Tenía hemorragias tan graves que pensé que iba a morir y no me podía parar ni por un instante". Su médico le dijo que no había nada que pudiera hacer por ella.

Pero ella llevó el diagnóstico escrito por su médico a Rene Caisse y empezó a tomar Essiac.

"Al principio", informó, "parecía que los tumores se endurecían, pero después llegó el momento crucial donde descargué grandes masas de material carnoso". Relató su historia ante la Comisión en marzo de 1939. En 1977 —*40 años más tarde*— *a los 82 años de edad, decía que todavía se encontraba saludable y que no había tenido ninguna recaída.*

Nellie McVittie había adelgazado y pesaba 86 libras cuando la llevaron —sangrando— a la clínica de Rene, un día de 1935. Su médico dijo que tenía cáncer del útero y del cuello del útero. El cuello del útero había sido cauterizado y sometido a tratamientos de radio. En la clínica de Rene le administraron tratamientos de Essiac durante dos meses. "Me alivié casi de inmediato", señaló más tarde, "y no he tenido más recaídas desde ese entonces".

A Herbert Rawson, de 48 años, dos médicos le diagnosticaron carcinoma de recto, que las radiografías confirmaron, en 1935. Tenía una masa sólida con costras, sangrado y un gran dolor. Cuando se negó a someterse a la cirugía, su médico le dio un diagnóstico escrito y el permiso para tratarse con el Essiac. Los tratamientos empezaron en abril de 1935 y el último de una serie de 30 fue administrado en mayo de 1936, al tiempo que mostró una buena recuperación del peso. Con la excepción de un mes de descanso, pudo trabajar durante todo el tratamiento. No se encontró ningún vestigio de cáncer en 1936 cuando tres médicos le examinaron. Murió de un ataque al corazón a los 73 años de edad, habiendo sobrevivido a su enfermedad por 25 años.

John Thornbury testificó que a su esposa, Clara, le habían diagnosticado hacía dos años, por medio de rayos X, un probable caso de cáncer de estómago y había estado tan débil —pesaba 72 libras—, que la tuvieron que llevar a la clínica de Rene. La Sra. Thornbury también testificó, diciendo que ahora pesaba 107 libras, y podía hacer todo su trabajo. (Vivió hasta los 91 años —habiendo sobrevivido su enfermedad por 36 años).

John Tynan testificó que 4 médicos le habían diagnosticado cáncer del intestino y del recto. El tumor había traspasado la pared de la vejiga, le habían operado dos veces, y le dijeron que no había nada que se pudiera hacer. Cuatro años después de haber empezado el tratamiento había aumentado 39 libras de peso y se sentía en buen estado de salud.

La *Royal Commission* señaló que los informes de rayos X no eran aceptables como diagnósticos. Ellos exigían informes patológicos. Cuando Rene presentó pacientes a los que el patólogo oficial les había diagnosticado cáncer, el director del *College of Physicians and Surgeons* dijo, "incluso el patólogo podría estar equivocado".

La Comisión no consideraría ninguna recuperación debida al Essiac a menos que no se hubiera administrado ningún tipo de tratamiento anteriormente. Pero en la mayoría de los casos, los pacientes eran enviados a la clínica de Rene sólo después de que todo lo demás había fallado.

El director del *College of Physicians and Surgeons* señaló que si los pacientes de Rene hubieran sido curados por el Essiac sin haber recibido tratamientos ortodoxos, entonces el paciente nunca había padecido de cáncer. En estos casos, la Comisión dijo que todos los médicos se habían equivocado en sus diagnósticos. En otras palabras, en los 49 casos en los que aceptaron escuchar, más de 100 médicos habían estado equivocados, ya que la mayoría de los pacientes había visitado a más de un médico, y algunos habían visitado tres o cuatro.

Casi todas las recuperaciones fueron atribuidas a la cirugía, la radiación, la terapia profunda de rayos X, el cobalto y el gas de mostaza de nitrógeno, a pesar de que la mayoría había sufrido recaídas y los pacientes habían sido diagnosticados como casos terminales cuando empezaron el tratamiento con Essiac.

Durante el transcurso de las audiencias, varios médicos retractaron sus diagnósticos. Otros testificaron que algunos de sus antiguos pacientes no se habían beneficiado con los tratamientos de Rene y por lo tanto habían fallecido.

No es una cura, pero reconforta y alivia el dolor

Rene admitió abiertamente que muchas de las personas que acudieron a ella no pudieron ser aliviadas y que la única esperanza que tenía era la de hacerles sentir más cómodos y quizás extenderles un poco la vida. Dijo que reducía el tamaño de los tumores, después de 6 a 8 tratamientos, y los hacía más fáciles de extraer quirúrgicamente, con un riesgo mucho menor de esparcirse, que aliviaba el dolor, prolongaba la vida, y que en algunos pacientes no tan avanzados era posible lograr una remisión del cáncer.

La Comisión negó que el Essiac tuviera algún mérito como remedio contra el cáncer, diciendo que ellos no tenían ninguna alternativa, debido a que no sabían el contenido del mismo. La Srta. Caisse dijo que con gusto revelaría su contenido si ellos admitieran que muchas personas se habían aliviado con este tratamiento. Ellos se negaron.

En 1942, Rene Caisse, temiendo ser arrestada, cerró la clínica. Durante los próximos 30 años, continuó tratando secretamente a varios pacientes en su casa. Estaba constantemente bajo la supervisión de oficiales de la agencia de sanidad canadiense, enfrentándose con una sentencia de 7 años en prisión si se le encontraba dando cualquier cosa a un paciente con cáncer. Cuando las personas acudían a ella rogando que las ayudara, les daba un poco de Essiac gratis, pidiéndoles que lo escondieran hasta que estuvieran seguros y fuera de la vista de los oficiales.

"Resultados asombrosamente beneficiosos"

En 1959, a los 70 años de edad, Rene fue invitada por el Dr. Charles Brusch —el médico del Presidente Kennedy— para tratar con Essiac a los pacientes con cáncer terminal y también los animales de laboratorio, en el *Brusch Medical Center* de Massachusetts bajo la supervisión de 18 médicos. Después de tres meses, el Dr. Brusch y el director de investigaciones, el Dr. Charles McClure, publicaron esta declaración:

> "Se ha demostrado que el [Essiac] causa una recesión marcada de la masa y un cambio definitivo en la formación de las células [en ratones]... Clínicamente, en pacientes que padecen de cáncer comprobado patológicamente, reduce el dolor y causa una recesión en el crecimiento del tumor; varios pacientes han subido de peso y han mejorado su estado general de salud...

> "Se obtuvieron resultados sorprendentemente beneficiosos incluso en aquellos casos al 'final del camino' donde demostró prolongar la vida y la calidad de esa vida... Esto demostró a los médicos del *Brusch Medical Center* que el Essiac tiene méritos en el tratamiento del cáncer. Los médicos no dicen que el Essiac es una cura, pero aceptan que es muy beneficioso. No es tóxico..."

Mientras Rene se encontraba en el *Brusch Medical Center* en 1959, se enviaron cuestionarios a algunos de sus antiguos pacientes, para ver si todavía vivían y si habían tenido alguna recurrencia o reaparición de los síntomas. Y de vez en cuando, Rene misma enviaba sus propias cartas. Se recibieron respuestas firmadas, como estas:

+ Sr. Tony Bazuik, 22 años sin recurrencia (y 40 años sin recurrencia en 1977, a los 79 años de edad).
+ Sr. Jack Finley, 20 años sin recurrencia (60 años de edad en 1959).
+ Sra. E. Forsythe, 24 años sin recurrencia.
+ Sr. Wilson Hammell, 22 años sin recurrencia, (39 años sin recurrencia en 1976).
+ Sr. Walter Hampson, 15 años sin recurrencia.
+ Sra. Lillian Heller, 11 años sin recurrencia.
+ Srta. May Henderson, 20 años sin recurrencia.

- Sra. D. H. Laundry, 11 años sin recurrencia (78 años de edad en 1959).
- Sr. John McNee, 30 años sin recurrencia (91 años de edad en 1959).
- Sra. Nellie McVittie, 23 años sin recurrencia (65 años de edad en 1959).
- Sr. Herbert K. Rawson, 28 años sin recurrencia.
- Sra. Jessie Slater, 11 años sin recurrencia.
- Sra. J. H. Stewart, 16 años sin recurrencia (76 años de edad en 1959).
- Sr. Norman Thompson, 20 años sin recurrencia.
- Sra. Clara Thornbury, 22 años sin recurrencia (75 años de edad, vivió hasta los 91 años de edad).
- Sra. G. Tibble, 25 años sin recurrencia.
- Sra. Eliza Veitch, 18 años sin recurrencia (76 años de edad, vivió hasta los 83 años de edad).
- Sra. Lena Wagner, 18 años sin recurrencia.
- Sra. Lizzie Pearl Ward, 14 años sin recurrencia.
- Sr. Frank Walter, 20 años sin recurrencia (37 años en 1976).
- Sra. Hattie M. Wurts, 20 años sin recurrencia.

"Hay algo que da resultados"

En un periódico de Winnipeg, el *Free Press*, del 5 de noviembre de 1977, se cita al Dr. Brusch diciendo: "Si no fuera bueno el *Sloan-Kettering Cancer Institute* no hubiera seguido sometiéndolo a pruebas todos estos años. Ellos trataban de averiguar qué es lo que era... hay algo que da resultados".

Este artículo cita dos de los casos del Dr. Brusch cuidadosamente documentados:

Patrick McGrail, de 60 años, antiguo chef gourmet, padecía de cáncer del esófago en un estado avanzado y no podía comer ni dormir, debido al dolor constante. "Me sometí a una operación y 10 tratamientos de quimioterapia y fue algo terrible", dice McGrail. "Hubiera estado mejor tomando solamente Essiac. Me ha salvado. El dolor ha desaparecido. Estoy subiendo de peso. Voy a seguir viviendo".

(La última vez que supe de él, McGrail había aumentado 20 libras de peso y todavía seguía viviendo 11 años más tarde, tomando una onza de Essiac todas las noches antes de irse a dormir).

George Gallagher, de 60 años, vicepresidente de una empresa grande, descubrió que tenía cáncer en julio de 1976. Después de seis meses, le operaron y le aplicaron dos tratamientos de quimioterapia. Después de ver cómo estos tratamientos mantenían a las personas apenas con vida, perdiendo el cabello y con gran dolor, se fue a su casa y empezó a seguir los tratamientos de un naturópata. Sin embargo siguió perdiendo peso (hasta las 90 libras) y sufriendo. El fin parecía muy cercano cuando empezó a tomar Essiac. "Los resultados de los primeros tres días fueron increíbles", señala el hijo de Gallagher. "Su recuento sanguíneo salió de la zona de peligro y volvió a los niveles que son considerados normales. Por primera vez en seis meses recuperó el apetito... el dolor desapareció y pudo dormir plácidamente. Ha tomado el Essiac un par de meses, en forma de té frío. Mi padre ha aumentado 6 libras de peso. Ha comenzado a interesarse por la vida nuevamente. Lee y hace ejercicios. En realidad siente que el Essiac está funcionando".

Pero el artículo también cita al Dr. Joseph Whiteman, director de la *Ontario Cancer Research Foundation*, quien "como casi todos los investigadores del cáncer están en contra del Essiac".

"Algunos médicos lo han sometido a prueba de una manera preliminar con un grupo de pacientes, que eran considerados casos terminales, y ninguno de ellos ha respondido favorablemente", dice Whiteman. "No han obtenido resultados favorables... Tenemos un archivo grueso de documentación sobre el Essiac y lo he revisado con mucho cuidado. Mi opinión es que el Essiac no es un remedio útil. Considero que en el pasado siempre existió el problema de que se desconocía si el paciente tenía cáncer o no, o si estaba respondiendo a un tratamiento al que se había sometido anteriormente. Cuando tomaban el Essiac algunos pacientes parecían mejorar, pero la mayoría de ellos tenía algún tipo de remisión espontánea o algo por el estilo —algún mejoramiento espontáneo por el simple hecho de tener la esperanza de recuperarse.

"Considero que ninguna persona con cáncer debería usar el Essiac", indicó el Dr. Whiteman. "No lo recomendaría. Pienso lo mismo sobre el Laetrile. Pienso que la sustancia o el valor del Laetrile y el Essiac están casi al mismo nivel. No pienso mucho en ninguno de ellos".

Después de 4 meses de la entrevista, el Dr. Whiteman fue atacado repentinamente por un cáncer en el estómago y murió el 8 de marzo de 1978.

"Estoy en un 100% a favor del Essiac"

Este mismo artículo publicado en 1977 cita al Dr. Charles Brusch, M.D., diciendo: "Estoy en un 100% a favor del Essiac o no lo hubiera usado... nunca utilizo la palabra cura, porque siempre dicen que ha sido una remisión. Sin embargo habrá un control del cáncer —como hay control de la presión sanguínea alta o la diabetes. Usted podrá controlarlo".

En otra entrevista realizada en 1977 para la revista canadiense *Homemaker's*, el Dr. Brusch dijo, "el Essiac tiene gran mérito para complementar cualquier terapia que pueda usar un paciente con cáncer... lo considero esencial para reforzar cualquier otra terapia".

En 1990, el Dr. Brusch todavía respaldaba el Essiac. Aseguraba que lo había estado usando desde 1984, cuando se sometió a varias operaciones de cáncer. "Yo, en realidad, me he curado del cáncer", aseguraba, "en los intestinos inferiores, el lugar dondc originalmente se encontraba, usando solamente Essiac".

Cómo preparar el Essiac

Antes de empezar, es importante recalcar que al proporcionar esta información, no se asegura ninguna cura del cáncer. Nadie puede garantizar una cura total o el alivio del dolor. Ningún alimento constituye un cúralo-todo para cualquier enfermedad. Se le aconseja al lector que acuda inmediatamente a buscar el consejo de un médico para cualquier afección que pueda tener. No se recomienda el autotratamiento y los alimentos indicados aquí no deberían utilizarse como el único medio de tratamiento para cualquier enfermedad, a menos que su médico lo apruebe.

Hoy en día, la venta de la preparación comercial del Essiac preparado está prohibida en Estados Unidos y Canadá como medicamento anticáncer. Pero ha surgido un sinnúmero de productos herbarios sin receta, vendidos sólo en forma de té, que aseguran contener las mismas hierbas que Rene Caisse utilizó.

Yo prefiero el método casero para preparar este té herbario, comprando las hierbas que necesita, mezclándolas y dejándolas en remojo en agua hirviendo, debido a que es difícil saber si los productos ya mezclados siguen las instrucciones exactas de la fórmula de Rene Caisse. De otra manera no me sentiría seguro.

En enero de 1995, en un esfuerzo para garantizar el acceso público al Essiac, la amiga y asistente de Rene por más de 40 años, Mary McPherson, entregó copias autenticadas de la fórmula original del Essiac, escritas a mano por Rene Caisse, a la ciudad de Bracebridge en una ceremonia sencilla realizada en la alcaldía de la ciudad.

Poco tiempo después, la receta fue impresa en su totalidad en el *Bracebridge Herald-Gazette* (11 de enero de 1995) y el *Bracebridge Examiner* (29 de marzo de 1995).

El artículo del *Examiner* —que parece ser reimpresión de 1982— cita a la Sra. McPherson diciendo, "quiero que la gente sepa con exactitud en qué consistía el Essiac de Rene". (Refiriéndose a todas las imitaciones comerciales). Ella conoció por primera vez a Rene en 1935 cuando su madre padecía de cáncer y recibió tratamientos en la clínica de Rene. Su madre se curó y vivió 30 años más, con buena salud, falleciendo en 1965, a los 86 años de edad.

Mary despúes trabajó con Rene, ayudándola a preparar el Essiac, asistiéndola en la administración de la clínica y cuidando a los pacientes.

En 1945, al propio marido de Mary, Clifford, le diagnosticaron cáncer. Ella dice que el tratamiento de Essiac de Rene lo curó y que vivió 36 años más, falleciendo "recién el año pasado" a los 81 años de edad.

A pesar de que trabajó con Rene por más de 20 años, ayudándola a preparar el Essiac, dice que nunca supo cuáles eran los ingredientes específicos hasta que Rene falleció en 1978.

"Rene siempre me dijo que había un sobre, con mi nombre escrito en él, en uno de los cajones del aparador en su casa de la calle Hiram", recuerda Mary, "y que yo lo tendría después de su muerte". El sobre contenía la receta del [Essiac]".

A continuación se encuentran algunos puntos importantes para recordar sobre los cuatro ingredientes:

1. *Acederilla* (*sheep sorrel* en inglés): esta hierba amarga de la Última Cena es una planta común en Canadá, Estados Unidos y la mayoría de las regiones templadas del mundo, donde crece en los campos abiertos y las praderas, y se cosecha a principios del verano. Se puede obtener una planta con las semillas, y si se recogen sólo las hojas, la planta puede durar de 3 a 4 años. Es una planta perenne miniatura de la acedera. Debe ser de color verde y tener el aroma de hierba dulce (*sweet grass*). Si la cosecha en forma silvestre, asegúrese de ir con alguien que le pueda enseñar cómo reconocerla, porque sus hojas en forma de flechas son parecidas a las de otras plantas, algunas de las cuales son peligrosas. En la actualidad, existen en el mercado algunas variedades de acedera de inferior calidad, que pueden o no estar relacionadas con la familia de la acedera. Sheila Snow, quien pasó 2 años y medio entrevistando a Rene Caisse para escribir un libro sobre este tema titulado *The Essence of Essiac* (1994), dice que debido a que esta es la hierba principal del Essiac, uno tiene que familiarizarse con su apariencia, aroma y sabor, que es amargo.

2. *Bardana* (*burdock* en inglés): es una Planta Bíblica mencionada en los libros de Isaías y Oseas (vea la página 99). Las

raíces tienen el aspecto de zanahorias y pueden cortarse en rodajas para hacerlas secar. Secas tienen un sabor dulce. La raíz debe recolectarse en octubre, en el primer año de la planta. Mary McPherson, amiga de mucho tiempo y asistente de Rene, expresó su preocupación por las falsas imitaciones: "He visto un polvo fino llamado Essiac", dijo. "En realidad, el Essiac auténtico está lleno de trozos de raíces de bardana". (Es la única planta de la fórmula que va en trozos y no en polvo).

3. *Corteza de olmo norteamericano* (*slippery elm bark* en inglés): esta corteza fue mencionada en la Biblia, en el Génesis (vea la página 103). Está a disposición en cualquier tienda buena de alimentos naturales (*health food stores*) y tiene que ser un polvo de color marrón claro (beige). Su sabor se parece al de la harina. Un experto señala que algunas veces el producto comercial se adultera con harina u otras sustancias a base de féculas, las que producen una cocción con apariencia de salsa, por consiguiente tenga cuidado. Pida polvo puro de corteza de olmo norteamericano, elaborado con la corteza interna de este árbol. Tiene que ser de un color beige claro.

4. *Raíz de ruibarbo turco* (*Turkish rhubarb root* en inglés): este producto puede comprarse en las tiendas de alimentos naturales como polvo o raíz. Las plantas son originarias de China y Tibet. Rene prefería esta variedad porque sus propiedades medicinales eran más potentes y el sabor menos amargo que el del ruibarbo común. Su color es marrón amarillento. Podría sustituirse con el ruibarbo común, pero la planta debe tener tres años de edad, por lo menos.

La siguiente es la receta original de Rene Caisse, como fue transmitida a su amiga y colega Mary McPherson (*use una jarra para medir, no una escala*):

Essiac (receta)

1 libra (16 onzas) de la hierba acederilla (*sheep sorrel*), *en polvo*
6-1/2 tazas (52 onzas) de raíz de bardana (*burdock*), *cortada*

1/4 libra (4 onzas ó 120 g) de corteza (interna) de olmo norteamericano (*slippery elm*), *en polvo*

1 onza de raíz de ruibarbo turco (*Turkey rhubarb root*), *en polvo*

"Mezcle muy bien estos ingredientes y guardar en un frasco de
vidrio en un armario oscuro y seco.

"Utilizando una taza para medir, coloque 1 onza (30 g) de la
mezcla de hierbas en 32 onzas [1 cuarto de galón ó 1 litro] de agua,
dependiendo de la cantidad que usted desee hacer. [La mayoría de
los herbolarios recomiendan usar agua de manantial pura o agua
destilada].

"Yo uso 1 taza de la mezcla [8 onzas ó 250 ml] en 256 onzas [2
galones ó 8 litros] de agua. Hierva intensamente durante 20 minutos
(tapado), luego apague el fuego pero deje reposar sobre la hornalla
de la cocina toda la noche, tapado.

"A la mañana [después de haber reposado de 10 a 12 horas] caliente muy bien y deje que se asiente unos minutos, luego cuele con
un colador fino en botellas calientes esterilizadas. [Tape mientras
esté caliente]. Deje enfriar y guarde en un armario fresco y oscuro.
Una vez abierto, refrigere. Hacia el final, cuando está espeso, vierta
en un frasco grande y coloque en el refrigerador toda la noche,
luego extraiga todo lo posible del líquido sin sedimento [y utilícelo].

"Esta receta *debe seguirse exactamente* como está escrita. Yo
uso una olla de granate (de 10 a 12 cuartos de galón), una taza para
medir de 8 onzas (240 g), un pequeño embudo y un colador fino
para llenar las botellas".

+ + +

Esta sencilla receta —que en la actualidad le costaría aproximadamente $40 por año— es lo que atrajo tanta atención. En un artículo
publicado en el *Herald Gazette* del 22 de diciembre de 1993, titulado
"Rene Caisse's formula: It's one of the worst-kept secrets in Muskoka"
("La fórmula de Rene Caisse: uno de los secretos más conocidos de
Muskoka"), el redactor Doug Spetch expresa: "Por $40 usted puede
comprar hierbas suficientes como para elaborar la preparación durante un año. Todo lo que usted tiene que agregar consiste en dos
galones de agua de manantial pura, preparar una infusión en un recipiente de acero inoxidable, colar, luego embotellar y guardar en un

lugar fresco y seco". (Solamente asegúrese de que las hierbas se hayan cultivado orgánicamente y sin pesticidas).

Las versiones, con hierbas previamente combinadas, de este té cuestan considerablemente más. Pero usted puede comprar las hierbas secas por centavos y mezclarlas por su cuenta. (Vea "Dónde puede comprar las hierbas" en la página 104).

Esta receta rinde una gran cantidad de Essiac (6 cuartos de galón ó 192 dosis de una onza ó 30 g), presumiblemente porque es la receta que usaba Rene en los años treinta, cuando preparaba este remedio para cientos de personas a la vez. Eso constituye la provisión suficiente para 6 meses, a un ritmo de una onza diaria. Usted puede intentar hacer cantidades más pequeñas o más grandes usando la proporción básica de una onza de la mezcla de hierbas en 32 onzas (un litro) de agua.

Rene siempre usaba una taza para medir, nunca una escala. La mayoría de los herbolarios recomiendan ollas de granate o de acero inoxidable, botellas de vidrio color ámbar con tapas herméticas, un pequeño colador de malla fina de acero inoxidable, una cuchara grande y un embudo, ambos de acero inoxidable, agua de manantial pura o agua destilada sin sodio. Cuando finalmente esté lista, recomiendan verter la cocción en botellas esterilizadas calientes, una por vez, usando el embudo, tapando las botellas firmemente y dejando que se enfríen. Cuando estén frías, ajuste nuevamente las tapas y almacene las botellas en un armario oscuro y fresco hasta que se necesiten. Una vez abierta la botella, se debe guardar en el refrigerador, pero nunca congelar.

Dosis

Según se ha informado, éstas son las instrucciones de Rene para tomar el Essiac:

1. Tome una onza (30 g) de Essiac con 2 onzas (60 g) de agua tibia un día sí y un día no, a la hora de irse a la cama, con el estómago vacío, por lo menos dos o tres horas después de la cena.

2. No coma ni beba nada por lo menos una hora después de haber tomado el Essiac.

3. No tome ningún medicamento con el Essiac. Deje pasar por lo menos 3 horas entre una y otra. O pregunte a su médico si se puede tomar más rápidamente.

4. Continúe el tratamiento un día sí y otro no durante 32 días; luego haga el tratamiento cada 3 días.

5. Una vez que comienza a usar una botella de Essiac, manténgala refrigerada pero nunca en el congelador.

Rene creía que tomar pequeñas cantidades de Essiac, durante un periodo de tiempo extenso, era más seguro que tomar dosis más potentes con frecuencia.

No tóxico

Rene siempre afirmó que el Essiac se elabora con hierbas no tóxicas y los médicos, en sus declaraciones sobre el Essiac, parecían estar de acuerdo:

"Creemos que el tratamiento anticáncer de Rene Caisse *no causa ningún daño, pero alivia el dolor, reduce el agrandamiento y prolonga la vida en casos sin esperanzas.*" –Declaración de ocho médicos a la agencia de sanidad canadiense (*Department of Health and Welfare*) en Ottawa, 27 de octubre de 1926.

"El Essiac es ventajoso como tratamiento del cáncer. Los médicos no dicen que el Essiac constituye una cura, pero señalan que es beneficioso y no tóxico...". Declaración hecha pública por Charles Brusch, M.D., y Charles McClure, M.D., del *Brusch Medical Centre*, Cambridge, Massachusetts, otoño de 1959.

Ya que ninguna persona ni científico ha presentado pruebas de que exista la más leve toxicidad o efecto no deseado al usar el Essiac, y las que han sido presentadas demuestran que beneficia en gran medida, me resulta difícil entender la renuencia a su uso por parte de los profesionales de la medicina", dijo Rene (*I was "Canada's Cancer Nurse", The Story of Essiac*, por Rene Caisse, R.N., 1980).

El momento crucial

Rene se dio cuenta de la existencia de un periodo de crisis en algún momento, después del cual los pacientes parecían sentirse mejor. El tumor se agrandaba y endurecía por un momento; luego empezaba a ablandarse y el paciente empezaba a descargar grandes cantidades de pus y material carnoso. Después de esto, el tumor parecía desaparecer y los pacientes de repente se sentían completamente normales.

Por ejemplo, el periódico *Vancouver Sun* del 3 de junio de 1992, informa sobre el caso de una mujer de 70 años de edad con un tumor ovárico. Dijo que le quedaban dos meses de vida, que había abandonado la quimioterapia después de cinco meses y les dijo a sus médicos que prefería morir en paz. "Yo no era un ser humano", dijo la mujer. "Estaba enferma del estómago, tenía dolores de cabeza y fiebre, no comía. Me deterioraba rápidamente". Luego leyó sobre el Essiac, lo probó y por cierto le salvó la vida. Después de 6 semanas con el Essiac, se despertó una noche pensando que había mojado la cama y vio una materia espesa y grisácea que manaba de sí misma. En las dos semanas siguientes esta mujer excretó "una sustancia fea", pero dice: "Empecé a sentirme tan bien como nunca pensé que podía sentirme. Me sentí mejor que en los últimos 10 ó 15 años". Cuando volvió a la clínica para el examen programado, el médico sólo dijo: "Le doy el visto bueno" y luego se fue. No le preguntó qué había tomado o qué había hecho, pareció no importarle.

Curación de otras enfermedades

Y eso no fue todo. La mujer de esta historia había contraído diabetes y tomaba insulina antes de empezar con el Essiac. Después de que su tumor ovárico desapareció, ella notó que tenía una reacción hacia la insulina y lentamente disminuyó las inyecciones de este medicamento. ¿El Essiac curó la diabetes? "Todo lo que sé es que ahora no tomo nada para la diabetes", dijo.

Su marido, de 71 años de edad, tuvo un problema de próstata durante años. Por la noche, cada media hora tenía que levantarse a orinar. Era doloroso y debilitante. Los médicos le dijeron que su enfermedad no era suficientemente grave todavía como para justificar la cirugía. Comenzó a tomar el Essiac y, en lugar de orinar, se levantó una noche y excretó una gran cantidad de pus. Desde entonces ha dormido maravillosamente bien y no le han molestado los síntomas de la próstata.

Una revista llamada *Fifty Plus*, de abril de 1994, relata sobre una mujer de 28 años de edad que sufría de una afección a la tiroides. Tomaba un fármaco recetado, que le habían dicho que podría mejorarla. Pero no fue así. El quiste de la glándula tiroides aumentó de tamaño y ella comenzó a padecer de sobrepeso, irritabilidad, fatiga y menstruación irregular. Su médico le recomendó extraer la tiroides antes de que se volviera cancerosa. Ella decidió todo lo contrario. Luego un amigo le comentó sobre el Essiac y le enseñó cómo prepararlo. Desde que comenzó con el Essiac le han dicho que el quiste de la glándula tiroides se está consumiendo. El bulto duro de la garganta se ha ablandado hasta el punto de no verse a simple vista.

A los 90 años, Rene Caisse había sobrevivido a la mayoría de sus opositores en la batalla para lograr que el Essiac se reconociera como un remedio poderoso contra la enfermedad. Alerta y muy activa hasta el final, murió como consecuencia de una cirugía de cadera, unos meses antes de la Navidad de 1978. Su longevidad y carencia de enfermedades han sido atribuidas al Essiac que Rene tomó dos veces a la semana durante casi 50 años.

"Essiac proporciona al organismo la resistencia requerida para prolongar la vida, aliviar el dolor y curar, si se toma antes de que las células malignas hayan invadido y destruido los órganos vitales", expresó Rene Caisse.

"Las úlceras son con frecuencia precursoras del cáncer y el Essiac puede curarlas. Este tratamiento actúa en todas las glándulas del cuerpo humano, restaurándolas para la salud y actividad. Proporciona al paciente una nueva disposición, una actitud mental sana y feliz, de la que carecía con la enfermedad.

Algunos pacientes con SIDA informan que desde que comenzaron a usar el Essiac, los recuentos drásticamente bajos de células T se han elevado hasta alcanzar la normalidad. Aunque con respecto al Essiac, se ha centrado la atención como tratamiento para el cáncer;

según se informa ha aliviado y, en algunos casos, curado muchas enfermedades degenerativas crónicas, debido a que limpia el organismo como asimismo el hígado y refuerza el sistema inmunitario.

Una mirada más detallada al Essiac

Tres de las hierbas que componen el Essiac han sido mencionadas individualmente, en una época u otra, por varios expertos, debido a sus propiedades contra el cáncer. Y tres de estas cuatro hierbas provienen de la Biblia.

"Una hierba milagrosa"

Al escribir sobre la acederilla —una hierba amarga de la Última Cena— el famoso herbolario francés Maurice Mességué dice: "Ciertos médicos en los siglos XVI y XVII estuvieron cerca de considerarla una hierba milagrosa para los casos de infecciones, fiebre, escorbuto y envenenamiento.

"En una ocasión conocí a un agricultor que se autotrataba sólo con acedera, a la que personalmente he encontrado muy útil... La recomiendo para todas las funciones defectuosas tanto urinarias como digestivas, para los bloqueos del estómago y los intestinos, para las hemorroides, para las úlceras de la boca y la garganta... y para combatir la fiebre en general.

"Usado externamente es un excelente tratamiento para los problemas de la piel, como herpes y acné, así como para los abscesos y las úlceras. Las raíces y las semillas, en particular, son muy útiles para la diarrea, el dolor de estómago, el cólico y la disentería".[2]

La acederilla contiene ácido oxálico, que puede interferir con el metabolismo del calcio —si usted consume grandes cantidades todos los días durante varias semanas, afirma el herbolario Steve

---

[2]Del libro *Health Secrets of Plants and Herbs* escrito por Maurice Mességué. Copyright 1975 por Opera Mundi. Copyright 1979 por William Collins & Co., Ltd. Con autorización de William Morrow & Company, Inc.

Brill.[3] "Sin embargo, nunca me he enterado de alguien que se haya enfermado por ingerir cantidades normales de acederilla. A una mujer europea que conozco le encanta saborear la sopa de acederilla con fruta y pan en su cena todos los días, atribuyendo su buena salud a este vegetal. Sin embargo, usted debería evitar cualquier cosa que contenga ácido oxálico si padece de los riñones o artritis reumatoide".

El Dr. Jonathan Hartwell, ex integrante del *National Cancer Institute* en Bethesda, Maryland, realizó una investigación minuciosa con miles de plantas para comprobar sus efectos anticáncer. Y sus informes aparecieron en *"Plants Against Cancer"*, un estudio publicado en la revista científica *Lloydia* (1967-1971). El Dr. Hartwell cita el uso de la acederilla en cáncer de cara, mano y garganta. John Heinerman la registra entre las hierbas específicas utilizadas para cáncer de mama y otros cánceres internos, en *The Treatment of Cancer with Herbs* (1980). James Duke, Ph.D., ex Director del *Germplasm Resources Laboratory* del Departamento de Agricultura estadounidense, menciona los usos de la acederilla para el cáncer y tumores de la piel, en *Medicinal Plants of the Bible* (1983). El áloe emodina, aislado en la acederilla, muestra un "significativo efecto para combatir la leucemia" (*Lloydia*, 1976, 39:223-4).

Bardana

La bardana es una de las numerosas plantas de Palestina que producen abrojos, mencionada en los libros de Isaías 34:13 y Oseas 9:6, según los expertos citados en *Plants of the Bible* de Harold N. Moldenke, Ph.D., y Alma Moldenke.

En 1966 dos científicos húngaros descubrieron, en una fracción purificada de bardana, "una considerable actividad contra los tumores". A una sustancia química de la bardana llamada arctigenin se la identificó como una "inhibidora" de los tumores en 1970 (*Chemotherapy*, 15:250). En 1984 investigadores japoneses de la Universidad

---

[3]De *Identifying and Harvesting Edible and Medicinal Plants* escrito por Steve Brill y Evelyn Dean. Texto: Copyright 1994 por Steve Brill. Texto e ilustraciones: Copyright 1994 por Evelyn Dean. Con autorización de William Morrow & Company, Inc.

de Nagoya descubrieron en la bardana un nuevo tipo de sustancia a la cual llamaron factor-B, por "factor bardana", que reduce las mutaciones de las células. (*Mutation Research*, 129:1:25, 1984). La bardana combate, en los tubos de ensayo, el VIH (*Bulletin of World Health Organization*, 1989, 67:613-18).

"La bardana es una de las mejores y más seguras hierbas medicinales", indican Steve Brill y Evelyn Dean.[4] "Muchas personas confían en esta hierba y relatan milagros que avergonzarían a muchos médicos. La bardana se utiliza para las disfunciones del hígado, los trastornos del tracto urinario y la pérdida de peso... Como desintoxicante general y estimulante del sistema inmunitario, ayuda a las personas que no tienen patologías definidas y no se sienten bien...

"Las personas que tienen problemas de metabolismo del azúcar o de debilidad crónica por lo general tienen problemas con el estómago, los riñones, el hígado y/o linfáticos. La raíz de bardana, con sus altos niveles de minerales, reconstruye, estabiliza y desintoxica estos órganos... Es útil para los resfríos, por su acción antimicrobiana... Su acción emoliente alivia las membranas mucosas del tracto respiratorio superior... La combinación de efectos diuréticos y antibióticos la convierte en una hierba excelente para la cistitis".

Según el antropólogo médico, Dr. John Heinerman, el té de bardana y raíz de nébeda (*catnip*) es un remedio muy bueno para deshacer, disolver y eliminar algunos cálculos renales y biliares pertinaces.[5]

La bardana puede eliminar muchos problemas agudos y crónicos de la piel. ¿El resultado? Una piel limpia y reluciente. El Dr. John Heinerman dice que la bardana es *la hierba más importante* para tratar los problemas crónicos de la piel. Dice que es una de las pocas hierbas que puede tratar con eficacia el eczema, el acné, la soriasis, los abscesos, las úlceras producidas por los herpes y la sífilis, los orzuelos, los carbuncos, las aftas e irritaciones similares. Recomienda beber el té o usarlo para lavar la piel.[6] Para preparar el té, haga hervir un cuarto de galón (1 litro) de agua, baje el fuego y

---

[4]*Identifying and Harvesting Edible and Medicinal Plants, op. cit.*

[5]Heinerman, *Enciclopedia de frutas, vegetales y hierbas*, Paramus, N.J.: Prentice Hall Inc., 1998.

[6]Heinerman, *ibid.*

hierva a fuego lento, agregue 4 cucharaditas de raíz de bardana seca y cortada. Tape y hierva a fuego lento por 7 minutos, retire del fuego, deje que se remoje por dos horas más. Tome dos tazas al día, con el estómago vacío. O también puede tomar 4 cápsulas diarias (disponibles en las tiendas de alimentos naturales).

El herbolario francés Maurice Mességué relata: "Una vez vino a visitar a mi padre, un agricultor que estaba cubierto de abscesos, con mucho dolor y afección. El tratamiento que le recetó consistía sólo en bardana; tenía que tomar las infusiones internamente y los baños y tinturas externamente. Al cabo de ocho días, todos los abscesos habían desaparecido.[7]

La raíz de bardana es considerada relativamente segura pero es un estimulante uterino que no deben usar las embarazadas.

Ruibarbo turco

El ruibarbo también es relativamente seguro, pero es un laxante poderoso que no debería ser usado por las mujeres embarazadas o en la etapa de lactancia, ni por aquellas personas con problemas intestinales crónicos, como la colitis. Heinerman dice: "El ruibarbo ha demostrado excelentes propiedades para combatir los tumores". Cita el primer suplemento del volumen 20 de *Pharmacology*, el cual reveló que dos de los compuestos laxantes del ruibarbo —reína (*rhein*) y la emodina (*emodin*)— en dosis relativamente elevadas, también bloqueaban la reacción de Ehrlich y los tumores mamarios de los ratones en un 75 por ciento.

Heinerman también cita un número de 1984 del *Journal of Ethnopharmacology* donde se informaba que la reína y la emodina inhibían el crecimiento del melanoma maligno con una dosis diaria de 50 mg por kilogramo de peso corporal. Los porcentajes de inhibiciones fueron de 76% para reína y 73% para emodina.[8]

El ruibarbo turco (llamado así por la ruta comercial a través de Turquía) es originario de China y es mucho más grande que la variedad de ruibarbo que se utiliza en pasteles; la raíz es la que se usa

---

[7] *Health Secrets of Plants and Herbs, op. cit.*
[8] Heinerman, *op. cit.*

medicinalmente. John Heinerman, quien visitó la República Popular de China en 1980, con un grupo de estudiantes de medicina, dice: "en ciertas partes de China, el jugo de ruibarbo y el té de ruibarbo se utilizan para el tratamiento de algunas formas de cáncer, con buenos resultados. Aproximadamente 1/2 taza de jugo, obtenido pasando tallos frescos a través de un extractor de jugos mecánico, es administrado a los pacientes dos veces al día. Más a menudo, sin embargo, se hace el té poniendo 2 tazas de tallos de ruibarbo finamente picado en 1 cuarto de galón (litro) de agua hirviendo, tapada, durante un máximo de una hora. Después, el líquido se cuela y se les da a los pacientes de cáncer en cantidades de 1 taza, dos o tres veces al día.[9]

Dice que en estudios clínicos realizados a principios de los ochenta en el Hospital Central del Distrito de Luwan en Shanghai, casi 900 casos de sangrado de tracto digestivo superior y 57% de úlceras duodenales fueron tratados con polvo, tabletas o jarabe de ruibarbo, administrados en cantidades equivalentes a una cucharadita, tres veces al día, hasta que el sangrado se detuviera, lo que, por lo general, se producía en dos días o menos. El porcentaje de éxito era del 97%. Este efecto del ruibarbo, explica, puede deberse a su contenido de ácido tánico, que contrae los vasos sanguíneos.

En 100 casos de inflamación aguda del páncreas (pancreatitis) y 10 casos de inflamación aguda de la vejiga (colecistitis), se logró una recuperación completa con 4 cucharadas de una cocción de ruibarbo, de 5 a 10 veces al día. Síntomas relacionados, como el dolor abdominal, la fiebre alta y la ictericia, por lo general desaparecieron en 5 días o menos.

Para preparar una cocción para cualquiera de estos problemas, dice Heinerman, hierva a fuego lento 2 1/2 cucharadas de raíz seca picada de ruibarbo chino en 1 1/2 cuartos de galón (3 litros) ó 6 tazas de agua hirviendo, tapado, durante 40 minutos, o hasta que el líquido se haya reducido a la mitad (3 tazas). Cuele y tómelo de la forma indicada para tratar los problemas digestivos mencionados anteriormente.[10]

---

[9]Heinerman, *op.cit.*
[10]Heinerman, *op. cit.*

En la China, la raíz de ruibarbo también se usa para los dolores de muela. Se fríe la raíz y se remoja en alcohol para elaborar una tintura. Después, usando una bola de algodón, se aplica la tintura directamente sobre la muela dolorida durante 5 minutos. El ruibarbo contiene por lo menos seis compuestos químicos que alivian el dolor.

Olmo norteamericano

Algunos especialistas en textos bíblicos piensan que el árbol de terebinto, debajo del cual Abraham contempló a los tres ángeles (Génesis 37:25), era un olmo. El olmo norteamericano no produce efectos secundarios. Su calidad calmante se debe a la abundancia de células que contienen mucílago en la corteza. Cuando la corteza, en forma de tiras o polvo, entra en contacto con el agua, las células del mucílago se hinchan mucho, produciendo de esta manera un efecto calmante y lubricante. Se ha usado para cubrir heridas y para calmar el dolor de garganta, los pezones inflamados (mastitis), las úlceras, la colitis y otras dolencias gastrointestinales. Incluso se ha usado para tratar la sífilis, la gonorrea, las hemorroides y las quemaduras, y para madurar los forúnculos.

La reputación del olmo norteamericano para acelerar la curación de los huesos rotos es legendaria, y data desde el siglo I. Se cuenta la historia de una colonia de mormones en Caldwell, Missouri, que fue atacada por bandidos en 1838. Hirieron y aniquilaron a muchos de los colonos. A un niño le destrozaron por completo la articulación de la cadera con un disparo. Su madre rogaba por ayuda de Dios. Una voz le dijo que lavara con cuidado toda la suciedad de la herida abierta, que recogiera algunas raíces y cortezas de un árbol de olmo norteamericano, las machacara con una piedra hasta formar una pulpa suave y blanda, la colocara sobre la herida hasta llenarla por completo y vistiera al niño con ropa de cama limpia. Este material blando y pulposo tenía que ser reemplazado cada dos días. El niño se curó por completo en cinco semanas. Un cartílago flexible había crecido sobre la articulación y la cavidad, permitiendo que el niño caminara normalmente y viviera una vida normal.

El olmo norteamericano es promisorio en el tratamiento de infartos y una gran variedad de enfermedades inflamatorias. Esto se debe a que contiene una proteína llamada CR1 (complemento receptor uno) que limita el daño producido por los infartos en los animales de laboratorio. En aquellos tratados con CR1, el área afectada era un 30% menor que la de aquellos animales que no fueron tratados con CR1. Sólo dos plantas —el olmo norteamericano y la milenrama— contienen CR1.

Dónde puede comprar las hierbas

A menos que usted sea un experto en la identificación, la cosecha y la preparación de plantas medicinales —capaz de irse al bosque y trabajar con ellas (lo que involucra arrodillarse y cortar o extraer las partes correctas de la planta)— o a menos que conozca y confíe en alguien que pueda hacerlo por usted, no tiene otra alternativa que comprar las versiones premezcladas del té mencionado anteriormente (que pueden o no seguir la fórmula exacta de Rene), o comprar las hierbas y mezclarlas usted mismo.

Si no existen en su zona tiendas de alimentos naturales, puede pedirlas por teléfono a cualquiera de los experimentados vendedores de hierbas que figuran a continuación (quienes no están relacionados de ninguna manera con el autor o la casa editora de este libro). Pida marcas que comercialicen hierbas orgánicas:

Gilbert Blondin
P.O. Box 20111
Ottawa, Ontario K1N9N5
819-777-8070
(Hierbas premezcladas para hacer té)

Indiana Botanic Gardens
P.O. Box 5
Hammond, IN 46325
Pedidos: 1-800-644-8327
Servicio al consumidor: 1-800-514-1068

Local: 219-947-4040
Fax: 219-947-4148
(Recomendado para la compra de hierbas individuales).

Muskova Natural Food Market
Box 2228
Bracebridge, Ontario P1L1W1
705-645-5471
(Recomendado para la compra de hierbas individuales).

Nature's Herb Company
Box 118, Dept. 34, Q
Norway, IA 52318
1 800-365-4372
(Recomendado para la compra de hierbas individuales).

Nature's Way Products, Inc.
10 Mountain Springs
Springville, UT 84663
801-489-3635
(Recomendado para la compra de hierbas individuales).

Todavía se considera que no ha sido comprobado

Nadie ha podido explicar por qué este té de hierbas obtuvo tan buenos resultados en miles de casos, cuando Rene Caisse lo preparó, o cuando ciertas personas a las que ella confió la fórmula —como el médico del Presidente Kennedy— prepararon el té y lo utilizaron, pero nunca cuando las autoridades de salud experimentaron con él.

Por ejemplo, en 1977 Gilbert Blondin de Hull, Ontario, comprobó como su esposa, madre de tres niños pequeños, se recuperaba de un linfosarcoma tres meses después de haber comenzado a tomar el Essiac que provenía directamente de Rene Caisse. Catorce años más tarde, cuando su historia se relató en *The Canadian Journal of Herbalism* de julio de 1991 (*"Old Ontario Remedies 1922:*

Rene Caisse, Essiac" de Sheila Snow), esta mujer todavía estaba sin cáncer. Cuando Rene rechazó toda oferta de remuneración económica, el esposo de aquella mujer retribuyó sus servicios pintando la casa donde vivía Caisse y haciendo algunas reparaciones necesarias en la casa, que había sido descuidada debido a su preocupación por los pacientes. Rene estaba tan emocionada por su generosidad que llegaron a ser amigos. Se cree que ella enseñó al Sr. Blondin a preparar la receta para su esposa, para evitar el viaje largo a Bracebridge cada dos semanas.

Al difundirse la noticia del restablecimiento de su esposa, las personas iban a ver a Blondin para que les ayudara, y cuando aumentó la demanda de la preparación, él abandonó su trabajo para dedicarse a la producción a tiempo completo. Después de algunas controversias con el sistema judicial, respecto a si la cocción era un alimento o un fármaco, la última regulación judicial consideraba su producto como un alimento y en Canadá todavía se vende en esta norma. (Para obtener información, llame al 819-777-8070). Recientemente hablé por teléfono con la Sra. Blondin y pude verificar que vive y se encuentra en buen estado de salud, 22 años después del tratamiento de Rene Caisse.

Durante los 50 años que Rene Caisse se dedicó a ayudar, y en muchos casos a salvar, a miles de pacientes condenados y moribundos que acudían a ella, recibió amenazas de arresto y encarcelamiento por hacerlo y el té herbario que utilizaba fue declarado inútil y sin valor.

Un informe que hizo público la sección de Protección Sanitaria de la agencia de sanidad canadiense (*Department of Health and Welfare*) declara que "no existe evidencia clínica para sustentar las afirmaciones que señalan que el Essiac constituye un tratamiento eficaz para el cáncer". En 1982, dice el informe, 74 médicos a quienes les proporcionaron el Essiac, informaron que de 87 pacientes con cáncer, 78 demostraron no haberse beneficiado. De los restantes nueve casos, cuatro todavía tenían cánceres que empeoraban, dos murieron y, en tres de los casos, la enfermedad se había estabilizado. De este último grupo, los tres habían recibido otras formas de tratamiento, las cuales podrían haber estabilizado la enfermedad.

El informe expresa que estos descubrimientos se verificaron en 1983, cuando el *National Cancer Institute* de Bethesda, Maryland, experimentó con Essiac y descubrió que el fármaco no mostraba ningún efecto antitumoral.

Ellos no dicen de qué manera se preparó la mezcla de hierbas. Años antes, en experimentos llevados a cabo en animales en Sloan-Kettering, se había experimentado con un solo ingrediente y cuando se usó la fórmula completa se preparó, en forma incorrecta, durante un periodo de más de tres años, conduciendo a tales resultados decepcionantes, de manera que Rene rehusó cooperar y dejó de mandarles hierbas. "Ellos congelaron la cocción", dijo ella, "Deben asimismo haber usado agua".

No dicen si administraron a algunos pacientes inyecciones intramusculares de algunos de los ingredientes, como Rene lo hacía en casos avanzados, conjuntamente con una solución de Essiac para beber.

Tampoco explican si alguno de los pacientes experimentó alivio del dolor, mejoró el apetito, aumentó de peso o ganó alguna sensación de bienestar.

El informe concluye: "Al mismo tiempo, se admitió que el Essiac no es perjudicial para la salud de una persona, siempre que no haya sustituido formas corroboradas de terapia para el cáncer. En realidad, tal vez se hayan producido efectos sicológicos positivos en algunos pacientes de cáncer. En reconocimiento a esto, el departamento de *Health and Welfare* ha autorizado históricamente poner a la venta el Essiac en casos de emergencia justificados en la compasión". [Un proceso con tantos trámites burocráticos que en 1988, en todo Canadá, sólo 100 personas pudieron obtenerlo de una empresa que ya no funciona].

Hoy en día, muchos médicos de Estados Unidos —donde pocas personas han oído sobre él— consideran al Essiac como un remedio popular absurdo. Pero en Canadá, principalmente en Ontario y Columbia Británica, miles de personas comunes y corrientes lo toman con mucha seriedad, ya que aseguran que ha salvado sus vidas y las de sus seres queridos.

La razón de que no pueda considerarse curativo, es porque nunca ha sido confirmado oficialmente —a pesar de que entre sus partidarios se encontraban el Primer Ministro de Canadá, un ministro de sanidad, numerosos médicos prestigiosos y el médico personal del presidente Kennedy.

Claramente, en ausencia de evidencias científicas fidedignas, no se puede —y no se debería— confiar en el Essiac como la única forma de tratar cualquier afección seria que amenace su vida. Debería discutirlo con su médico, revisando toda la evidencia, y usarlo solamente con su aprobación.

Post scríptum

Mientras este manuscrito se editaba, encontré los siguientes artículos de interés escritos por Julian Whitaker, M.D.

"A aquellos pacientes con diabetes y cáncer, en cualquier estado de la enfermedad, les recomiendo firmemente que empiecen un programa en el que se incluya el Essiac. Es fácil de tomar y no sabe tan mal. Prepare el té siguiendo las instrucciones del envase y almacénelo en botellas en el refrigerador. Tómelo por lo menos una hora antes de las comidas.

1. "Si tiene cáncer, tome dos onzas líquidas (60 g) tres veces al día. Para que surta efecto, tómelo por lo menos unas 12 semanas consecutivas, sin interrupción.

2. "Si tiene diabetes, beba dos onzas (60 g) dos veces al día y para conservar la salud en general tome dos tazas de dos onzas dos veces al día durante dos semanas y de ahí en adelante una taza diariamente".

Un año después, en el número de mayo de 1996, el Dr. Whitaker escribió:

"[Esto es] lo que haría... si tuviera cualquier tipo de cáncer. Tomaría 10 gramos de vitamina C al día, de 200 a 300 mg de coenzima Q10, dos onzas (60 g) de té de Essiac tres veces al día y cartílago de tiburón.[11] Para el cáncer de la próstata agregaría otro agente natural llamado pectina cítrica modificada".

La pectina cítrica modificada, dice el Dr. Whitaker, se hace de la pulpa de la toronja, las naranjas y otras frutas cítricas, "modificadas" en partículas suficientemente pequeñas para ser absorbidas por el torrente sanguíneo. "Se lo ha denominado el 'teflón celular', debido a que evita que las células cancerígenas se adhieran a cualquier cosa", afirma el Dr. Whitaker. "No es tóxico, no tiene efectos secundarios y las investigaciones preliminares son muy promisorias. La dosis recomendada de pectina cítrica modificada es de una o dos cucharaditas colmadas de polvo (13 g) en agua cada día. Si el cáncer de próstata ha producido metástasis en los huesos u otros órganos, le recomiendo que comience la terapia antineoplásica del Dr. Burzynski (el número telefónico de la clínica es 713-597-0111)". El Dr. Whitaker relata haber conocido a un paciente que hizo ésto, cuyo PSA había disminuido de 960 a 2,4 y 15 meses después de haber recibido el diagnóstico aparentemente estaba en el camino de la recuperación.

+ + +

Se advierte a los lectores que los comentarios del Dr. Whitaker, citados anteriormente, no son compartidos por la mayoría de los profesionales médicos. Él no cree en las terapias convencionales para el cáncer. Siente que han hecho más mal que bien en los últimos 50 años, y que varias agencias y asociaciones nacionales trabajan con el objetivo principal de eliminar otras alternativas. Considera que todas las personas con esta enfermedad deberían investigar con profundidad todas las terapias alternativas. La mayoría de los médicos estarían en completo desacuerdo.

---

[11]Se habla sobre el cartílago de tiburón en el Capítulo 9 de este libro.

¿Qué debería hacer si padece de alguno de los síntomas que ha leído en estas páginas? Debería buscar de inmediato ayuda médica calificada para cualquier afección que lo afecte. Todas las autoridades reconocidas indican que no es aconsejable el autotratamiento sin la aprobación de un médico matriculado y calificado. No aseguramos ninguna cura del cáncer. Los artículos citados se presentan como una ayuda para entablar una discusión bien fundamentada.

CAPÍTULO · 6
LA BAYA MILAGROSA DE LA CORONA DE ESPINAS

Los soldados... Le quitaron sus vestidos y le pusieron una capa de soldado de color rojo. Después le colocaron en la cabeza una corona que habían trenzado con espinas y en la mano derecha le pusieron una caña... Le escupían en la cara y con la caña le golpeaban la cabeza... y lo llevaron a crucificar. *Mateo 27:27-30*

Los soldados lo llevaron... Lo vistieron con una capa roja y le colocaron en la cabeza una corona que trenzaron con espinas... Y le golpeaban en la cabeza con una caña, le escupían... Los soldados sacaron a Jesús fuera para crucificarlo. *Marcos 15:16-21*

Intervino entonces un hombre bueno y justo llamado José... era de Arimatea... se presentó ante Pilato y le pidió el cuerpo de Jesús... Después de bajarlo de la cruz, lo envolvió en una sábana y lo depositó en un sepulcro nuevo cavado en la roca... *Lucas 23:50-54*

Según la tradición cristiana, se cree que la Corona de espinas fue confeccionada con espino (*hawthorn*), como también lo fue el báculo de

José de Arimatea —el hombre que bajó a Jesús de la cruz. Durante miles de años, se dijo que esta hierba posee poderes curativos milagrosos: las hojas y las bayas se utilizan para problemas urinarios y digestivos; las bayas y las semillas para cálculos en los riñones e hidropesía (retención de líquidos). Como infusión, se dice que cura los problemas nerviosos. Sin embargo, la utilización más importante del espino es como remedio para el corazón y problemas circulatorios.

Poder curativo milagroso

"La baya del espino", afirma el Dr. Eric Powell, "probablemente sea el mejor tónico general para el corazón que se haya descubierto. Es absolutamente inocuo y sólo puede hacer bien. Nunca será contraindicado para ninguna afección cardiaca, aunque en algunas circunstancias, se podrían necesitar otros fármacos".

"Constituye un remedio sin igual para la mayoría de los trastornos cardiacos", expresa el Dr. Powell, y habla con alguna autoridad ya que él mismo se curó con espino cuando, de niño, fue desahuciado por una dolencia cardiaca. Dice que ha recetado a sus pacientes extracto de baya de espino "durante unos 35 años, con muy buenos resultados".

En la medicina de la actualidad, el extracto de baya de espino se usa para tratar la presión sanguínea baja y elevada, el latido cardiaco débil o acelerado, la acumulación de fluidos, la inflamación del músculo cardiaco, la arterioesclerosis, la dolencia cardiaca valvular y la angina. Mejora la circulación, despeja las arterias obstruidas, contribuye a limpiar las paredes arteriales y refuerza el músculo del corazón promoviendo la longevidad. Es bueno en especial para los trastornos cardiacos de la vejez y el insomnio de aquellos que padecen del corazón.

El descubrimiento accidental de un sacerdote

El poder curativo de la baya del espino se descubrió de manera accidental. John Wesley, clérigo inglés del siglo XVIII, advirtió que cuando sus caballos estaban exhaustos, comían las bayas de espino y se recuperaban con rapidez. Wesley comenzó a utilizar las bayas de espino, como tónico energético con los miembros de su iglesia, con excelentes resultados. Luego, hacia finales del 1800, un tal Dr. Green del condado de Clare, Irlanda, adquirió una gran reputación —y se hizo bastante rico— por medio de un remedio que mantenía en secreto. A su muerte, acaecida en 1894, su hija declaró que el remedio era una tintura de bayas maduras de espino inglés.

Una explosión de interés

La mencionada declaración provocó gran interés en el mundo de la medicina y aparecieron innumerables artículos escritos por médicos, citando las asombrosas experiencias con espino. Una típica, es la realizada por Crawford R. Green, M.D., de Troy, en el estado de Nueva York, la cual apareció en *Homeopathic Recorder*, en mayo de 1908: "El efecto del [espino] es tan amplio, que existen pocas afecciones cardiacas a las que no se aplique y ninguna que lo contraindique. En realidad, puede ser considerado como una propuesta específica para las dolencias cardiacas en general.

"La baya de espino actúa de dos maneras: como un tónico cardiaco poderoso y como un estimulante. Afecta a la circulación profundamente, reforzando el pulso débil y regulando su ritmo, corrigiendo del mismo modo la taquicardia, la bradicardia [pulso bajo] o la arritmia simple [pulso irregular], prescindiendo de las causas.

"Su efecto en las dolencias cardiacas valvulares es verdaderamente notable, ya sea que el área mitral o la aórtica estén afectadas. Parece tener un poder positivo para disolver los crecimientos valvulares de origen calcáreo o vegetal. También es de valor, para las afecciones cardiacas provocadas por, o relacionadas con, la anemia.

"[El espino] ha salvado muchas vidas en casos de enfermedad orgánica con deficiente compensación [circulatoria]. En el edema declarado, provocado por tales condiciones, se manifiesta con una acción diurética que, en todos los aspectos, rivaliza con la de la digital [o dedalera]...

"En dolores cardiacos de distintas clases... [el espino] con frecuencia proporciona alivio mientras otros remedios fallan. Es de indudable valor en la angina de pecho. Jennings ha informado sobre su uso, en una serie de 40 casos de angina auténtica, con buenos resultados notables.

"Como estimulante cardiaco y sustentador en casos de fiebre infecciosa, [el espino] presta el mejor servicio. En casos de difteria, fiebre tifoidea, pulmonía y el resto de las afecciones toxemias, puede ser recetado con confianza como medida rutinaria a la menor manifestación de un corazón flojo. En tales condiciones, proporciona resultados mucho más seguros y más eficaces que el alcohol, la digital o la estricnina (*Strychnia*). He visto con frecuencia que se han salvado vidas cuando el espino se emplea de esta manera, aun cuando estoy seguro de que cualquier otra forma de estimulación hubiera fracasado. He visto que los soplos cardiacos desaparecen en el transcurso de 24 horas después de su administración y reaparecen en el término de pocas horas, cuando el remedio es interrumpido en forma experimental, y desaparecen cuando se administra nuevamente".

"Absolutamente inocuo"

En la degeneración grasa del corazón, donde, por sobre todo, debemos cuidarnos del peligro de la sobre estimulación, [el espino] constituye un remedio absolutamente seguro", expresó el Dr. Green. "En pabellones hospitalarios de tuberculosos, se ha visto que [el espino] a menudo ayuda al paciente a superar las dificultades en periodos críticos, cuando la adrenalina ejerce una acción demasiado transitoria y la estricnina expandiría el corazón y con seguridad mataría al paciente. [El espino] proporciona excelentes resultados en shocks, colapsos y en síncopes [periodos de desvanecimiento] de origen cardiaco, cuando se administra solo o en conjunción con cualquier otro estimulante que sea indicado en forma inmediata.

"Un resumen de los síntomas a causa de los cuales se ha administrado (el espino), sería: pulso débil e irregular, soplos valvulares, edema, disnea [respiración trabajosa], palidez, enfriamiento cutáneo, dedos amoratados de las manos y los pies, trastornos circulatorios, inflamaciones y dolores cardiacos y muchos otros..."

Con esta espectacular Planta Curativa, se han curado muchos casos que parecían irremediables. Sin los fármacos y cirugías actuales, los enfermos cardiacos —algunos de los cuales apenas pueden caminar unos pocos pasos sin sentir un intenso dolor— se transformaron de esqueletos vivientes en hombres y mujeres sanos y robustos, capaces de correr, dar puntapiés, saltar y seguirle el paso a cualquiera.

En dos días, se recuperó de un estado próximo a la muerte

El Dr. X, de 55 años, sufría dolorosos espasmos cardiacos (angina), acompañados de respiración trabajosa, al realizar el más mínimo esfuerzo. Tenía que subir a diario varios tramos de escaleras, hecho que le provocaba serios ataques de dolor que se extendía hacia su hombro y brazo izquierdo. Si trataba de moverse, estos dolores subían hacia el costado del cuello y el rostro.

Se puso tan débil que apenas podía trasladarse, en su habitación, de una silla a otra sin tener un ataque de angina. Los ataques de angina nocturna le interrumpían el sueño. No podía dormir acostado ya que ésto le provocaba un ataque. Descansaba, lo poco que podía, en una especie de poltrona o butaca (*Morris chair*). La nitroglicerina sólo le proporcionaba unos minutos de alivio.

Su médico —un profesor de la Universidad Fordham— decidió probar las bayas de espino: 20 gotas de la tintura en agua, tres veces al día, dosis que se incrementó en forma gradual a 50 gotas.[1]

En el transcurso de 2 días se pudo observar una mejoría drástica. Los intervalos entre los ataques se hicieron más largos. El Dr. X podía comer más y dormir algo. En el término de 4 semanas, pudo subir y bajar un tramo de escaleras y reanudó su trabajo. En 6 meses, el Dr. X ya llevaba a cabo operaciones, sin padecer de angina.

Una nueva vida

"No puedo resistir la tentación", relató A. H. Gordon, M.D., "de recordar otro suceso brillante en el uso del [espino]... El 3 de diciembre de 1899 me llamaron para que visitara al Sr. H., de esta ciudad, quien había padecido de una dolencia cardiaca durante muchos años; ocupación: vendedor viajero; edad: alrededor de 38 años...."

---

[1]En algunos casos, una planta da su ingrediente activo más fácilmente cuando se prepara con alcohol puro o diluido (no con alcohol para frotar), o brandy, vodka, o ginebra. Esta es una tintura. Las tinturas se pueden encontrar en la mayoría de las tiendas de alimentos naturales.

"Hallé al paciente confinado en la cama, cianótico, con los miembros enormemente hinchados, con una casi completa supresión de la orina y un pulso muy rápido, intermitente, irregular y, por momentos, casi imperceptible. No se podía levantar en la cama, por sus propios medios, sin que los síntomas inmediatos de colapso aparecieran. Hablaba con gran dificultad... era sólo cuestión de días para que se precipitara el final.

"Un examen del tórax mostró el corazón enormemente agrandado y dilatado con pérdidas [y] regurgitación de las válvulas mitral y aorta... Es justamente en casos como éstos, en que he observado [al espino] ejercer sus maravillosos poderes y se lo administré a este hombre moribundo, habiendo asegurado [a sus amigos y familia] que, aunque el caso parecía irremediable, yo me había enterado de que aquél había restablecido [la circulación saludable] en muchos casos similares.

"El enfermo recibió [el espino] en la dosis habitual, cada 3 horas durante el día y la noche, durante 4 días, y ningún otro medicamento de ningún tipo. Al [final de aquel periodo] el paciente estaba sentado en la cama, había desaparecido por completo la hidropesía [hinchazón proveniente de retención de líquido], se había restablecido la secreción urinaria, el pulso estaba bastante bien, la respiración sin impedimentos, muy bien el apetito, la piel en apariencia normal y un completo restablecimiento de [la circulación]... una nueva vida para el Sr. H.

"Recibí una carta suya... el 7 de abril de este año, en la que me decía que estaba tan bien como lo había estado durante años y que podía atender sus negocios como de costumbre".

Las revistas médicas estaban repletas de informes muy interesantes

No se trata sólo de estos casos aislados. Las revistas médicas de finales del siglo pasado estaban literalmente repletas de informes apasionantes sobre las curaciones milagrosas mediante preparaciones de infusiones, extractos y tinturas de la humilde baya del espino:

J. P., un juez de 82 años, sufría de dolores cardiacos, edema y asma. Podía caminar sólo unos pocos pasos a la vez. Se sentaba en una silla apoyándose con preocupación, con una sensación de sofocación en el pecho, la respiración dificultosa, sus miembros muy hinchados y con el temor de morir en cualquier momento. La hinchazón se extendía hacia arriba, desde los dedos de los pies hasta el abdomen. El latido del corazón era débil e irregular. Un médico le dio seis gotas de tintura de espino disueltas en agua, cada 3 horas, y pronto incrementó la dosis diaria a 12 gotas, cada 3 horas, durante varios días. Los dolores cardiacos del juez se redujeron en forma gradual. Dos años más tarde, daba paseos a diario y atendía casos legales en jornadas de medio tiempo.

El paciente era un soldado anciano. El pulso era sólo de 26 pulsaciones por minuto. Tenía ataques cardiacos y no se le podía encontrar el pulso, pero la esposa continuaba frotándolo y dándole estimulantes y, por último, el corazón empezaba a latir lentamente. El soldado parecía prácticamente muerto durante los ataques. Se probó con la digital, pero le desagradaba tomarla porque le producía un temblor tan intenso, una sensación de angustia en el corazón y confusión cerebral. Se le dio el espino ¡y el anciano no tuvo más ataques! Antes de tomarlo, había tenido ataques con frecuencia, en especial luego de cualquier esfuerzo excesivo inhabitual.

Una muchacha de 14 años sufría de filtración valvular cardiaca, seguida de fiebre reumática. No se esperaba que viviera. Sus miembros inferiores estaban hinchados por la hidropesía (retención de líquido) y la circulación era débil. Nada parecía ayudarla. Luego se le dio tintura de espino en dosis de cinco gotas, de tres a cuatro veces por día. La hidropesía pronto desapareció y, al poco tiempo, la muchacha asistió a una escuela. Tres años más tarde le dijo a su médico que se sentía tan bien como nunca lo había estado; podía correr, subir las escaleras y atender sus obligaciones habituales sin que el problema volviera. Al ver estos resultados, su médico utilizó este remedio en otros tres casos similares con los mismos resultados.

Demasiado buena como para ser olvidada

La investigación actual parece confirmar estos descubrimientos. "[El espino] en una hierba demasiado buena como para ser olvidada", afirma un médico. "Experimentados médicos en Alemania —y yo estoy de acuerdo con ellos según mi propia experiencia— consideran al espino una hierba beneficiosa para el corazón y una especie de 'Elixir de la vida'".

Según este médico:

1. El espino mejora la circulación arterial coronaria.

2. Favorece el metabolismo de las células del músculo cardiaco con una mejor oxigenación.

3. Al haber mejorado la circulación y la oxigenación, es posible que un corazón dañado por la degeneración se conserve eficiente durante más tiempo.

4. El espino alivia los trastornos circulatorios cerebrales, en la etapa previa a la esclerosis, como dolores de cabeza vasomotores, vértigo y ruidos molestos, olvido y pérdida de rapidez mental.

"El espino constituye una de las llamadas terapias básicas, no crea hábito ni ningún efecto secundario", dice este médico. "Puede tomarse durante años para *prevenir* la descompensación cardiaca aguda en la vejez. Se tolera muy bien y, lo que es importante, puede combinarse en cualquier momento con otros glucósidos cardiacos, si fuera necesario. El espino es un remedio excelente para la afección cardiaca 'degenerativa', es decir, fibrosis intersticial de miocardio que se produce como consecuencia del estrechamiento gradual de las arterias. La indicación principal de su uso es para el 'corazón senil', una afección funcional debida a la vejez con una tendencia a la descompensación [falta de circulación] luego de un aumento en el esfuerzo, infección e intoxicaciones..."

Últimos descubrimientos científicos

En 1969 el Dr. W. Starfinger, M.D., informó sobre 125 pacientes quienes habían sido tratados con 15 gotas de un extracto de espino (50 mg), tres veces por día, y después de 3 ó 5 días, la dosis se redujo a dos veces por día; luego, una vez por día antes de irse a dormir, como medicación permanente para estas afecciones:

+ 18 trastornos circulatorios, cerebrales y cardiacos debidos a la senilidad
+ 26 casos de hipertensión e hipotensión con daño del miocardio
+ 16 casos de deterioro del hígado con perjuicio del miocardio
+ 20 casos de espasmos coronarios provocados por el climaterio (menopausia) con trastornos circulatorios del músculo cardiaco
+ 8 casos de arritmia cardiaca
+ 19 intoxicaciones causadas por infecciones focales, con insuficiencia circulatoria coronaria
+ varios casos de insuficiencia coronaria y daño del miocardio relacionados con la diabetes (tres), esclerosis múltiple (dos), nefrectomía (uno), bronquitis espástica asmática (cuatro), deformación de la columna vertebral con desplazamiento del corazón (uno), trastorno de las válvulas aorta o mitral (uno), herida en la cabeza (uno), calcio en la vejiga (uno)

En cada caso, el extracto de espino se toleró bien y no produjo efectos secundarios. En el caso de irregularidades circulatorias, desvanecimientos, olvido, trastornos del sueño y otros, mejoraron, junto con la sensación de una mejoría general de la salud. El daño del miocardio producido por el deterioro del hígado tuvo una buena reacción. En los casos de infecciones focales, el extracto de espino constituyó una valiosa ayuda para eliminar espasmos coronarios. En ocho pacientes, el extracto de espino se administró como terapia geriátrica para promover la circulación cerebral y cardiaca. Se observó un efecto sorprendente: se eliminaron los estados de fatiga prematura; se logró un sueño armonioso; desaparecieron las lagunas en la memoria y la capacidad de retención se incrementó en forma drástica.

Otros resultados:

+ En 1951, se encontró una sustancia amarilla en el espino inglés que producía dilatación en los vasos coronarios.

✦ Ese mismo año, a 100 pacientes cardiacos que requerían terapia continua, se les dio el extracto líquido con buenos resultados. Se observó una mejoría subjetiva notable en pacientes con estenosis mitral y con dolencias cardiacas de la vejez. En otros pacientes, el suministro de digital pudo ser temporariamente interrumpido al proporcionarles extracto de espino.

✦ En otro caso, del que se informó en 1968, un paciente cuya actividad cardiaca era tan estridente y turbulenta que podía escucharse a una distancia de 5 ó 6 pies de distancia, se le administró extracto líquido de espino. En dos semanas, el corazón se le había calmado de tal manera que se tuvo que usar un estetoscopio para escucharlo. La pulsación tremenda en su cuello, corbata y en la parte frontal de la camisa, había desaparecido por completo.

✦ En 1981 se realizó un experimento de doble ciego (*double blind*) con 120 pacientes que padecían de disminución del volumen de sangre expulsado. Los investigadores descubrieron que, en comparación con el grupo al que se le había suministrado placebos, el grupo que consumió el espino mostró una mejoría significativa en la función cardiaca e informó haber tenido una menor deficiencia respiratoria o palpitaciones.

✦ En un experimento realizado en 1990, se descubrió que una mezcla de espino y agripalma (*motherwort*) demostró ser un preventivo eficaz para el tratamiento de la aterosclerosis. Además, las flores secas de espino fueron sometidas a un examen farmacológico y se descubrió que tienen un positivo efecto inotrópico (estimulación muscular).

En todos los casos, se redujo la presión sanguínea, con frecuencia en forma drástica

En otro estudio, a hombres y mujeres con presión sanguínea elevada se les administró una tintura hecha de bayas de espino. Algunos de estos pacientes tenían arterioesclerosis de origen desconocido y otros, nefritis crónica. Todos presentaban lesiones hemipléjicas de antigua data (parálisis en un lado del cuerpo), y varios padecían de demencia moderada.

Ninguno de los pacientes se quejó de efectos perjudiciales. En cada caso, se redujo la presión sistólica y diastólica, con frecuencia en forma drástica.

No se les proporcionó ningún otro tratamiento, con excepción de beber 1 dracma (1 cucharadita llena) de tintura de Crataegus (baya de espino) disuelta en agua, tres veces por día. La presión sanguínea volvió a su nivel anterior en aproximadamente 14 días, después de haber dejado de tomar el espino. Los pacientes estuvieron en reposo en cama, y con una dieta liviana durante todo el tratamiento.

Alivia las temibles palpitaciones cardiacas, actúa como un bloqueador de calcio

Nos comentaron que a una mujer de 65 años, quien padeció durante años de temibles palpitaciones cardiacas, su médico le dijo que no había nada de qué preocuparse. Pero las palpitaciones aparecían en forma abrupta y sin razón aparente. Luego, un amigo le dijo que probara un remedio que contenía extracto de la baya de espino y que se conseguía sin receta en las tiendas de alimentos naturales (*health food stores*).

En 20 minutos se sintió aliviada. Ahora, cuando comienzan las palpitaciones, esta señora toma una cápsula de espino que parece calmarle el corazón y hacerla sentir normal nuevamente.

Se ha demostrado que varios flavonoides del espino mantienen los vasos sanguíneos abiertos, de manera similar a los bloqueadores de los conductos de calcio. Los extractos de espino también incrementan la energía del corazón, lo que provoca un mejoramiento en la función cardiaca y revitaliza la circulación.

Alivió el dolor de piernas

La claudicación intermitente consiste en el estrechamiento de las arterias de las piernas, debido a la formación de colesterol, lo que causa dolor al caminar distancias cortas. En estudios realizados, las personas con claudicación intermitente mostraron un flujo y capacidad para caminar mejores, después de habérseles inyectado extracto de espino. La dosificación del extracto de espino —que se consigue en las tiendas de alimentos naturales— adoptada como normal, contiene 1,8 por ciento de vitexin-4'-ramnoside ó 10 por ciento de procianidinas, es de 200 a 250 mg, tres veces por día. No debería usarse como un sustituto de medicamentos recetados y debería utilizarse sólo si su médico lo autoriza.

Usos, limitaciones, advertencias

"En la actualidad se conoce mucho más sobre el potencial del espino y se ha establecido que realmente es una planta específica para enfermedades cardiovasculares", afirma Rudolf Fritz Weiss, M.D. Es más útil, expresa él, para:

1. "Corazones seniles, es decir, pacientes con degeneración del músculo cardiaco, o con enfermedad de la arteria coronaria y problemas concomitantes. Se ha llamado apropiadamente [al espino], el fármaco para cuidar el corazón que envejece. Los síntomas anginoides de la enfermedad coronaria en particular tienden a desaparecer con la terapia [del espino].

2. "Corazones hipertensos, con o sin deficiencias, principalmente para mantener el músculo del corazón en buenas condiciones; es decir, prevenir o tratar complicaciones y en primer lugar la enfermedad coronaria.

3. "La debilidad de miocardio (la capa del medio de las paredes del corazón) después de enfermedades infecciosas, tales como: pulmonía, influenza, difteria, fiebre escarlata, etc. También para insuficiencia muscular que requiere digital, como terapia de seguimiento (en forma adicional a la digital, para acrecentar su efecto).

4. "Arritmia cardiaca, principalmente extrasístoles y ataques de taquicardia, en el último caso por medio de (inyección intravenosa)".

Actualmente se sabe en forma contundente que el espino no contiene ningún glucósido del tipo de los de la digital, según el Dr. Weiss. En Europa, donde el espino es utilizado más comúnmente, a menudo es administrado en forma adicional con la digital o cuando se necesita evitar los efectos secundarios de la digital.

No es el medicamento para contrarrestar un ataque de angina, enfatiza el Dr. Weiss. La nitroglicerina continúa siendo el fármaco preferido para ese propósito. Tiene un sostenido efecto a largo plazo sobre afecciones relacionadas con la edad y no existe riesgo en el uso a largo plazo, dice este médico, y agrega que no se han observado efectos tóxicos.

Cómo utilizar las bayas, las flores y las hojas del espino

La infusión de espino puede hacerse de las flores u hojas. Dos cucharaditas de la mezcla se ponen en infusión durante 20 minutos. Se utiliza una taza de agua hirviendo y se toma por la mañana y la noche, inicialmente también al mediodía, según el Dr. Weiss. Ya que el té de espino no tiene mucho sabor, se aconseja agregar 1 ó 2 cucharaditas de miel. El azúcar, señala, es beneficioso para la enfermedad cardiaca.

Una infusión de bayas de espino tiene un color rojo amarronado, aroma de fruta y sabor agradable. Según un médico, "Como [el té] no es tóxico, la dosificación no necesita ser precisa. Una dosis promedio de la infusión para un adulto, sería de una cucharadita, en agua, 3 ó 4 veces por día".

Se elabora una tintura al verter agua hirviendo sobre las bayas de espino y remojarlas como una infusión o empaparlas con ginebra o vodka. Es mejor dejar que a las tinturas las hagan los profesionales y se pueden conseguir en muchas de las tiendas de alimentos naturales.

La tintura de espino puede tomarse en dosis de 10 a 20 gotas, tres veces por día, o el extracto fluido puede tomarse en dosis de 10 gotas, tres veces por día, según el Dr. Weiss.

"Para obtener los mejores resultados con pacientes de edad avanzada", afirma el Dr. Weiss, "se necesita administrarles el espino, no sólo durante semanas, sino al menos durante muchos meses, preferiblemente 20 gotas de la tintura, el extracto fluido o una preparación [comercial] buena, a la mañana y la noche, diluido con un poco de agua. Este método tiene la ventaja que a los pacientes les resulta fácil recordar tomar las gotas...

"En casos más agudos o si los síntomas por momentos se agravan, con seguridad se puede tomar una cucharadita del extracto, una, dos o tres veces por día, aunque por un periodo determinado; si es necesario, hasta algunas semanas. [El espino] habitualmente se tolera muy bien. La sobredosis es muy poco probable. Por otra parte, parece que incrementar la dosis más allá del nivel mencionado, no aumentaría el efecto. Prácticamente no se conocen los efectos secundarios para el corazón. Algunas veces se producen síntomas gástricos, aunque no se ha establecido si éstos (en realidad) están relacionados con [el espino]".

Sin embargo, el autor Michael Castleman señala que grandes cantidades de espino pueden provocar un efecto sedante y/o una caída significativa en la presión sanguínea que posiblemente produzca desvanecimiento, y que no debe ser usado por mujeres embarazadas ni por aquellas que amamantan.

El autor Richard Lucas afirma que las dosis de extracto de espino deberían tomarse antes de las comidas, con un poco de agua tibia o fría y que para los niños pequeños cinco gotas son suficientes, según los herbolarios especializados en hierbas medicinales. El espino también se vende en píldoras como remedio homeopático sin receta. Dice que estas pequeñas píldoras pueden tomarse en la tercera o trigésima potencia.

Sin embargo, el Dr. Eric Powell de Inglaterra dice de estas píldoras: "La experiencia nos lleva a preferir la trigésima potencia, aunque se logran excelentes resultados con la 3X. Para la trigésima potencia, tome a diario 5 píldoras al levantarse y 5 al acostarse".

CAPÍTULO · 7

"LA MANO DE DIOS", UNA PLANTA CASERA QUE SALVA VIDAS

José de Arimatea... fue y retiró el cuerpo [de Jesús]. También
fue Nicodemo... llevando unas cien libras de mirra perfumada y
áloe. Tomaron el cuerpo de Jesús y lo envolvieron en lienzos
con los aromas. *Juan 19:38-40*

En muros egipcios del 4000 a.C., se han encontrado imágenes talladas de la planta de áloe vera —un regalo al Niño Jesús, que luego se usó para ungir Su cuerpo en la sepultura. Los egipcios creían que los áloes tenían un poder curativo mágico y les asignaban un estatus real que le seguía en importancia, en segundo lugar, únicamente al del faraón. Los mercaderes árabes introdujeron en otras partes del mundo el uso del áloe vera. Los misioneros jesuitas comenzaron a plantarlos en el Nuevo Mundo, probablemente en Barbados, alrededor de 1590, en las cercanías de los asentamientos.

La leyenda narra que los indígenas de América Central y México estaban tan sorprendidos con la capacidad de esta planta para aliviar tantos malestares –tos, abscesos, artritis, bursitis, cataratas, orina irritante, diabetes, herpes genitales, gangrena, calambres, dolor estomacal, problemas intestinales, úlceras en las piernas, venas varicosas, infecciones vaginales causadas por hongos, para nombrar sólo algunas—, que llamaron a la planta, con sus largas hojas que se dirigían hacia el cielo, "La mano de Dios".

La palabra *áloe* deriva del término árabe *alloeh* que significa "sustancia amarga y brillante". Sólo los áloes con *aloína* —el elemento medicinal del áloe— tienen poder curativo real. Existen más de 300 clases de áloes pero sólo tres de las que producen el milagroso jugo medicinal llamado aloína se encuentran fácilmente. Ellas son:

1. El *áloe vera*, también conocido como *Aloe barbadensis* (en referencia a la isla de Barbados, lugar en el que alguna vez se dio en abundancia). Es el que más se vende en Estados Unidos.

2. El *áloe sucotrino* (*Aloe succotrina*), estrechamente relacionado con el anterior, lleva su nombre debido a la isla de Socotora, próxima a Yemen. Es el áloe del Nuevo Testamento que se usó para embalsamar el cuerpo de Jesús. A causa de su olor desagradable, se mezclaba con mirra fragante al envolverse entre la mortaja. Se usaba mucho, como lo demuestra la enorme cantidad de esta mezcla traída por Nicodemo. En el entierro judío, a diferencia del egipcio, no se evisceraban los cuerpos, por lo tanto el de Jesús se dejó intacto.

3. El tercer y principal áloe es el *áloe del Cabo* (*Aloe ferox*), que se originó en Sudáfrica. (Existe también un áloe *falso*, erróneamente llamado áloe, que ni siquiera forma parte de la familia de los áloes. Figura en todo el Antiguo Testamento pero es en realidad sólo un tipo de madera, el palo de áloe o *eaglewood,* usada como incienso y en perfumería).

Todos los áloes auténticos tienen características similares, de manera que el áloe sucotrino del Nuevo Testamento, usado para embalsamar a Jesús, tiene muchas de las mismas cualidades del áloe vera que se cultiva en la actualidad en Europa y Estados Unidos.

Pero el número uno de la lista, el *áloe vera,* contiene en realidad más aloína: 18 a 25 por ciento; el segundo, el *áloe sucotrino,* contiene de 7,5 a 10 por ciento de la mencionada sustancia y el tercero, el *áloe ferox,* el 4,9 por ciento.

Todos tienen hojas carnosas verdes, largas, agujadas, de bordes espinosos que exudan una savia mucilaginosa cuando se quiebran.

Todos son perennes. Florecen la mayor parte del año en regiones de climas cálidos y con menor frecuencia cuando hace frío.

La mayoría de las plantas se marchitan luego de varios días sin agua pero el áloe vera continúa sacando brotes durante casi 7 años sin agua. Se dice que Alejandro el Grande conquistó la isla de Socotora por su gran producción de áloe vera. Según se informa, sus tropas llevaban las plantas a las batallas para curar las heridas. La planta se conservaba durante mucho tiempo fuera de la tierra.

Hechos asombrosos relacionados con esta Planta Bíblica

La mayoría de la gente está familiarizada con la reputación del áloe para curar la piel, pero lo que comúnmente no se sabe es que el áloe vera se puede ingerir (como jugo o en cápsulas). Los usuarios señalan que todos sus elementos naturales regeneran los tejidos internos y órganos, de la misma manera en que regeneran los tejidos de la piel.

Se dice que si se ingiere, tiene efectos curativos en la artritis, úlceras, diabetes y otras enfermedades. Los testimonios sobre los beneficios medicinales de beber el jugo del áloe provienen, por lo general, de pacientes artríticos quienes afirman haber obtenido una mayor movilidad, alivio del dolor y la inflamación. Otros informan sobre un notable alivio de las úlceras estomacales y problemas gastrointestinales. Algunos diabéticos indican que se redujo o eliminó su necesidad de insulina.

Una hoja de áloe vera produce dos sustancias: (1) una savia amarilla o rojiza, llamada látex, que es amarga e irritante para los labios. Esta savia es el jugo de la planta y es el elemento principal de su poder curativo. El principio activo que la hace eficaz se llama *aloína*. (2) La hoja también produce un gel claro, semisólido, de olor desagradable, el cual le permite evitar la pérdida de agua y sobrevivir durante periodos extremadamente largos sin agua. Si se corta la hoja, el gel sencillamente cicatriza el corte. Durante siglos, el gel se ha usado para aliviar y curar quemaduras, cortes e irritaciones de la piel y también para suavizarla. Estudios muestran que el gel es el que produce la capacidad del áloe para penetrar la piel y permitir que el jugo actúe.

Cómo esta Planta Bíblica salvó una vida

En uno de sus boletines populares sobre la salud, el Dr. Julian Whitaker, M.D., narra la historia de un niño de 10 años al que le habían diagnosticado un tumor cerebral —un meningioma. Los cirujanos no pudieron extraer el tumor completamente y éste continuó creciendo y ejerciendo tal presión que los ojos del niño sobresalían. El pronóstico era desolador. Un amigo le sugirió al muchacho que bebiera áloe vera concentrado. Los padres, de pura desesperación, le dieron de beber 8 onzas (230 ml) diarias.

"Noventa días más tarde", expresó el Dr. Whitaker, "para la sorpresa de sus médicos y el júbilo de la familia, el tumor de Steve había remitido completamente". Actualmente Steve se encuentra bastante normalizado pero continúa bebiendo todos los días el jugo de áloe vera.

Aunque el áloe se consigue en diversas formas —jugo, gel, concentrado y cápsulas—, los concentrados (cuanto más fuertes, mejores) de toda la hoja son los más valiosos, según el Dr. Whitaker. "Puede usarse como dosis de mantenimiento una o dos onzas (30 a 60 ml) al día de un buen producto, pero para enfermedades graves yo recomendaría hasta ocho onzas (240 ml) diarias". Entre las dolencias que cita se encuentran las úlceras de larga duración y el SIDA.[1]

El jugo de áloe —también llamado la medicina del áloe— presenta estas propiedades:

1. Tiene la capacidad de eliminar ciertas bacterias, hongos y virus.

2. También es capaz de dilatar los capilares, acrecentando el suministro de sangre en el área tratada.

3. Si se aplica a un tejido lesionado, la savia o jugo penetra, anestesia la zona y alivia el dolor. Adormece a medida que cura.

4. Tiene un efecto antiinflamatorio: reduce la hinchazón de la piel y de los músculos.

5. Acelera el proceso curativo y el crecimiento de células nuevas.

---

[1]Reimpreso con permiso de Julian Whitaker, M.D.

Un investigador señala que el áloe vera resulta eficaz porque contiene por lo menos 6 agentes antisépticos —*lupeol*, ácido salicílico, nitrosourea (*urea nitrogen*), ácido cinomónico (*cinnomonic acid*), fenol, azufre— que eliminan muchas infecciones internas y externas. Dice que los dos primeros, con el magnesio, son analgésicos altamente eficaces, que hacen que el áloe elimine muy bien el dolor. Tres ácidos grasos antiinflamatorios —colesterol, campesterol y *B-sitosterol*— hacen que el áloe alivie el estómago, intestino delgado, colon, hígado, riñón y páncreas y contribuya a curar la artritis reumatoide, fiebre reumática, úlceras y alergias. Esto explica la razón por la cual durante miles de años los áloes han contribuido a remediar y curar una lista monumental de dolencias del ser humano y merecen llamarse la "Planta Medicinal".

"La mano de Dios": La Planta Bíblica que alivia la artritis

Recientemente he recibido por correo un folleto de un distribuidor de productos de áloe, lleno de cartas detalladas y fotos de pacientes artríticos quienes declaran haberse aliviado milagrosamente desde que usan lo que los curanderos populares han llamado "La mano de Dios" —en relación con la forma de dedos de una mano de las hojas de áloe y al hecho de que las mismas apuntan hacia el cielo:

En una carta firmada, una mujer relata que tenía un dolor constante y tenaz en todo el cuerpo a causa de la artritis —articulaciones entumecidas, hinchazón en las piernas y rodillas. Apenas podía caminar o levantarse de la silla. Fue a varios médicos y a una clínica y le dieron una cantidad de medicamentos que no la ayudaron. Luego de 7 u 8 años, sufría tanto que pensó que tenía cáncer de huesos. Por último, su marido le convenció de que fuera a la Clínica Mayo, en Minnesota, lugar donde se le diagnosticó la artritis reumatoide y se le administraron 18 inyecciones de oro que le hincharon y agrietaron los labios y le produjeron ampollas en todo el cuerpo, incluso en la boca. Se le dijo que dejara de trabajar y ni siquiera podía sostener una taza de café. Tomaba codeína, *Aleve*, *Naprosyn*, ibuprofeno, entre otros. Nada le dio resultados. Luego consiguió un folleto que explicaba las maravillas del áloe vera. Comenzó a tomar áloe vera en cápsulas. En forma gradual, la hinchazón de los dedos, muñecas y tobillos desapareció. En seis meses estuvo sin dolor y capacitada nuevamente como para ir bailar con su esposo los sábados por la noche.

La mujer compartió su "secreto" con una amiga que apenas podía caminar con un bastón. En tres meses, ya caminaba por su cuenta sin ninguna ayuda. En un determinado momento, dejó de tomar las cápsulas de áloe vera y nuevamente se vio incapaz de caminar sin un bastón. Comenzó a tomarlas de nuevo y se mejoró.

Una víctima de parálisis cerebral relata que compró algunas cápsulas de áloe vera. "Las he tomado durante un mes", dijo "y puedo sentir la diferencia en el cuerpo... ayudan a aliviar mis músculos y el dolor. Las tomaré durante el resto de mi vida".

Los médicos le dijeron a un hombre de 70 anos, con un dolor intenso en la zona inferior de las piernas debido a dos discos aplastados, que la situación sería permanente e irreversible y que se empeoraría. A los 82 años de edad comenzó a tomar cápsulas de áloe vera. ¡En dos meses se redujo la hinchazón y no tuvo más dolor en la espalda ni en las piernas!

Un agricultor de 85 años de edad cuenta que le dolían tanto las manos que no podía agarrar nada. Luego de una vida muy activa necesitaba ayuda hasta para ponerse una camisa. Se le hinchaba la pierna al final del día. Tenía que levantarse dos o tres veces por la noche para orinar. Tenía un dolor tan terrible entre la rodilla izquierda y la cadera, que lo forzaba a usar muletas. Le dolía tanto cuando se acostaba, que tenía que dormir sentado. Luego comenzó a tomar cápsulas de áloe vera. En el término de una semana pudo ver la diferencia y gradualmente recuperó el uso de las manos. La necesidad de orinar con frecuencia de noche cesó y la pierna, de pronto, dejó de dolerle. Se sintió tan bien que salió y trabajó un poco en la granja. Actualmente es capaz de trabajar de 12 a 14 horas y dice que se siente como un hombre nuevo.

...y los testimonios continúan.

Un hombre dijo que la artritis de sus manos era tan terrible que los dedos se le empezaron a enroscar: "No podía cerrar la mano o cerrar el puño. Tenía nudos en ambos codos del tamaño de pelotas de golf y no podía levantar los brazos por encima de los hombros". Su estado empezó a mejorar cuando comenzó a beber dos onzas de jugo de áloe vera al día. En la actualidad, cinco años más tarde, este hombre dice que no tiene más dolor en las manos y que los nudos en los codos han desaparecido.[2]

El áloe vera también da resultados con la artritis si se aplica externamente. Algunas personas que usan áloe expresan que sienten alivio cuando frotan el gel directamente sobre la piel, en la zona de una articulación o músculo doloridos.

Controla la presión sanguínea, la diabetes y otros problemas[3]

Nos comentaron que un hombre solía tomar medicamentos para tratar la presión sanguínea elevada, pero los remedios le causaban somnolencia. Un amigo le dijo que el áloe vera daba resultados en el tratamiento de la presión sanguínea alta, de manera que comenzó a beber seis onzas (175 ml) por día de jugo de áloe vera. En el transcurso de un corto periodo de tiempo, la presión sanguínea se disminuyó desde 150/100 a 120/80, la cual es normal. Si no consume áloe vera, la presión vuelve a elevarse.

Un paciente diabético declara que el jugo de áloe vera contribuyó a que viviera sin insulina. "Me llevó alrededor de nueve

---

[2] *Aloe Vera: Nature's Soothing Healer* escrito por Diane Gage Copyright 1988, 1996. Publicado por Healing Arts Press, Rochester, VT. Reimpreso con permiso.
[3] Gage, *op. cit.*

meses", dijo, "pero no he tenido que tomar insulina durante años". Señala que uno de sus clientes dejó la insulina luego de beber jugo de áloe vera durante un año.

Otro diabético expresa que había sufrido dos ataques al corazón, bronquitis aguda, gota, envenenamiento urémico y cálculos en los riñones y le aplicaban inyecciones de cortisona para la bursitis y la artritis. Se le dio un poco de áloe vera cuando cumplió cincuenta y ocho años. En tres meses dejó la insulina y desaparecieron la gota, los cálculos en los riñones y la artritis.

Una mujer que sufría de flebitis en las piernas, con tendencia a desarrollar coágulos sanguíneos, dice que después de tomar jugo de áloe vera nunca más tuvo ningún problema.

Una víctima de la esclerosis múltiple, quien sólo podía caminar con muletas, compró un poco de gel y tónico de áloe vera. Seis días más tarde, estaba caminando sin muletas. Ella declaró que el tónico de áloe le quitó el dolor y la inflamación de las articulaciones que le hacían tan doloroso el caminar.

Otra mujer comentó que los médicos querían amputarle la pierna y ella no los dejó. En su lugar, cambió su dieta por una vegetariana y comenzó a beber a diario el jugo de áloe vera. Después de haber estado lisiada durante un año, dice que no usa más muletas, que su cuerpo está sin tumores y que salvó su pierna.

Curación de las úlceras estomacales

En un informe titulado "Aloe Vera Gel in Peptic Ulcer Therapy: Preliminary Report", aparecido en abril de 1963, en el volumen 62 del *Journal of the American Osteopathic Association*, los doctores Blitz, Smith y Gerard afirman que usaron el gel de áloe vera como medicación exclusiva, en la mayoría de los casos, para el tratamiento de úlceras pépticas en 18 pacientes. Afirman que todos los pacientes, excepto uno, se recuperaron por completo; la excepción fue una niña que no permaneció en el programa.

Los investigadores aseveran: "Clínicamente, la emulsión gel de áloe vera ha disipado todos los síntomas de los pacientes que se consideraba que tenían úlcera péptica incipiente. La duodenitis... tratada con el gel de áloe vera, produjo una recuperación pareja y excelente excepto en un paciente. En el caso de úlcera péptica, sobre la cual podría existir una pequeña duda... la emulsión gel de áloe vera proporcionó una recuperación completa".

En estudios de experimentación, en los cuales ni los sujetos ni los experimentadores conocen la composición de la prueba ni los grupos de control de doble ciego (*double-blind studies*), para evaluar la eficacia del áloe vera en el tratamiento de las úlceras, realizados en los laboratorios Carrington, se comparó un fármaco extraído del áloe vera, con *Cimetidine*, uno de los medicamentos más importantes para combatir las úlceras. "El áloe vera decididamente tiene un efecto curativo sobre las úlceras", expresó Clinton Howard, director del laboratorio. "La mayoría de las drogas para úlceras disponibles en la actualidad actúan al reducir la producción de ácido hidroclórico en el estómago. Las nuestras producen un efecto que actúa en la superficie y cubren el estómago casi de la misma manera que los medicamentos *Mylanta* y *Maalox*". No se conoce todavía si este fármaco para las úlceras basado en el áloe vera, llamado *Carrysin*, hace que el revestimiento natural del estómago funcione mejor o si sirve como protección parcial en sí mismo.[4]

La investigación también indicó que la droga derivada del áloe actuó como un estimulante inmunitario. "El ingrediente activo en el áloe vera estimula el macrófago de nuestro organismo, una de las células blancas de la sangre que controla el sistema inmunitario", señaló Howard. "También descubrimos que el *Carrysin* hace que el macrófago produzca cantidades crecientes de prostaglandina, un producto antiinflamatorio".[5]

Casos reportados:

Un hombre de negocios dice que tuvo úlceras durante años y los médicos le habían dicho que dejara de trabajar y evitara el estrés. Mientras estaba de vacaciones, un turista le comentó sobre el áloe vera. Comenzó a beber áloe vera a diario y empezó a sentirse mucho mejor. No ha tenido ningún problema en cinco años.

---

[4] *Aloe Vera: Nature's Soothing Healer* escrito por Diane Gage, *op. cit.*
[5] Gage, *op. cit.*

Otro hombre cuenta haber tenido dos operaciones debidas a problemas estomacales, antes de comenzar a beber áloe vera. Mientras bebe el jugo de esta planta no tiene problemas.

Una mujer estaba a punto de ser operada a causa de úlceras sangrantes, pero la noche antes de la cirugía, la demoraron problemas familiares y tuvo que ir a la casa de su hermana a ayudar. La hermana tenía jugo de áloe, que esta mujer bebió durante dos semanas sin darse cuenta de su poder curativo. Luego regresó a su hogar y fue al médico para que le hicieran una radiografía y en la misma no apareció úlcera alguna. El médico no confió y tomó otro conjunto de radiografías y quiso saber lo que la paciente había usado.

Otro hombre relató que solía tener el estómago ulcerado y una hernia hotel, hasta que comenzó a beber de 4 a 8 onzas de jugo de áloe vera diariamente. Ahora dice que puede comer alimentos condimentados, o cualquier cosa que desee, sin ningún efecto secundario, ni siquiera acidez estomacal.

Una mujer de 59 años expresa que tuvo úlceras nueve veces y estuvo a punto de que le extrajeran parte del estómago, mediante una cirugía, cuando leyó sobre el jugo de áloe vera. "No sabía que se podía beber", dijo. "Probé un poco. Tenía un sabor raro pero me curó la úlcera".

Una mujer declaró que siempre que experimenta acidez estomacal e indigestión bebe jugo de áloe vera. "Los elimina en cinco minutos", dijo.

Estimuló el crecimiento del cabello, curó el acné

En un estudio realizado en 1973, médicos egipcios de la Universidad de El Cairo investigaron los efectos del áloe en casos de alopecia (pérdida del cabello), acné y seborrea. Señalaron que en un grupo todos los pacientes presentaron un rápido crecimiento del cabello.

Uno de los integrantes del grupo, un muchacho de 12 años, tuvo crecimiento de cabello en un área de calvicie, en el término de una semana.

En otro grupo, el áloe redujo y detuvo por completo la caída del cabello hacia finales del primer mes. Dos de los pacientes presentaron reaparición de cabello en áreas calvas, en el transcurso de tres meses.

También se trató a tres mujeres, cuyas edades variaban entre los 23 y 25 años, con acné común. En un mes, dos de ellas se liberaron del acné completamente y la tercera presentó una notable mejoría con pocas manifestaciones del mismo.

Max B. Skousen, Director del *Aloe Vera Research Institute* en West Valley City, Utah, y autor de *The Ancient Egyptian Medicine Plant: Aloe Vera Handbook*, descubrió que el áloe contribuye a combatir los brotes de granos en la piel. Indica que para tratar el acné se debe limpiar el rostro por la mañana y la noche y luego aplicar el jugo o gel de áloe y dejar que se seque. Esta última medida actúa como astringente, reduciendo la grasitud de la piel y también estimulando la curación del tejido, sin dejar cicatrices. Sugiere que se use el ungüento de áloe directamente sobre las espinillas y llagas, para mejorar la curación y reducir las cicatrices.

Acelera la curación de encías doloridas

El dolor de muelas puede desaparecer por completo si se aplica, en forma continua, gel de áloe directamente sobre la pieza dental. En los estudios realizados por el dentista Eugene R. Zimmerman, D.D.S., profesor de patología de la Facultad de Odontología en la Universidad Baylor, se descubrió que el áloe vera es tan eficaz como los medicamentos antiinflamatorios (indometacina y prednisolona) —con el beneficio adicional de no ser tóxico.

Otro médico informa que el aplicar un gel de áloe vera directamente sobre la dentadura ayuda a curar las encías. "El periodo de tiempo promedio que se espera para quitar los puntos luego de extraer una muela", dice él, "es de tres días. Al usar áloe vera, podemos sacar los puntos al día siguiente... cuando se usa áloe vera, muchos de los pacientes no necesitan tomar ningún medicamento para combatir el dolor después de la cirugía".

Él usa este gel con pacientes con dentaduras postizas que tienen la boca dolorida y también para reducir la irritación e inflamación alrededor de raíces expuestas y encías inflamadas por el uso de coronas temporarias. Otro dentista expresa: "Luego de una extracción coloco un poco de áloe vera sobre un trozo de gasa y hago que el paciente lo muerda; ayuda a aliviar el dolor y a curar. Mi tío... después que le extrajeron la muela del juicio... colocó la parte de adentro de una hoja de áloe vera sobre la encía y el dolor desapareció de inmediato".

En casos de emergencia, este médico frota áloe vera en y por debajo de la encía para limpiar y sedar la zona, hasta que el paciente pueda consultar a un periodontista.

La curación completa del herpes zoster

Un experto —Bill Coates, R.Ph., de Coates Aloe International— asegura que el áloe usado en forma tópica (sobre la piel) elimina bacterias y virus, como el virus del herpes simple que causa las ampollas de fiebre y el virus del herpes zoster que causa la culebrilla (*shingles*). En su libro, *Aloe Vera: Nature's Soothing Healer*, Diane Gage relata:

> Una mujer de Carson City, Nevada, puede atestiguar sobre el efecto del áloe vera para curar el herpes zoster. Afirma que su tío desarrolló herpes zoster después de que le amputaron una pierna. Los antibióticos y otros medicamentos recetados fracasaron en curar la afección, de manera que ella empezó a lavar las áreas afectadas con un gel para el baño en base a áloe; aplicó aceite de jojoba y, luego, gel de áloe. Además, su tío bebía tres onzas de jugo de áloe antes de cada comida. Al segundo día, los herpes zoster comenzaron a mejorar. Al séptimo día, casi todo, a excepción de un par de llagas, había desaparecido y en el término de un mes, su tío se encontraba curado por completo.[6]

---

[6]Gage, *op. cit.*

"En tan sólo una semana las llagas causadas por decúbito habían desaparecido"[7]

Como agente antiinflamatorio, el áloe disuelve las células muertas o debilitadas como aquellas que se encuentran en las úlceras y llagas producidas por el decúbito (reposo prolongado en cama). Una mujer se interesó por los productos de áloe cuando curaron las dolorosas y persistentes úlceras de su madre, causadas por el decúbito. "Mi madre comenzó a usar una botella de loción de áloe y en una semana, las úlceras por decúbito habían desaparecido", dijo.

Según se informa, actualmente muchos hogares para ancianos usan el gel de áloe porque resulta mejor cuando las úlceras recién se han iniciado que cualquier otra cosa que hayan probado.

Curación de las úlceras en las piernas

En 1973, apareció un documento médico titulado: "Use of Aloe in Treating Leg Ulcers and Dermatoses" en el volumen 21, Núm. 1, enero-febrero de *Dermatology*, en el cual los autores informan sobre tres casos de ulceraciones crónicas en las piernas:

> El primero se trataba de un comerciante de cincuenta años quien "estaba de pie mientras trabajaba y tuvo úlceras varicosas crónicas rodeadas de eczema en la pierna izquierda durante quince años... Las úlceras eran profundas, de olor pestilente y las bases, arraigadas y sucias". El informe señala que con aplicaciones de gel de áloe, la curación comenzó en el término de una semana y, luego de seis semanas, una úlcera estaba completamente curada, y la otra lo estuvo después de diez semanas. A la última úlcera le llevó once semanas para curarse.

> El segundo paciente, un hombre de 51 años, tenía un edema con una enorme hinchazón en la pierna izquierda y el pie, y

---

[7]Gage, *op. cit.*

la piel estaba áspera y arrugada. Tenía úlceras crónicas de olor pestilente desde hacía siete años; una enorme, en la parte de atrás de la pierna, y dos más pequeñas en el otro lado. El paciente se quejó de un dolor muy intenso durante las primeras dos semanas de tratamiento con gel de áloe, pero éste pronto desapareció. Las úlceras pequeñas se curaron en el término de seis semanas; las más grandes presentaron una amplia mejoría en nueve semanas.

El tercer paciente, un hombre de 22 años, había sufrido hacía ocho años una quemadura en el medio de la pierna izquierda y en ese lugar se desarrolló una úlcera. Cada vez más, se le hacía doloroso pararse. El hombre tenía venas varicosas en la pierna, con enrojecimiento de la piel alrededor de la úlcera. Esta estaba contaminada, con pus y carne sin vida en la parte inferior. "Luego de cinco semanas de tratamiento con áloe, hubo un buen progreso de curación de la úlcera, la cual se redujo en forma gradual", señala el informe.

Curó las quemaduras

Durante años, el áloe vera se ha usado extensamente para tratar las quemaduras causadas por radiación. Las investigaciones modernas sobre este tema comenzaron en 1935, cuando C. E. Collins, M.D., utilizó esta planta en el tratamiento de quemaduras producidas por rayos X y descubrió que las heridas se curaban con mayor rapidez y dejaban menos tejido cicatrizado, cuando se trataban con el gel fresco de áloe vera.

"Hemos observado... que la aplicación de la hoja es intensamente sedante y alivia el malestar en forma considerable. Lo notamos en especial en los casos de cáncer de mama, en los cuales la axila recibía gran cantidad de radiación y quedaba bastante dolorida", dijeron los doctores Fine y Brown, en su escrito médico "Cultivation and Clinical Application of Aloe Vera Leaf" sobre el tratamiento de quemaduras por radiología en 1938. En 1959, en un estudio subsidiado por el gobierno de Estados Unidos para probar la eficacia del ungüento de áloe vera en las quemaduras ocasionadas por la radiación, el áloe vera aceleró el periodo de curación y redujo el tejido cicatrizado.

Casos relatados:

Un hombre, con cánceres de piel que le cubrían ambos brazos, se sometió a un procedimiento radical en el cual los médicos quemaron los cánceres, dejándole intensamente dolorido. Su esposa empezó a tratarle con un ungüento y espray de áloe. Los brazos se le curaron casi por completo en once días y ahora tienen un aspecto sano y normal.

Otro hombre accidentalmente vertió el contenido de una olla, con agua muy caliente, sobre su pie derecho y de inmediato fue llevado a una sala de emergencias donde un médico le aplicó un tratamiento para quemaduras de tercer grado y le indicó cómo repetir el tratamiento en su casa. El paciente obedeció, pero 4 días más tarde, el pie estaba tan terriblemente hinchado y dolorido que visitó a un segundo médico, quien le administró el mismo tratamiento. Al tener fiebre elevada decidió seguir el consejo de su hermana y probar un "ungüento" (*jelly*) de áloe vera. En el transcurso de tres horas, la hinchazón desapareció y la temperatura se redujo.

"Algunos aplican la hoja de áloe, cortada longitudinalmente (en rodaja) y abierta, en forma directa sobre la quemadura", dice un experto. "Otros, hacen que la hoja de áloe drene el gel en un recipiente y tratan de mantenerlo sin la savia amarilla, que puede irritar la quemadura. Luego impregnan un vendaje con el gel y lo envuelven alrededor de la quemadura. Otros combinan estas dos técnicas colocando un trozo de la hoja cortada sobre la herida y cubriéndola con un vendaje. Este entonces permanece húmedo y no se adhiere a la herida".[8]

---

[8]Gage, *op. cit.*

Cura las alergias, la dermatitis y la infección renal

Un investigador relata que nació con una amplia gama de alergias severas que le producían sarpullidos, ojos llorosos, congestión en los senos nasales, infecciones y dermatitis muy serias en grandes áreas en todo el cuerpo. Las pruebas revelaron que era alérgico a alrededor de 200 sustancias distintas. Las inyecciones antialérgicas no lo ayudaron; tampoco contribuyeron mucho los ungüentos ni los rayos ultravioletas.

Entonces comenzó a beber jugo 100 por ciento puro de áloe vera. Para su sorpresa, todas las alergias desaparecieron completamente. La dermatitis se disipó, como asimismo una infección persistente del riñón. Incluso se le curaron las hemorroides con el uso adicional de un ungüento de áloe vera.

Dice que durante cinco años no ha tenido ni un resfrío, gripe ni ningún otro tipo de infección importante. Todos los síntomas retornan si deja de beber el áloe. Mientras lo toma se mantiene sin síntomas.

Una Planta Bíblica Curativa y poderosa que combate el SIDA

Desde 1987, los pacientes de SIDA saben que el jugo de áloe o un fármaco derivado del mismo —*polymannoacetate*— les proporciona alivio para los síntomas de dicha enfermedad. Y mantiene sin desarrollar la enfermedad en aquellos que tienen el virus, pero no los síntomas del SIDA. No constituye una cura, pero, en la mayoría de los casos con los que se experimentó, se han logrado excelentes resultados al detener el curso de la enfermedad.

"Una sustancia de la planta de áloe muestra signos preliminares de estimular el sistema inmunitario y bloquear la diseminación del virus de la inmunodeficiencia adquirida (VIH), sin efectos secundarios tóxicos", afirma el Dr. H. Reg McDaniel, como fue citado en el artículo "Aloe Drug May Mimic AZT Without Toxicity", de la publicación *Medical World News* de diciembre de 1987.

Pacientes mejorados en un promedio de un 71 por ciento

En este estudio, los síntomas de 16 pacientes de SIDA se redujeron significativamente al administrarles 1.000 mg diarios de un medicamento derivado del áloe, polymannoacetate, durante 3 meses. Los pacientes que no estaban gravemente enfermos, mejoraron en un promedio del 71 por ciento y los casos avanzados, en un 20 por ciento.

"Se eliminaron o mejoraron en forma significativa, la fiebre y los síntomas de sudores nocturnos, diarrea e infecciones oportunistas en todos los pacientes con caídas en los cultivos de células positivas de anticuerpos del SIDA y en los niveles de antígenos del núcleo de las células de HIV", afirma McDaniel.

No se observaron efectos tóxicos en un total de 29 pacientes quienes recibieron el fármaco derivado del áloe vera. Y existe una buena razón para creer que el mismo jugo puro de áloe vera puede aliviar los síntomas del SIDA, ya que la droga está presente en la planta.

"Los síntomas desaparecen casi por completo"

Un artículo del *Dallas Times Herald*, del 12 de julio de 1988, cita al Dr. Terry Pulse cuando afirma que se administraron, en forma oral, 20 onzas (600 ml) de jugo de áloe vera (estabilizado, de manera que no pierde su potencia al contacto con el aire) a 69 pacientes con SIDA, quienes habían sido clasificados como aquellos que "nunca mejoraban". Luego estos pacientes pudieron "volver a trabajar". Pulse expresa que estos pacientes "retornan a sus niveles normales de energía, sus síntomas desaparecen casi por completo; y esto ocurrió en el 81% de los pacientes en quienes apliqué este fármaco".

"Cuanto más pronto se administre el medicamento al paciente, mejor para éste", dice Pulse. Sus pacientes toman 20 onzas del líquido por día "y los mantengo de esta manera indefinidamente", dijo, a algunos durante más de dos años.

"Hemos tenido muertes", explica, "pero en esos pacientes, la mayor parte de lo sucedido puede atribuirse a que fueron y recibieron quimioterapia por cánceres de piel, o lo que fuere, o a que tomaron otros fármacos, como el AZT, en forma combinada, los cuales aniquilaron el sistema inmunitario".

¿Qué significa todo esto? Pulse afirma que "hasta que exista una fórmula mágica, ésta constituye una medida de detención de la enfermedad y les proporciona tiempo, a un costo mucho más bajo que el del AZT".

Cómo cultivar esta Planta Bíblica Curativa en casa

En muchas zonas de Estados Unidos, el áloe vera no puede desarrollarse al aire libre debido a las rigurosas temperaturas invernales, pero se desarrolla fácilmente en los interiores.

Esta planta puede cultivarse mediante rampollos o semillas pero toma mucho más tiempo con estas últimas. Se comienza con los rampollos de la planta de alguien o de una tienda de venta de plantas. El ancho de la maceta debe ser, por lo menos, la mitad de la longitud de las hojas del áloe. Una planta con hojas de 12 pulgadas (30 cm) necesita un recipiente de, por lo menos, 6 pulgadas (15 cm) de ancho.

A esta planta le gusta el reflejo del sol pero no la luz directa y el aire fresco, por lo menos durante el verano. Se desarrolla mejor en una ventana grande donde la temperatura se mantenga entre los 75 y 85 grados Fahrenheit (24 y 30 grados C).

No necesita riego constante. Almacena una gran cantidad de agua en sus hojas gruesas. Para determinar la frecuencia del riego, introduzca su dedo en la tierra hasta el primer nudillo; si está seco hasta ese punto, échele agua.

La tierra debe secarse entre riego y riego. Utilice tierra arenosa con un buen drenaje. Si el agua drena con lentitud, agregue piedra pómez a la tierra: mitad de tierra, mitad de piedra pómez.

Nutra a su planta de áloe vera una vez por mes, excepto en el invierno cuando descansa. Utilice un fertilizante poco nitrogenado y siga las indicaciones del paquete. Crecerá rápidamente. Usted puede plantar brotes nuevos por separado o colocar una planta entera en una maceta más grande. Los brotes nuevos producen sus propias raíces y se desprenden fácilmente de la planta madre.

La mayoría de los cultivadores aseguran que las hojas deben ser de alrededor de 3 pies de longitud para poder curar en forma eficaz. Pero las hojas de una planta doméstica pueden usarse cuando tienen un pie. Sólo las plantas maduras tienen la potencia medicinal plena. Un áloe de exteriores alcanza la madurez en un año y medio a cinco.

La mayoría de los áloes que crecen en los alféizares de las ventanas nunca florecerán. La planta se mantendrá pequeña pero se reproducirá con frecuencia, producirá brotes nuevos llamados retoños. Está muy bien que crezca y puede constituir un aditamento agradable para su hogar u oficina: su equipo de primeros auxilios en una maceta.

EL ASOMBROSO PODER CURATIVO DE UN GRANO BENDECIDO POR JESÚS

Andrés, uno de los discípulos, le dijo: "hay un muchacho que tiene cinco panes de *cebada* y dos pescados; pero ¿qué es eso entre tantos?" Jesús dijo: "Haz que todos se sienten" y los hombres se sentaron, eran unos cinco mil. Luego Jesús tomó los panes, dio las gracias y los distribuyó entre la gente que estaba ahí sentada. Cuando todos se habían saciado, dijo a sus discípulos: "Recoged los panes que quedaron". Los recogieron y llenaron doce cestas con los cinco panes de *cebada* que habían quedado. *Juan 6:1-13*

La cebada y el trigo eran los granos más importantes que crecían en la Tierra Santa ("una tierra de trigo y cebada", Deuteronomio 8:8). La cebada era más popular porque podía crecer en tierra más pobre y sobrellevar mejor el calor y la sequía. El trigo era para los ricos. La cebada, la más dura de masticar y la menos duradera de ambos granos, estaba destinada a los pobres: un símbolo universal de pobreza y humildad. Para hacer que supiera mejor, la clase trabajadora la mezclaba a menudo con frijoles, lentejas, miel y varios ingredientes más, y el pan que se obtenía de esta mezcla se llamaba torta de cebada. Se referían en forma despectiva a una persona pobre o modesta llamándole "una torta de pan de cebada".

El pan estaba muy relacionado con Cristo, no sólo debido a su milagro de haber alimentado a tanta gente con cinco hogazas de pan de cebada, sino porque Él había nacido en Belén, palabra que significa "casa de pan". Cristo, a menudo, compartía el pan con sus discípulos y decía que siempre deberíamos bendecir el pan.

En canastas de mimbre livianas, se servían hogazas de pan calientes y sabrosas —las cuales, durante las ceremonias religiosas, eran siempre de pan ázimo (no levado) para simbolizar que este pan era puro y no "corrompido" por ninguna levadura de panes anteriores. Estos trozos de pan, levados o no levados, se cortaban con las manos y el dueño de casa los distribuía entre todos los miembros de la familia y los invitados. La Última Cena se inició de tal manera:

> Durante la comida Jesús tomó el pan, y después de pronunciar
>
> la bendición, lo partió y se lo dio a sus discípulos diciendo:
>
> "Tomen, esto es mi cuerpo". *Marcos 14:22*

Medicinalmente, el agua de cebada se usó como un remedio calmante para los trastornos estomacales y para aliviar las náuseas. Para su preparación, coloque dos onzas (60 g) de cebada en una olla con seis tazas de agua. Haga hervir hasta que se consuma la mitad del agua. Cuele, endulce al gusto y beba. Dos mil años más tarde, este remedio todavía da buenos resultados.

A menudo, Sylvia M. tenía acidez e indigestión y se veía forzada a tomar antiácidos. Se quejaba de que su vida estaba arruinada, de *no tener más una vida*, sino una indigestión constante. Los ataques duraban una semana y a veces la despertaban en medio de la noche. Las radiografías mostraron que ella tenía una úlcera péptica (estomacal) y dijo que las diversas medicinas que su médico le había indicado que tomara —*Zantac, Tagamet, Pepcid* y otras— no le proporcionaron ningún alivio y constituyeron una pérdida de dinero. Luego se enteró del agua de cebada y lo fácil que era hacerla. La bebió tres veces por día y en una semana, todos los síntomas habían desaparecido. Las radiografías mostraron que la úlcera se había disipado. Su médico se impresionó tanto por esta curación rápida, que ahora recomienda el agua de cebada a todos sus pacientes con úlceras.

Creo que el mensaje que encierra esta historia de los cinco panes de cebada que se usaron para alimentar a 5000 personas, es que la cebada es una planta extraordinaria, importante y saludable que todos pueden obtener.

"Agua de lanza"

Los judíos de la antigüedad tenían un remedio para los cálculos biliares que llamaban "*me dekarim*", que literalmente significaba "agua punzante" o "agua de lanza", pues "pincha o aguijonea la vesícula biliar". En realidad se trataba de agua de cebada. Encontramos pruebas actuales de la capacidad del agua de cebada para disolver la bilis del hígado; una cantidad excesiva de bilis puede llegar al torrente sanguíneo, con lo cual la piel tomará un color amarillento como en la ictericia.

> Un médico informó sobre el caso de una mujer que contrajo una ictericia grave, quien se curó a sí misma con este único medio: hirvió una taza de granos de cebada en 6 a 8 pintas de agua hasta que quedaron blandos y luego bebió el agua de tanto en tanto durante el día. Su orina se aclaró mucho y la ictericia desapareció. "Esto parece demasiado simple para ser cierto", dice el médico, "pero si en verdad ayuda, por qué no habríamos de probarlo?" Resultados similares se han logrado en los trópicos en casos de problemas de hígado e ictericia, expresa el médico, por los mismos medios sencillos de la Biblia: el agua de cebada.

De acuerdo con el *Gemara*, un libro de comentarios bíblicos, también se llamaba "agua punzante", a la cerveza de cebada en los tiempos bíblicos. Los dos tipos más populares de cerveza de cebada en aquella época eran la *zythos* de Egipto y la cerveza de Media. Se las consideraba remedios universales.

Propiedades anticáncer en un grano que Jesús bendijo

En *Double the Power of Your Immune System* (1991), John Heinerman relata los resultados que obtuvo una mujer que sufría de melanocarcinoma, con el jugo de cebada verde:

> "Linda Y., estadounidense de origen chino de 33 años de edad y residente en Los Ángeles, me comunicó su experiencia reciente con la esperanza de que pudiera servir a algunos de mis lectores... Dijo que hacía unos 8 meses, un lunar pigmentado que tenía en el muslo derecho comenzó a darle problemas y consultó a diversos dermatólogos, quienes la remitieron a un destacado oncólogo del Centro Médico de la Universidad de California en Los Ángeles (UCLA). Éste dictaminó que se trataba de una forma rara de melanocarcinoma que podía tratarse con una combinación de quimioterapia y radiaciones. Sin embargo, cuando Linda supo de los violentos efectos secundarios de esos tratamientos decidió probar suerte con cosas más naturales. Alguien le comentó acerca del "bakuryokuso" del Japón, y lo empezó a tomar regularmente. Dijo que el melanocarcinoma empezó a desaparecer a las siete semanas de empezar a tomar el bakuryokuso.

El bakuryokuso es un simple polvo de jugo de cebada verde. Ella tomó una cucharadita en un vaso de jugo o agua con cada comida.

Heinerman dice luego que el jugo de cebada verde y hierba de trigo (vea la página 222) son muy populares en el oriente. Dice que un producto muy popular en todo el Japón, que ahora se consigue en Estados Unidos y Canadá, es el *Kyo-Green*, que consiste en cebada joven y hierba de trigo (agropiro, *wheat grass*) cultivados orgánicamente, con alga marina *kelp*, arroz moreno y chlorella de Bulgaria (un alga rica en minerales). Él indica que la empresa que lo produce es:

Wakunaga of America Co., Ltd.
23501 Madero
Mission Viejo, CA 92691
Teléfono desde California: 1-800-544-5800
Teléfono para el resto del país: 1-800-421-2998

Heinerman atribuye a la clorofila las cualidades del jugo de cebada y de hierba de trigo. Los doctores Charles Elson y Walter Troll dicen que los llamados inhibidores de proteasas que contienen la cebada y otras semillas, suprimen los agentes cancerígenos en los intestinos.

Los investigadores japoneses han descubierto una proteína —P4-D1— del jugo de la cebada que parece proteger a las células de la radiación ultravioleta y de un determinado carcinógeno. Según se dijo, ello se debe a que esta proteína estimula la reconstitución del ADN.

Se ha demostrado que tanto esa proteína como otra existente en el jugo de cebada —D1-G1— tienen propiedades antiinflamatorias al ser inyectadas en animales de laboratorio. Además, ambos compuestos de la cebada carecen de efectos secundarios.

El milagro en un grano humilde

Muchos científicos atribuyen el poder curativo del jugo de cebada a la clorofila. H. E. Kirschner, M.D., en su libro *Nature's Healing Grasses* (1960), dice: "La clorofila, como curativo, es a la vez poderosa y suave —es devastadora para los gérmenes y suave para los tejidos dañados. La manera en que funciona es aún un secreto de la naturaleza, pero al menos para el lego, el fenómeno parece ser cosa de magia".

En 1980, el Dr. Chiu Nan Lai, del Centro Médico de la Universidad de Texas, informó que cuanto más clorofila hay en un vegetal, tanto mayor será la protección que ofrezca contra las sustancias cancerígenas. La cebada tiene muchísima.

La prueba de Ames demuestra que la clorofila neutraliza los efectos cancerígenos de las mezclas de polvo de carbón, tabaco, carne frita y otros compuestos. En tal carácter, es más eficaz que la vitamina A, la C o la E, contra las mutaciones provocadas por las mismas mezclas.

Absolutamente inocua, y sin embargo, aunque cueste creerlo, ha curado muchísimas enfermedades

"Sería difícil de creer la cantidad de afecciones superficiales en que se ha aplicado la clorofila con buenos resultados, si no fuera porque están bien documentadas", afirma Ron Siebold en *Cereal Grass: Nature's Greatest Health Gift.* "La clorofila restaña heridas... estimula la reparación de tejidos e impide el desarrollo de bacterias".

"La literatura médica está repleta de informes que demuestran estos efectos. Las heridas superficiales y llagas debidas a operaciones, las fracturas compuestas, la osteomielitis (inflamación de los huesos), el decúbito (úlceras debidas al reposo prolongado en cama) y los cortes y raspaduras habituales mejoran rápida y notablemente con la aplicación local de clorofila. La terapia con clorofila ha evitado la amputación de miembros..."

Siebold dice que "en cientos de experimentos y pruebas en seres humanos y animales, la terapia con clorofila *nunca* ha tenido *efectos secundarios tóxicos*. No se trata de baja toxicidad, sino NINGUNA *toxicidad*, ya sea ingerida, inyectada o frotada. Este hecho por sí sólo hace que la clorofila sea una de las sustancias terapéuticas más singulares conocidas por la ciencia médica".[1]

Acelera la curación

D. H. Collings demostró que el tiempo de cicatrización de las heridas es más rápido con la clorofila que con la penicilina, la vitamina D, la sulfanilamida o que sin tratamiento.

---

[1]Reimpreso del libro *Cereal Grass: Nature's Greatest Health Gift* escrito por Ronald L. Siebold, M.S., Copyright 1991. Usado con permiso de NTC/Contemporary Publishing.

La clorofila acelera la cicatrización de las heridas, aumentando la cantidad de nutrientes de la sangre necesarios para la reparación de los tejidos. Disminuye la hinchazón debido a que adelgaza ligeramente la sangre, con propiedades similares a las de la heparina.

Siebold dice que "las quemaduras provocadas por el calor, productos químicos y radiaciones se curan más rápido con la terapia de la clorofila, estén o no infectadas. La clorofila fue utilizada para prolongar la supervivencia de los injertos de piel antes del desarrollo de las drogas inmunológicas que se utilizan actualmente".[2]

Se trata con éxito la sinusitis y las infecciones del corazón

Se ha informado de varios casos de utilización de la clorofila con resultados positivos en la endocarditis bacteriana, infección del tejido que rodea al corazón. También se la ha usado exitosamente para tratar la sinusitis crónica y aguda, infecciones vaginales y lesiones rectales crónicas.

Reduce el dolor y la inflamación en las afecciones de las encías

Los dentistas y los médicos han utilizado la clorofila con buenos resultados para controlar las infecciones bucales como la piorrea y la angina de Vincent (angina diftérica). "Las soluciones de clorofila proporcionan un alivio significativo del dolor, reducen la inflamación y los olores en pacientes con afecciones graves en la boca", dice Siebold.[3]

---

[2]*Cereal Grass: Nature's Greatest Health Gift* escrito por Ronald L. Siebold, M.S., *op. cit.*

[3]Siebold, *op. cit.*

Curación más rápida de las úlceras pépticas

Según Siebold "se ha demostrado también que la clorofila es sumamente eficaz para acelerar la curación de úlceras pépticas, heridas que aparecen en los intestinos. Varios estudios documentan la utilización de la clorofila en el tratamiento de úlceras resistentes a terapias más convencionales. Los resultados son notables. En el estudio de Offenkrantz, en 24 a 72 horas se alivió el dolor y otros síntomas a 20 de los 27 pacientes que sufrían de úlceras crónicas. Entre dos y siete semanas se logró la curación completa de tejidos ulcerados, según lo demostraron las radiografías, en 20 de 24 casos. En esos informes se incluían las descripciones de casos de notable recuperación de afecciones graves y prolongadas.[4]

Beneficio adicional

"Los investigadores observaron un efecto secundario cuando la clorofila era utilizada para tratar úlceras pépticas", dice Siebold. "La clorofila tendía a 'promover la regularidad' en los pacientes estudiados. De acuerdo con varios investigadores, la clorofila no sólo estimulaba la actividad intestinal, como lo hace un laxante, sino que fomentaba la regularidad de la actividad intestinal, estimulándola solamente cuando se tornaba lenta".[5]

Pancreatitis

Investigaciones llevadas a cabo en Europa dieron resultados preliminares favorables en el uso de la clorofila en el tratamiento de la pancreatitis. Se piensa que la clorofila influye en diversas reacciones enzimáticas que complican la enfermedad.

---

[4]Siebold, *op. cit.*
[5]Siebold, *op. cit.*

Evita que el hígado produzca colesterol "malo"

Durante años los científicos han tratado de averiguar por qué los vegetarianos por lo general no sufren ataques al corazón, infartos, diabetes, presión arterial alta, no tienen colesterol elevado, colesterol "malo" LDL, ni ciertos tipos de cáncer. El Dr. Asaf Qureshi, consultor en materia de alimentación que trabajó en el Departamento de Agricultura de Estados Unidos, cree que la respuesta puede hallarse en la cebada.

El padre del Dr. Qureshi, también médico, siempre insistió en que sus pacientes de los pueblos del Punjab (Pakistán) rara vez sufrían del corazón porque comían tanta cebada.

En un interesante estudio iniciado en 1977, el Dr. Qureshi aisló un compuesto activo de la cebada que suprime la capacidad del hígado para producir colesterol, es el llamado tocotrienol, o "inhibidor 1". También se descubrieron otros dos inhibidores. Todos estaban presentes en todos los granos de cebada, centeno y avena, en particular en las capas exteriores.

Ese es el principio activo de una píldora para el colesterol muy usada llamada Mevacor (lovastatina), que bloquea una enzima del hígado que estimula la producción de LDL (el colesterol malo).

Al estudiar las cantidades de colesterol halladas en pollos alimentados con avena, maíz, trigo, centeno y cebada, el Dr. Qureshi no halló nada inusual en la sangre de los pollos alimentados con maíz. El trigo y el centeno suprimían ligeramente el colesterol, la avena un poco más.

¡Pero la cebada redujo el colesterol a 76 mg por cada 100 litros!

Al principio, él y sus colegas pensaron que era sólo la fibra de la cebada la que producía ese efecto. La fibra reduce el colesterol al mover rápidamente los alimentos dentro del organismo, reduciendo el tiempo de absorción. Pero cuando se quitó de la cebada toda la fibra, el colesterol de los pollos siguió disminuyendo en forma drástica.

Descubrieron que los tres inhibidores de la cebada desactivan una enzima del hígado necesaria para producir el colesterol. No sólo eso, anulan la capacidad del hígado para producir LDL, el colesterol "malo" que obstruye las paredes arteriales. Los niveles de HDL, el colesterol "bueno", siguieron sin variar.

Esos tres inhibidores de la cebada también están presentes en menores cantidades en otros granos y vegetales, en los que *actúan como poderosos fármacos que anulan la capacidad del hígado para producir colesterol.* Esta es una de las razones más importantes por las cuales los vegetarianos sufren mucho menos del corazón, según un experto. Están en un régimen constante de compuestos que hacen disminuir el colesterol.

Alivia el estreñimiento crónico

Científicos israelíes probaron sustituir la harina de trigo por harina de cebada, en las galletas y los panecillos (*scones*) que fueron consumidos por 19 pacientes que sufrían de estreñimiento crónico. Se pidió a cada paciente que comiera 3 ó 4 galletas de cebada por día. Resultado: 15 de ellos (el 79 por ciento) se curaron completamente del estreñimiento, sufrieron menos de dolores abdominales y flatulencia, y dejaron de tomar laxantes. Cuando se les suprimieron esos alimentos, casi todos volvieron a tener estreñimiento y volvieron a tomar laxantes al mes.

Aparentemente, cuanto menos procesada esté la cebada, mayor su poder curativo. Los científicos recomiendan productos de cebada integral: harina de cebada, crocantes de cebada y copos de cebada (cereal similar a la avena arrollada). Hasta la cebada escocesa, más suave, y la perlada, que se venden en supermercados, contribuyen a hacer disminuir el colesterol. (La perlada es el grano sin la piel, la escocesa es la parcialmente descascarada).

Exceptuando la cerveza de cebada (*zythos*), la cerveza no es una buena fuente de cebada ya que en su elaboración se eliminan casi todos los elementos químicos que contiene la cebada para disminuir el colesterol. Parte de los residuos de la cebada que se eliminan en ese proceso son empleados en la harina de cebada que usan las panaderías y que se consigue en las tiendas de alimentos naturales (*health food stores*).

La cebada puede ser consumida sin riesgo por quienes tienen alergia al gluten

Los brotes de cebada no contienen gluten y pueden ser consumidos sin problema por quienes no toleran el gluten (llamada enfermedad celíaca): la clorofila de la cebada diluye y favorece la eliminación del gluten del aparato digestivo, de acuerdo con un experto.

Según John Heinerman,[6] ciertos alergólogos del sur de California han recomendado polvo de jugo de cebada verde, mezclado con agua destilada, a muchos de sus pacientes celíacos. El producto, llamado *Kyo-Green* (vea la página 229) contiene los jugos concentrados de la cebada verde y espigas de trigo, brotes de arroz moreno, un alga llamada chlorella y alga marina *kelp*. Estos médicos recomiendan a sus pacientes celíacos que tomen una cucharadita colmada de este polvo con 6 u 8 onzas de agua destilada. Este preparado se agita y se toma en ayunas para una mayor eficacia.

Aumenta notablemente la energía

Heinerman relata el caso de un entrenador de escuela secundaria que dice que antes de un partido importante siempre ha dado a sus atletas un vaso de jugo de polvo de cebada (*Kyo-Green*): 1 cucharadita mezclada con 7 onzas de jugo de tomate o jugo vegetal V-8, y que eso "les aumenta la energía notablemente", y que a todos les ha ido muy bien.[7] El polvo puede adquirirse en la mayoría de tiendas de alimentos naturales.

---

[6] *Heinerman's Encyclopedia of Healing Herbs & Spices* (1996).
[7] Heinerman, *ibid.*

CAPÍTULO 9

CURACIONES MILAGROSAS PRODUCIDAS POR UN ALIMENTO CON OMEGA-3 BENDECIDO POR JESÚS

Yo soy el Alfa y la Omega, el Principio y el Fin. Al que tenga sed yo le daré gratuitamente del manantial del agua de la Vida. *Apocalipsis o Revelaciones 21:6*

Uno de sus discípulos, Andrés le dijo, "Aquí hay un muchacho que tiene cinco panes de cebada y dos pescados. Pero ¿qué es esto para tanta gente?" Jesús les dijo, "Hagan que se sienten los hombres"... se sentaron los hombres en número de unos cinco mil. Entonces Jesús tomó los panes, dio gracias y los repartió a todos los que estaban sentados. Lo mismo hizo con los pescados, y todos recibieron cuanto quisieron. *Juan 6:8-11*

El mar bien podría ser "el agua de la vida", a la cual Dios se refiere en el libro de las Revelaciones. Aparentemente, para mantenernos saludables, necesitamos de todas las cosas que el mar nos puède ofrecer —la más valiosa de todas, el pescado. En el libro Apócrifo de Tobías (2:10), por ejemplo, se relata como su padre Tobit fue cegado por manchas blancas que cubrían sus ojos. En respuesta a sus plegarias, se le apareció a Tobías el ángel Rafael y le dijo que aplicara la hiel de un pez en los ojos de su padre. Tobías aplicó el remedio cuidadosamente, y las manchas blancas se redujeron y pelaron. Tobit recobró la vista y alabó al Señor. (Tobías 11:11-14).

Una y otra vez aparecían peces en los milagros y palabras de Cristo. Fue en las orillas del Mar de Galilea donde Cristo empezó su ministerio. Cuatro de los primeros discípulos de Cristo eran pescadores, y el pez como alimento se menciona con mayor frecuencia en el Nuevo Testamento que en cualquier otra parte de la Biblia, especialmente en el maravilloso milagro de la repartición de los panes y los peces (San Marcos 6:41-2), el cual me dice, he aquí un alimento inusual al alcance de todos.

Es aún más fascinante el hecho de que un pez fuera escogido como uno de los primeros símbolos de la Cristiandad, ya que las primeras cinco letras de la palabra "pez" en griego eran las letras iniciales de las cinco palabras: *Jesucristo, Hijo de Dios, Salvador*". Un pez era el emblema secreto entre los cristianos para reconocerse unos a otros.

¿La cura milagrosa universal?

Recién en la última década los científicos han empezado a comprender cuanta razón tiene la Biblia, al haber salido a la luz tal cantidad de curas o alivios atribuidos al pez. Por ejemplo (tan sólo por nombrar algunos):

Arterias obstruidas	Cáncer de colon	Degeneración macular	Migrañas
Artritis	Cáncer de mama	Diabetes	Osteoartritis
Artritis reumatoide	Ceguera	Enteritis	Presión alta
Asma	Coágulos de sangre	Esclerosis múltiple	SIDA
Ataques al corazón	Colesterol elevado	Glaucoma	Soriasis
Ataques súbitos	Colitis ulcerativa	Lupus	

El pescado es un alimento terapéutico y preventivo realmente excepcional con un enorme poder para salvar vidas —un alimento curativo, lleno de sorpresas.

Cómo funciona el omega-3

Los "elementos malos" causantes de muchas enfermedades inflamatorias dolorosas, son un grupo de sustancias químicas llamadas prostaglandinas, tromboxanos y leucotrienos.

Estas sustancias químicas están hechas de grasas —específicamente, aceites para cocinar, margarina, aceite de maíz, aceite de alazor (cártamo), aceite de girasol, aceites para ensaladas, carnes y productos lácteos.

Los "elementos malos" —llamados en conjunto ácidos grasos omega-6— son los responsables de una gran cantidad de afecciones alérgicas e inflamatorias, tales como el asma, artritis reumatoide, esclerosis múltiple, lupus, enfermedad de Crohn, colitis ulcerativa, soriasis y eczema, entre otras.

Los "elementos buenos" son los fármacos, como la aspirina, los corticosteroides, y las drogas antiinflamatorias no esteroides, los cuales suprimen y neutralizan estas sustancias químicas que producen enfermedades. El problema con estas drogas es su costo y sus efectos secundarios, los cuales incluyen sobrepeso, retención de líquido, susceptibilidad a las infecciones, depresión, presión sanguínea alta, diabetes, úlceras pépticas, sangrado estomacal e intestinal, acné, exceso de vello facial, insomnio, calambres musculares, debilidad, osteoporosis y susceptibilidad a coágulos de sangre.

Es aquí donde los aceites de pescado entran en acción. Estos aceites poseen un efecto antiinflamatorio similar al de estos fármacos poderosos, pero sin efectos secundarios, a un precio módico y en forma de cápsula.

El elemento presente en los aceites de pescado, el cual mitiga y neutraliza enfermedades inflamatorias que producen prostaglandinas y leucotrienos, se conoce como ácidos grasos omega-3.

Los ácidos grasos omega-3 se hallan en peces de aguas profundas del mar, tales como sardinas, atún, hipogloso (*halibut*), caballa, salmón y arenque. Técnicamente, existen dos tipos de aceite de pescado —EPA*, crucial para prevenir ataques al corazón; y DHA*,

---

EPA son las siglas en inglés del ácido eicosapentaénico. *DHA* son las siglas en inglés del ácido docosahexaenoico.

importante para el funcionamiento del cerebro. Muchos de los estudios se han basado en el EPA.

Si a usted no le gusta el pescado o los productos de mar (mariscos), Dios nos ha provisto de algunos vegetales substitutos, los cuales contienen ácidos grasos omega-3, a saber, el aceite de semillas de lino, aceite de canola, aceite de prímula nocturna y las nueces. El aceite de semillas de lino, por ejemplo, contiene ácido linolénico, un aceite omega-3 que el cuerpo humano puede convertir en EPA. El ácido linolénico ejerce muchos de los mismos efectos que el EPA, así como otros propios. Sin embargo, los aceites vegetales omega-3 son generalmente la mitad de potentes y no tan eficaces comparados con los de pescados. Ambos, aceite de pescado y aceite de semillas de lino, están a la venta en cápsulas.

Cómo el omega-3 puede prevenir el cáncer

"Numerosos estudios muestran que el aceite de pescado disminuye sustancialmente el tamaño, número y tendencia a esparcirse de tumores en animales", afirma Artemis Simopoulos, M.D., presidente del *Center for Genetics, Nutrition and Health*, en Washington, D.C.

✦ PÓLIPOS EN EL COLON — En seres humanos, el aceite de pescado parece suprimir pólipos pre-cancerígenos en el colon. En un estudio realizado en la Universidad Católica de Roma, pacientes que padecían de pólipos consumieron aceite de pescado y mostraron una supresión de los síntomas de cáncer de colon en tan sólo 2 semanas. En este estudio, hombres que padecían de pólipos en el colon tomaron diariamente dosis de aceite de pescado o una cápsula placebo durante tres meses. El crecimiento de células anormales —señal de desarrollo de cáncer de colon— bajó en un promedio de 62 por ciento en casi todo el grupo (90 por ciento) que consumió aceite de pescado y se detuvo por completo en un paciente. Las dosis equivalían a consumir alrededor de ocho onzas diarias de caballa (*mackerel*). El Dr. George Blackburn, de Harvard, dice que para corregir la deficiencia, al comienzo se necesitan altas dosis de aceite de pescado, luego menores cantidades son aceptables.

+ CÁNCER DE MAMA — El Dr. Blackburn considera que el aceite de pescado que se administra a pacientes con cáncer de mama, antes y después de una intervención quirúrgica, detiene la actividad cancerígena. Rashida Karmali, profesor asociado de nutrición de la Universidad Rutgers, ha descubierto que las manifestaciones de cáncer de mama en mujeres dentro del grupo de alto riesgo, se suprimían cuando tomaban aceite de pescado en igual cantidad que la consumida por mujeres japonesas al comer pescado.

El pescado contiene vitamina D, lo que parece prevenir el cáncer de seno posmenopáusico en mujeres mayores de cincuenta años, según afirma Frank Garland, M.D., del Departamento de Medicina para la Comunidad y la Familia en la Universidad de California. El complemento alimenticio recomendado por el gobierno estadounidense (*RDA*, por sus siglas en inglés) de vitamina D es de 200 unidades internacionales (*IU*, por las siglas en inglés) diarias. Las mujeres japonesas comen una cantidad seis veces mayor, aproximadamente el equivalente a 1.200 *IU* diarias. Cuando estas mujeres se mudan a Estados Unidos, su consumo de vitamina D disminuye y la proporción de cáncer de mama incrementa notablemente.

Un estudio realizado por Therese A. Dolececk, Ph.D., en el centro de coordinación *MRFIT* de Minneapolis, a 6.000 hombres de mediana edad, mostró que las muertes por cáncer en hombres que comían pescado regularmente, eran menores.

El omega-3 para tratar el VIH

Los aceites de pescados omega-3, realmente han duplicado las expectativas de vida de los pacientes con SIDA. En estudios realizados en Tanzania, las expectativas de vida de personas seropositivas *se duplicaban*, al añadir ácido gamma-linolénico (*GLA*, por sus siglas en inglés) y ácidos grasos omega-3 en sus dietas.

El organismo usa el *GLA* para producir una sustancia llamada prostaglandina E-1 (PGE-1), la cual envía células protectoras, llamadas linfocitos, para eliminar los virus y bacterias perjudiciales. Entre estas células protectoras se encuentran las células T, las cuales son como las encargadas de la cuadrilla. Estas células T tienen la capacidad de detectar invasores extraños, rodearlos y atacarlos químicamente, y convocar a otros linfocitos para que ayuden eliminarlos. También aseguran que el organismo no se aniquile a sí mismo.

Los ácidos grasos omega-3 se encuentran en el pescado y en cápsulas de aceite de pescado, en los aceites de linaza (*flaxseed*) y canola, en las nueces y en el aceite de primavera o prímula nocturna (*evening primrose*). El *GLA* se encuentra en el aceite de prímula nocturna, la borraja (*borage*) y las grosellas negras (*black currants*).

Artritis reumatoide

Según Joel M. Kremer, M.D., profesor adjunto de medicina del *Albany Medical College*, en el estado de Nueva York, el aceite de pescado, como agente antiinflamatorio puede brindar alivio del dolor, la hinchazón y la rigidez de la artritis reumatoide.

Según el Dr. Kremer, el aceite de pescado reduce significativamente el leucotrieno B4 —una substancia antiinflamatoria básicamente responsable de los síntomas de la artritis. Toma alrededor de un mes para que funcione. Luego, el alivio es rápido y dura, en tanto se siga consumiendo aceite de pescado.

La dosis diaria necesaria para alcanzar alivio, comprende de 3.000 a 5.000 mg de cápsulas de aceite de pescado con ácidos grasos omega-3, según el Dr. Kremer. Ya que la mayoría de cápsulas contienen 300 mg, eso significa que se necesitan por lo menos diez capsulas al día. Sin embargo en un estudio realizado en Bélgica, 2,6 gramos (8 cápsulas) de aceite de pescado omega-3 diarios redujo el dolor y fortaleció la fuerza de la mano. Asimismo, muchos estudios han comprobado este mismo efecto, con tan sólo 1,8 gramos de aceite de pescado *EPA* diarios (seis cápsulas).

Además, el aceite de pescado también elimina en un 40 a 55 por ciento los sustancias químicas, conocidas como citoquinas, que destruyen las articulaciones, afirma el Dr. Alfred D. Steinberg, experto en artritis de National Institutes of Health.

Estudios muestran que las sustancias químicas irritantes que causan el dolor de artritis tienden a reconstituirse al mes de haber interrumpido el consumo de aceite de pescado.

Resultados informados:

"Muchos de mis pacientes con artritis reumatoide me han dicho que sienten menor rigidez matutina y dolor en las articulaciones cuando llevan una dieta rica en pescado con un alto contenido de ácidos grasos omega-3", afirma Isadore Rosenfeld, M.D. "Esta dieta incluye sardinas, atún, arenque, hipogloso (*halibut*), caballa (*mackerel*) y salmón. Usted podría mejorar los síntomas de la artritis reumatoide si comiera regularmente estos peces grasos de agua fría. Si no pudiera darse el lujo de comprarlos o no le gusta su sabor, podría entonces tomar cápsulas [de aceite de pescado] de 6 gramos cada día".[*1]

"Después de años de tomar una serie de medicamentos para el dolor de artritis, he podido controlar los ataques de los últimos diez años comiendo dos o tres latas de sardinas a la semana", relata una mujer.

"Considero al aceite de pescado beneficioso para mi artritis, especialmente para el agarrotamiento matutino y el dolor de las articulaciones", afirma una vecina mía de 63 años con un historial de artritis reumatoide en las rodillas, hombros y manos. Ella afirma que una cápsula al día evita el dolor. Si realmente empieza a tener problemas, los puede controlar tomando un par de cápsulas adicionales al día durante unos días.

En un estudio realizado por el Dr. Kremer, a 33 pacientes que se quejaban de articulaciones dolorosas e hinchadas, así como de agarrotamiento matutino que duraba más de media hora, se les administró cápsulas de aceite de pescado durante tres meses

---

*El Dr. Rosenfeld advierte que se debe tener cautela al usar cápsulas de aceite de pescado si se tiene presión sanguínea alta sin tratar o diabetes. Un diabético no debe tomar más de 2 gramos al día, dice él.

[1]Del libro *Doctor, What Should I Eat?* escrito por Isadore Rosenfeld, M.D. Copyright 1995, Dr. Isadore Rosenfeld. Publicado por Random House, Inc., New York, NY. Reimpreso con autorización del autor.

y medio. No sólo los síntomas disminuyeron, también se sintieron con más energía y menos fatiga durante largos periodos.

Una dieta vegetariana es también muy beneficiosa para quienes sufren de artritis reumatoide.

Migrañas

No existe duda alguna de que ciertas comidas y bebidas pueden ocasionar migrañas en personas propensas a éstas: por ejemplo, queso, chocolate, salchichas *hot dogs*, tocino, carnes procesadas que contengan nitritos, alimentos que contengan *MSG* (por sus siglas en inglés), alimentos fermentados como la cerveza, yogur, chucrut (*sauerkraut*), levadura, levadura de cerveza, endulzador *Aspartame* (*Nutra-Sweet*), asimismo, la falta de cafeína en personas que beben café, cuando se ven privadas de éste. Los dolores de cabeza ocasionados por estos alimentos pueden deberse a una reacción alérgica hacia ellos o debido a una substancia que contienen llamada tiramina, la cual ocasiona dolores de cabeza aunque no se tenga una reacción alérgica hacia ellos.

Sin embargo, las migrañas también pueden ser *aliviadas* por lo que uno come. El simple hecho de privarse de comer y disminuir el nivel de azúcar, puede ocasionar un dolor de cabeza. Los dolores de cabeza ocasionados entre comidas pueden ser el resultado de un exceso de insulina en su sistema sanguíneo (hipoglucemia), debido a un páncreas hiperactivo. Esto se puede determinar pidiéndole al médico una prueba de tolerancia a la glucosa (*glucose-tolerance test* o *GTT* por las siglas en inglés). La solución que se puede recomendar es la de seguir una dieta alta en proteínas, baja en carbohidratos, comiendo varias pero pequeñas comidas, en vez de tres grandes al día. Un medicamento llamado *sumatriptan*, el cual se obtiene únicamente en forma de inyección en Estados Unidos y en forma de píldora en Canadá y Europa, ha aliviado hasta las más fuertes migrañas en tan sólo dos horas, sin embargo no debe ser utilizado en mujeres embarazadas o personas con anginas o cualquier enfermedad de las arterias coronarias.

En un estudio realizado durante seis semanas por el Dr. Timothy McCarren en la Facultad de Medicina de la Universidad de Cincinnati, se comprobó que simplemente tomando cápsulas de aceite de pescado, se previnieron las migrañas de un 60 por ciento de personas que sufrían de ellas, y en los demás se aliviaron bastante. Según el Dr. McCarren, evitar grasa animal saturada, también puede prevenir las migrañas. El estudio concluyó con el hecho de que comer pescado regularmente, especialmente salmón, atún, caballa y sardinas puede ayudar a reducir los ataques de migraña permanentemente.

Asma, bronquitis, enfisema

Estudios han demostrado que los consumidores de pescado son menos propensos a sufrir de asma o de otros problemas respiratorios. Los esquimales, por ejemplo, que comen muchos alimentos del mar, raramente sufren de asma.

Investigadores ingleses afirman que el comer pescado rico en ácidos grasos omega-3, tales como salmón, caballa, sardinas y atún, puede prevenir el asma en aquellos que no lo tienen y ayudar a curarlo a aquellos que sí lo tienen.

Los investigadores administraron a pacientes asmáticos, elevadas dosis de aceite de pescado, el equivalente a consumir 8 onzas (225 g) de caballa diaria, durante 10 semanas, lo que redujo en un 50 por ciento muchos de los agentes que ocasionan el asma.

En el hospital Guy's de Londres, los pacientes con asma que tomaron aceite de pescado tenían menos dificultades para respirar en la llamada reacción tardía del asma, que usualmente ocurría de dos a siete horas luego del problema respiratorio inicial.

Pero el aceite de pescado parece estrechar los pasajes de aire en pacientes asmáticos sensibles a la aspirina. Otros pueden ser simplemente alérgicos al pescado, y deben evitarlo.

Diabetes

De acuerdo a investigadores holandeses del Instituto Nacional de Sanidad Pública y Protección del Medio Ambiente, las personas que consumen pescado tienen tan sólo un 50 por ciento de posibilidades de desarrollar la diabetes de Tipo II, en comparación con los que no lo consumen. En un estudio prolongado realizado a 175 hombres y mujeres sanos de mayor edad, sin diabetes y con una intolerancia a la glucosa deteriorada, se descubrió —luego de cuatro años— que el 45 por ciento de las personas que no consumían pescado habían desarrollado una intolerancia a la glucosa (precursora de la diabetes), mientras que el 75 por ciento de los que sí consumían pescado permanecían libres de este síntoma. ¿De qué cantidad de pescado estamos hablando? Tan sólo una onza (30 g) al día. El aceite de pescado omega-3 parece conservar la capacidad del páncreas para manejar la glucosa y por ende evitar la diabetes.

Glaucoma

Según Prasad S. Kulkarni, Ph.D., de la Universidad de Louisville, en Kentucky, cuando un grupo de conejos en estado normal comía su comida remojada en aceite de pescado, la presión de sus ojos bajaba en un 56 por ciento. "Si funciona tan bien en seres humanos como lo hace en animales saludables, éste podría ser un buen fármaco contra el glaucoma", afirma el Dr. Kulkarni, quien tomó esta idea de inspecciones que indicaban que los esquimales tenían un índice muy bajo de glaucoma de ángulo abierto, debido a una dieta alta en aceite de pescado.

Lupus

En Inglaterra, 27 pacientes que sufrían de lupus y tomaban cápsulas de aceite de pescado mostraron una mejoría significativa luego de un periodo de más de 34 semanas; por otro lado, aquellos que tomaron píldoras placebos empeoraron o simplemente no mejoraron. En Estados Unidos, un eminente médico recomienda a sus pacientes con lupus que coman sardinas envasadas en aceite de sardina, tres veces por semana.

Eczema

La alergia a las comidas es la mayor causa del eczema, especialmente en niños. En un estudio reciente realizado en el hospital Middlesex, en Londres, investigadores estimaron que el simple hecho de eliminar leche de vaca, huevos, tomates, colorantes artificiales y conservantes de alimentos ayudaría a por lo menos 3/4 parte de los niños con eczema severo o moderado.

"Así como las alergias a los alimentos, los *aceites ingeridos* cobran importancia en la presencia del eczema", afirma el Dr. Michael T. Murray. "Específicamente, los pacientes que sufren de eczemas parecen tener una importante deficiencia de ácidos grasos".

El tratamiento realizado con ácidos grasos esenciales ha normalizado y aliviado los síntomas producidos por eczema en muchos pacientes. "Parecería ser particularmente importante, incrementar el consumo de los aceites omega-3, ya sea comiendo más pescado de agua fría (caballa, arenque, sardinas y salmón) o consumiendo nueces, semillas, aceites de semillas de lino, o suplementos de aceites de pescado", afirma el Dr. Murray.[2]

Soriasis

En un estudio realizado en el hospital Royal Hallamshire en Sheffield, Inglaterra, los síntomas de soriasis, especialmente la picazón, fueron aliviados "significativamente" comiendo 5 onzas de aceite de pescado graso –como la caballa– al día, durante un periodo de ocho semanas. Resultados similares se consiguieron en un 60 por ciento de pacientes que tomaron cápsulas de aceite de pescado durante 8 semanas, en un estudio realizado por el Dr. Vincent A. Ziboh en la Universidad de California, en Davis.

---

[2]Del libro *Natural Alternatives to Over-the-Counter and Prescription Drugs* escrito por Michael T. Murray. Copyright 1994, Michael T. Murray. Con autorización de William Morrow & Company, Inc.

Los pacientes que sufren de soriasis no deben beber alcohol ya que éste incrementa la absorción de toxinas de los intestinos, así como las funciones dañadas del hígado. Un hígado débil no puede filtrar estas toxinas. Como resultado, la soriasis empeora. Aquellas hierbas famosas por mejorar el funcionamiento del hígado, tales como las relacionadas con la Última Cena mencionadas en el Capítulo 1, serían de mucha ayuda.

Eliminar componentes inflamatorios puede curar la soriasis

Según afirma un experto, los componentes inflamatorios que se encuentran en la grasa animal y en las carnes pueden ocasionar que las células de la piel se dividan en una forma muy rápida, dejando como resultado placas de soriasis en la piel. A algunos de estos componentes inflamatorios —el resultado de una incompleta digestión de proteínas— se les llama poliaminas. Los bajos niveles de poliaminas en la piel y en la orina están relacionados con el mejoramiento de la soriasis.

"La mejor forma de prevenir la excesiva formación de poliaminas es eliminar el consumo de carnes —con excepción del pescado— y otros tipos de grasas saturadas, e incrementar el consumo de aceites poliinsaturados, especialmente el aceite de pescado omega-3 y de semillas de lino", según el Dr. Murray.

"Muchos estudios clínicos de doble ciego, han demostrado que el complementar la dieta con 10 a 12 gramos de aceites EPA trae como resultado una significativa mejoría", afirma el Dr. Murray. "Esto debe ser el equivalente a la cantidad de EPA en aproximadamente una ración de 5 onzas (150 g) de caballa, salmón, sardinas o arenque".[3]

Esclerosis múltiple

Las personas que trabajan en la industria pesquera parecen encontrarse extrañamente inmunes a la esclerosis múltiple —un hecho que no es ajeno a la ciencia.

---

[3]*Natural Alternatives to Over-the-Counter and Prescription Drugs* escrito por Michael T. Murray, N.D., *op. cit.*

Roy Swank, M.D., neurólogo de la *Oregon Health Sciences University*, en Portland, estuvo tratando satisfactoriamente la esclerosis múltiple, mediante una dieta baja en grasa láctea y animal omega-6 y en aceites para cocinar (los "elementos malos"), y alta en omega-3, en alimentos tales como el pescado (tres o más veces a la semana), así como una cucharadita diaria de aceite de hígado de bacalao. Durante 34 años, el Dr. Swank le siguió los pasos a 144 pacientes con esclerosis múltiple.

Los resultados de estos estudios son asombrosos. Pacientes levemente discapacitados quienes siguieron la dieta recomendada experimentaron poco o ningún avance de la enfermedad, y sólo un 5 por ciento no sobrevivió a los 34 años de estudios. Asimismo, el 80% de aquellos que no siguieron la dieta recomendada no sobrevivieron al periodo del estudio.

En un artículo en la revista médica inglesa, *The Lancet* de 1990, el Dr. Swank dijo: "Si los hacíamos seguir esta dieta antes que el mal apareciera, el 95 por ciento vivía durante 30 años sin ninguna discapacidad. Todos aquellos que no seguían la dieta empeoraban y muchos morían en un lapso de 20 años".

El Dr. Swank recomienda:

1. Eliminar la mantequilla, los aceites hidrogenados (margarina y manteca *shortening*), y consumir no más de 15 gramos al día de grasa animal

2. Un consumo diario de 40 a 50 gramos o aproximadamente de tres a cuatro cucharadas de aceites vegetales poliinsaturados

3. Por lo menos una cucharadita diaria de aceite de hígado de bacalao (*cod-liver oil*)

4. Un complemento normal de proteínas, la mayoría proveniente de vegetales, nueces, pescado, carne blanca de pavo (guajolote) y pollo (sin piel), y carne magra sin grasa

5. El consumo de pescado tres o más veces por semana

Pacientes con discapacidades severas o medianas quienes siguieron la dieta recomendada, llegaron a tener mejores resultados que aquellos que no lo hicieron. La dieta evitó el empeoramiento de la enfermedad, y redujo mucho la fatiga.

Pacientes con esclerosis múltiple carecen de ácidos grasos omega-3, según Ralph T. Holman, Ph.D., de la Universidad de Minnesota y Emre Kokmen, M.D., de la clínica Mayo. Esta carencia puede ser remediada de alguna forma comiendo aceites ricos en ácidos grasos omega-3, específicamente aceites de pescado, que son más potentes, aceites vegetales tales como canola y aceite de semilla de lino. No se requiere de mucho, sólo unas cuantas cucharaditas al día.

Los descubrimientos de Dr. Swank deberían ser seriamente considerados por cualquiera con esclerosis múltiple, afirma el Dr. Rosenfeld. "Los ácidos grasos omega-6 en grasas animales y vegetales, estimulan la producción de prostaglandinas y leucotrienos, sustancias químicas del organismo que producen inflamación en los tejidos y contribuyen al desarrollo de trastornos autoinmune. Por otra parte, los ácidos grasos omega-3, que derivan de una variedad de peces de agua salada profunda, tienen el efecto opuesto; neutralizan el grupo omega-6 y realzan la eficiencia del sistema inmunitario", afirma él.[4]

Recomendaciones de un médico

"Aconsejé a mis pacientes con esclerosis múltiple evitar las grasas omega-6 y consumir pescados grasos", afirma el Dr. Rosenfeld. "De hecho eso es lo que recomiendo a la mayoría de mis pacientes ya que dicha dieta también puede proteger contra enfermedades del corazón.

"Desde un punto de vista práctico, eso significa ingerir 5 onzas (150 g) de atún cada día o cualquier otro pescado que sea *muy* rico en omega-3. Cantidades moderadas de aves sin piel o pasta —pero olvídense de las carnes rojas y productos de leche entera. Su dieta debe ser rica en legumbres, frutas y vegetales, para compensar las calorías que no provienen de grasas y proteína animales, y para proveer fibras. Evite las grasas prohibidas al cocinar; en vez, hornee, ase, escalfe o cocine el pescado en la parrilla o el microondas. El marinar los alimentos en jugo de limón o hierbas, jugos diluidos de

---

[4]*Doctor, What Should I Eat?* escrito por Isadore Rosenfeld, M.D., *op. cit.*

frutas, o vino, lo puede llevar a conocer nuevos y excitantes sabores sin grasas. También puede guisar sus vegetales y pescados en caldo de pollo o vegetales desgrasado.

"Si a usted no le gusta el pescado o no se puede dar el lujo de comprarlo regularmente, puede tomar 2-1/2 gramos al día de suplementos de omega-3 en forma de cápsula, el equivalente a 4 onzas (120 g) de salmón rosado. Ya que los aceites omega-3 tienen efectos de prostaglandina, similares a la aspirina, e interfieren con la coagulación de la sangre (algo bueno para aquellos propensos a las enfermedades coronarias), no los tome si tiene problemas en la sangre. Por la misma razón, si padece de presión sanguínea elevada que no está siendo controlada es mejor que no los use..."[5]

Cómo puede usted engañar a la muerte con una onza al día de omega-3

Consumir tan sólo una onza (30 g) de pescado al día, reduce a la mitad los riesgos de un ataque fatal al corazón, según un estudio realizado en Holanda. Y si usted ya ha sufrido de un ataque al corazón, puede ayudarle a prevenir otro, según Michael Burr, M.D. del *Medical Research Council* en Cardiff, Gales. Burr estudió a 2.033 hombres que habían tenido por lo menos un ataque al corazón. Los dividió en cuatro grupos:

1. A un grupo se le pidió que comiera 5 onzas (150 g) de salmón, caballa o sardinas, por lo menos dos veces por semana, o que tomaran cápsulas de aceite de pescado.

2. Al segundo grupo se le pidió que redujera su consumo de grasas saturadas, como mantequilla, queso y crema.

3. A un tercer grupo se le pidió que incrementar su consumo de fibras, comiendo salvado y pan de grano entero de trigo.

4. El cuarto grupo no recibió instrucciones, y podía comer lo que quisiera.

---

[5]Rosenfeld, *ibid.*

¿Los resultados después de 2 años?

No hubo ningún efecto que hubiera salvado vidas debido a la dieta alta en fibras o baja en grasas. Sin embargo, entre los que comieron pescado, el índice de mortalidad bajó en un 30 por ciento.

En un estudio realizado a 84 pacientes quienes habían tenido una angioplastia con balón en arterias obstruidas, en el centro hospitalario de Washington, D.C., de 42 pacientes que siguieron una dieta baja en grasas *y* que tomaron cápsulas de aceite de pescado durante seis meses, sólo 8 (19 por ciento) necesitaron otra angioplastia. En un número igual de pacientes que llevaban una dieta baja en grasas, *sin* aceite de pescado, el rango de bloqueos recurrentes fue de 38 por ciento —el doble—, según Mark R. Milner, M.D., el cirujano que realizó el estudio.

Según Isabelle Bairati, M.D., profesora de medicina de la Universidad Laval, en la ciudad de Quebec, Canadá, consumir pescado consistentemente, antes y después de haber tenido una cirugía del corazón, mantiene las arterias abiertas de la misma forma que si se tomaran cápsulas de aceite de pescado.

Cómo normalizar rápidamente un nivel bajo de HDL

Si su nivel de colesterol "bueno" *HDL* es más bajo de lo normal, usted lo puede aumentar enormemente al consumir pescados ricos en ácidos grasos omega-3, como el salmón, caballa, arenque, sardinas o atún, según Gary J. Nelson, Ph.D., del *Western Human Nutrition Research Center* del Departamento de Agricultura del gobierno estadounidense, en San Francisco. En una prueba, hombres con un colesterol normal comieron salmón en el almuerzo y la cena durante 40 días. En 20 días el colesterol "bueno" *HDL* en la sangre subió. Los resultados fueron sorprendentemente rápidos, afirma el Dr. Nelson. Las personas con un nivel de *HDL* anormal, pueden tener incluso mejores resultados, al consumir pescado, nos dice.

"Los ácidos grasos omega-3", afirma el Dr. Michael Murray, "han demostrado, mediante cientos de estudios, disminuir el colesterol y los niveles de triglicéridos [y] se recomiendan para tratar y prevenir no sólo los altos niveles de colesterol, sino también la presión sanguínea alta, otras enfermedades cardiovasculares, cáncer, enfermedades autoinmune como la esclerosis múltiple y la artritis reumatoide, alergias,... asma, lupus, colitis ulcerativa,... eczema, soriasis y muchas otras enfermedades...

"Si el pescado de aguas frías se encuentra a su alcance, recomiendo complementar la dieta, ya sea con aceites de pescado o aceite de semillas de lino (*flaxseed oil*). La dosis que se recomienda al usar suplementos de aceite de pescado varía entre 5 y 15 gramos de ácidos grasos omega-3 al día..."[6]

"Mucho menos costoso... más seguro"

"Si bien esto puede ser costoso", dice el Dr. Murray, "es aún mucho menos costoso que algunos fármacos para disminuir el colesterol, y ciertamente es mucho más seguro. El aceite de semillas de lino (otro Alimento Bíblico) puede ser, de hecho, el aceite medicinal más ventajoso, especialmente cuando el efecto del costo es considerado. Una cucharada al día es todo lo que se necesita... El aceite de semillas de lino puede ser utilizado como condimento para ensaladas o como suplemento alimenticio, pero pierde sus cualidades beneficiosas cuando se cocina".

El Dr. Jorn Dyerberg, un famoso investigador danés, afirma que cuatro gramos de aceite de pescado al día pueden disminuir altos niveles de Lp(a), un poco conocido tipo de colesterol que algunos expertos piensan es responsable por el 25% de ataques al corazón en personas menores de 60 años. Después de nueve meses, el nivel de Lp(a) de los hombres que siguieron la prueba, se redujo en un 15 por ciento. Resultados similares se obtuvieron en Alemania en 35 pacientes con enfermedad de las arterias coronarias.

---

[6]Murray, *op. cit.*

Para prevenir la formación de coágulos de sangre y apoplejías

El aceite de pescado omega-3 evita que las plaquetas de sangre se adhieran unas a otras, y que se formen los coágulos y obstruyan las arterias. Hace que las plaquetas de sangre liberen menor cantidad de una substancia coagulante llamada tromboxano, según Norberta Schoene, Ph.D., del Departamento de Agricultura estadounidense.

Investigadores de la Universidad Harvard dicen que comer 6-1/2 onzas (200 g) de atún en lata pueden "adelgazar la sangre" de la misma forma que si se tomara una aspirina. Un investigador asegura que uno puede conseguir un efecto anticoagulante comiendo 3-1/2 onzas (100 g) de pescado graso, como la caballa, arenque, salmón o sardinas.

Según Paul Nestel, jefe de Nutrición Humana en el *Commonwealth Scientific & Industrial Research Organization* de Australia, el pescado también disminuye el fibrinógeno en la sangre, otro de los factores que ocasionan la formación de coágulos.

Investigadores holandeses han descubierto que hombres entre los 60 y los 69 años de edad que comían pescado por lo menos una vez a la semana, tuvieron tan sólo la mitad del riesgo de tener una apoplejía durante los siguientes quince años, que aquellos que no comían pescado.

Presión sanguínea

"Mi propia presión sanguínea bajó de 140/90 a 100/70 después de que empecé a comer una pequeña lata de filetes de caballa al día", afirma Peter Singer, Ph.D., de Berlín, Alemania. Para muchas personas, consumir pescado tres veces a la semana proporciona suficientes aceites omega-3 como para disminuir la presión arterial y, en algunas personas, puede incluso eliminar la necesidad de medicamentos.

El Dr. Singer descubrió que pequeñas dosis de aceite de pescado son tan efectivas para reducir la presión sanguínea como lo es el betabloqueante Inderal, *un medicamento comúnmente recetado para la presión sanguínea.*

Las cápsulas de aceite de pescado efectivamente bajan la presión sanguínea en aquellos que no gustan del pescado. En pruebas realizadas en la Universidad de Cincinnati, la presión sanguínea diastólica bajó 4,4 puntos y la sistólica bajó 6,5, en sujetos con presión levemente alta que tomaron 2.000 mg de ácidos grasos omega-3 diariamente, durante tres meses.

Colitis ulcerativa

William Stenson, M.D., del centro médico de la Universidad Washington, en San Luis, Missouri, usa aceite de pescado para tratar la colitis ulcerativa. En un estudio realizado con 18 pacientes, el Dr. Stenson descubrió que los suplementos de aceite de pescado reducen en un 60 por ciento un agente inflamatorio del colon —el leucotrieno B4. Sin mayor sorpresa, los pacientes se sintieron mejor y subieron de peso. Exámenes mediante sigmoidoscopia revelaron menor inflamación o daño. Casi la mitad de los pacientes (ocho) pudieron reducir su dosis de prednisona —un fármaco necesario para mantener controlada la enfermedad— a la mitad.

Se evitó la recaída en pacientes con la enfermedad de Crohn

Médicos italianos han utilizado aceite de pescado para evitar que pacientes con la enfermedad de Crohn recaigan. A la mitad de 78 pacientes con alto riesgo de recaer, se les administraron nueve cápsulas diarias de aceite de pescado, especialmente diseñadas para disolverse en el colon. A los otros se les administraron píldoras placebo. Después de un año, el 59 por ciento de los pacientes que utilizaron las cápsulas de aceite de pescado produjeron una remisión, en comparación al 26% que tomó placebos.

El aceite de pescado "parece ser uno de los verdaderos medicamentos no tóxicos que proporciona a los pacientes un término bastante largo *para prevenir una recaída*", de acuerdo a Albert B. Knapp, M.D., profesor adjunto de medicina de la Facultad de Medicina de la Universidad de Nueva York.

Ayuda para bebés prematuros

La labor de parto empieza cuando ciertas sustancias químicas del organismo llamadas prostaglandinas estimulan al útero a contraerse. Si esto ocurre al principio, el bebé nace prematuramente. Los ácidos grasos omega-3, presentes en el pescado, neutralizan estas prostaglandinas y pueden retrasar la labor de parto en un promedio de cuatro días, sumándole 4 onzas al peso del bebé, que es de mayor ayuda que tener un bebé que pese menos de 5-1/2 libras. Según un médico, las mujeres con riesgo de tener un bebé prematuro deberían empezar a comer pescado —especialmente salmón, atún, arenque e hipogloso— a partir de la trigésima semana de gestación. Las personas con problemas de hemorragias o de coagulación deben de evitar las cápsulas de aceite de pescado. *Siempre verifique con su médico antes de tomarlas.*

Ayuda para la enfermedad de Raynaud

La enfermedad de Raynaud se caracteriza por causar dolor y palidez en los dedos durante épocas de mucho frío o cuando éstos se exponen al agua fría o al hielo. Luego, a medida que los dedos se van calentando, se enrojecen, duelen, se hinchan, pican y laten. Esta afección se debe a un espasmo de las pequeñas arterias en áreas descubiertas del cuerpo —dedos, punta de la nariz, orejas— cuando son expuestas a bajas en la temperatura. Usualmente ocurre en personas que tienen algún trastorno en el sistema inmunitario, como lupus, artritis reumatoide y esclerodermia. Sin embargo, también les puede ocurrir a personas completamente saludables, cuyos dedos se congelan rápidamente ante la exposición al frío.

Al margen de las soluciones obvias —evite el frío y use guantes, si no lo puede evitar— y ante la alternativa de utilizar medicamentos, usted podría intentar utilizar aceite de pescado. En un estudio realizado a personas que padecían de la enfermedad de Raynaud, que tomaron durante doce semanas doce cápsulas de aceite de pescado omega-3, los dedos permanecieron rosados y tibios después de haber sido expuestos al frío. Una porción de cuatro onzas de salmón rosado contiene la misma cantidad de aceite de pescado omega-3 que siete cápsulas. Otras fuentes son el arenque, caballa, pez azulado, sardinas, trucha, atún y pescado blanco. El aceite de pescado omega-3 hace que el revestimiento interior de los vasos sanguíneos libere prostaglandinas, lo que ayuda a prevenir que las pequeñas arterias (arteriolas) de partes expuestas del cuerpo, produzcan espasmos. No tome cápsulas de aceite de pescado si usted tiene presión sanguínea elevada, o problemas de hemorragias o coagulación, sin antes haber consultado con su médico. Si usted padece de diabetes, limite su dosis a 2-1/2 gramos al día.

¿Una cura para el envejecimiento?

A la edad de 68 años, Otto von Bismarck, el "Canciller de Hierro" de Alemania, se encontraba en un débil estado de salud. Una vida de arduo trabajo, excesos en comidas, bebidas y tabaco, no habían pasado en vano, lo que se reflejaba en su apariencia, hinchado y con la mente confusa. Entonces le presentaron a un joven médico judío llamado Dr. Schweninger, quien rápidamente le hizo hacer una dieta casi exclusivamente a base de arenque (*herring*).

El efecto fue milagroso. Según afirma el biógrafo de Bismarck, A. J. P. Taylor, "Sin embargo, por curioso que parezca ante patrones contemporáneos, funcionó. El peso de Bismarck bajó... dormía bastante y pacíficamente; sus ojos se aclararon, su piel se tornó fresca y casi juvenil". Según Taylor, todo observador notó el cambio en Bismarck; y esto se puede observar en sus fotografías. En 1877 se le ve hinchado, colérico y con sobrepeso". En 1883, justo antes de conocer a Schweninger, las fotos mostraban a "un hombre viejo de barba, confundido en la vida y casi incapaz de controlar sus expresiones crispadas ante la cámara. En 1885, él tiene un aspecto fresco, afeitado, con el mentón de frente, con las expresiones definidas, dueño de sí mismo, un hombre de setenta años sin duda, pero un hombre con una larga vida por delante".

Por supuesto que von Bismarck no se quedó sólo con la dieta de arenque. Esta se amplió para incluir otros vegetales y carnes. Pero el pescado seguía siendo la mayor fuente de rejuvenecimiento para él. Vivió saludable y vigoroso hasta los 83 años.

El arenque, como hemos visto, es una rica fuente de aceite omega-3, el cual previene un gran número de alergias, afecciones inflamatorias, tales como el asma, artritis, coágulos de sangre, arterias obstruidas, cáncer de colon, diabetes, ataques al corazón, presión elevada, colesterol alto, degeneración macular, colitis ulcerativa y muchas más.

El arenque, como muchos frutos de mar, es también una fuente rica en selenio.

El milagro del selenio

"¡Es hora de dejar de ignorar los hechos!", afirma Richard A. Passwater, Ph.D., en su libro, *Selenium as Food and Medicine*. "Si usted desea mantener su buen estado de salud, incrementar su resistencia ante las enfermedades y asegurarse de tener una vida larga y vigorosa, es de vital importancia que incremente su consumo de selenio".

El selenio, nos dice, juega un rol vital en la prevención de enfermedades del corazón y muchas formas de cáncer. El uso adecuado del selenio puede asímismo atrasar el proceso de envejecimiento, fortalecer el sistema inmunitario y mejorar los niveles de energía. Existe cada vez más evidencia de que el selenio puede ayudar a prevenir y aliviar la artritis, impedir las cataratas y mejorar la resistencia ante enfermedades infecciosas.

"Existen incluso sugerencias más contundentes", continúa el Dr. Passwater, "de que el selenio puede mejorar la salud sexual y posiblemente el funcionamiento sexual".

El selenio protege las membranas de cada una de los 60 trillones de células. "Al hacer esto", afirma Passwater, "previene el deterioro de las funciones celulares... [El lector típico] puede no apreciar el rol que juega el selenio protegiendo el cuerpo contra una gran cantidad de enfermedades... He demostrado la eficacia del selenio repetidas veces en mi propio laboratorio... Sé que el selenio es preventivo contra el cáncer, las enfermedades del corazón y la vejez prematura".[7] El Dr. Passwater prosigue:

Cáncer— "Evidencias actuales sugieren que una nutrición mejorada de selenio puede reducir el riesgo de cáncer... en otras palabras, a mayor cantidad de selenio consumida, menor incidencia de cáncer... Recientemente [alrededor de 1980] muchos médicos han descubierto que cuando pacientes con cáncer consumen suficiente cantidad de selenio, para aumentar los niveles de selenio en la sangre al nivel deseado, los tumores empiezan a reducirse..."

El Dr. Gerhard Schrauzer de la Universidad de California afirma: "Si cada mujer en América empezara a tomar selenio hoy en día, o llevara una dieta elevada en selenio, en tan sólo unos años el cáncer de mama en este país declinaría drásticamente... El selenio es un paso muy grande hacia la prevención del cáncer –éste es un gran descubrimiento... Si el selenio fuera utilizado debidamente como una medida preventiva anticáncer, creo que sería posible disminuir el índice de mortalidad de casi todos los cánceres en alrededor de un 80 a 90 por ciento en este país".

Basado en estudios de epidemiología, el Dr. Raymond Shamberger de la *Cleveland Clinic Foundation* recomienda a las personas que incrementen su consumo de selenio a 200 microgramos al día, porque dice "puede reducir dramáticamente la incidencia de algunos tipos de cáncer, particularmente del cáncer de colon, seno, esófago, lengua, estómago, intestino, recto y vejiga".

El porcentaje de cáncer de colon en mujeres asiáticas es de una séptima parte del porcentaje de las mujeres estadounidenses. La Dra. Christine S. Wilson, nutricionista de la Universidad de California, en San Francisco, comparó ambas dietas, asiática y estadounidense, y descubrió que las dietas occidentales contienen alrededor del 25% de selenio de las dietas asiáticas. También notó que el selenio ayuda a bloquear la formación de peróxido y radicales libres, los cuales parecen provocar varias formas de cáncer.[8]

---

[7]Reimpreso con la autorización de NTC/Contemporary Publishing, del libro de Richard A. Passwater, Ph.D. titulado *Selenium As Food & Medicine* Copyright 1980.

[8]*Selenium As Food & Medicine* escrito por Richard A. Passwater, Ph.D., *op. cit.*

Enfermedades del corazón— El Dr. Passwater afirma: "[Estudios sugieren que] el selenio es un factor de protección importante para la presión alta, apoplejía, ataque al corazón y riñones hipertensos. El selenio es necesario para el bienestar del músculo del corazón [y] suplementos de selenio son eficaces para tratar dolores al pecho asociados con enfermedades al corazón [angina de pecho]".

Y continúa diciendo, "Médicos chinos informaron recientemente que una enfermedad del corazón congestiva —que afectaba especialmente a niños— se había generalizado en muchas áreas de China. Al ser esta una tierra conocida por su bajo nivel en selenio, los médicos realizaron un estudio minucioso. En cierta comunidad se les proporcionó a las personas 1000 microgramos de selenio cada semana. Al poco tiempo la propagación de esta enfermedad del corazón —llamada enfermedad de Keshan en China— bajó a cero y aquellos niños que ya sufrían de dicha enfermedad se curaron.

"Nutricionistas de animales han observado que los animales que viven en áreas con deficiencia de selenio desarrollan una calcificación en sus corazones, dicha enfermedad fue llamada enferme dad del músculo blanco. Mi implicación con el selenio y las enfermedades del corazón se centra en el rol del selenio para el bienestar del músculo. Los nutricionistas de animales habían determinado que las deficiencias de selenio ocasionan distrofias musculares y una degeneración del músculo esquelético llamada enfermedad de Zenker. Una degeneración similar de las fibras de Purkinje, que ocasionan los latidos del corazón, se ha observado debido a la deficiencia de selenio. Es más, los corazones de muchos animales con deficiencia de selenio se desintegrarían al ser extraídos quirúrgicamente, mientras que los corazones de aquellos animales bien alimentados sí mantendrían su forma".

Estudios han demostrado que aquellos estadounidenses que viven en áreas con deficiencias de selenio, se encuentran tres veces más propensos a morir de enfermedades del corazón que aquellos que viven en áreas ricas en selenio... y que la tasa de enfermedades del corazón en el grupo de personas entre 55 y 64 años era menor en los estados ricos en selenio: Texas, Oklahoma, Arizona, Colorado, Luisiana, Utah, Alabama, Nebraska, y Kansas.

Colorado Springs, Colorado, se encontraba en un 67 por ciento por debajo del promedio nacional de muertes por enfermedades del corazón y Austin, Texas, se encontraba 53 por ciento por debajo.

"La cantidad adecuada de selenio es imprescindible para producir la tan necesaria coenzima Q que se requiere para mantener un corazón saludable", afirma el Dr. Passwater.[9]

Fibrosis quística— A fines de los años 70, el Dr. Joel Wallach recolectó suficiente información que sugería que la fibrosis quística en niños se debe a una deficiencia de selenio en sus madres durante el embarazo. Primero observó que los órganos internos de los primates que padecían de fibrosis quística tenían el mismo aspecto que los órganos de animales con deficiencia de selenio y zinc. Luego controló las posibles deficiencias de selenio o zinc en 120 madres con niños que padecían de fibrosis quística. Encontró que en 151 casos, las madres cuando estaban embarazadas, o cuando sus bebes recién habían nacido, mantuvieron una dieta baja en selenio.

Como resultado, 50 pacientes con fibrosis quística, cuyas edades fluctuaban entre los 3 meses y los 37 años, fueron sometidos a una dieta sin aceites vegetales con suplementos de selenio que oscilaban entre 25 y 300 mcg al día. Todo lo expuesto mejoró notablemente el estado clínico (normalizó los intestinos, redujo la mucosidad pulmonar, incrementó la energía y la fuerza, mejoró la piel y el cabello, redujo los dedos en palillo de tambor, incrementó el peso y la resistencia a infecciones).

El Dr. Passwater afirma que "las observaciones de Wallach indican que existe mayor esperanza para los pacientes que padecen de fibrosis quística, que aún no han llegado a tener severa fibrosis pancreática. Esto es reversible en animales tratados con selenio".[10]

Distrofia muscular— "Es de común conocimiento entre investigadores nutricionistas que el selenio previene la distrofia muscular *nutricional* en animales", afirma el Dr. Passwater. "Muchos de

[9]Passwater, *op. cit.*
[10]Passwater, *op. cit.*

estos mismos científicos rápidamente resaltarían que esto es notoriamente distinto en la distrofia muscular humana. Sin embargo, existe evidencia de que ambas diastrofias, la nutricional y la humana mejoran con la ayuda del selenio y de la vitamina E".

El selenio y la vitamina E son necesarios para producir ubiquinona (coenzima Q) en el organismo, según el Dr. Passwater, quien relata el caso del Sr. S., quien fue a una clínica donde le realizaron unos exámenes de sangre y una biopsia. Éstos mostraron que padecía de una etapa ya avanzada de distrofia muscular. La enfermedad era incurable. Se le dijo que simplemente regresara a casa. Nada se podía hacer. Ante las sugerencias de un amigo suyo, un investigador médico, que pensaba que las distrofias musculares se debían a la falta de coenzima Q, el Sr. S. aumentó su dosis de vitamina E de 400 unidades internacionales *IU* a 2.000, y la de vitamina C de 500 mg a 3.000 mg diarios. Siguió una dieta rica en requesón (*cottage cheese*) y atún para abastecerse de selenio.

Su nivel de triglicéridos bajó de 130 a 68. Su colesterol se redujo de 240 a 186. Y su nivel de *CPK* (creatina fosfoquinasa, un indicador importante de distrofia muscular) bajó de 610 a 140, el cual se considera el límite con respecto a distrofias musculares.

El Dr. Passwater concluye diciendo: "Es posible que la distrofia muscular en animales sea diferente a la distrofia en seres humanos, pero puede que no. Por lo menos algunos pacientes están respondiendo al selenio y a la vitamina E o terapia de coenzima Q".[11]

El Dr. Gerhard Schrauzer, investigador del rol del selenio en la prevención de enfermedades mortales, es citado en el libro del Dr. Passwater, diciendo que las fuentes preferidas de selenio son: panes de grano entero y cereales, carnes de órganos (hígado, riñón) y frutos de mar.

Como suplemento en forma de píldora, 150 a 200 microgramos de selenio al día es una buena dosis de mantenimiento para todas las edades. El Dr. Schrauzer afirma que él personalmente toma 200 microgramos al día, y en ocasiones toma de 300 a 400 microgramos. Él nos dice: "No existen problemas de intoxicación en dosis regula-

---

[11]Passwater, *op. cit.*

res de hasta 800 microgramos al día, incluso por periodos extensos. Se pueden tomar sin peligro alguno hasta 2.000 microgramos por algún tiempo, pero éste sería ya el límite".

Desaparición de arrugas, piel más suave, mejorías en el corazón y la memoria

Las sardinas son el puntal de la "dieta antienvejecimiento" del Dr. Benjamin Frank. Según él, ésta no sólo hace que la gente se vea más joven sino que cura muchos males. La dieta fue probada con personas cuyas edades fluctuaban entre 40 y 70 años.

El efecto más impresionante se pudo ver en el rostro y la piel. Al cabo de una semana, la piel de las personas se tornó tersa, suave y juvenil, con un brillo rosa. A eso de un mes, las arrugas, líneas y manchas de envejecimiento desaparecieron. Otras áreas empezaron a presentar mejoras —los codos ásperos se volvieron suaves, las manos tenían un aspecto más juvenil.

Además de la piel, otros órganos se vieron afectados. En pacientes de mayor edad que padecían de enfermedades coronarias del corazón y con males cardiacos congestivos, las funciones del corazón mejoraron notablemente. Efectos significativos se observaron con relación al cerebro, los cuales se manifestaron en un incremento del estado de alerta mental y mejora de la memoria.

El restaurativo X de la juventud: el secreto que realmente puede ¡rejuvenecerle!

El restaurativo X de la juventud —el secreto que puede realmente rejuvenecerle— está constituido por un ácido nucleico llamado RNA que se encuentra en las sardinas.

Esencialmente existen dos clases de ácidos nucleicos, llamados RNA y ADN (*DNA* por sus siglas en inglés). Existe una razón para creer que el alimentar nuestras células con ácido nucleico RNA, al ingerir alimentos que lo contengan sustancialmente, nos puede ayudar a vivir más tiempo, sin cáncer.

La dieta del Dr. Frank requiere que se consuman sardinas cuatro veces a la semana. Cuanto más pequeña la sardina, mejor, nos dice. Por esta razón, las sardinas noruegas se prefieren a las estadounidenses. Él prefiere asimismo otros frutos de mar, tales como: salmón, langosta, camarones y ostras. Recomienda el hígado, frijoles y judías (vea la página 294) como lentejas y habichuelas pintas (*pinto beans*), y ciertos vegetales, como remolacha (betabel, *beets*), espárragos y apio (vea la página 66), todos los cuales contienen ácido nucleico o substancias que crean ácido nucleico.

Otros resultados informados:

La editora de belleza de una revista de salud probó la "dieta antienvejecimiento", descubrió que sí funcionaba y la recomendó efusivamente.

Un profesor universitario probó la "dieta antienvejecimiento". Durante diez días comió una lata de sardinas al día así como cuarenta tabletas de levadura de cerveza (*brewer's yeast*), las cuales contienen un alto nivel de ácido nucleico. Al final de este corto periodo, su piel parecía haber adquirido una textura más fresca y juvenil.

El profesor Sheldon S. Hendler, Ph.D., un destacado bioquímico quien había dedicado gran parte de su vida al estudio del ácido nucleico, denominó a la dieta para combatir el envejecimiento del Dr. Frank, "Un acontecimiento significativo en la historia de la nutrición".

✦ ✦ ✦

Aunque en el Antiguo Testamento se prohibía consumir pescados sin escamas, como las anguilas, los cangrejos, los mariscos, ni tampoco los caracoles ni las tortugas, debido a que se consideraban contaminados porque habitan aguas estancadas, existían en abundancia en las aguas claras del Mar de Galilea. Según el historiador judío Josefo, que expresaba en el siglo I d.C., "El mar tiene agua fresca que es muy agradable de beber; el agua fluye libremente y no es turbia". En consecuencia, no existe tal prohibición en el Nuevo

Testamento con respecto a los pescados sin "aletas ni escamas" —entre los que se incluyen el bagre (siluro, *catfish*), las lampreas y los tiburones.

Un aceite curativo que podría hacerle inmune a las enfermedades

Prácticamente todas las especies de tiburones son conocidas por tener una extraordinaria resistencia ante las enfermedades. Casi nunca padecen de cáncer, son inmunes a infecciones y viven más de 100 años. Los tiburones son prácticamente indestructibles.

¿El secreto? El aceite de hígado de tiburón, el cual contiene una substancia llamada alquiloglicerol —cuya abreviatura en inglés es *AKG*— una familia de compuestos que hace a los tiburones prácticamente inmunes a las enfermedades.

El *AKG* se encuentra en el pescado y en la leche materna de los mamíferos, y provee a los bebés una protección natural e inmunidad contra las infecciones. Pero en ninguna otra parte es más abundante el *AKG* que en el hígado de tiburón. Esto significa lo siguiente:

El *AKG* estimula la producción de células blancas —las que combaten las enfermedades en el organismo, que consumen los virus y fortalecen el sistema inmunitario.

El *AKG* destruye los radicales libres —moléculas de oxígeno de alta reacción que se encuentran en el cuerpo y que tienen relación con más de 60 enfermedades dolorosas y crónicas, así como gran influencia en el factor envejecimiento.

A diferencia de muchos de los antioxidantes, tales como las vitaminas A, C y E, y el beta-caroteno, el selenio y el zinc —todos muy eficaces al extraer de las células los radicales libres— los *AKG* pueden penetrar las membranas de las células, donde los radicales libres se esconden, atacándolos desde adentro.

Los radicales libres que han penetrado en las membranas de las células pueden ocasionar daños estructurales al ADN —el circuito, operador, o programa de la célula— y cuando el ADN está dañado, se puede contraer cáncer. Los *AKG* son especialmente efectivos para prevenir que ésto suceda.

Éstas son las afirmaciones de los doctores Neil Solomon, Richard Passwater, Ingemar Joelsson y Leonard Haimes en su libro *Shark Liver Oil: Nature's Amazing Healer* (Kensington Books, New York, 1997).

Alivio para el cáncer y el VIH/SIDA

"He estado utilizando cápsulas de hígado de tiburón en pacientes con cáncer, pacientes con enfermedades crónicas, con todo tipo de pacientes", afirma Antonio Calzada, médico que dirige una clínica en Tijuana. "El resultado ha sido notable ya que la calidad de vida de los pacientes mejoró inmediatamente, después de tan sólo una o dos semanas de empezar el tratamiento a base de aceite de hígado de tiburón".

"Les preguntamos a los pacientes cómo se sienten con estas nuevas cápsulas y ellos contestan, 'Ay, doctor, desde que me recetó las cápsulas me siento mucho más fuerte... tengo menos dolor...'

"Para mí, el aceite de hígado de pescado ha sido una forma muy poderosa para mejorar la calidad de vida de mis pacientes", afirma el Dr. Calzada, quien toma una cápsula de aceite de hígado de pescado cada día sólo como medida de prevención. Él afirma que su energía y capacidad para concentrarse han mejorado.[12]

Casos relatados por médicos:[13]

G. G., una mujer de 69 años, había sufrido de leucemia linfática crónica durante 15 años. El recuento de sus células blan-

---

[12]Del libro *Shark Liver Oil* escrito por Neil Solomon, M.D., Ph.D., Richard A. Passwater, Ph.D., Ingemar Joelsson, M.D., Ph.D., y Leonard Haimes, M.D. Publicado por Kensington Books, bajo el sello editorial de Kensington Publishing Corp. Reimpreso con autorización del editor.

[13]*Shark Liver Oil, op. cit.*

cas había sido controlado mediante quimioterapia oral y esteroides, sin embargo cada 2 meses éste se elevaba súbitamente de 25.000 hasta más de 150.000. Luego de su última crisis, el médico le recomendó que tomara ocho cápsulas de 500 mg de aceite de hígado de tiburón al día. Luego de seis meses de tratamiento, no ha tenido más subidas repentinas en el recuento de sus glóbulos blancos, algo que por tanto tiempo la fastidió. Es más, el recuento de sus glóbulos blancos ha bajado ahora a 9.000, que es lo normal.

Cierto médico ha recomendado aceite de hígado de tiburón a sus pacientes desde 1995. Uno de los casos más notables es el de su propia hija, ya mayor. Ella padecía de una tos persistente. Los rayos X mostraron una masa encima de su corazón del tamaño de una toronja pequeña. El diagnóstico: linfoma de Hodgkin. Después de intentar un tratamiento médico tradicional y homeopatía, ella se encontraba ya casi en nivel 4, la última etapa, con tan sólo 60 % de posibilidades de sobrevivir. Su padre empezó a tratarla inmediatamente con aceite de hígado de tiburón con 30 a 40 % de *AKG*, pero eliminando las vitaminas A y D para prevenir una sobredosis de esas vitaminas. Ella empezó a mejorar. Su especialista le dijo "continúa haciendo lo que sea que estás haciendo". Su quimioterapia terminó y el médico le dio inyecciones de esteroides para que el recuento de su sangre siguiera incrementando. Lamentablemente, se le produjo una infección en los pulmones a causa de los esteroides, pero le fue posible combatirla gracias al aceite de tiburón, según su padre. Durante el tratamiento de radiación, y para sorpresa de muchos, ella pudo hacerse cargo de su familia, de dos personas ancianas y de los problemas que surgen al construir una nueva casa. Al cabo de 7 meses ya se encontraba totalmente liberada del linfoma de Hodgkin. Ella continúa tomando aceite de hígado de tiburón.

"Estimado Doctor: Gracias por haberme hecho tomar el aceite de hígado de tiburón que me recomendó hace cuatro meses. El reciente análisis de sangre de esta semana muestra que el recuento de mis células T ha subido de 370 a 502... Asimismo mi necesidad de insulina parece mantenerse entre 5 y 7 unidades menos al día, desde que empecé a tomar el aceite de hígado de tiburón. Tampoco tengo tanto dolor en las piernas como antes... Nuevamente, gracias por toda la ayuda". Firmado: J. S. S., 18 de julio, 1996.

"A quien concierna: Mi nombre es James... He sido VIH+ más de 10 años. Este último año, el recuento de mis células T bajó de 535 a 214. Cuatro meses atrás, [mi médico] me hizo tomar dosis diarias de aceite de hígado de tiburón. Los resultados de mis exámenes de la última semana muestran que el recuento de las células T ha subido nuevamente a 353. El único factor nuevo es el aceite de hígado de tiburón. Asimismo me siento con mucha más energía..." Firmado: James, 13 de julio, 1996.

Los autores señalan que según el *Washington Post* del 20 de Febrero de 1996, una compañía farmacéutica ha desarrollado "una espuma vaginal que podría proteger del embarazo y de enfermedades sexuales". Las substancias naturales en esta espuma vaginal, tentativamente llamada Maganins, fueron extraídas de animales, incluyendo el tiburón, y han "demostrado algún efecto en evitar que el virus de la inmunodeficiencia humana (VIH) se reproduzca".

⊙tros milagros que provienen de este aceite curativo[14]

Las historias y testimonios de típicos estadounidenses, quienes han experimentado recientemente con el aceite de hígado de tiburón en forma de cápsulas, "son muy promisorios para cada persona, niño o adulto, que sufra de alguna enfermedad fatal o que simplemente esté tratando de mantenerse en un estado de salud óptimo", afirman los expertos.

Asma— Científicos suecos han descubierto los efectos beneficiosos del aceite de hígado de tiburón en pacientes que padecen de asma. En cada caso, las incomodidades del asma empiezan a desa-

---

[14]*Shark Liver Oil, op. cit.*

parecer en tan sólo unas semanas, con dosis orales tres veces al día, conteniendo 50 mg de *AKG*, derivado del aceite de hígado de tiburón (equivalente a 750 mg de aceite de hígado de tiburón). En algunos casos, los científicos observaron pacientes que se recuperaron totalmente en tan sólo seis meses de tratamiento.

Diabetes y Esclerosis múltiple— Una mujer de 50 años que padecía de diabetes y de esclerosis múltiple se quejaba, "La esclerosis múltiple cansa mucho realmente". Desde que empezó a tomar aceite de hígado de tiburón ella se siente con mucha energía. "Ando de arriba abajo haciendo cosas que no hacía en años. No tengo sueño. Me siento bien!". (Y su recuento de azúcar en la sangre ha bajado).

Presión sanguínea alta— Un hombre ya mayor, quien padecía de presión alta, empezó a tomar cápsulas de aceite de hígado de tiburón. Después de ésto le midieron la presión. A pesar de no haber tomado su medicamento para la presión dos o tres días antes del examen, los resultados estaban dentro del rango normal por primera vez en 10 años.

Artritis— Otro hombre padecía de una artritis tan fuerte que no podía ni siquiera hacer un puño con su mano. Empezó entonces a tomar aceite de hígado de tiburón. Él notó la diferencia en tan sólo tres días y ahora, después de veinte años, puede incluso atar anzuelos.

En Suecia, se les administró *AKG* a pacientes que eran sometidos a radioterapia. "Ellos mostraron un porcentaje de supervivencia mucho más elevado que aquellos... que recibieron únicamente radiación... El nivel más alto de supervivencia se produjo en aquellos pacientes que recibieron *AKG*, antes, durante y después de la radiación", afirma el Dr. Joelsson.

Sin efectos secundarios importantes

Las investigaciones acerca del aceite de hígado de tiburón y de su ingrediente principal, el *AKG*, no han sido completadas aún, afirman estos expertos. "Podrán pasar todavía unos 20 años antes de que se proporcione la eficacia medicinal completa del aceite de hígado de tiburón. Sin embargo, ya que el uso del aceite de hígado de tiburón no produce efectos secundarios significativos, no estamos dispuestos a esperar 20 años... La realidad es que el aceite de hígado de tiburón... bien podría constituir un avance médico contundente, uno que podría traer consigo grandes curaciones".

(Los únicos efectos secundarios que se han observado en el aceite de hígado de tiburón rico en *AKG* son, en algunos casos : vómitos; sarpullido si se es alérgico a la proteína del hígado; y diarrea si se toma demasiado).

"Recuerden", dicen los doctores Solomon, Passwater y Joelsson, "nuestras afirmaciones no aseguran que el aceite de hígado de tiburón es una poción mágica que va a curar todos sus males. Sin embargo, lo que sí queremos recalcar es que estudios... muestran que los *AKG* son muy eficaces para mejorar las reacciones inmunes básicas".[15]

Un regalo del mar que podría salvarle la vida[16]

En su libro, *Sharks Don't Get Cancer*, el Dr. William Lane afirma que la razón por la que los tiburones no contraen cáncer es porque el cartílago de tiburón contiene ciertas proteínas que previenen el desarrollo de vasos sanguíneos. Un tumor no puede crecer si no crea una red de vasos sanguíneos a su alrededor para alimentarse. (Este proceso se llama angiogénesis).

Los investigadores dedujeron que ya que los cartílagos no tienen vasos sanguíneos, algo en ellos evita la formación de vasos sanguíneos y esto podría ser utilizado en seres humanos para prevenir que nuevos vasos sanguíneos se formen alrededor de los tumores. Sin sangre para alimentarlo, un tumor se reduce y muere.

A mediados de los años setenta, los científicos de la Universidad *MIT* tuvieron éxito al prevenir la formación de nuevos vasos

---

[15]*Shark Liver Oil, op. cit.*
[16]Del libro *Sharks Don't Get Cancer* escrito por I. William Lane and Linda Comac. Copyright 1992. Publicado por Avery Publishing Group, Inc., Garden City Park, NY. Reimpreso con autorización del editor.

sanguíneos alrededor de tumores en animales de laboratorio, utilizando el extracto de cartílago de un becerro. Los tumores dejaron de crecer. Estudios posteriores se vieron frustados, debido a la falta de cartílagos. Tan sólo existen pequeñas cantidades en becerros y otros mamíferos.

Luego, estos investigadores fijaron su atención en los tiburones, cuyos esqueletos están totalmente compuestos de cartílagos. Carl Luer, Ph.D., bioquímico de Florida, había empezado a investigar sobre el cartílago de tiburón. Descubrió que los tiburones no desarrollaban cáncer, incluso cuando habían sido expuestos a grandes cantidades de sustancias carcinogénicas.

Distintos estudios han confirmado el poder del cartílago para reducir los tumores, especialmente el cartílago de tiburón, según el Dr. Lane. Por ejemplo, en el Instituto Jules Bordet en Bruselas, bajo la dirección del Dr. Ghanem Atassi, cuarenta ratones recibieron injertos de melanoma humano. La mitad no recibió tratamiento. La otra mitad recibió dosis orales diarias de cartílago seco de tiburón. Los tumores en los animales que no recibieron tratamiento doblaron su tamaño en 21 días, mientras que los tumores en los animales que sí habían recibido el cartílago de tiburón se redujeron en un 17 por ciento.

Pruebas en seres humanos[17]

El Dr. Lane relata el trabajo experimental de varios médicos que utilizan el cartílago de tiburón, entre ellos Ernesto Contreras, M.D., y sus dos hijos, Ernesto (h) y Francisco, también médicos. Juntos, dirigen el hospital Contreras en Tijuana, México. El Dr. Lane los buscó y les preguntó si experimentarían con cartílago de tiburón en algunos de sus pacientes terminales. Ellos accedieron a tratar a 10 pacientes con cáncer sin costo alguno, todos ellos en las últimas etapas de su enfermedad y con pocas posibilidades de sobrevivir más de 6 meses.

"El plan inicial", afirma Lane, "requería cuatro meses de tratamiento con cartílagos administrados a 10 pacientes. El Dr. Ernesto Contreras (h) decidió tratar a los pacientes con 30 gramos de material

---

[17] *Sharks Don't Get Cancer* escrito por I. William Lane and Linda Comac, *op. cit.*

de cartílago diariamente en forma de suspensión acuosa (*water suspension*). Para las mujeres, la mitad de la dosis diaria sería administrada vía enema y la otra mitad sería introducida en la cavidad vaginal. Los hombres recibirían 2 enemas. Estos métodos de tratamiento permitirían que la proteína del cartílago de tiburón fuera absorbida rápidamente por el organismo".

Se reportan alivio del dolor, reducción de los tumores y dos "curas milagrosas"[18]

Eventualmente, ocho pacientes tomaron parte en el estudio, uno de ellos abandonó y otro murió en esta etapa. De estos casos "sin mayor esperanza", en siete pacientes hubo una reducción del 30 hasta el 100 por ciento en el tamaño de sus tumores y dos curas "milagrosas", afirma Lane:

> Una mujer de 48 años en la etapa III de un cáncer avanzado de útero y cérvix con la vejiga también afectada. Las dosis de radiación no habían ayudado. Ella sufría de un dolor bastante agudo. Siguiendo una terapia mediante cartílago de tiburón durante siete semanas, el dolor disminuyó sustancialmente y el tumor se redujo en un 80%. Al cabo de once semanas, ya había una reducción completa (100 por ciento) del tamaño del tumor.

> Una mujer de 62 años padecía de metástasis en los huesos, en el sacro ilion derecho, debido a un cáncer de útero previo. La metástasis se desarrolló en un área que había sido previamente irradiada. Luego de nueve semanas de terapia mediante cartílago, el tumor se encontró por lo menos 80% más pequeño. A la undécima semana, todas las manifestaciones habían desaparecido y la paciente fue considerada curada.

> Una mujer de 36 años, con un carcinoma peritoneal de nivel IV, proveniente de un cáncer primario de colon. Una cirugía exploratoria había confirmado el diagnóstico de cáncer inope-

---

[18]Lane and Comac, *op. cit.*

rable y se le habían dado a la paciente pocas posibilidades de supervivencia. Después de 7 semanas de tratamiento con cartílago de tiburón, esta mujer necesitó una operación para extraer el absceso, el cual resultó ser 80 por ciento más pequeño y lo que quedaba se había convertido en una sustancia gelatinosa. En el término de once semanas, la paciente se encontraba sin el tumor y los médicos consideraron que se trataba de una "cura milagrosa".

Lane menciona muchos otros casos en su libro, incluyendo muchos que no respondieron al tratamiento, o que mejoraron al principio y luego recayeron. Sin embargo ciertas conclusiones han salido a la luz: *"No se observó absolutamente ninguna toxicidad con ningún nivel de dosis. En cada caso, el uso de cartílago de tiburón redujo significativamente el dolor. Éste puede ser uno de los mayores descubrimientos del estudio. La reducción de dolor puede ser el primer efecto del cartílago de tiburón".*

Lane habla de un médico en Estados Unidos, quien luego de leer acerca del cartílago de tiburón, empezó a recetarlo a sus pacientes con cáncer, observando su progreso, y controlando los posibles efectos secundarios. Este médico pronto descubrió que las altas dosis de cartílago de tiburón —hasta 120 gramos— daban resultados impresionantes. "Él ha trabajado con más de 110 pacientes", afirma Lane. "Ecografías *MRI* y *CAT* (por sus respectivas siglas en inglés) revelan que por lo menos 15 de los pacientes del Dr. Martínez efectivamente ya no tienen tumores. En otros, los tumores se han reducido". El Dr. Martínez estaba preparando un artículo sobre el tema para publicaciones científicas.

Los males más (y menos) propensos de ser afectados[19]

"El cáncer de mama, próstata, sistema nervioso central y páncreas se encuentran entre los cánceres más vascularizados y, por ende, son los mejores para ser tratados mediante la terapia de cartílago de

---

[19]Lane and Comac, *op. cit.*

tiburón", afirma Lane. "Los cánceres tales como linfoma, Hodgkin, y leucemia serán los menos beneficiados por el cartílago de tiburón, ya que la nueva vascularización raramente se ve envuelta en su desarrollo"

Dosis[20]

En todas estas pruebas clínicas, se utilizó 100% cartílago puro de tiburón. "Los datos parecen indicar que durante la etapa III y IV de los tumores, aproximadamente 1 gramo de cartílago de tiburón debe usarse como dosis diaria, por cada 2 libras (0,9 kilos) de peso del cuerpo", dice Lane. "Cuando sea posible, el material debe ser administrado en forma de enema, pero también puede ser administrado oralmente de ser necesario... Muchas de las reducciones en los tumores se observaron mediante la administración oral/rectal. Las dosis deben de ser espaciadas durante el día para mantener constante el nivel de proteína en la sangre...

"Dosis menores en etapas tempranas del cáncer o simplemente como medidas preventivas, parecen ser eficaces al ser administradas oralmente...

"Para la administración oral, mezcle el cartílago en un jugo vegetal de tomate o zanahoria, jugo de carne, o con el néctar de una fruta. Para preparar un enema de retención, mezcle 15 gramos (3 cucharaditas) de polvo de cartílago de tiburón en dos tercios de taza con agua a temperatura ambiente. Las mujeres posiblemente preferirán aplicar por lo menos una dosis como suspensión acuosa introducida en la cavidad vaginal, especialmente en el caso de tumores vaginales, cervicales o uterinos...

"Resultados preliminares indican que se podrá observar cierta reducción en el tamaño de los tumores, seis semanas después de empezar el tratamiento", afirma el Dr. Lane, "y una reducción mayor del tumor se podrá advertir al cabo de once semanas. Cuando los tumores son menos riesgosos, el nivel de la dosis puede disminuir –la evidencia muestra que la dosis puede reducirse hasta en un 60 por ciento".

---

[20]Lane and Comac, *op. cit.*

No constituye un substituto de atención médica calificada[21]

El cartílago de tiburón, afirma Lane, "es bastante inerte y no tóxico y, por ende, puede ser utilizado con otras terapias". *"Quiero dejar en claro", afirma Lane, NO estoy sugiriendo que los métodos de la medicina convencional sean reemplazados por la administración de cartílago de tiburón.*

Lo que sí creo es que el cartílago puede y probablemente debería ser utilizado en combinación con otras propuestas convencionales".

El efecto en otras enfermedades[22]

"Los tumores y las metástasis no son las únicas enfermedades que pueden ser controladas por el cartílago de tiburón", afirma Lane. "Una vez que el cartílago se encuentra en el organismo de una persona, sus características antiinflamatorias y antiangiogénicas empiezan a actuar en una variedad de enfermedades.

"Sus efectos en la artritis, soriasis y enteritis ya han sido comprobados, y su probable efecto en la retinopatía diabética, glaucoma neovascular y degeneración macular han sido tema de discusión en una serie de publicaciones científicas".

El Dr. Serge Orloff, uno de los más destacados especialistas en artritis de Europa, condujo en 1988 un estudio en el que se utilizó cartílago de tiburón. Él administró cartílago de tiburón deshidratado a seres humanos mediante dosis diarias de 9 gramos durante cuatro semanas, seguidos por 4,5 gramos diarios durante un periodo adicional.

Reducción del dolor en un 100%[23]

Uno de los pacientes del Dr. Orloff era una mujer de 49 años que padecía de una dolorosa artritis degenerativa en las rodillas y en la

---

[21]Lane and Comac, *op. cit.*
[22]Lane and Comac, *op. cit.*
[23]Lane and Comac, *op. cit.*

parte baja de la espalda, debido a un problema crónico en uno de sus discos. Su dolor disminuyó en un 50% luego de las primeras dos semanas de tratamiento y después se redujo otro 50%, luego de seis semanas de tratamiento. Ella afirmó que podía doblar ambas rodillas y la espalda mientras realizaba las tareas domésticas, y que sentía una fuerza renovada en sus músculos.

La columna se enderezó[24]

En un estudio clínico realizado en Panamá, un hombre de 42 años con artritis reumatoide se encontraba postrado en cama, debido a un intenso dolor y deformidad en las articulaciones grandes. Durante 25 años había sido tratado con analgésicos y salicilatos, medicinas antiinflamatorias no esteroides, sales de oro, inmunosupresores y corticoides. Luego, empezó a recibir cápsulas de cartílago de tiburón —una cápsula por cada 11 libras (5 kilos) de su peso durante 21 días, y después cuatro cápsulas al día durante los siguientes 21 días.

Luego de tres semanas, los médicos notaron que su columna se había enderezado y que el dolor había desaparecido por completo. Él ahora nos dice, "Puedo mover mis brazos y piernas sin dolor, mi caminar ha mejorado; ahora soy más ágil. Me siento con ánimo de trabajar; no me siento cansado, y mi estreñimiento y gastritis han mejorado".

Él continúa tomando 4 cápsulas de cartílago de tiburón, así como 5 miligramos de prednisona y sulindaco cada 48 horas".

Dosis[25]

Según Lane, los investigadores han descubierto que el cartílago de tiburón es eficaz para reducir el dolor en aproximadamente el 70

[24]Lane and Comac, *op. cit.*
[25]Lane and Comac, *op. cit.*

por ciento de los casos de osteoartritis y en el 60 por ciento de los casos de artritis reumatoide. Dosis: 1 gramo de cartílago de tiburón deshidratado por cada 15 libras (7 kilos) de peso del cuerpo (o una cápsula de 750 mg por cada 11 libras ó 5 kilos de peso del cuerpo) —dividido en tres dosis iguales, 15 minutos antes de cada comida— cada día durante 21 días.

"Por lo general, los pacientes experimentan alivio del dolor en un lapso de 16 a 18 días", nos dice. "Si no se observa un alivio mayor luego de 30 días de un uso continuo y correcto, entonces el cartílago probablemente no funcionará en su organismo o problema".

Una vez que se observa alivio del dolor, la dosis se disminuye a 2 gramos por cada 40 libras (18 kilos) de peso del cuerpo (o una cápsula de 750 mg por cada 30 libras ó 14 kilos de peso del cuerpo). Esto puede consumirse todo junto o dividirse en dos dosis iguales, afirma Lane.*

Precauciones[26]

El Dr. Lane advierte que "cualquiera que haya padecido recientemente de un ataque al corazón necesita reconstituir los vasos sanguíneos", y por ello "no debe utilizar inhibidores de angiogénesis, por lo menos durante tres meses o cuando su médico se lo recomiende... Una mujer embarazada que está creando un sistema sanguíneo para alimentar al embrión que se está desarrollando no debe usar cartílago de tiburón. Las mujeres que tratan de quedar embarazadas también deben evitar tomar cartílago de tiburón".

Nota: Sulfato de glucosamina —un suplemento alimenticio que se ha vuelto extremadamente popular en años recientes, debido a su eficacia en aliviar la agobiante rigidez de la artritis, superando a los fármacos en muchos caso— *es un constituyente natural del cartílago.* Parece funcionar mejor en dosis de 500 mg tres veces al día. *A diferencia de los medicamentos, el sulfato de glucosamina estimula la reparación de los cartílagos y no tiene efectos secundarios.*

[26]Lane and Comac, *op. cit.*

"Agua de la vida" para la artritis

Hace muchos años, un médico informó sobre los efectos que había causado la terapia con agua de mar en su suegro de 97 años, el cual estaba senil y completamente inmovilizado por la artritis. El anciano tenía que ser levantado de su cama y no se podía vestir o alimentar por sí mismo. El médico aconsejó que se le diera una cucharadita de agua concentrada de mar diariamente, durante cuatro meses.

De repente, empezó a mejorar. Un día se levantó de la cama, cojeó hasta la cocina y empezó a prepararse el desayuno. Su cadera había padecido de artritis durante más de veinte años, además de la pierna derecha dolorida que lo hacía gritar si alguien la tocaba levemente. Ahora él podía cruzar las piernas para ponerse los zapatos y apoyar el pie derecho sin quejarse. Después de haber estado senil e inválido tantos años, empezó a levantarse cada mañana sin ayuda alguna, caminar al baño, lavarse y desayunar.

Según se informa, el único elemento nuevo en sus comidas o bebidas era la cucharadita de agua de mar, la cual se vende en tiendas de alimentos naturales (*health food stores*), con una concentración de diez veces mayor al agua de mar habitual.

CAPÍTULO · 10
¡UN ALIMENTO BÍBLICO QUE ELIMINA EL DOLOR DE LA ARTRITIS!

Los milagrosos poderes curativos del pescado —un alimento bendecido por Jesús, como se muestra en el Capítulo 9—, estarían incompletos sin mencionar los hechos asombrosos acerca del bacalao y su impresionante aceite curativo. Durante generaciones, se le daba a bebés para evitar malformaciones en los huesos, pero este aceite puede hacer mucho más.

✦ Su contenido rico en vitamina A protege al corazón y a los pulmones de virus, bacterias e infecciones... repele y detiene el cáncer de estómago, intestinos, cérvix y próstata... disminuye el colesterol sin los efectos secundarios que pueden ocasionar los medicamentos para este propósito. Su contenido de vitamina D ayuda a la salud de los nervios, el funcionamiento normal del corazón y el metabolismo del azúcar.

✦ Este aceite también es curativo para varias enfermedades de la piel, tales como: úlceras varicosas en las piernas, heridas, quemaduras y llagas. Forma una capa protectora no irritante sobre las heridas y actúa poderosamente para estimular la rápida curación del tejido.

Cierto médico afirma haber tratado satisfactoriamente a sus pacientes con soriasis mediante cápsulas de aceite de hígado de bacalao. Una persona que había sufrido de esta enfermedad por mucho

199

tiempo afirma que la soriasis repentinamente decayó después de tomar una cápsula diaria durante un mes.

Alivio milagroso para la artritis

El uso más famoso del aceite de hígado de bacalao se aplica a la artritis. Al menos desde el 1700, se sabe que alivia la artritis.

Desde 1766, los médicos en Inglaterra recomendaban aceite de hígado de bacalao para tratar la gota y el reumatismo crónicos. A mediados de los 1800, el aceite de hígado de bacalao era recetado comúnmente para otras enfermedades de las articulaciones y la columna.

Durante la primera guerra mundial, el Dr. Ralph Pemberton comenzó a usar aceite de hígado de bacalao para tratar a más de 400 pacientes artríticos —a la mayoría de los cuales ayudó— en la Universidad de Pensilvania. Su conclusión fue que el aceite de hígado de bacalao fue eficaz para eliminar el dolor, el entumecimiento y la hinchazón producidos por la artritis crónica. Este médico hizo conocer sus descubrimientos en "Studies on Arthritis in the Army Based on Four Hundred Cases", el cual apareció en los *Archives of Internal Medicine* (marzo de 1920).

Resultados rápidos y asombrosos

Según un artículo del *Journal of the National Medical Association*, Charles A. Brusch, M.D., y Edward T. Johnson, M.D., obtuvieron rápidos y asombrosos resultados aliviando la artritis y el reumatismo, mediante un ayuno parcial o dieta de limpieza. Los puntos principales en este plan consisten en tomar aceite de hígado de bacalao con el estómago vacío y la mayor restricción de agua, tan sólo una ración una hora antes del desayuno.

Estos médicos examinaron a 98 pacientes y descubrieron que 92 presentaron una gran mejoría en sus síntomas de artritis y maravillosos cambios en la limpieza de su sangre. Los niveles de colesterol se normalizaron, si bien este plan de ayuno controlado permitía el consumo de huevos, leche, y mantequilla. Los niveles de azúcar "bajaron al nivel normal". Un paciente diabético pudo dejar la insulina. La presión sanguínea también se normalizó.

Estos médicos también afirmaron: "Sentimos que estas (rápidas) mejorías se debían principalmente al aceite de hígado de bacalao y al consumo inusual de líquidos... Nosotros obtenemos nuestros resultados entre 3 y 6 meses. Una dieta saludable sola puede tomar tal vez de 6 a 36 meses para producir un 50 a 75 por ciento de los mejores resultados".

¡Separación de huesos fusionados!

Pero, ¿qué sucede si los huesos están en realidad fusionados? Durante mucho tiempo, incluso los médicos que recetaban aceite de hígado de bacalao en casos de artritis, trazaban una brecha en casos avanzados como éste. Fue Giraud W. Campbell, D.O., quien tuvo que descubrir cómo se podía solucionar esto, y lo reveló en su libro, *A Doctor's Proven New Home Cure for Arthritis* (Parker Publishing Company, 1972).

El Dr. Campbell afirma que este método —el cual concierne al aceite de hígado de bacalao— ha curado a cientos de personas, sin importar su edad o condición. En todos los casos, el calor y la hinchazón en las articulaciones afectadas fueron aliviados en una semana. El dolor en muchos casos no sólo fue aliviado sino eliminado, en tan sólo dos semanas o menos. El movimiento normal fue restablecido en casi todos los casos en tres semanas o menos. Rayos X mostraron el progreso en la restauración de la estructura ósea entre tres y seis meses.

Las sillas de ruedas y las muletas ya no eran necesarias. Los únicos casos en los cuales no podían garantizar alivio, eran aquellos en los cuales habían tenido una intensa terapia mediante oro y medicinas, lo cual en muchos casos afecta en forma permanente la química del organismo, y en los casos de artritis avanzada en la espina dorsal, de no haber sido tratada en sus primeros cinco años. Sin embargo, se ha sabido de alivios espectaculares en muchos casos, y se evitó que se degeneraran aun más los huesos. Incluso el sufrimiento producido por los cambios de clima pueden ser ya cosa del pasado, afirma el médico.

No sólo se aliviaron el dolor y la inflamación, la estructura ósea mejoró, afirma el Dr. Campbell. Él proporciona radiografías que muestran separación de rótulas, regeneración de vértebras comprimidas, reducción y absorción de huesos que han crecido excesivamente —cosa que los médicos consideraban imposible. "Aquellos que se encuentran postrados en una cama... con el estado inflamatorio más agudo... muestran la respuesta más dramática", afirma. "En un lapso de tres a 10 días, el dolor cesó y empezó el restablecimiento".

El Dr. Campbell proporciona los siguientes casos:

Una mujer relataba: "Me sentía como una minusválida, incapaz de caminar sin sentir dolor. Intenté tratarme con diferentes médicos, medicamentos como aspirinas, inyecciones de oro, cortisona —nada parecía ayudarme. Seguía empeorando, soportando un dolor constante el cual no permitía que me levantara por mí misma de una silla, necesitaba ayuda para dar cada paso". Después de cuatro años de sufrimiento, ella decidió probar este método y afirmó: "Al cabo de tres semanas ya no tenía dolor y pude ir a trabajar sintiéndome yo misma otra vez... saltaba de la cama y me sentía viva. Ahora me puedo parar erguida, moverme sin sentir dolor, dormir bien por la noche y realizar las labores de la casa. Ahora puedo disfrutar de la vida nuevamente".

La Sra. A. S., de 65 años, empezó a sentir dolores y rigidez en los brazos y piernas. Su médico le diagnosticó artritis (reumatoide) y la trató por un mes. Luego la envió a un especialista, el cual la recomendó a otro especialista que le dio tres meses de tratamiento y la mandó a un centro médico para un tratamiento de cobalto (durante otros seis meses). No había cura, le decían todos. Pero, mediante este método dijo: "Me puedo levantar por las mañanas, hacer mi cama, subir y bajar las escaleras, salir a cenar, visitar amigos e ir de compras..."

Walter M. afirma; "Sufría mucho. Algo andaba mal en mi columna en la región de los hombros. Ya había visitado a varios médicos... pero no obtenía alivio alguno. El neurocirujano me prescribió tracción... la cual no me alivió el dolor... no podía dormir en la cama... Tenía que dormir en posición vertical sobre la mesa del comedor". Utilizando este tratamiento, en dos semanas él pudo dormir nuevamente con comodidad.

La Sra. G. W., de 42 años de edad, sentía tal dolor que ya ni podía soportar la presión de las sábanas, ella había estado postrada en cama durante seis meses. Incluso la mandíbula le causaba dolor. Con este tratamiento, su dolor desapareció en dos días, sin medicamentos ni aspirinas. Luego de dos semanas, ella se encontraba caminando y limpiando la casa. Sus manos ya no eran una molestia. A los seis meses, nadie podía decir que ella había sufrido de artritis.

Un hombre afirma que al poco tiempo de haber terminado su servicio militar, empezó a sentir un dolor en la parte inferior de la espalda e intempestivos dolores en la parte trasera de sus piernas. Los médicos no le pudieron proporcionar ningún alivio. Él casi no podía moverse y se encontraba en una constante agonía. Durante cuatro años visitó un hospital de la administración de veteranos (VA), pero sin alivio alguno. Luego buscó la ayuda de un especialista en artritis, quien lo trató con una serie de medicamentos e inyecciones. Su condición empeoró. Su espina dorsal estaba prácticamente soldada. Entonces él escuchó sobre este método. En dos semanas, el 50 por ciento del dolor había desaparecido. Podía caminar mejor y gradualmente se estaba enderezando. ¡Los años de agonía habían desaparecido!

"¡Sí, la artritis puede ser curada!", afirma el Dr. Campbell. "Mientras la búsqueda de una cura continúa, cientos, efectivamente, se están curando", él subraya. "Mientras los científicos teorizan sobre el recuento elevado de glóbulos blancos y la reducción de los glóbulos rojos, cientos de personas que padecen de artritis están emergiendo de su sufrimiento con un recuento normal de glóbulos. Mientras los científicos debaten sobre bacterias, virus y micoplasma, la enfermedad está disminuyendo [con este tratamiento]... Mientras se perfeccionan nuevos salicilatos, como la aspirina para aquellos cuyas vidas han sido destinadas al tormento del dolor de la artritis, *ese dolor ha desaparecido en tan sólo siete días* en aquellos que comieron en una forma especial... Mientras se administran inyecciones de (fármacos), con *ACTH* y con oro... otros se inyectan deliciosos alimentos con muchos nutrientes y disfrutan de una *cura permanente...* [sin] necesidad de aspirinas u otros analgésicos en tan sólo una semana o diez días... una gradual restauración de los huesos dañados... retorno a una vida normal sin el dolor de la artritis".

Cómo recuperar el uso normal de las articulaciones ¡en 7 días!

El Dr. Campbell afirma que la siguiente dieta puede aliviar cualquier tipo de artritis, incluyendo osteoartritis, artritis reumatoide o cualquier otro tipo de artritis —en 7 días. Muchas facetas de este programa se han conocido y utilizado durante siglos. Ayunar, por ejemplo. Moisés, Elías y Jesús ayunaron, respectivamente, cuarenta días. Sin embargo con este tratamiento, a usted se le pide que ayune sólo un día.

Día Número 1

Desayuno — nada

Almuerzo — nada

Cena — nada

Manténgase alejado de la comida durante un día completo. Tome por lo menos 4 vasos de 8 onzas (230 ml) de agua.

Día Número 2

Desayuno — Jugo de uvas o ciruelas secas (*prunes*) sin endulzar
Bananas (plátanos)

Almuerzo — Hígado de res fresco (*beef liver*), de preferencia crudo o ligeramente salteado
Ensalada mixta de hojas verdes, aliño de aceite y vinagre
Un bol de arándanos azules (*blueberries*) u otra fruta de estación

Cena — Un plato de vegetales crudos (pimientos verdes, apio, tomates, etc.)
Ensalada de frutas frescas crudas (manzana rallada, higos, uvas, bananas, etc., pero no cítricos)

Tome 1 cucharada de aceite de hígado de bacalao (cod-liver oil), dos veces al día.

Día Número 3

Desayuno — Un licuado de frutas frescas crudas
8 onzas (230 g) de leche sin pasteurizar, con garantía sanitaria (*raw, certified milk*)

Almuerzo — Un filete fresco de pescado de agua de mar ligeramente salteado
Coliflor u otro vegetal crudo
8 onzas (230 g) de leche sin pasteurizar, con garantía sanitaria, con una cucharada de polvo de levadura de cerveza (*brewer's yeast*) y una cucharada de melaza (*blackstrap molasses*)

Cena — Hígado de res fresco (o kosher) ligeramente salteado con cebollas
Ensalada mixta de hojas verdes
Melón (*melon*) u otra fruta de la estación

Tome 2 cucharadas de aceite de hígado de bacalao, dos veces al día.

Día Número 4

Desayuno — Ciruelas secas o jugo de ciruelas secas
8 onzas (230 g) de leche sin pasteurizar, con garantía sanitaria

Almuerzo — Riñones de ternera (*veal kidneys*), ligeramente salteados

Ensalada verde mixta
8 onzas (230 g) de leche sin pasteurizar, con
garantía sanitaria, con una cucharada de polvo
de levadura de cerveza (*brewer's yeast*) y una
cucharada de melaza (*blackstrap molasses*)

Cena — Un filete de hipogloso (*halibut*) (u otro fruto de
mar) asado a la parrilla
Ensalada de espinaca cruda
Medio aguacate (palta, *avocado*)
Fresas (frutillas, *strawberries*) u otra fruta de
estación
8 onzas (230 g) de leche sin pasteurizar, con
garantía sanitaria

*Tome 1 cucharada de aceite de hígado de bacalao, dos veces
al día.*

Día Número 5

Desayuno — Medio melón (*cantaloupe*), u otra fruta cruda de
estación
8 onzas (230 g) de leche sin pasteurizar, con
garantía sanitaria

Almuerzo — Medio aguacate (palta, *avocado*), tomates en
rodajas y berros (*watercress*)
8 onzas (230 g) de leche sin pasteurizar, con
garantía sanitaria, con una cucharada de polvo
de levadura de cerveza (*brewer's yeast*) y una
cucharada de melaza (*blackstrap molasses*)

Cena — hamburguesas de hígado de res fresco (*beef liver
patties*), tan crudo como las pueda soportar
Ensalada verde mixta
Ruibarbo (*rhubarb*)
8 onzas (230 g) de leche sin pasteurizar, con
garantía sanitaria

*Tome 1 cucharada de aceite de hígado de bacalao, dos veces
al día.*

Día Número 6

Desayuno — Jugo de uvas o ciruelas secas, sin endulzar
Riñones de ternera, ligeramente salteados
8 onzas de leche sin pasteurizar, con garantía
sanitaria

Almuerzo — Ensalada de langostinos (camarones, *shrimps*)
Medio melón (*cantaloupe*), u otra fruta cruda
de estación
8 onzas (230 g) de leche sin pasteurizar,
con garantía sanitaria, con una cucharada
de polvo de levadura de cerveza (*brewer's
yeast*) y una cucharada de melaza (*blackstrap
molasses*)

Cena — Una ensalada mixta grande, que incluya
guisantes verdes (arvejas, chícharos, *peas*),
judías verdes (chauchas, elotes, vainitas,
green beans), y otros vegetales verdes crudos.
Ciruelas secas u otra fruta de estación.
8 onzas de leche sin pasteurizar, con garantía
sanitaria

*Tome 1 cucharada de aceite de hígado de bacalao, dos veces
al día.*

Día Número 7

Desayuno — Bananas en rebanadas
8 onzas (230 g) de leche sin pasteurizar, con
garantía sanitaria

Almuerzo — Un filete de lenguado (*sole*) ligeramente cocido
a la parrilla
Zanahorias en tiritas y berros (*watercress*)
Uvas
8 onzas (230 g) de leche sin pasteurizar, con
garantía sanitaria

Cena — Mollejas ligeramente salteadas
Vegetales crudos licuados

Melón rocío de miel (*honeydew*) o cualquier otra fruta cruda de estación

8 onzas (230 g) de leche sin pasteurizar, con garantía sanitaria cruda con garantía sanitaria

Tome 1 cucharada de aceite de hígado de bacalao, dos veces al día.

Durante todos los 7 días:

1. Sólo beba cuando tenga sed y sólo jugos de frutas o verduras frescas, o leche sin pasteurizar y con garantía sanitaria, o agua.

2. Aplíquese un enema diario hasta que las pruebas de carbón (*charcoal*) o maíz (choclo, *corn*) indiquen que ya no es necesario. (Compre las tabletas de carbón en cualquier tienda de alimentos naturales. Tome 6 tabletas después de cada cena. Esto hará que el color de su deposición se ennegrezca. Este color oscuro debería ser eliminado a la mañana siguiente. Cuando se padece de artritis, el color toma habitualmente entre 4 y 7 días en desaparecer. La siguiente noche en vez de tomar carbón, coma una o dos mazorcas de maíz como cena. Tómese algunos de los granos enteros. Al día siguiente, estos deben aparecer en su deposición. (De no ser así, aplíquese un enema con agua tibia).

3. Continúe con esta dieta hasta que el calor, dolor e hinchazón disminuyan.

4. Luego de que el calor, dolor e hinchazón desaparezcan, agregue a su dieta un alimento por día, de la lista de alimentos permitidos.

ALIMENTOS PERMITIDOS

VEGETALES

Acelga (*swiss chard*)
Arroz moreno
Arroz silvestre
Berenjena (*eggplant*)

Frijoles de enrame (frijoles trepadores, *pole beans*)
Guisantes (arvejas, chauchas, chícharos, *peas*)

Berro (*watercress*)
Berza (*kale*)
Bróculi (*broccoli*)
Calabacita italiana (*zucchini*)
Calabaza *banana*
Calabaza *butternut*
Calabaza *golden*
Calabaza de invierno
    (*Hubbard*)
Calabaza de verano
Cebollas
Cebollinos (cebollín, *chives*)
Chalotes (*scallions*)
Chirivía (pastinaca, *parsnips*)
Col o repollitos de Bruselas
    (*Brussels sprouts*)
Col o repollo morado
    (*red cabbage*)
Col o repollo blanco
    (*savoy cabbage*)
Coliflor (*cauliflower*)
Colinabo (*kohlrabi*)
Endibia (*endive*)
Escarola (*escarole*)
Espárragos
Espinaca (*spinach*)

Habas blancas (*lima beans*)
Habichuelas blancas (*navy
    beans*)
Hongos (*mushrooms*)
Judías verdes (*string beans*)
Judías de careta (guisantes de
    carita, *black-eyed peas*)
Judías amarillas (*wax beans*)
Lechuga (*lettuce*)
Maíz (choclo, elote, *corn*)
Nabo (*turnip*)
Pepinos (*cucumbers*)
Perejil
Pimientos verdes (*green peppers*)
Puerro (*leek*)
Quimbombó (*okra*)
Rábano picante (*horseradish*)
Rábanos (*radishes*)
Remolachas (betabeles, *beets*)
Rutabagas (nabos suecos,
    rutabagas)
Salsifí (*salsify*)
Tallos y hojas de remolachas
    (*beet tops*)
Tomates
Zanahorias (*carrots*)

AVES

Gallina *cornish hen*
Ganso
Pato
Pavo (guajolote)
Pichón (*squab*)
Pollo de campo
    (*range chicken*)

CARNES (ternera)

Asada (*veal roast*)
Chuletas (*chops*)
Pecho (aleta)
Tajos redondos (*cutlets*),
    no empanizados

CARNE DE RES

Asada (*roasts*, de todo tipo)
Bife (*steak*, de todo tipo)
Carne en estofado o guiso
  (*stew beef*)
Cola de buey (*ox tail*)
Costillitas (*short ribs*)
Falda (*flank*)
Molida (picada, *chopped*)
Morcillo trasero
  (*shank meat*)

CARNE DE CERDO

Asados (*roasts*, de todo tipo)
Chorizo (*sausage*, caseras)
Chuletas (*chops*, de todo tipo)
Codillo/Brazuelo (*pigs knuckles*)
Costillas/Agujas (*spare ribs*)
Queso de cerdo (*head cheese*)

CARNE DE CORDERO

Chuletas (de todo tipo)
Estofado de cordero (*lamb stew*)
Hamburguesas de cordero
  (*patties*)
Jarrete (*lamb shank*)
Pernil (*roast leg of lamb*)

CARNES (ÓRGANOS, VÍSCERAS)

Corazón (*heart*)
Hígado (*liver*)
Mollejas (*sweetbreads*)
Riñón (*kidney*)
Sesos (*brain*)
Tripa (mondongo, *tripe*, sola-
  mente de res)

MARISCOS

Almejas (*clams*)
Anguilas (*eels*)
Atún (tuna), fresco
Bacalao (*cod*)
Concha (caracol marino, *conch*)
Corvina (*sea bass*)
Corvina rayada (*striped bass*)
Eperlano(*smelts*)
Hipogloso (*halibut*)
Langosta (*lobster*)
Langostino (camarón,
  shrimp)

Lenguado (*flounder*)
Mejillones (*mussels*)
Merlán (pescadilla, *whiting*)
Ostras (*oysters*)
Platija (*fluke*)
Pompano
Salmón (fresco)
Vieiras de bahía (*Bay scallops*)
Vieiras de aguas profundas de
  mar (*deep sea scallops*)

FRUTAS

Albaricoque (damasco, *apricot*)
Arándanos azules (*blueberries*)
Banana (plátano)
Bayas de *Boysen*
   (Boysenberries)
Cerezas (*cherries*)
Ciruelas (*plums*)
Ciruelas secas (*prunes*)
Frambuesas (*raspberries*)
Fresas (frutillas, *strawberries*)
Grosellas espinosas
   (*gooseberries*)
Grosellas (*currants*)
Higos (*figs*)
Manzanas asperiegas (*Russets*)
Manzanas *Baldwin*
Manzanas *golden*

Manzanas *Northern*
Manzanas rojas
Manzanas *Rome*
Manzanas, *winesaps*
Melocotones (duraznos,
   peaches)
Melones (de todo tipo)
Mora (*mulberries*)
Nectarinas
Peras *Bartlett*
Peras *sickel*
Ruibarbo (*rhubarb*)
Uvas (de todo tipo)
Zarza de Logan (frambuesa
   americana, *loganberries*)
Zarzamora (mora negra,
   blackberry)

NUECES

Almendras
Anacardos (*cashews*)
Avellanas (*hazel nuts*)
Avellanas (*filberts*)
Cacahuetes (maní, *peanuts*)
Chinese chestnuts

Nueces del Brasil
Nueces de Cuba (*butternuts*)
Nueces del nogal negro
   (*black walnuts*)
Nueces del nogal (*walnuts*)
Pecanas (*pecans*)

SOPAS

Cebada (*barley*) sin pelar
Guisantes (arvejas, chauchas,
   chícharos, *split peas*)
Habas blancas (*lima beans*)
Habichuelas blancas *navy*
Hueso medular (*marrowbone*)
Lenteja

SEMILLAS

Ajonjolí
Calabaza *pumpkin*
Girasol

Alimentos que deben ser evitados permanentemente

1. Harinas de todo tipo, ya sean de grano entero (a menos que hayan crecido sin fertilizantes artificiales y fumigaciones venenosas), harina blanca, harina de maíz, harina de centeno, harina de soja, etc.

2. Todo tipo de productos que contengan harinas, como panes, tostadas, tortas, pasteles, galletas, galletas saladas, buñuelos, rosquillas, *donuts*, espagueti, macarrones, fideos, pizza, etc.

3. Café, té, cacao, licores, cerveza, vino, colas, bebidas gaseosas (*soft drinks*).

4. Azúcar, caramelos, helados y edulcorantes.

5. Jaleas, mermeladas.

6. Productos enlatados o procesados como gelatina *Jello*®, flan (natillas, *custard*), pudín, y mezclas preparadas.

7. Frutas congeladas.

8. Cualquier alimento elaborado por el hombre como: cereales preparados para desayuno o aquellos semipreparados, como avena de rápida preparación.

De vez en cuando podría escaparse de este régimen, sin que nada pase. Pero debe estar siempre atento ante síntomas adversos e inmediatamente volver a este programa, afirma el Dr. Campbell.

En la lista de alimentos permitidos del Dr. Campbell, usted notará que obtiene vitamina B del hígado, levadura de cerveza y melaza (hierro también); obtiene el calcio de los vegetales frescos; vitaminas A y D del aceite de hígado de bacalao y yodo del pescado. En su libro, *An Eighty-Year-Old Doctor's Secrets of Positive Health*, William Brady, M.D., afirma: "Si me preguntan sobre el 'reumatismo' (que es lo que él llama a todas las formas de artritis), yo les diría que es una degeneración de los tejidos de las articulaciones debido a una deficiencia nutricional... *especialmente la deficiencia de calcio, vitamina D, yodo y vitamina B. No hay mucho más que decir acerca de la naturaleza y causa de esta antigua dolencia...*

"Esto no es algo que he sacado simplemente de la nada. Es una convicción que viene de un estudio realizado durante toda mi vida profesional... No estoy promocionando ningún remedio o cura, simplemente recomiendo un régimen, un estilo de vida para prevenir, aliviar... y hasta incluso curar el reumatismo. Esta última afirmación no es un hecho. Pero me enorgullezco en hablar de curas, debido a numerosos informes que he recibido de víctimas quienes han afirmado haberse curado y regresado a sus trabajos".

La principal diferencia entre el programa de Brady y el de Campbell, es que el doctor Brady, un médico, ignora muchas de las fuentes de estos nutrientes (sí recomienda 1-1/2 pintas de leche sin pasteurizar, con garantía sanitaria, aceite de hígado de bacalao y trigo diarios). Él sugiere que tomen calcio, vitaminas D, complejo B y yodo de tabletas de alta potencia, disponibles en las tiendas de alimentos naturales (*health food stores*). No menciona qué alimentos evitar, ni limpiezas internas. Mientras que los usuarios no requieran de aspirinas ni de analgésicos para el dolor, luego de 10 días, no existe realmente gran diferencia entre estar sometido a un tipo u otro de píldoras, una aspirina o una tableta de calcio. Sólo por el hecho de que alguien no resista el sabor del aceite de hígado de bacalao, el Dr. Campbell afirma que se pueden utilizar cápsulas de aceite de hígado de bacalao, y también recomienda levadura de cerveza (una proteína concentrada). El programa de Campbell sólo utiliza alimentos como medicina.

Una vitamina que contiene el aceite de hígado de bacalao protege contra virus, bacterias, e infecciones

El organismo utiliza la vitamina A, que se encuentra en abundancia en el aceite de hígado de bacalao, para evitar fiebre e infecciones. En estudios realizados en 1955, en el hospital Michael Reese y en la Universidad Northwestern, en Chicago, los niños que sufrían de fiebre reumática mostraron niveles muy bajos de vitamina A. El mismo efecto se observó en pacientes que padecían de pulmonía. Cualquier tipo de fiebre parecía disminuir en gran parte la vitamina A en el cuerpo.

En el año 1967, un médico inglés, el Dr. Max Odens, relató sus experiencias al administrar vitamina A a sus pacientes que padecían de bronquitis crónica. Él empezó a administrar la vitamina a principios de los 50 a 17 pacientes. Quince años más tarde, todos se encontraban vivos, el mayor con 79 años. Todos habían mostrado una considerable mejoría.

En el año 1973 el Dr. Benjamín E. Cohen del hospital Massachusetts General, afirmó en una reunión de la *American Society of Plastic and Reconstructive Surgeons*, que la vitamina A fortalece la capacidad para combatir infecciones en animales de laboratorio. Relató cómo había inoculado a ratones con 3.000 unidades de vitamina A, una cantidad enorme para un animal tan pequeño. Luego había inyectado a los ratones una bacteria mortal. A otro grupo de ratones que no había recibido la vitamina A también le inyectó la bacteria.

Todos los que no recibieron la inyección de vitamina A murieron de una infección en 24 horas. Los ratones que recibieron la vitamina desarrollaron serias infecciones durante las tres primeras horas. Pero después de 5 horas, las infecciones parecieron desaparecer. No había más bacterias en su sangre.

Muchos tipos de bacterias fueron analizados. En todos los casos, aquellos animales que habían sido fortalecidos con grandes cantidades de vitamina A resistieron la infección mucho mejor que aquellos que no la recibieron.

En el año 1975, Eli Seifter del *Albert Einstein College of Medicine*, inyectó el virus que causa la viruela y la sífilis a dos tipos de ratones. A un grupo se le había administrado de 5 a 10 veces más de su cantidad habitual de vitamina A. El otro grupo había recibido la cantidad normal que se aplica en una dieta de laboratorio. Los ratones alimentados con mayor cantidad de vitamina A desarrollaron menos lesiones (erupciones pustulosas) del virus y aquellos que se vieron afectados lo superaron más rápidamente que aquellos ratones con la dosis normal. Asimismo, los ratones que recibieron la vitamina A sufrieron menos fiebre.

El Dr. Seifter concluyó diciendo que la vitamina A es "muy protectora" y estimula la habilidad del organismo para inmunizarse contra los ataques.

Efectos contra el cáncer

En 1942, un grupo de investigadores del *Anderson Hospital and Tumor Institute* de la Universidad de Texas, administró vitamina A a un animal que había sido sometido a radiación debido a un tumor. Como resultado, la cantidad de radiación que se necesitaba para controlar el tumor se redujo en un 25 por ciento. Cuanto más tiempo tenía el animal para absorber la vitamina A, mejor era su capacidad para resistir al tumor (*Journal of the National Cancer Institute*, 48, 1942).

En 1967, el doctor Max Odens descubrió que aquellas substancias que podían ocasionar cáncer, al ser aplicadas al cuello del útero, no ocasionarían cáncer cervical, si a ellas se agregaba también vitamina A. Observó que si bien las células de cáncer que crecen fuera del cuerpo pueden introducirse en la próstata, esto no sucedía cuando el cancerígeno utilizado para ocasionar el cáncer era complementado con vitamina A.

En 1968, el doctor Umberto Saffioti, patólogo en la Facultad de Medicina de la Universidad de Chicago, ofreció una conferencia en la Universidad *MIT*, acerca de 113 "hamsters" que habían sido expuestos a altas dosis de benzilpireno, un conocido cancerígeno que se encuentra en el humo del tabaco. Sesenta de los "hamsters" habían recibido cantidades sustanciales de vitamina A. Los otros 53 no la recibieron. De los 53 animales que no habían recibido la vitamina A, 16 desarrollaron cáncer de pulmón. *De los 60 animales que sí habían recibido la vitamina A, sólo 1 desarrolló tumores cancerígenos.*

Según el Dr. Saffioti, además del hecho de proteger los pulmones, la vitamina A también protegió del cáncer al estómago delantero, el aparato gastrointestinal y el cuello del útero en otros exámenes realizados en animales de laboratorio.

El informe del Dr. Saffioti resultó en investigaciones adicionales durante los años setenta, todos ellos favorables con relación al poder de la vitamina A para combatir el cáncer.

El doctor Raymond J. Shamberger de la *Cleveland Clinic Foundation*, al seguir una serie de experimentos con vitamina A en animales de laboratorio, concluyó que "cuando se administra vitamina A (externa o internamente) ésta retarda el crecimiento e inhibe la inducción de tumores benignos y malignos".

De acuerdo a un estudio realizado por el equipo de investigación del *Albert Einstein College of Medicine* en 1973, la vitamina A no sólo parece proteger a los animales de laboratorio de tumores inducidos. Cuando estos tumores eran malignos se desarrollaban mucho más lentamente que en aquellos ratones que no habían recibido la vitamina A, y remitían mucho más rápido.

En pruebas realizadas con animales de laboratorio en la Universidad de Vanderbilt, en el *National Cancer Institute*, en el *National Institute of Allergy and Infectious Diseases* y en la Universidad *MIT*, se descubrió que la vitamina A impedía el crecimiento del cáncer en todos los casos.

En pruebas realizadas con seres humanos en Noruega, 8.278 hombres fueron divididos en dos grupos, unos con dosis de vitamina A bajas y otros con dosis relativamente altas. Los resultados después de 5 años de estudio fueron reportados en 1975 por el doctor E. Bjelke del *Cancer Registry* de Noruega. *Tres cuartas partes de la incidencia de cáncer de pulmón ocurrió en el grupo con la dosis baja de vitamina A.*

La vitamina A puede ser tomada en dosis diarias, en cantidades de hasta 25.000 unidades internacionales *IU*, según un experto. Son muy raros los casos de sobredosis de vitamina A, afirma, y señala que existen más de 50.000 unidades en una ración normal de zanahorias y que los esquimales en su dieta diaria consumen 200.000 a 300.000 unidades de vitamina A al día. El doctor G. H. Whipple, quien recibió el premio Nobel por su descubrimiento de que el hígado detiene el progreso de la anemia perniciosa, puso en cierta oportunidad a sus pacientes a dieta de hígado crudo tres veces al día, durante un largo periodo. Nunca reportó ningún caso de sobredosis de vitaminas y, si lo hubiera habido, habría sido corregido rápidamente mediante una reducción de la dosis.

La vitamina A natural, proveniente de los aceites de pescado, en realidad provee una serie de vitaminas y se cree es más eficaz y menos tóxica que la vitamina A sintética. Dentro de los casos extraños de sobredosis de vitamina A, no existen casos en los cuales esta sobredosis haya existido como resultado de tomar esta vitamina en su estado natural, según afirma un experto.

Una vitamina en este aceite reduce el colesterol

Durante 10 años el doctor F. C. H. Ross había utilizado vitaminas A y D para tratar a ciertos pacientes. Al estudiar la documentación de estos pacientes, observó que aquellos tratados con estas vitaminas habían mostrado una menor incidencia con respecto a problemas del corazón. Llegó a la conclusión de que tal vez la razón sería que, de alguna forma, estas vitaminas redujeron el colesterol.

Para poder comprobar esta teoría, se observaron los efectos que causaban las vitaminas A y D en enfermedades de las arterias coronarias, durante 5 años y medio en 136 pacientes, con 271 pacientes que sirvieron como controles. Los controles recibieron medicamentos sin vitaminas A o D.

Las cápsulas que se usaron contenían 6.000 unidades de vitamina A y 1.000 unidades de vitamina D y se administraron 3 veces al día, durante periodos que variaron entre 6 meses y 5 años.

Sólo 8 pacientes —5,8 por ciento— del grupo tratado con vitaminas A y D desarrollaron enfermedades de las arterias coronarias, mientras que 43 pacientes —15,8 por ciento— del grupo que no recibió las vitaminas sí desarrolló problemas del corazón.

En 13 pacientes, el colesterol del suero sanguíneo se redujo en un promedio de 30 miligramos por mililitro luego de dos a cuatro semanas, gracias a esta combinación de vitaminas A y D. En contraste, el grupo de pacientes que no recibió estas vitaminas no presentó un cambio real en su promedio de colesterol durante el mismo periodo.

El Dr. Ross y su asociado, el Dr. A. H. Campbell, señalaron en el *Journal of Australia* del 19 de agosto de 1961: "En Australia y América, debido a los cambios en los hábitos alimenticios, ha habido definitivamente una disminución en el consumo de vitamina A por persona, durante los últimos 20 ó 30 años... Es también de interés que en países en vías de desarrollo como Nueva Guinea, donde la incidencia de enfermedades del corazón es reducida, el consumo de la vitamina A es elevado... Por supuesto que la dieta baja en grasas puede ser igualmente importante en estos grupos. Pero los esquimales, quienes son conocidos por tener una dieta rica en grasas con una baja incidencia en enfermedades del corazón, tienen un alto consumo de vitamina A, proveniente de los hígados de pescados y frutos de mar".

Elimina el resfrío

El doctor Irwin C. Spiesman, M.D., de la Facultad de Medicina de la Universidad de Illinois, estudió los efectos de las vitaminas A y D en los resfríos, según se afirma en los *Archives of Otolaryngology* de 1961. Él quería saber si algún tipo de reducción en la incidencia de resfríos podía deberse al consumo de una de estas vitaminas. Estudió a 54 pacientes que padecían de "resfríos crónicos y frecuentes" que cada invierno sufrían de 5 a 7 resfríos, con fiebre alta y que duraban de 1 a 2 semanas.

Estos pacientes fueron divididos en 3 grupos. El Grupo N° 1 recibió sólo vitamina A; el Grupo N° 2 recibió sólo vitamina D; el Grupo N° 3 recibió ambas vitaminas A y D.

Ninguno de los pacientes que recibió las vitaminas A y D solas mejoraron. De aquellos pacientes que recibieron ambas vitaminas, el 15 por ciento se vio libre de resfríos en el segundo o tercer año durante los 3 años de estudio, y experimentaron una marcada disminución de los resfríos durante el primer año. De aquellos que recibieron ambas vitaminas, el 80% mostró una significativa reducción tanto en el número como en la gravedad de los resfríos. El número de resfríos disminuyó de 7 a 3 al año, y el promedio de duración fue de 5 días con una leve elevación de temperatura.

✦ ✦ ✦

La vitamina A es una vitamina soluble en grasas. Se disuelve en las grasas y puede ser almacenada en el cuerpo. Las personas que han padecido de serias enfermedades o infecciones, ciertamente deben de haber tenido insuficiencia de esta vitamina; las personas que padecen de cualquier problema de estómago, hígado o intestinos, probablemente carecen de vitamina A; tomar aceites minerales durante largos periodos destruye la vitamina A. Experimentos realizados en la Universidad de Columbia muestran que aquellos animales que reciben mucho más de la dosis recomendada de vitamina A viven más tiempo y se ven libres de muchos de los síntomas de la vejez. En un estudio realizado durante 10 años a 50.000 enfermeras con edades que variaban entre los 34 y 59 años, se descubrió que la vitamina A evita las cataratas.

La carencia de vitamina A ocasiona falta de visibilidad en las noches, sensibilidad al reflejo y dificultad para leer con luz tenue. Es necesaria para la salud de la piel, para combatir los resfríos e infecciones, para prevenir los cálculos en los riñones, para un buen crecimiento y salud dental en los niños.

Las fuentes más ricas de vitamina A son: hígado, leche sin pasteurizar, con garantía sanitaria, huevos y aceites de hígado de bacalao y de hipogloso.

El doble milagro de este aceite

La otra vitamina por la cual el aceite de hígado de bacalao es famoso es la vitamina D. Esta es la razón por la cual este aceite se le da a los bebés para prevenir los huesos torcidos del raquitismo. La vitamina D es asímismo, importante para adultos. Protege la glándula tiroides. Algunos tipos de artritis han sido curados o mejorados con la vitamina D.

Algunas enfermedades de los ojos mejoran cuando se administra vitamina D. Los niños que padecen de miopía presentan una deficiencia, ya sea de calcio o fósforo en la sangre —los cuales no pueden ser absorbidos sin la vitamina D. Por la misma razón, la vitamina D es importante para la salud de los nervios, el normal funcionamiento del corazón y la coagulación normal de la sangre.

Si existe una deficiencia de vitamina D en su dieta, habrá entonces una falta de fósforo, sin la cual el azúcar no es quemado eficientemente. Esto significa que la energía que provee el azúcar se perderá en la orina y en las heces. La falta de vitamina D puede ser una de las razonas por las cuales a muchos les falta energía.

El aceite de hígado de pescado es la fuente más rica de vitamina D. Es asímismo, una buena fuente de vitamina A y se puede tomar en cápsulas.

CAPÍTULO · 11
EXTRAÑO JUGO MEDICINAL REVELADO EN LA BIBLIA; MUCHOS AFIRMAN QUE CURA LAS ENFERMEDADES RÁPIDAMENTE

Una tierra de trigo y de cebada, y de viñas... *Deuteronomio 8:8*

Toma trigo, cebada, habas, lentejas, mijo... y colócalos en un tiesto; con ellos te harás pan... Comerás tu alimento en forma de galleta de cebada... *Ezequiel 4:9 y 12*

En la Biblia se menciona específicamente al trigo 52 veces. Se producía tanto trigo que la época del cultivo se usó como calendario para calcular el tiempo. *Trigo* y *maíz* significan lo mismo en la Biblia. Lucas 6:1 alude a los discípulos de Cristo cuando sacaban espigas de *trigo*, frotaban los granos con las manos y se los comían.

Jesucristo utilizó la siembra del trigo en una de Sus historias más importantes, la parábola del sembrador: aquel que planta semilla en buen suelo es como "el hombre que oye la palabra, la medita y produce fruto: el ciento, el sesenta y el treinta por uno". (Mateo 13:18-30).

Los grandes sucesos bíblicos han estado asociados con el trigo. Gedeón estaba trillando el trigo en el momento de su llamada (Jueces 6:11); Omán hacía la misma tarea cuando vio al ángel de Dios (1 Crónicas 21:20). El trigo simbolizaba la vida eterna.

+ + +

Se le atribuye a Ann Wigmore el difundir, a millones de personas en todo el mundo, el poder curativo del jugo de hierba de trigo
—a través de sus libros, conferencias, y los primeros auxilios que
proveyó gratuitamente a personas enfermas ya sin esperanzas y de-
sahuciadas por los médicos.

Ella afirmó que el jugo de hierba de trigo *wheatgrass* es muy
eficaz para tratar enfermedades como la hipertensión, algunos cánceres, obesidad, diabetes, gastritis, úlceras, problemas del páncreas
y del hígado, fatiga, anemia, asma, eczema, hemorroides, problemas
de la piel, el mal aliento, olor corporal y estreñimiento. El jugo de
hierba de trigo contiene ácido abscísico, según dice, que aun en
cantidades muy pequeñas se ha comprobado que es "letal para cualquier clase de cáncer" en animales de laboratorios. *También contiene laetrile (amigdalina o vitamina B-17) la cual, según ella
afirma, "ha demostrado destruir selectivamente las células cancerosas y al mismo tiempo no perturba a las no cancerosas".*

Wigmore ingresó a Estados Unidos en 1917, cuando tenía 8
años, proveniente de un pueblecito de Lituania destruido por la guerra, donde su abuela, quien era experta en hierbas y curaciones naturales, dirigía un hospital provisional para soldados heridos.

En los diez años subsiguientes residió en Middleboro, Massachusetts, trabajando largas y duras horas en condiciones inhóspitas
en la panadería de su padre, sin sueldo, sin poder asistir a la escuela,
y sin ninguna clase de vida social. Aprendió a leer y escribir gracias a
una maestra jubilada a quien conoció en su ruta de reparto.

Desafiando a los médicos, evitó una amputación doble con un extraño remedio

A los 18 años y mientras trabajaba como repartidora para la panadería de su padre se lesionó gravemente al volcar su carro tirado por
caballos. Volvió en sí en el hospital local con las dos piernas rotas.
Se dieron cuenta de que tenía gangrena cuando las piernas se le
hincharon más arriba del yeso. Los médicos decidieron amputarle

ambas piernas por debajo de la rodilla para evitar que muriera. En Europa ella había visto a su abuela salvar a muchos soldados con gangrena sin necesidad de amputar. También había visto a muchos que fueron llevados a los hospitales de las ciudades, y volvieron sin brazos y piernas. Desafiando las órdenes de su padre, se negó a que le amputaran las piernas. La ambulancia la llevó de vuelta a casa, donde sus padres se rehusaron a ayudarla. Un tío le traía la comida a diario de camino al trabajo y la cargaba hasta el jardín para que disfrutara un poco del sol. El dolor era terrible y no podía moverse al propagarse la gangrena.

Acordándose de las costumbres de su abuela, se propuso consumir cuanta verdura pudiese encontrar. Su tío se rehusó a traerle hierbas por miedo a que se envenenara. Pero todas las mañanas le traía flores, las que ella procedía a *INGERIR* cuando el tío se iba. Estirando su brazo y desde el banco donde yacía, lograba llenarse el estómago con pasto común —ya que su abuela creía que el pasto contenía cuanta sustancia nutritiva se requiere para la salud humana. Este alimento era fresco y provenía de la tierra, crudo y sin procesar. Con el pretexto de querer más sol hacía que su tío la pusiese cada día en un lugar diferente del jardín. De esta forma podía proporcionar a su organismo pasto fresco todos los días.

Al cabo de varias semanas, un vecino amigable que también era médico pasó a saludarla. Para examinar sus piernas, tomó una muestra del material gangrenoso, la puso en un recipiente y se fue. Al día siguiente volvió contento pero confundido. Le preguntó si había estado tomando algún remedio y se sorprendió cuando le dijo que se había alimentado únicamente con pasto, flores y hojas. El médico no le dijo nada, pero sí le dijo al incrédulo padre que su hija estaba mejorando. Y continuó progresando. Las heridas se tornaron rosadas. El dolor casi había desaparecido. El médico volvió una tercera vez con el médico joven que la había atendido en el hospital. No cabía duda de que se estaba curando.

En pocos meses las heridas se le habían curado por completo. Ann accedió a volver al hospital para una revisación. La radiografía probó que los huesos se habían soldado firmemente. Toda señal de gangrena había desaparecido. Los médicos quedaron mudos.

(Las hojas y las partes verdes de las plantas se han utilizado durante siglos para acelerar la curación de las heridas. Entre los antiguos, se elegían las plantas más verdes para los remedios para la salud).

"Y construye mis templos"

Al poco tiempo, Ann se fue de casa para siempre. Primero encontró trabajo en una fábrica de Brockton, luego en un restaurante, y después como ayudante en un hospital.

Le gustaba el trabajo del hospital y la idea de ayudar a los necesitados. Allí conoció a su futuro esposo. Se hizo voluntaria —quiso hacerse pastora religiosa, pero su párroco se rió de la idea de que una mujer se convirtiera en pastora. Sin embargo, cada tanto y contra los deseos de su esposo, visitaba una escuela bíblica del centro oeste del país, siempre con miras a convertirse en pastora. *Una Voz seguía diciéndole, "Hazte pastora y construye Mis templos". ¿Pero cómo?*

De regreso de uno de esos viajes se encontró con que su esposo había cambiado la cerradura de su casa y la había dejado afuera. Sin un centavo y sólo con lo que llevaba puesto le pidió ayuda a una amiga y así consiguió trabajo cuidando a una mujer minusválida en Cape Cod. Cada semana conducía las 40 millas a Boston, donde daba una clase de estudios bíblicos y también asistía a una serie de clases que daba un médico —un cirujano famoso. Allí aprendió las razones científicas por las que los remedios a base de hierbas de su abuela eran a menudo tan eficaces. Fue por medio de estas reuniones que conoció al editor de *The Natural Health Guardian*, convirtiéndose luego en redactora y más tarde directora de la publicación.

"Ahora veo claro el mensaje de 'construye Mis templos'", escribió. Jesús no necesitó templos elevados para enseñar. "Donde quiera que las encontraba, allí estaban sus congregaciones... Sus métodos me parecieron cálidos, propicios y profundos... Ya no necesité preocuparme por los altos y míticos [templos de piedra y ladrillo]. No. Daré lo mejor de mí... para hacer que el alma habite en sanos palacios enseñando los métodos naturales y corrientes para la salud..."[1]

Los secretos del maná

Wigmore se moría de hambre, literalmente, trabajando en la revista por muy poco sueldo, viviendo sola en Boston, en un cuarto amueblado. No se alimentaba lo suficiente con las comidas simples que podía cocinar en casa en un pequeño calentador eléctrico. Adelgazó de 123 a 114 libras. La gente del trabajo comenzaba ya a notar la delgadez de su cara. En su biografía *Why Suffer?*, escribe:

Me dí cuenta que debía remediar la situación... Abrí la Biblia en el libro de Nehemías del Antiguo Testamento. Allí, en el Capítulo 9, versículo 21, leí: "Cuarenta años los cuidaste en el desierto y nada les faltó: ni sus ropas se gastaron ni se hincharon sus pies".

Los israelitas habían deambulado en un sector del desierto arábico donde no se podía sembrar, no había frutos de ninguna clase... nada aparentemente sino zarzas y aridez, y sin embargo habían encontrado sustento durante 40 largos años...

Encontré alusiones al "maná del cielo", pero no podía imaginarme que cayera del cielo como lluvia. No, el maná que había posibilitado los nómades a sobrevivir en forma tan prodigiosa [ya] se encontraba en el desierto cuando llegaron... los líderes [deben de haber tenido] una especie de revelación... habrán entendido que cierto tipo de vegetación... anteriormente considerada inútil, en realidad era nutritiva y capaz de sustento.

Al investigar en las bibliotecas, descubrí que había muchas variedades de plantas oriundas del desierto que daban, en cierta

---

[1]Del libro *Why Suffer?* escrito por Ann Wigmore y el Hippocrates Health Institute, Inc. Copyright 1985. Publicado por Avery Publishing Group, Inc., Garden City Park, NY. Reimpreso con permiso.

época del año, una flor u hoja blancuzca que podría responder a la descripción del maná ofrecida en el Antiguo Testamento.

...estas investigaciones me derivaron a las hierbas que, cuanto más estudié, más convencida estuve de que eran la explicación simple del maná bíblico...

Así es como creí haber arribado a una fuente de sustento, en estas plantas errantes, que resolverían mi problema de desnutrición".[2]

Ella decidió concentrar sus esfuerzos en unas pocas hierbas fácilmente reconocibles y que crecían en todas partes. Cerca de su casa y en terrenos baldíos, encontró una gran variedad de vegetación. "Estos brotes robustos", dice, "luchaban por vivir en condiciones inhóspitas y los libros me decían que estaban colmados de alimento. *A su tiempo, después de realizar varios experimentos, encontré una combinación que devolvió el vigor a mis músculos, peso a mi cuerpo y presteza a mi mente".*

Un pasaje de la Biblia la conduce al milagroso jugo medicinal

Finalmente, un atardecer Ann abrió su Biblia en el libro de Daniel, Capítulo 4, versículos 31 y 32 del Antiguo Testamento. Allí leyó que una voz del cielo le había ordenado al licencioso Rey Nabucodonosor ir al campo y "comer pasto como lo hacían los bueyes". Así lo hizo y a su tiempo recuperó su trono y su salud física.

Así se despertó su interés en el pasto como alimento. De cientos de muestras de pastos que recibió de lectores de *The Health Guardian* de todo el mundo, notó que uno crece el doble en altura y grosor en relación con todos los demás: la hierba de trigo. Este alimento simple, según descubrió Ann poco después, era capaz de mejorar la salud quebrantada y extender la vida.

---

[2] *Why Suffer? op. cit.*

Se revelan los milagros curativos de este jugo medicinal de la Biblia

Por indicación de un médico de Nueva Inglaterra muy reconocido, experimentó con los efectos del jugo verde de clorofila de la hierba de trigo en 10 pacientes ancianos que estaban ya tan enfermos que ni los remedios ni la cirugía podían mejorarlos. Ella les llevaba cada día el jugo de hierba de trigo a sus casas.

Muchos de estos pobres ancianos estaban postrados en cama, tan débiles y demacrados que ya ni podían estar de pie sin asistencia y estaban confinados a la cama. Ann los escuchó y les explicó que mientras hubiese vida en sus cuerpos había no sólo esperanzas de mejoría, sino también la posibilidad de que se aliviase su dolor en forma permanente.

"Los veía todos los días", escribe ella, "y observé el increíble resultado al darles el jugo fresco de hierba de trigo..."[3]

¡Se alivian las víctimas de esclerosis múltiple, enfisema, artritis y cáncer!

Una de estas personas sufría de esclerosis múltiple. "Esta menuda mujer había llevado una existencia lastimosa durante meses en cama", escribe Wigmore. "Le dí hierba de trigo a diario y en un periodo de un mes, ya había salido de la cama, daba breves paseos, y por primera vez en años también fue al salón de belleza", y decía que sus oraciones habían sido escuchadas.

Otro de los pacientes era un anciano encorvado, atrapado en las garras del enfisema. A menudo se ahogaba al respirar y estaba seguro de que moriría en cuestión de meses. "Nuevamente", relata Wigmore, "la notable acción nutritiva de la hierba de trigo y las perspectivas de mejoría parecieron hacer un milagro. El pobre hombre se irguió por primera vez en años y pudo caminar sin ayuda. Ya radiante dijo, 'Es increíble, una fuerza nueva emana de mí'".

---

[3] *Why Suffer? op. cit.*

"Apenas a unas cuadras", continúa Wigmore, "en un cuarto deprimente, un enfermo de artritis, un hombre de mediana edad con los tobillos, rodillas y codos muy hinchados, bebía día a día el jugo de hierba de trigo. Ya no podía salir de su casa [y estaba] sin amigos, desnutrido y sufriendo horribles espasmos de dolor. En pocas semanas, el resultado de beber hierba de trigo junto con un plato de vegetales frescos a diario fue increíble...

"Así fue como una mañana hicimos el reparto de hierba de trigo juntos. [Resultó ser conocido del hombre con enfisema. Habían trabajado juntos como músicos profesionales antes de que los problemas de salud los obligaran a jubilarse]. Cuando se encontró con la enferma de esclerosis múltiple le apretó la mano en un grito de alegría; era otra de sus antiguas amigas de cuando era músico... A su tiempo el concertista de piano con enfisema, la soprano con esclerosis múltiple y el artrítico con voz de bajo dedicaron el resto de sus vidas a ayudar a otros...

"De las decenas de individuos con que trabajé durante esos doce ajetreados meses, la mayoría no había trabajado en forma regular por varios años. Sin embargo... me enteré de que tres de ellos habían encontrado empleo, muchos tenían trabajos de medio tiempo, y ninguno de ellos permaneció postrado en cama".[4]

Además de beber el jugo de hierba de trigo, el grupo se comprometió a seguir una dieta de vegetales, frutas frescas, brotes de verdura, vegetación marina, brotes de semillas, nueces y cereales, todo en crudo y preparado en combinaciones exquisitas.

Cómo disfrutar en casa del jugo de esta Planta Bíblica Curativa

La hierba de trigo se consigue en tabletas, o como una mezcla en polvo para beber, de las siguientes empresas (las cuales no están relacionadas de ninguna manera con el autor o la casa editora de este libro):

---

[4] *Why Suffer?* op. cit.

Pines International, Inc.
P.O. Box 1107
Lawrence, KS 66044
1-800-MY PINES ó 913-841-6016
(Hierba de trigo en tableta, polvo o suelto).

Wakunaga of America Co., Ltd
23501 Madero
Mission Viejo, CA 92691
Número de teléfono dentro de California: 1-800-544-5800
En el resto del país: 1-800-421-2998

(Esta empresa comercializa una de las mejores bebidas de jugo en polvo, de hierba de trigo y de cebada, que se consigue en la actualidad. Se llama *Kyo-Green* y consiste en hierbas nuevas de trigo y cebada, cultivadas en forma orgánica, con alga marina *kelp*, arroz (moreno) no refinado y chlorella de Bulgaria —un alga rica en minerales).

Pero no existe ninguna dificultad para que usted cultive su propia hierba de trigo en casa. Puede realizarse de manera rápida, fácil y con un costo mínimo o sin costo alguno.

Para obtener instrucciones para cultivar la hierba de trigo en interiores, lea *The Wheatgrass Book* de Ann Wigmore (Avery Publishing, 1985). Todo lo que en realidad usted necesita es: un lugar para guardar las semillas, el mantillo y el musgo de pantano; un lugar para remojar las semillas (habitualmente cerca del fregadero); un lugar donde las bandejas llenas de semillas para hacer germinar, puedan tener algo de luz indirecta del sol. El jugo puede extraerse con un picador de carne común. El único artículo caro que usted tal vez quisiera conseguir —porque usted no tiene que picarlo a mano— es una juguera electrónica.

Para obtener instrucciones sobre la germinación, la cual puede hacerse sin tierra, vea el Apéndice B, en la página 431 de este libro. A diferencia de la hierba de trigo, la cual es muy fibrosa para comer —y sólo puede consumirse como jugo— los brotes son deliciosos y pueden comerse solos, agregarse a ensaladas o emparedados, o también con ellos pueden hacerse jugos. El valor nutritivo de los brotes es mucho más elevado, que el que se obtiene de la planta en cualquier otro momento de su ciclo vital.

Dosis

Nunca beba de una sola vez un vaso entero de 8 onzas (230 g) de jugo de hierba de trigo. El efecto concentrado de limpieza, de esa cantidad de jugo, puede hacer que se sienta propenso a las náuseas. Bébalo en pequeñas cantidades —1 ó 2 onzas por vez— a lo largo del día, preferiblemente con el estómago vacío o casi vacío. Es suficiente una dosis de hasta 4 onzas (115 g) diarias, o cada dos días. Estas bebidas de 1 ó 2 onzas pueden tomarse íntegras o mezcladas con otros jugos.

Alivio para muchas enfermedades

Ann Wigmore dice que los pacientes que trató con el jugo de hierba de trigo sufrían de una variedad de enfermedades, desde cáncer a reumatismo. Sin embargo, cuando se siguió el régimen, no hubo ningún caso sin mejoría.

La dieta que ella recomienda, junto con el jugo de hierba de trigo, consiste en comidas sencillas y crudas, tales como vegetales frescos, verduras de hoja, frutas, brotes de semillas, cereales, legumbres y nueces, acompañadas de jugos de fruta frescos, y "tragos verdes" hechos de una variedad de brotes, vegetales, verduras de hoja, los cuales son nutritivos y fáciles de digerir.

"En mis años de trabajar con esta dieta simple", dice Ann, "he observado que luego de varias semanas ya comienzan a desaparecer los problemitas molestos con que los pacientes han vivido por meses o años. Las fosas nasales se desinflaman, el sueño es más profundo y descansado, cesan los dolores, desaparece el exceso de peso, los ojos brillan y el estrés facial se evapora".[5]

---

[5] *Why Suffer?* op. cit.

Testimonios[6]

Muchas personas le escribieron a Ann Wigmore para relatar sus experiencias con el uso del jugo de hierba de trigo. Estos son algunos testimonios que aparecen en su libro, *Be Your Own Doctor.*

La Sra. R. M. dice que un amigo, al saber que su esposo padecía de una artritis dolorosa, le comentó sobre el jugo de hierba de trigo. "Nos quedamos tan impresionados", dijo, "que, en dos días, teníamos un jardín interior de hierba de trigo que creció. Mi esposo empezó a consumirlo en cuanto la hierba tuvo cinco pulgadas de alto. Interrumpimos nuestras comidas para tratar de seguir su dieta sencilla. Los resultados fueron milagrosos. Levantarse por la mañana no significó ya masajes y quejas. Luego de siete días con su terapia, mi esposo pudo atarse sin ayuda sus propios zapatos. En el transcurso de dos semanas, con dos bebidas por día, mañana y noche, sus dolores y la hinchazón rojiza alrededor de las rodillas desaparecieron".

La Sra. G. A. dice que durante muchos años había sufrido de asma. De vez en cuando su esposo tenía que llevarla a toda prisa al hospital en ambulancia, donde permanecería en una carpa de oxígeno. Parecía ser alérgica a todo. Una amiga la hizo comenzar con el jugo de hierba de trigo. En tres semanas, su asma "desapareció por completo". Sus alergias "parecían haberse esfumado". Sus amigas le dijeron que tenía el aspecto de una mujer 20 años más joven, y volvió a trabajar una vez más. Su médico le advirtió que tendría asma nuevamente. Pero, la Sra. G. A., dijo que en el término de 3 años no ha vuelto a tener asma y que tiene una "vida nueva".

---

[6]Del libro *Be Your Own Doctor* escrito por Ann Wigmore. Copyright 1982. Publicado por Avery Publishing Group, Inc. Garden City Park, NY. Reimpreso con permiso.

La Sra. N. S. relata: "Aun siendo niña, parecía que tenía presión sanguínea elevada. Mi cara estaba siempre sonrojada y el mínimo esfuerzo hacía que mi corazón latiera con violencia". [El estrés de tener que llevar adelante una familia pareció empeorar la situación. Su hermana le sugirió que probara el jugo de hierba de trigo. En poco tiempo, la Sra. N. S. tenía tres cajas, para cultivo en interiores, de brotes de hierba de trigo que crecían]. "Dos semanas más tarde", relata, "mi médico dijo que la presión había descendido 37 puntos y la semana siguiente, 17 más. De manera que el peligro había pasado y he permanecido así durante más de medio año. No puedo agradecerle lo suficiente".

El Sr. H. L. B. dice: "Hace once meses, yo tenía diabetes. Mi sistema circulatorio se encontraba mal, mis glándulas lacrimales no funcionaban y mi sistema digestivo estaba arruinado. Gastaba entre sesenta y setenta dólares por mes en fármacos y vitaminas y cada vez me sentía peor. Mi médico, un buen profesional y un viejo amigo muy querido, sacudió la cabeza y dijo: 'No puedo hacer nada más.' Ni siquiera hablé del tema, estaba resignado". Luego una vecina le comentó sobre el jugo de hierba de trigo y cómo había ayudado a tantos de sus amigos. Ella le dio una caja de hierba de trigo y le mostró cómo cultivarla y obtener el jugo. El Sr. H. L. B. comenzó de inmediato. "En el transcurso de tres semanas, el azúcar en la sangre se había normalizado", dijo. "Muy poco tiempo después, mis otros trastornos mostraron una mejoría tremenda... Hoy me siento feliz, sano y joven, con mis 74 años".

La Sra. P. M. relata: "Mi esposo ha padecido de enfisema durante varios años. Últimamente, apenas podía dar unos pasos a la vez y luego tenía que detenerse jadeante para tomar aire. No creo que hubiera vivido durante mucho tiempo más si no hubiera sido por la hierba de trigo. Por día, sólo podía recoger lo suficiente para un buen vaso lleno de jugo. Sin embargo, en el término de un mes mi esposo se transformó en un hombre nuevo. La deficiencia respiratoria había desaparecido y en la actualidad, él ayuda con todo: levanta, mueve y trabaja todo el día".

La Srta. H. G. dice que estaba decidida a probar el jugo de hierba de trigo y ver qué efecto le hacía. "Un día tomé un vaso lleno. Alrededor de un mes más tarde... empecé a notar que mi cabello se estaba volviendo más grueso y, es extraño pero, se puso del color que tenía cuando yo era niña. Esto fue muy sorprendente ya que por diez años, había tenido muchas canas".

J. R., una persona que padecía de leucemia, expresa: "He tomado hierba de trigo con regularidad. Tengo una caja adentro y dos fuera de la casa y crece muy bien. Pero aquí van las buenas noticias: Después de mis desalentadoras idas al hospital, las cosas continuamente se ponían peores, pero por fin tuve esperanzas. El viernes pasado, me hicieron una prueba de sangre y el resultado es normal. No sé cuánto durará esto, pero continuaré tomando con regularidad la hierba de trigo... Según la medicina, no existe cura para esta enfermedad. Los resultados del análisis de sangre ahora demuestran que alguien está equivocado".

El Sr. J. Y. dice: "He padecido de la enfermedad de Parkinson durante muchos años. Al principio se manifestó cuando me caí de espaldas... y me llevaron al hospital, donde se efectuó el diagnóstico. Cuando me dieron de alta, creí que estaba bien nuevamente. Sin embargo, después apareció el temblor en la mano izquierda y se extendió al pie derecho. Afortunadamente, mi tía de Washington me envió [información sobre el jugo de hierba de trigo]. El próximo lunes, se cumplirán dos meses desde que empecé la terapia y todos mis temblores han desaparecido. Es como haber nacido de nuevo. ¡Increíble!"

La Sra. J. N. dice: "Estoy bien con la hierba del trigo [el jugo]. Tengo 6 niños y todos ellos toman esta bebida... Puedo observar que están más alertas y dinámicos... Para mí, la hierba de trigo ha sido verdaderamente un envío de Dios. Mi peso, cuando comencé, era el de una regordeta: 197 libras (80 kilos). En el transcurso de 6 semanas, sin haber estado hambrienta ni un solo día, reduje mi peso a 165".

A. O. señala: "Mis tobillos estaban hinchados, deformados y doloridos como un diente ulcerado. Los coloqué debajo de una lámpara solar a la noche, pero eso no pareció prestar ayuda. Los froté con ungüentos y me los hice masajear. Sin embargo, la hinchazón no desaparecía. Luego comencé con la hierba de trigo, como usted lo sugirió: dos bebidas por día y un emplasto con la pulpa, por la noche. En tres noches, había una diferencia notable. El enrojecimiento se desvaneció, la hinchazón empezó a disminuir y el dolor desapareció. En el término de dos semanas y medias, mis tobillos estaban normales".

La Sra. R. D. dice: "Estoy tratando de evitar una operación de un tumor fibroide en el útero. Sigo una dieta sencilla; como sólo alimentos crudos y tomo mi hierba de trigo [el jugo] con regularidad. Hace tres meses, casi me muero de una hemorragia, sin embargo, desde que tomo la hierba del trigo, la hemorragia ha cesado por completo. Tengo 48 años. La razón por la que le escribo es porque cuando mi médico me examinó, hace tres días, se sorprendió: el tumor se había reducido tremendamente. Él me dice que continúe y que la operación evidentemente no será necesaria. Dios le bendiga".

La Sra. C. T. G., que padecía de cáncer de útero, dice: "Fui al hospital de Brookline, Massachusetts, [en 1970] y me hicieron una dilatación y legrado (D&C por las siglas en inglés), que consiste en un raspado del útero [y] tuve un resultado desfavorable. El médico me aconsejó esta operación porque yo había tenido hemorragias aproximadamente cada seis semanas. El informe llegó y yo tenía cáncer incipiente de útero y el médico quería que me extrajeran el útero. ... Escribí a mi médico que yo suspendería la cirugía hasta junio porque iba a probar otro método. Él me contestó diciendo que probablemente yo ya no estaría aquí en junio". [La Sra. C. T. G. fue a pedir ayuda a Ann Wigmore y ésta la puso en el programa de jugo de hierba de trigo]. "Después de cuatro semanas, visité al médico y tuve otro análisis, sobre el cual él no estaba muy contento porque... los informes del hospital de Brookline para Mujeres... decían que yo tenía cáncer de útero. Él me dijo que siguiera su consejo o que cambiara de médico. Un tiempo después, me llegó la carta relacionada con el último informe, el cual expresa lo siguiente: 'Estimada Sra. G.: La presente es para notificarle que la citología del cáncer que se ha tomado recientemente, en el momento de su visita, ha resultado normal. Estas son buenas noticias. Mis mejores deseos, como siempre'".

Afirma que la artritis y la colitis se curaron con este secreto y que el cabello volvió a su color natural

"Yo misma he vivido primordialmente comiendo brotes de semillas, legumbres, cereales y nueces durante más de dos décadas", dice Wigmore.

"No sólo me curé de la colitis [una forma de sangrado e irritación intestinal] y artritis... sino que también logré un mayor nivel de energía y vitalidad que tenía cuando era niña, y a los 77 años ya no soy ninguna niña. ¡Y además mi cabello ha vuelto a su color marrón natural!"[7]

¡Perdieron un promedio de 4 a 15 libras por semana!

Ann Wigmore dice que una de las cosas que descubrió con más satisfacción fue que adelgazó notablemente usando la hierba de trigo y siguiendo la dieta que consiste en vegetales, frutas frescas, brotes,

---

[7]Del libro *The Sprouting Book* escrito por Ann Wigmore. Copyright 1986. Publicado por Avery Publishing Group, Inc. Garden City Park, NY. Reimpreso con permiso.

verduras de hoja tierna, vegetales marinos, brotes de semillas, nueces, y cereales, todo en crudo, y preparados en combinaciones exquisitas.

Según dice ella, "la hierba de trigo ayuda a los que están a dieta, acelerando la circulación sanguínea y el metabolismo, mejorando la digestión, y disolviendo así la grasa del cuerpo". Ann cita una obra de Edward Howell, M.D., que muestra que los contenidos de enzimas de la grasa del organismo en los individuos que pesan más de 300 libras (135 kilos) revelaron una deficiencia de enzimas que degradan las grasas.

"Aun sin ser un 'peso pesado'", continúa Wigmore, "las enzimas del jugo de hierba de trigo y las comidas crudas le ayudarán a perder peso".

"En el Instituto Hipócrates",[8] continúa, "nunca insisto demasiado para que los pacientes adelgacen porque el hacer adelgazar es propio de la hierba de trigo y la dieta de alimentos con vida, como el nadar lo es para un pato. Por lo tanto, el promedio de adelgazamiento por semana entre los huéspedes del Instituto está entre cuatro y quince libras (2 y 7 kilos). Estoy convencida de que la dieta rica en enzimas de hierba de trigo y alimentos vivientes es un factor decisivo".[9]

Un ingrediente milagroso en este Alimento Bíblico para los trastornos de la mujer

El germen de trigo es la fuente más rica de vitamina E en la naturaleza. Esta es una vitamina esencial, lo que significa que su organismo la necesita y no puede elaborarla. Es imprescindible para la salud de los vasos sanguíneos, el corazón, los pulmones, los nervios, la glándula pituitaria y la piel. Ha demostrado producir benefi-

---

[8]Conocido ahora como la Fundación Ann Wigmore, 196 Commonwealth Avenue, Boston, MA 02116, tel. (617) 267-9424.

[9]Del libro *The Wheatgrass Book* escrito por Ann Wigmore y el Hippocrates Health Institute, Inc. Copyright 1985. Publicado por Avery Publishing Group, Inc., Garden City Park, NY. Reimpreso con permiso.

cios terapéuticos en muchas afecciones. Los siguientes son algunos ejemplos:

✦ *Pechos con nódulos* —los médicos nos dicen que la gran mayoría de bultos mamarios que van y vienen, no son precancerosos ni cancerosos; sencillamente reflejan cambios en los niveles hormonales. La mejor política, por supuesto, es confiar en el consejo de su médico. Pero es interesante saber que la vitamina E parece haber ayudado a muchas mujeres con pechos con bultos y otros problemas.

Robert London, M.D., director de investigación obstétrica y ginecológica del hospital Mount Sinai, en Baltimore, Maryland, afirma que la vitamina E puede aliviar la enfermedad fibroquística de los senos (*Ob. Gyn. News*, diciembre de 1976). De un total de 12 mujeres con fibrosis quística en las mamas y que menstruaban, 10 mejoraron en 2 meses con 600 unidades internacionales *IU* diarias de vitamina E. Parece estimular el aumento de la secreción de la hormona adrenal. No se afirma que cure, pero el médico dice que ciertamente parece aliviar los nódulos, los dolores y la sensibilidad en los senos, y no se han detectado efectos secundarios.

✦ *Curó la leucoplasia* —la Sra. F. A. dice: "Hace cinco años aproximadamente, mi madre, quien tenía 80 años, desarrolló leucoplasia en la parte interna y externa del área vaginal. El médico de la familia la trató con hormonas, ungüento, etc. Después de algunas semanas se puso peor. Entonces la llevé a un especialista que la trató, pero todo fue en vano. Por último me informaron que no había nada más que hacer.

"El especialista dijo que su sistema se había secado como resultado de una histerectomía completa realizada 35 años antes. (En aquel tiempo, el médico no le recetó hormonas). Después de 8 ó 9 meses, mi madre estaba tan deteriorada con su área que le ardía como carne viva, que no podía sentarse, levantarse o caminar con comodidad.

"Por la gracia de Dios, empecé a pensar en la vitamina E. Fui a una tienda de alimentos naturales, conseguí un frasco de vitamina E y le di 200 unidades diarias. Luego de algunos días, mi madre se sintió mejor. Yo estaba feliz porque ella se había aliviado, pero temerosa de ilusionarme con la recuperación. En el término de un mes, su sufrimiento había desaparecido por completo. Mi madre tiene ahora 85 años y está muy bien".

Curación milagrosa de la epilepsia, parálisis y ceguera

En *Summary* de junio de 1961, el Dr. Alfonso del Guidice del Instituto Nacional de Salud Pública de Buenos Aires, Argentina, señala que en los casos de enfermedades oculares, causadas por los nervios, que se trataron con vitamina E —la vitamina con mayor abundancia de trigo— ha obtenido "brillantes resultados" con la miopía, nistagmos (movimientos oculares involuntarios y rápidos), estrabismo (ojos desviados), cataratas, parálisis y epilepsia. Todos los pacientes mejoraron.

"Por lo general empezamos el tratamiento con entre 200 y 300 miligramos diarios de vitamina E, incrementando la dosis, durante un periodo de 6 meses, hasta aproximadamente dos gramos por día", dependiendo de la edad del paciente. "La vitamina C también se administró en dosis de 500 a 1500 mg diarios. El alivio pareció ser permanente".

Casos relatados:

Una niña de 3 años sufría de epilepsia (como resultado de una mala caída). A la edad de 2 años, tuvo su primer ataque, que duró 4 minutos, con pérdida de conciencia, espasmos y espuma por la boca, seguido de un violento dolor de cabeza que le duró 6 horas. Durante 90 minutos no pudo hablar. Luego, estuvo nerviosa, inquieta, tuvo periodos de llanto y se orinó en la cama. Se comenzó con la vitamina E como tratamiento único. En el término de 3 meses la niña no tuvo más convulsiones y en menos de un año, dejó de orinarse en la cama y se volvió amigable y normal.

A un niño de 9 meses de edad, se le diagnosticó epilepsia. Tenía convulsiones varias veces al día, durante las cuales los ojos se le iban para un costado, el cuello se le ponía rígido y perdía la conciencia. Estaba nervioso e inquieto. Los fármacos y sedantes no le ayudaban. Luego, se le dio solamente vitamina E. En 5 meses, el niño no tenía más convulsiones y dormía pacíficamente.

Una niña de 12 años de edad, era mentalmente retardada y violenta. Gritaba y lloraba todo el tiempo; era incapaz de hablar adecuadamente y no podía entender las preguntas ni ir al baño sola. Esta situación se mantuvo así durante 6 años. Ningún tratamiento la ayudaba. En un poco más de un mes con vitamina E, mejoró en forma repentina, se volvió tranquila, se sentaba correctamente y, hacia el final del año, comía por sus propios medios.

Una niña de 5 años de edad, padecía parálisis en ambas piernas y era retardada. No podía hablar. Desde que nació, todos los tratamientos habían fracasado. Después de 7 meses con vitamina E, la niña empezó a caminar y hablar claramente. Cuatro meses más tarde, ¡hasta podía correr!

Un hombre de 23 años, padecía de una ceguera causada por los nervios. Sus ojos eran normales pero no podía ver. Ocho años de tratamiento habían fracasado. En menos de 2 meses con vitamina E, este hombre podía ver los dedos de una mano a casi 7 pies de distancia y reconocer a las personas a 10 pies de distancia, con el ojo izquierdo. Con el ojo derecho, veía un poco menos pero podía vestirse y alimentarse, viajar solo y ¡caminar entre el tráfico urbano!

Una niña de 10 años de edad nació con cataratas en ambos ojos y estaba totalmente ciega. No podía ver la luz, aun después de una operación en el ojo derecho. Estaba extremadamente tranquila y deprimida. Luego de 6 meses de vitamina E, se volvió sumamente alegre y ¡pudo ver la luz! Las cataratas desaparecieron y ¡el globo ocular derecho se veía con claridad!

Un niño de 10 años de edad nació con cataratas en un ojo y defectos en ambos ojos; también era retardado. Se empezó con vitamina E. Él se transformó en una persona más vivaz y alerta; las cataratas desaparecieron y la visión de ambos ojos mejoró. Comenzó a recuperarse de inmediato.

Una niña de 10 años de edad nació con cataratas en ambos ojos (ambos operados sin éxito), y comenzó a tomar vitamina E. Al término de 8 meses, ¡podía ver pequeños objetos a cierta distancia!

Asombrosa mejoría de la distrofia muscular

Nos comentaron* que a 25 niños que padecían de una enfermedad que los había dejado tullidos y arruinados, conocida como distrofia muscular, les dieron a diario aceite de germen de trigo, y vitaminas C y B adicionales. Todos los niños mejoraron con este plan y se produjo una curación completa. En otro experimento, se les dio aceite de germen de trigo a 151 pacientes con varios trastornos en los nervios y músculos. Sus progresos se siguieron durante 12 años:

En cinco pacientes de un total de 25 (tres niños y dos adultos), con distrofia muscular progresiva, se suprimieron los síntomas y se produjeron mejorías de moderadas a notables.

Tres pacientes de un total de cinco, con distrofia muscular provocada por la menopausia, mostraron una extraordinaria mejoría. (Estas pacientes no fueron sometidas a ninguna otra dieta en particular, salvo la de aceite de germen de trigo).

Curación de la parálisis cerebral

Un niño de 7 años llamado Tommy, sufría de parálisis cerebral, la cual le produjo parálisis espástica en ambos brazos y piernas (movi-

---

*"Experiments with Wheat Germ Oil", *Journal of Neurology, Neurosurgery and Psychiatry* (London, May 1951).

mientos violentos y espasmódicos) que le afectaron el habla. El médico sacudió la cabeza: no hay cura para la parálisis cerebral. A Tommy debían colocarle un aparato ortopédico (abrazadera) para sostener sus músculos mustios.

Mientras tanto, alguien sugirió el aceite de germen de trigo, el que se sabe que trae alivio a los casos de parálisis cerebral. Un mes más tarde, cuando Tommy regresó para que le pusieran la abrazadera, esta no encajaba ya que sus músculos marchitos estaban firmes.

Más tarde, se envió al médico una fotografía instantánea de Tommy para que viera su progreso asombroso. La foto mostraba al muchacho que pasaba en su bicicleta a toda velocidad, porque estaba tan sano que podía correr y jugar como cualquier niño normal. No obstante, todos los días en la televisión nos dicen que la parálisis cerebral es incurable.

Curación de terribles casos de herpes zoster

A. N. relata: "Hace un par de años, le mostré mi pecho a mi médico y él me informó seriamente que yo tenía un tipo grave de herpes zoster (culebrilla, *shingles*). Estos estaban en toda mi espalda y pecho y no se podían negar. Lo volverán loco, me dijo. De inmediato me surtí con elevadas concentraciones de vitaminas B, como así también de otras vitaminas, en especial un frasco grande de vitamina E líquida: el aceite para ser aplicado generosamente en todas las manchas rojas de mi pecho y espalda. Dos semanas más tarde, fui a ver al médico y alegremente me quité la camisa. Se quedó con la boca abierta, absolutamente sorprendido e incrédulo y dijo: '¡*Nunca* vi algo así antes! En nombre del cielo, ¿qué les puso?' Cuando le dije sobre el aceite de vitamina E, él hizo un gesto despectivo. No es necesario decir que pronto me curé".

¡Alivio rápido para las picaduras de avispas y avispones!

La Sra. M. G. señala: "El aceite de germen de trigo es una cura segura para las picaduras. El verano pasado una avispa picó a mi hermano.

Él decidió probar el aceite de germen de trigo y descubrió que le alivió por completo el dolor en cuanto se aplicó. Los avispones me picaron el brazo y la mano. Los froté con aceite de germen de trigo y en forma instantánea se fue el dolor. No se produjo ninguna hinchazón. Pruébelo, es un milagro la manera rápida en que alivia y cura las picaduras. Es bueno también para el congelamiento, las manos agrietadas y el herpes simple".

CAPÍTULO · 12

LA BEBIDA MEDICINAL SAGRADA QUE SALVÓ A MILES PREVIENE LOS COÁGULOS SANGUÍNEOS, ALIVIA EL DOLOR Y DISUELVE LA GRASA EN LAS PAREDES ARTERIALES

"Yo soy la verdadera viña", dijo Jesús, de quien el primer milagro fue convertir el agua en vino. Su última obra fue la introducción del vino como sacramento. Él mencionó al vino específicamente como alimento curativo en la historia del Buen Samaritano: "... y le vendó las heridas, vertiendo vino y aceite".

Se ha comprobado que el vino tinto es un poderoso curativo. No cabe duda de que la Biblia y sus autores reconocieron su efecto en el cuerpo humano, especialmente en las funciones del corazón y el sistema circulatorio, en el conducto gastrointestinal, y el sistema nervioso central.

El vino se usaba como antiséptico para limpiar heridas (Lucas 10:34). Como anestésico, inducía el sueño y quitaba el dolor ("Me golpearon, pero no sentí nada. ¿Cuándo despertaré?" —Proverbios 23:35). A la mesa, estimulaba el apetito y la digestión ("No sigas bebiendo agua sola. Toma un poco de vino, a causa de tu estómago y de tus frecuentes malestares". —Timoteo 5:23). Los sacerdotes curanderos lo usaban como estimulante para los corazones débiles ("vino que da contento al corazón" —Salmos 104:15), para fortalecer los latidos y mejorar la respiración. Durante siglos, antes de las píldoras, la gente lo usaba como tranquilizante natural. (Que beba [vino], que olvide su desgracia, que no recuerde ya su pena". —Proverbios 31:6-7)

Una medicina para el corazón revelada por ángeles

La herbolaria alemana Maria Treben dice que en ninguna casa cristiana debería faltar un remedio llamado "vino para el corazón" —revelado en una visión, a la abadesa Hildegard von Bingen, mística y herbolaria alemana que vivió en el siglo XII. La herbolaria ingresó en un convento benedictino a la edad de ocho años y llegó a ser la Superiora principal a los 37 años. Se la consideraba una santa en aquel tiempo y muchos altos funcionarios eclesiásticos, incluido el Papa Eugenio III, llegaron a convencerse de que la abadesa era una verdadera profetisa del Señor.

Afirmaba haber tenido una serie de visiones que mostraban las nuevas formas de utilizar las hierbas medicinales, las que les fueran reveladas por Dios y sus ángeles. Se registraron estas visiones en rollos de pergamino, los que todavía pueden ser examinados por los estudiosos. En una de las visiones, un ángel se le aparecía y le hablaba de una mezcla de hierbas llamada *el vino para el corazón*. Ochocientos años más tarde, Maria Treben escribe...

... se cita a un médico alemán diciendo: "Cuando su corazón le cause problemas, tome 1, 2 ó 3 cucharadas diarias de este vino y todos los dolores del corazón, causados por un cambio de tiempo o por la excitación, desaparecerán como si se hubieran esfumado. No necesita estar ansioso o temeroso, porque no puede hacerle daño. Este vino de perejil y miel, le prestará un gran servicio, no sólo para los dolores cardiacos leves sino también para la debilidad del corazón y verdaderos trastornos cardiacos, quizá aun le traiga la recuperación".

Para elaborar el vino, se colocan diez ramitas de perejil fresco, con las hojas, en 1 litro (un cuarto de galón) de vino puro, y se agregan 2 cucharadas de vinagre de vino. Se hierve a fuego lento durante 10 minutos, teniendo cuidado de que no se derrame, porque hace espuma. Luego se agregan 300 gramos (aproximadamente 10-1/2 onzas) de miel pura y se hierve todo a fuego lento durante 4 minutos. Mientras todavía está caliente, se cuela y se coloca en una botella que se haya limpiado muy bien, enjuagado con alcohol y secado previamente, y se tapa en forma hermética. El sedimento que forma es inocuo y puede consumirse con la miel.

Usted puede usar vino blanco o tinto, pero debe seguirse la secuencia indicada. Después del primer hervor, se agrega la miel y luego la mezcla completa debe volver a hervirse.

Caso relatado:

Una persona relata: "Quiero contarle que preparé el vino y que obtuve resultados asombrosos. Hace 10 años fui operada y me dijeron que tengo un corazón débil y que, por lo tanto, tendré dolor siempre. Nada podía hacerse y yo tenía que resignarme. Pero gracias al vino, todas mis quejas se desvanecieron. Después de haber tomado el vino de perejil y miel durante 2 meses, ya no me siento débil".

La Bebida Medicinal Sagrada que posee el poder de la penicilina

Al decir a los judíos de la antigüedad que usaran el vino como antiséptico, la Biblia estaba recetando un ingrediente que es el antiséptico más conocido de la medicina moderna: alcohol. Pero el vino posee otras propiedades además del poder de eliminar los gérmenes.

Todas las pruebas demuestran lo mismo del vino. El vino mata los gérmenes del cólera entre 30 segundos y 10 minutos... La bacteria *E. Coli* (*Escherichia coli*) entre 25 y 60 minutos... el tifus entre 5 minutos y 4 horas. Siempre se creyó que era el alcohol del vino lo que mataba los gérmenes, pero el vino elimina las bacterias aún *sin alcohol*. Un investigador francés descubrió en la década del 1950 que son los *polifenoles* del vino los que aniquilan las bacterias de la misma forma que lo hace la penicilina.

Aun diluido en agua (4 partes por una) el vino tiene la misma potencia en 15 minutos que 5 unidades de penicilina por milímetro. De todos los jugos analizados, el jugo recién exprimido de manzana, el jugo de uva envasado común y el vino, fueron los más fuertes.

Mata los virus que la penicilina no afecta

Además, a diferencia de los antibióticos, los cuales matan bacterias pero no a los virus, el vino los frena todos. Según experimentos realizados en la década del 1970 casi ninguno de los virus analizados sobrevivió más de 24 horas al contacto con extracto de uva. El jugo de uva y el vino tinto demostraron tener un efecto poderoso para combatir el virus de la polio, herpes simple, reovirus o lengua azul (que provoca meningitis, fiebre leve y diarrea), y la gripe. El vino tinto posee aún más poder antivirósico que el jugo de uva.

Uno de los investigadores se aplicó un día un poco de concentrado de vino tinto congelado en una llaga. "El dolor desapareció instantáneamente", dijo, "la llaga se achicó y ni siquiera apareció la costra. Y ese fue el fin del problema".

Ya que los fenoles del vino atacan al herpes simple, los herpes labiales se pueden curar aplicando un poquito del residuo del vino. Cura las llagas instantáneamente y alivia el dolor.

Casi se elimina el riesgo de la hepatitis

Un experto señala que se corre menos riesgo de infección si se bebe vino al mismo tiempo que se ingiere comida contaminada con los virus o bacterias que causan enfermedades. Los experimentos han demostrado en forma consistente que el vino mata la *salmonella*, el *estafilococo* y el *E. Coli* (*Escherichia coli*) —las causas más comunes de envenenamiento con alimentos— y casi elimina el riesgo de contraer hepatitis al ingerir ostras crudas contaminadas.

(El vino, sin embargo, no afecta al letal *Vibrio vulnificus*, organismo que se encuentra en las ostras crudas. Sólo el cocinarlas lo destruye).

Salva miles de vidas durante la epidemia del cólera

El vino salvó innumerables vidas durante la epidemia del cólera de París a fines del Siglo XIX. Un médico francés, al notar que los que bebían vino parecían ser más resistentes al cólera, aconsejó al público mezclar vino con el agua como método de protección. La ciencia así lo confirmó. El vino sí mataba a los gérmenes del cólera, tanto el tinto como el blanco, puro o mezclado mitad y mitad con agua. Para eliminar las bacterias, las madres comenzaron a remojar el pescado y la fruta en vino.

Libre de verrugas genitales

Keri C., de 38 años, una asistente social, tenía problemas con verrugas genitales que habían reaparecido después de la cirugía a la que se sometió para extraerlas. Su médico le dijo que eran causadas por un virus. Cuando Keri leyó que las uvas eliminan a los virus que no se ven afectados por la penicilina, compró jugo de uva cien por ciento puro y comenzó a beberlo. También utilizó una jeringa para inyectarse algo del jugo en la vagina, una vez por día. La próxima vez que su médico la examinó, se sorprendió de encontrar el cuello del útero y la vagina sin verrugas.

Bueno para el corazón

En general todas las bebidas alcohólicas, consumidas con moderación, parecen resguardarnos contra las afecciones del corazón, pero el vino parece ser mejor que la cerveza y la bebida blanca (*hard liquor*). Esto se debe a que:

1. El alcohol alivia el estrés y contiene antioxidantes que previenen la formación de radicales libres. (Se dice que los radicales libres son la causa de la mayoría de las enfermedades, dolores y molestias).

2. El alcohol aumenta la producción del colesterol "bueno" *HDL* (por las siglas en inglés), el cual desintegra la perniciosa grasa de las paredes arteriales, arrastrándola hacia el hígado, donde es procesada —destruida, en realidad— y expulsada del cuerpo. En este sentido, no existe diferencia entre el vino tinto y el blanco.

3. Sin embargo, el vino tinto contiene un agente anticoagulante llamado reservatrol que evita que se formen los coágulos.

Los experimentos demuestran en forma consistente que el riesgo de contraer enfermedades del corazón disminuye, al beber uno o dos tragos al día. En un estudio, las personas que bebían dos tragos al día eran, en un cuarenta por ciento, menos propensas a ser hospitalizadas por ataques cardiacos que las que no bebían.

Pero el alcohol en cantidades excesivas —como previene la Biblia ("Moab se revolcará en sus vómitos" –Jeremías 48:26)— es peligroso y puede llevar al envenenamiento y aún a la muerte. El riesgo de muerte por todo motivo, incluyendo el cáncer, crece al beber tres tragos por día. Según cierto estudio, el beber de tres a cinco tragos de bebidas alcohólicas por día aumenta la probabilidad de muerte en un cincuenta por ciento. La cantidad máxima *segura* de bebidas alcohólicas, es de dos tragos por día.

Un Remedio Bíblico anticoagulante

Los hombres franceses, a pesar de darse el lujo de ingerir comidas ricas en grasas y de tener presión sanguínea y colesterol elevados como los hombres estadounidenses, tienen un tercio menos de ataques al corazón que estos últimos. Se cree que esto se debe al hábito de los franceses de beber vino, especialmente vino tinto, *con las comidas.*

Las autoridades sanitarias francesas sugieren que el vino tinto con las comidas *contrarresta* la acción de las grasas. Las comidas ricas en grasas tienden a hacer que la sangre corra más lentamente y así tienda a coagularse y taponar las arterias. El vino tinto impide ese proceso.

Los científicos de la Universidad de Cornell dicen que la sustancia anticoagulante del vino tinto es un agente químico —llamado reservatrol— que se encuentra en el pellejo de las uvas y que se desempeña como anticoagulante al ser consumido por los seres humanos.

Esta sustancia química se obtiene al beber jugo de uva o vino tinto. Las uvas que compramos en el supermercado contienen muy poca cantidad de esa sustancia debido a las sustancias químicas utilizadas para prevenir las infecciones fúngicas en la cosecha.

El vino blanco contiene muy poca cantidad de este remedio anticoagulante, ya que al elaborarlo se descartan los pellejos. Pero al hacer vino tinto se prensan las uvas y se las deja fermentar con los pellejos.

Las uvas de *cultivo casero sí* contienen reservatrol. Para obtener la cantidad de reservatrol que contienen dos tazas de vino tinto se necesita una libra (450 g) de uvas caseras.

Cómo esta Bebida Medicinal Sagrada alivia los dolores de angina de pecho

Una mezcla muy eficaz que utilizan algunos médicos japoneses para aliviar el dolor de la angina de pecho lleva un huevo crudo mezclado con 2/3 de taza de sake o vino y 2/3 de taza de jugo de manzana. Se hierve y se bebe tibio, luego de enfriar un poco. La dosis es de un promedio de 3 tazas por día, durante 3 ó 4 días.

Según el Dr. Alfred Vogel, el azúcar puro de uva tiene como efecto inmediato el fortalecer los músculos del corazón.

La semilla de una Planta Bíblica para el endurecimiento de las arterias, la diabetes, los problemas de la vista, y las venas varicosas

El extracto de semillas de uva es una rica fuente de uno de los más poderosos y beneficiosos grupos de flavonoides vegetales —los procianidinas, de abreviatura *PCO*. Estos flavonoides son muy beneficiosos para estimular la salud.

Uno de los efectos más preciados es la habilidad de hacer que el organismo se desprenda de oxidantes y peligrosos radicales libres, los cuales se cree son la causa del envejecimiento y todas las enfermedades crónicas y degenerativas, incluyendo las del corazón, la artritis y el cáncer.

Los *PCO* son *50 veces* más poderosos que las vitaminas C y E, en cuanto a acción antioxidante se refiere —y proveen a las células una increíble protección contra el daño que causan los radicales libres.

Los extractos de *PCO* se usan principalmente en el tratamiento de problemas en las venas, inclusive las venas varicosas, enfermedades de la retina, incluyendo la retinopatía diabética, y la degeneración macular. En ciertos experimentos, los individuos a los que se les administraron 200 mg por día de extracto de *PCO*, exhibieron una mejoría considerable de la visión en un periodo de 5 a 6 semanas, comparados con aquellos que recibieron un placebo o ningún tratamiento.

La semilla de uva y la corteza de pino son excelentes fuentes de procianidinas y se han hecho muy populares en Europa. Una dosis diaria de mantenimiento de extracto de semilla de uva o de corteza de pino —a la venta en tiendas de alimentos naturales— es de 50 mg. Cuando la dosis se utiliza con fines terapéuticos, generalmente se eleva de 150 a 300 mg.

Según se informa, los extractos de *PCO* no tienen efectos secundarios.

Ayuda a elevar el nivel de estrógeno en las mujeres y combate la osteoporosis

Es posible que el boro, un micro elemento que se encuentra en las uvas, ayude a prevenir la osteoporosis o pérdida de masa ósea en las mujeres maduras, al mantener niveles más elevados de estrógeno. Los nuevos estudios demuestran que el boro hace que los niveles de estrógeno en la sangre (la hormona que, en las mujeres, evita la pérdida de calcio y el deterioro óseo) *aumenten* drásticamente.

En experimentos realizados por investigadores del Departamento de Agricultura estadounidense, el boro tuvo el efecto de elevar al *doble* el estradiol 17B (la variedad más activa de estrógeno), alcanzando niveles encontrados en mujeres sometidas a terapia hormonal de reemplazo de estrógeno.

Según los investigadores, las mujeres posmenopáusicas que consumen una dieta deficiente en boro, tienden a perder calcio y magnesio, pero sólo se necesitan 3 mg de boro diario para evitar esta pérdida —cantidad que se encuentra fácilmente en alimentos.

Las mejores fuentes de boro son las manzanas, peras, duraznos (melocotones) y *uvas*. Como beneficio extra, el boro aumenta la capacidad y agudeza mentales –además de proteger considerablemente del deterioro dentario.

Atribuye su remisión al jugo de esta Planta Bíblica

Cómo un investigador ha indicado, es concebible que muchos de los fenoles del vino tinto combatan el cáncer y, en general, protejan los tejidos orgánicos. Los científicos opinan que ciertos fenoles, especialmente los llamados ácido caféico, ácido elágico, ácido ferúlico, ácido galotánico, previenen cambios en las células que conducen al cáncer en los animales.

A Ogden K., un fotógrafo jubilado, le diagnosticaron un tumor maligno en el abdomen. Los médicos querían operar y aplicarle grandes dosis de quimioterapia y rayos X, pero él se rehusó. En cambio, hizo ayuno por varias semanas subsistiendo por medio de una dieta compuesta principalmente de jugo de uva y frutas y verduras crudas. Él afirmó que el tumor comenzó a entrar en remisión en cuestión de una semana, después de haber empezado la mencionada dieta, y persistió en esta terapia con el jugo hasta que las radiografías demostraron que el cáncer había desaparecido totalmente. "Me sentí muy bien y tuve más energía de la que había tenido en años", dijo. "Me sentí como un niño de nuevo. Mi mente alerta, el nivel de energía era increíble, y ¡dormí como un tronco!"[1]

Un Alimento Bíblico Curativo

En 1928, en su libro *The Grape Cure* (La cura de uva), Johanna Brandt escribió: "...desde que tengo uso de razón he sufrido de problemas

---

[1]John Heinerman, *Enciclopedia de jugos curativos.* Copyright 1997 Prentice Hall.

gástricos, ataques biliares y úlceras estomacales... [a menudo] consciente de un dolor mordaz en el costado izquierdo del estómago...

"Mi médico me persuadió y fuí al hospital... para un examen y una radiografía. Me tomaron muchas placas y un cirujano renombrado emitió su veredicto... el estómago se dividía en dos a causa de dos fibromas malignos. Se recomendó una operación inmediata como la única solución para prolongar mi vida. Me rehusé...

"Los tres años que siguieron fueron años de gran sufrimiento, pero... en 1925... por casualidad descubrí un alimento que tuvo el milagroso efecto de curarme completamente en seis semanas... un método que podría curar casi cualquier enfermedad... "

"... el 21 de enero de 1928 mi artículo (titulado *"The Grape Cure"*) apareció en *The New York Evening Graphic*. La nota creó gran interés... Estaba abrumada por la correspondencia y las visitas... Los acongojantes pedidos de ayuda no podían ignorarse... simplemente describí mi experiencia y el procedimiento que yo había adoptado. Los individuos tratados con mi método se recuperaron. A su vez ellos se lo contaron a parientes y amigos – siempre con el mismo resultado..."

Relato de los resultados:

Una mujer joven se había sometido a seis operaciones en el recto y en la base de la columna. Nada le aliviaba el tremendo dolor en la columna. Uno de los médicos le había dicho que nunca iba a poder sentarse derecha. Luego de comenzar con la cura de uva, grandes cantidades de pus y parásitos intestinales drenaron de su cuerpo. Pasó de enferma a pletórica de salud —y se vio y sintió años más joven.

Una mujer de mediana edad de Nueva York, madre de una familia numerosa, vomitaba constantemente, día y noche. Se le dieron unas pocas uvas poco a poco. En 24 horas los vómitos cesaron. La tensión desesperante en el estómago e intestinos desapareció, pero se sentía tan débil que quedó inconsciente. Al comenzar a hincharse sus piernas, se envolvieron en compresas de uva. De la mañana a la noche no quedaron rastros de la hinchazón en sus piernas, y tal fue la mejoría que el estómago se normalizó y ¡le pedía "comida" constantemente!

Ciertas heridas externas se trataron con emplastos o compresas de uva. (El emplasto se hace esparciendo uvas prensadas entre capas de tela suave y aplicando al área afectada; la compresa se hace remojando una tela suave en de jugo de uva diluido —dos partes de jugo por tres de agua—, y aplicando tan frecuentemente como sea posible). La herida pareció absorber el jugo de uva, dice la Sra. Brandt, limpiando y eliminando las toxinas. No se formaron costras. Apareció tejido nuevo y rosado.

"He visto *dientes...* flojos y llenos de pus alrededor, tornarse firmes en unas pocas semanas, librando a las encías de piorrea..."

Diabetes: "Este método ha sido particularmente efectivo con la diabetes", dice la Sra. Brandt. "Se cree que el azúcar de uva es un solvente orgánico que neutraliza los depósitos de azúcar en la sangre".

Cálculos biliares: "Se ha informado que los cálculos biliares se han disuelto en pacientes que hacían [la dieta de uva] como tratamiento para otras enfermedades".

Cataratas: "Lo mismo se puede decir con respecto a las cataratas oculares [que se han disuelto con la dieta de uva]".

Senos Nasales: "Asombrosos resultados", según se informa, para el tratamiento del catarro nasal, trastornos en los senos nasales y demás, utilizando varias veces al día jugo de uva diluido para lavajes nasales.

"Aparentemente las uvas *disuelven la mucosidad* adherida a las paredes del estómago e intestinos", dice la Sra. Brandt. El jugo de uva aparentemente hace que la mucosidad se despegue y actúa expéliendola y acarreándola hasta el recto, donde es eliminada.

Hubo un caso de una mujer que, según se decía, sufría de *pulmonía lobular doble, drenaje cardíaco, riñones sangrantes,* y otras complicaciones. Se le dijo que le quedaban sólo unas semanas de vida. Se convocó a un médico europeo para tratar el caso. El médico había tenido oportunidad de observar los efectos de la cura de uva en Austria. Ordenó que se le administrara jugo de uva sin endulzar, de a una cucharada, incrementando gradualmente la dosis y los intervalos hasta que se obtuvieran los resultados deseados. "Recuerde", le dijo, "esto es lo mismo que una transfusión sanguínea. El jugo de uva elabora sangre". Inmediatamente ella comenzó a recobrar el vigor y luego dijo no tener problemas de riñones y además que su corazón había sanado.

Dos años más tarde, la mencionada paciente también pudo evitar la gripe con jugo de uva, y afirmó que al fin su cuerpo se había librado del "microbio de la pulmonía para siempre".

Según la Sra. Brandt, al hacer la dieta de uva "los sentidos se tornan anormalmente agudos; los ojos débiles se aguzan; el cabello mustio recobra nuevo brillo; la voz sin vida y sin esperanza se torna vibrante, magnética, y la piel se aclara".

El método fue el siguiente:

1. *Preparación*: Para preparar el organismo para el cambio de dieta, lo mejor es ayunar dos o tres días, bebiendo mucha agua pura y fría y haciéndose un enema diario de un cuarto (1 litro) de agua tibia con el jugo colado de un limón.

   Por medio de este ayuno corto se evitan complicaciones; el estómago se libra hasta cierto punto de toxinas y de acumulaciones que fermentan; así la uva puede comenzar a trabajar más rápido, afirma la Sra. Brandt. El ayuno preliminar tiene como ventaja hacer que el paciente desee la primera dosis de uva.

2. *Después del ayuno*: El paciente bebe uno o dos vasos de agua pura y fresca en las primeras horas de la mañana.

3. *Primera comida*: Media hora más tarde, se le administra al paciente la primera comida de uvas. Deben estar bien lavadas. (Mastique bien los pellejos y las semillas, dice la Sra. Brandt, y trague *sólo unas pocas* como alimento y fibra. Si existen úlceras en el estómago o los intestinos, no deben tragarse las semillas, advierte).

4. *Horario*: Comience a ingerir las uvas a las 8 a.m., cada dos horas, hasta las 8 p.m., o sea siete comidas al día. Se continúa a este ritmo por una o dos semanas, a veces hasta un mes o dos, en casos de enfermedades largas o crónicas. Pero no más que lo indicado bajo ninguna circunstancia.

5. *Variedad*: Se puede utilizar cualquier variedad de uva buena – negra, verde, roja, blanca o violácea. Las uvas de invernadero son las mejores, y las variedades sin semilla son excelentes. La monotonía de la dieta se puede romper comiendo diferentes variedades. Y las diferentes variedades contienen elementos diversos, por lo que se aconseja usar el mayor número de variedades. Hay a quien le gustan ácidas, y a quien le gustan dulces. La mejor época es el apogeo de la temporada de la uva, dice la Sra. Brandt.

6. *Cantidad*: La cantidad varía de acuerdo a la condición, digestión y ocupación del paciente. Es bueno comenzar con una cantidad pequeña, una, dos o tres onzas (30, 60 ó 90 g) en cada comida, y gradualmente incrementar la dosis hasta duplicarla. Con el tiempo se puede ingerir hasta media libra (230 g) por comida, dice la Sra. Brandt. Como mínimo, se debe usar una libra (450 g) diaria, y como máximo la dosis no debe exceder cuatro libras (1,8 kilos). Los pacientes que comen cantidades más grandes en una comida deben esperar por lo menos tres horas entre cada comida para hacer la digestión y sin ingerir todos los pellejos. Los mejores resultados se obtienen cuando las uvas se consumen en pequeñas cantidades.

7. *Placer*: "El rechazo a las uvas puede ser indicativo de la presencia de demasiadas toxinas en el organismo y de la necesidad de otro breve ayuno", dice la Sra. Brandt. "La regla en

estos casos es abstenerse de ingerir cualquier clase de comida, y beber agua fría en abundancia. Si el paciente no puede comer las uvas con placer, es mejor que no las coma y que saltee algunas comidas. Es mejor dejar que la naturaleza regule el asunto. Nos hemos enterado que existen familiares demasiado dedicados que fuerzan a los desafortunados pacientes a comer las uvas. Es un gran error. (Debe recordarse que las uvas son nutritivas y preservan la vida mientras el organismo continúa con el proceso de eliminación de toxinas). El desgano se debe a la presencia de toxinas en el organismo. El paciente continuará debilitándose al estar con la dieta de uvas y en ayuno hasta que haya eliminado las toxinas. Luego, y sin cambiar la dieta... el paciente vuelve a tener fuerzas y en algunos casos hasta a engordar...

La primera etapa

La Sra. Brandt describe cuatro etapas de la cura de uva:

"Se puede decir que los primeros siete a diez días de la dieta son necesarios para limpiar el estómago y los intestinos de antiguas acumulaciones", dice la Sra. Brandt. "A menudo es durante este periodo en que los síntomas de la afección aparecen [flatulencia, dolores, deposiciones oscuras, y estreñimiento —para lo cual se recomienda una cucharadita de aceite de oliva antes de la comida]. La naturaleza es meticulosa y no construye sobre cimientos defectuosos. La purificación de todas las partes del cuerpo debe ser completa... Cuando se llega a ese punto... —que puede durar desde dos semanas hasta dos meses— se aconseja proceder a la segunda etapa".

La segunda etapa

A esta altura se introducen gradualmente otras frutas frescas, tomates, leche agria o requesón (*cottage cheese*). "No pretendemos que nadie viva de las uvas para siempre", dice la Sra. Brandt.

"Las uvas son, sin embargo, la primera comida de la mañana, a las 8 a.m. Pero ahora, durante el día, se pueden consumir otras frutas frescas en lugar de las uvas. De modo que se presenta una variedad infinita —una tajada de melón, naranja, toronja (pomelo), manzana, pera deliciosa, fresa carmesí, damasco dorado... Sólo una clase de fruta en cada comida, pero algo diferente cada día.

"Luego de varios días, se puede ingerir un vaso de leche cortada (*sour milk*) o suero de leche (*buttermilk*), yogur, o requesón en la cena en lugar de las uvas. Los pacientes a los que no les gusta la leche, pueden comer una banana madura bien machacada u otra fruta nutritiva.

"Luego de una semana o diez días, y alternando una comida sí y una no, se pueden ingerir diferentes variedades de fruta o leche cortada, alternando, por ejemplo, en este orden:

8:00 a.m. Uvas

10:00 a.m. Pera, banana o melocotón

12:00 mediodía Uvas

2:00 p.m. Leche cortada, suero de leche o requesón

4:00 p.m. Uvas

6:00 p.m. Naranjas, toronja, ciruelas o damascos

8:00 p.m. Uvas

"A esta altura algunos pacientes desean algo sabroso. Las frutas dulces hastían. Hasta puede ser que verdaderamente sientan aversión por las uvas, en cuyo caso se las debe omitir por completo en favor de otras comidas cada tres horas. Uno o dos tomates cortados con aceite de oliva puro y un poquito de limón se pueden incorporar en esta dieta sin peligro".

(Con cuidado extremo se deben evitar las comidas pesadas hasta completar las cuatro etapas).

La tercera etapa

La dieta cruda: "Esto incluye cuanta comida se pueda ingerir sin cocinar —vegetales crudos, ensaladas, frutas, nueces, pasas de uva, dátiles, higos y otros frutos disecados, manteca, requesón, leche cortada, yogur y suero de leche, miel y aceite de oliva.

"Comience el día como de costumbre con agua fría [tanta como desee] y uvas u otra fruta para desayunar, pero en lugar de leche cortada para el almuerzo, consuma una abundante ensalada de vegetales crudos. Reduzca el número de comidas, ya que los vegetales crudos se digieren más lentamente.

"Mucha gente se sorprende al notar que casi todos los vegetales se pueden usar crudos —guisantes (arvejas, chauchas, chícharos, *peas*) tiernos y judías verdes (*string beans*), apio, tomates, pepinos, lechuga, ramillas de coliflor, calabaza (*squash*), hojas de coliflor desmenuzadas, zanahoria rallada, nabos (*turnips*), remolacha y chirivía (pastinaca, *parsnips*), cebolla picada fina y espinaca.

"Luego del régimen de frutas livianas, es prudente no comenzar muy pronto con una variedad muy grande de vegetales. Escoja dos o tres de los vegetales enumerados más arriba como base para una ensalada y mézclelos con limón y aceite de oliva. Pruebe diferentes variedades al día siguiente y observe la combinación de sabores...

"Sobre todo, esta comida del mediodía debe ser apetitosa. Los pacientes que están acostumbrados a comidas de origen animal desearán algo estimulante. No hay inconveniente en agregar uno o dos ingredientes sabrosos a la ensalada —frutos secos picados, queso rallado, crema agria, o una buena mayonesa casera hecha con huevos, jugo de limón y aceite de oliva. En algunos casos un huevo duro picado fino puede incluirse en la ensalada".

Tiempo para digerir

"A esta comida hay que darle más tiempo para digerirse que lo que requiere la fruta cruda, especialmente si se han agregado nueces, pasas de uva o frutos disecados. La cena debe consistir entonces en leche cortada o fruta, o un plato muy digerible y nutritivo hecho de bananas maduras machacadas con crema ácida.

"Debo enfatizar que es muy importante consumir comidas crudas... Las comidas crudas se digieren más fácilmente que las cocidas, y recorren el organismo muchísimo más rápido. Como resultado, no tienen tiempo de descomponerse en el canal alimenticio. Se evita así la indeseada fermentación y no hay temor de intoxicación.

"Por lo tanto se recomienda a los pacientes abstenerse de toda clase de comidas cocidas durante todo el tratamiento..."

La cuarta etapa

La dieta mixta. "En esta etapa, a veces reaparece el viejo problema y el paciente –más triste y más prudente debido a la experiencia– se contenta con volver a la dieta cruda. Pero si la enfermedad no se había arraigado demasiado y la cura no es completa, la Sra. Brandt recomienda lo siguiente:"

1. Desayuno de frutas de una sola clase
2. Almuerzo cocido
3. Ensalada para la cena

Para el desayuno beba mucho jugo de frutas de estación. Si desea conservar la salud, haga de esto un hábito estricto para el resto de su vida. La comida cocida debe ser una comida seca, dice la Sra. Brandt. Ninguna sopa o líquido de ninguna clase. Ninguna ensalada cruda. Tampoco fruta alguna, fresca o cocida.

La comida cocida debe consistir en vegetales al vapor, comenzando con una sola clase por vez y a seguir luego de la cura de uva. Si se obtienen buenos resultados se puede entonces comer dos o tres variedades por comida.

Si no es vegetariano, gratifíquese de vez en cuando con un trozo de pescado horneado, asado o al vapor, acompañado de una papa horneada. Esta comida también puede consistir en pescado con tomates guisados, o cualquier verdura verde al vapor u horneada. Se puede lograr una infinita variedad de platos sabrosos haciendo en puré uno de los vegetales verdes con papas al vapor, mezclando un huevo, cubriéndolos con pan rallado y unos trocitos de manteca, y horneándolos hasta dorar bien. Las sobras de coliflor, zanahorias, repollo, chirivía, lechuga al vapor, espinaca, cebollas asadas, etc., particularmente se prestan para este tipo de cocina.

Observe los efectos de la comida cocida, pero a la primera señal de irritación vuelva a la dieta cruda.

Use también el jugo

La Sra. Brandt afirma que el jugo de uva en botella, sin endulzar ni fermentar, puede reemplazar a las uvas enteras durante el invierno en los meses en que no estén disponibles:

"Se ha observado que el paciente puede subsistir tan bien con jugo de uva como con uvas enteras... Se han comido pasas de uva para aumentar el volumen con buenos resultados. Por ejemplo, un vaso de jugo de uva al despertar, una taza de pasas de uva más o menos dos horas más tarde, y luego pasas o jugo de uva [el resto del día] a intervalos de dos horas. Las dos cosas no deben comerse en la misma comida. Las pasas se pueden comer secas o remojadas varias horas en agua común fría, haciendo luego una comida de las pasas del agua de pasas. [Use pasas *sin* sulfuro.]

"Cuando no se encuentran ni uvas enteras ni jugo de uva sin endulzar los pacientes han consumido pasas y agua de pasas en lugar de uvas y jugo de uvas. Las pasas de uva deben comerse a intervalos de dos horas, lo mismo que las uvas".

"¿Realmente me va a ayudar?"

Pregúntele a su médico. Es la persona indicada para supervisar su caso. "La uva es un poderoso solvente natural", dice la Sra. Brandt. "Ciertos tumores, úlceras, abscesos, y fibromas parecen disolverse con el poderoso agente químico de las uvas. Los tejidos enfermos, las degeneraciones lípidas, y toda clase de materia enferma, aparentemente se desmenuza en partículas minúsculas que se vierten en la corriente sanguínea para ser acarreadas a los órganos de excreción; los intestinos, riñones, pulmones y la piel.

"Usted se asombraría si pudiese visualizar los rápidos cambios que se producen en el cuerpo durante la cura de uva. Los efectos son casi mágicos. Puede que la ciencia nunca descubra en el laboratorio el secreto de la uva, que es más potente de lo que la mayoría de la gente imagina".

CAPÍTULO · 13

LA PLANTA "MATUSALÉN": ÉL LA USÓ Y VIVIÓ DURANTE TRES SIGLOS

Y el Señor le dijo a Moisés, "Da orden a los hijos de Israel que te traigan *aceite de oliva* puro y exprimido en mortero, para que arda siempre la lámpara..." *Éxodo 27:20*

Se le acercó, curó sus heridas con *aceite* y vino... *Lucas 10:34*

En la noche Él se fue, a pasar la noche en el cerro llamado el Cerro de los *Olivos. Lucas 21:37*

El aceite de oliva es el alimento más importante de la Biblia, donde se lo menciona más de 200 veces y es el símbolo de bondad, pureza y —en especial— larga vida. Es uno de los pocos alimentos específicos que Jesús mencionó como alimento curativo, según lo relatado por Lucas, el médico, en el tercer Evangelio.

El olivo crece lentamente y alcanza una gran edad. Algunos de los árboles originales del Getsemaní —que era un huerto de olivos al pie del Monte de los Olivos— han estado allí desde la época de Cristo o por lo menos provienen de las raíces originales. Así que a pesar de que los romanos trataron de destruir el huerto en el año 70 d.C., es casi imposible eliminar las raíces, de las cuales nacen muchos brotes nuevos. Jesús pasó la última noche antes de la crucifixión en el

Huerto de Getsemaní esperando y observando el amanecer. Luego ascendió al cielo desde el Monte de los Olivos.

¿Qué extraño poder posee este aceite?

¿Por qué siempre se han considerado los olivos con tal reverencia y pavor? Ramsés II, quien gobernó Egipto entre los años 1300 y 1200 a.C., supuestamente recomendaba aceite de oliva para todo tipo de dolencias. Ramsés III trató de plantar una arboleda de olivos en honor del dios sol Ra, cerca del templo de Heliópolis. El aceite de oliva se utilizaba en las coronaciones, aplicado en las ofrendas de sacrificio, y como combustible, alimento y medicina para el cuerpo.

Los antiguos hebreos consideraban que el aceite de oliva era la clave para lograr una larga vida y rejuvenecer los poderes mentales. Para alcanzar los 100, 200, ó 300 años de edad o más, no sólo consumían aceite de oliva, sino que casi todos ellos —hombres o mujeres, ricos o pobres— utilizaban a diario embrocaciones de aceite. De acuerdo con los Salmistas, el aceite penetraba directamente en el cuerpo al frotarlo, aliviando los dolores y restableciendo la fortaleza.

Hoy en día sabemos que el aceite de oliva —que *puede ser absorbido por la piel*— protege venas y arterias, resguarda contra coágulos peligrosos, reduce la presión sanguínea elevada, normaliza la presión sanguínea baja y, según el Dr. Ancel Keys, *contribuye a evitar muertes de cualquier tipo, incluso el cáncer.*

"Desapareció el dolor de las articulaciones"

"No estaba tomando los medicamentos para la artritis", dice una mujer, "a pesar de que he tenido esta enfermedad por más de 10 años. Hace poco tiempo empecé a consumir aceite de oliva. Tomé aproximadamente 6 cucharadas al día (por la mañana) durante dos semanas. Después tomé una cucharada al día durante dos semanas.

"El dolor en las articulaciones desapareció. Detuve este proce-dimiento pensando que quizás la artritis se había interrumpido, como sucede en algunos casos. Después de tres semanas, el dolor empezó a regresar. Sabía que el aceite de oliva tenía que ser lo que había aliviado el dolor...

"...así que comencé a tomar 3 cucharadas diarias. Lo seguí ha-ciendo durante una semana, después interrumpí la dosis. Después de dos semanas, el dolor reapareció muy levemente. Empecé a tomar 3 cucharadas sólo un día a la semana, y me dí cuenta de que el efecto dura una semana y que no tengo dolor durante este pe-riodo".

La mujer más anciana del mundo, registrada en el Libro de Récords Mundiales Guinness, atribuye su larga vida a esta planta

El 4 de agosto de 1997, la cadena de televisión CNN anunció: "Jean Calment falleció el día de hoy a los 127 años de edad —la persona más vieja registrada en el Libro de Récords Mundiales Guinness". La anciana atribuía su larga vida al aceite de oliva, a un solo vaso de vino oporto antes de las comidas, y mucho chocolate entre ellas. Tomaba clases de esgrima a los 87 años de edad, fumaba hasta hace poco y recordaba haber visto, cuando tenía catorce años de edad, al famoso pintor impresionista Vincent van Gogh en la tienda de artí-culos de arte de su padre.

Mantiene el corazón saludable, las arterias limpias y disminuye la presión sanguínea

Las personas de los países mediterráneos —Grecia, Italia, España y el sur de Francia—, quienes dependen en gran medida del aceite de oliva en la dieta, tienen tan sólo la mitad de probabilidades de morir debido a la enfermedad del corazón que los estadounidenses. Y, sin embargo, la dieta de estas personas no es baja en grasa.

De hecho, ingieren *más* grasas que los estadounidenses. Pero alrededor de tres cuartas partes de toda la grasa que consumen, proviene del aceite de oliva. Comen muy poca grasa animal. En un estudio de 15 años, sólo 38 de 10.000 residentes de Creta fallecieron debido a la enfermedad del corazón, comparado con 773 estadounidenses.

El aceite de oliva protege el corazón y las arterias de tres formas:

1. Disminuye el nivel de colesterol "malo" *LDL* de la sangre.
2. Eleva el nivel de colesterol "bueno" *HDL*.
3. Evita que las plaquetas de la sangre se adhieran entre sí y formen coágulos.

Otros aceites como el de maíz, soja, alazor (cártamo, *safflower*) y girasol (*sunflower*), reducen *tanto* el colesterol bueno *HDL como* el malo *LDL*. El aceite de oliva es incluso mejor que las dietas bajas en grasas tradicionales para reducir el colesterol. Cuando los sujetos de prueba consumieron el 41 por ciento de sus calorías en grasas, la mayoría proveniente del aceite de oliva, el nivel de colesterol malo *LDL* disminuyó más que cuando siguieron una dieta con la mitad de ese porcentaje de grasa.

En un estudio, los voluntarios ingirieron tres cuartos de cucharada de aceite de oliva dos veces al día durante 8 semanas, como agregado a su dieta normal. El aceite de oliva contiene ácido oleico —un ácido graso dominante que previene la coagulación. Como resultado, el recuento de masas de plaquetas disminuyó.

En lo referente a la disminución de la presión sanguínea, un estudio realizado en la Facultad de Medicina de la Universidad Stanford, con 76 hombres de mediana edad con presión sanguínea alta, demostró que la grasa monoinsaturada de 3 cucharadas de aceite de oliva al día podía disminuir la presión sistólica en unos nueve puntos y la presión diastólica en unos seis puntos. Algo aún más notable: un estudio de la Universidad de Kentucky descubrió que sólo las dos terceras partes de *una sola cucharada* llena de aceite de oliva al día disminuían la presión sistólica en unos cinco puntos y la presión diastólica en unos cuatro puntos en los hombres.

El secreto de la longevidad

Como si no fuera suficiente, los amantes más fanáticos del aceite de oliva entre estas personas *¡tenían menos probabilidades de morir debido al cáncer o cualquier otra causa!* Usar aceites, que en su denominación contengan el prefijo "mono", protectores de las arterias —tales como el de oliva, canola, almendra o aguacate (palta, *avocado*)— como la mayor fuente de grasa era el único factor dietético, según indica el Dr. Keys, que evitaba la muerte de cualquier tipo —razón por la cual siempre se ha conocido al aceite de oliva como el alimento de la longevidad.

Específicamente, los países en los que el aceite de oliva es la mayor fuente de grasa en la dieta tienden a tener un riesgo más reducido de contraer cáncer de mama, próstata, ovario y colon.

Los antioxidantes del aceite de oliva pueden ayudar a retardar el envejecimiento manteniendo con vida a las células por más tiempo, así como también combatir los ataques que causan que las células se desorganicen y estén más propensas a contraer cáncer.

El hombre que vivió en tres siglos

Goddard Ezekiel Dodge Diamond, quien vivió hasta los 120 años de edad —la misma edad a la que murió Moisés— atribuía su larga vida al aceite de oliva, que usaba en los alimentos y en aplicaciones externas para los dolores, y al agua destilada que tomaba. En 1899, escribió un libro sobre el aceite de oliva, llamado *The Secret of Long Life: Or How to Live in Three Centuries*, señalando:

"Si vivo hasta el primero de mayo de 1900, celebraré mi cumpleaños 104... y estoy disfrutando de tan buena salud como cuando estaba en mis treintas, cuarentas o cincuentas... No tengo ningún dolor que altere mi cuerpo; ni ninguna articulación con punzadas reumáticas... ni un signo de pérdida de la audición; y mi visión no se ha reducido todavía.

"La mayoría de las personas desean saber cómo envejecer dignamente, pero mi experiencia limitada me ha enseñado que es más deseable envejecer disfrutando de todas las facultades en perfecto estado... o lo que es mejor aún, no envejecer..."

Recupera la vista y la audición

"Hasta que tuve 40 años nunca me había enfermado... Entonces contraje lo que se conoce como sarampión negro (*black measles*), y de la peor forma. Esta enfermedad me afectó la vista y la audición...

"Después de 3 años me dolían mucho los ojos, estaban llorosos y se estaba creando una capa sobre ellos. Mi audición había disminuido y empeoraba cada vez más... Recordé... que había leído sobre los Reyes Hebreos, cómo les ungían con aceite, y cómo se utilizaba el aceite como medio de curación...

"Decidí usar el mejor aceite que pudiera conseguir... Primeramente lo apliqué en los ojos. Sólo realicé dos o tres aplicaciones antes de sentir una mejora considerable... Las áreas inflamadas se aliviaron... los ojos dejaron de estar llorosos... y la capa ya no me molestaba tanto.

"El cambio fue tan maravilloso que decidí usar el aceite [de oliva] para la pérdida de la audición. Utilicé externamente el aceite, aplicándolo en los oídos y también coloqué gotas dentro de los oídos, manteniéndolas allí con bolas de algodón.

"En muy poco tiempo mi vista y audición se recuperaron por completo. No dejé de tratarlas simplemente porque parecían estar sanas, y las he mantenido bien lubricadas durante 60 años, y nunca me han fallado cuando las he puesto ha prueba".

Elimina la rigidez en la columna, las caderas, los hombros y las rodillas

"No sino hasta después de tres largos años, volví a sentir los efectos de la enfermedad... Hasta ese momento nunca había sentido signos de rigidez en los huesos o las articulaciones, y no sabía que mi maquinaria interna se estaba desgastando.

"Un día salté de un vagón al piso y mis articulaciones no respondieron con el rebote acostumbrado. Estaba asustado y sorprendido. Volví a subir al vagón, y salté una vez más, como para poner a prueba mis articulaciones. Las pruebas eran claras, porque no sólo las rodillas se negaron a rebotar, sino que la columna vertebral rechinó y sintió un dolor tremendo.

"Me sentí humillado y empecé a llorar y lamentarme... con todos mis sentidos empecé a buscar una solución. La cura de la pérdida de la visión y la audición mediante el uso externo del aceite [de oliva] me llevó a pensar que el mismo remedio podría aplicarse sobre los huesos endurecidos y las articulaciones rígidas...

"Decidí empezar a aplicar aceite sobre todas las articulaciones y todas aquellas porciones del cuerpo que podrían estar sujetas al proceso de endurecimiento y rigidez del envejecimiento... En ese tiempo yo tenía 65 años de edad".

"Cómo usaba este aceite"

"Después de asegurarme que éste era el mejor aceite para mí, empecé a preparar a mi piel para que pudiera recibirlo. Para este propósito dejé de tomar baños ordinarios en la tina y empecé a bañarme con esponjas y agua tibia. Yo utilizo una toalla mojada y enjabonada, que paso por todo el cuerpo, frotando cada parte tan completa y rápidamente como me es posible. Después enjuago la toalla y la exprimo hasta secarla al máximo, la paso nuevamente por todo el cuerpo y finalizo con una toalla seca ordinaria...

"Coloco un poco de aceite en la cavidad de la mano y lo aplico en las articulaciones, especialmente en la parte interna —debajo de los brazos, en los codos, en la parte trasera de las rodillas, en los empeines y en las ingles. Después de esto aplico aceite sobre los hombros, la columna, las caderas, las rodillas, las plantas de los pies [incluso la cabeza si lo desea]. Refriego... hasta que el aceite sea absorbido [y no se vea]. Luego me voy a la cama...

"He seguido esta práctica, algunas veces tanto a la mañana como a la noche, durante los últimos 60 años para los ojos, y casi 40 años para los huesos y las articulaciones. Esto no le debería sorprender a nadie".

El jardinero sabe que tiene que enriquecer el suelo si quiere mantenerlo útil y productivo. El cuerpo también tiene que ser enriquecido, indica.

"Me han sugerido", dice Diamond, "que el aceite de oliva es caro, y que bañarse con él está fuera del alcance de las personas promedio. Yo no me baño en aceite. La cantidad que utilizo en cada oportunidad no excede una cucharada".

Dando saltos mortales a los 100 años, haciendo ciclismo a los 108 y bailando con una jovencita a los 110

Aparentemente el aceite funcionó tan bien que después de pasar los 100 años, Diamond podía hacer gimnasia como muy pocos jóvenes podían hacerlo. A los 108 años, hacía ciclismo y caminaba 20 millas diarias. Acudía a eventos sociales y en una ocasión, cuando tenía 110 años, bailó la mayor parte de la noche con una joven atlética de 16 años.

En abril de 1896, un fotógrafo llamado John R. Hodson aceptó hacer un retrato de tamaño real del Capitán Diamond en su cumpleaños número 100. Esperando recibir a un anciano, cubrió el tragaluz para que no perjudicara sus ojos y colocó una silla para que se sentara. Pero dice que cuando Diamond apareció en su puerta: "¡Yo me quedé pasmado! Era un hombre que se mantenía erguido, como un príncipe joven, y se movía con un paso elástico y animado, ¡y con un centelleo brillante y juvenil en sus ojos!... *Es erecto, de hombros anchos y tiene un porte militar*".

El Capitán Diamond también se sometió a un examen físico realizado por el Dr. Frederick William D'Evelyn, graduado en la Universidad de Edimburgo y ex director del hospital St. Luke, en San Francisco. El informe del médico —con fecha del 22 de marzo de 1898— fue el siguiente:

Goddard Ezekiel Dodge Diamond [nació en] Plymouth, Massachusetts, el primero de mayo de 1796. Ha vivido casi toda la vida en Estados Unidos... Ha padecido de muy pocas enfermedades durante el transcurso de su vida. Fiebre amarilla una vez; pulmonía una vez. Se ha asfixiado en dos ocasiones a causa de las emanaciones del carbón de leña... Ha tenido varios accidentes; huesos rotos, hombro izquierdo dislocado. Altura 5'6-1/4".

Peso actual 141 libras. Hace nueve años pesaba 225 libras. Adelgazó haciendo dieta... Mantiene el mismo peso. No tiene dificultades al respirar. Puede recostarse en cualquier posición... Ninguna palpitación. Funciones viscerales normales. Buena virilidad. Pulso de ritmo regular, tensión leve, fácil de comprimir, irregularmente intermitente... Pulso 76. Respiración regular...

Buena visión; reacción normal de las pupilas; campo de visión algo reducido al leer un cuadro de 10 pies, a 8 pies de distancia. Buena apariencia física, parecida a la de un hombre bien conservado de 78 años. Ausencia de arrugas; la cara un poco sonrojada; excelente condición de la piel en todas las partes del cuerpo, excepto en el abdomen... debido a la gran reducción de peso.

Cabello canoso, no calvo. Pecho bien formado... 36 pulgadas... expansión muy limitada... 34 pulgadas de abdomen. Muslos firmes, 16 pulgadas y media. Brazo 9 pulgadas y media... Las piernas están firmes... pantorrilla 13 pulgadas; ausencia total de varicosidad. Sangre... morfología de glóbulos rojos casi normal... Reacción del riñón —bastante buena... albúmina, ninguno; gran exceso de bilis; uratos abundantes... apetito siempre bueno; digestión excelente... Usa aceite de oliva interna y externamente...

El informe del médico incluye una fotografía del trazo del pulso y concluye: "El examen físico del Capitán Diamond revela una conservación impresionante de la integridad del tejido y la actividad funcional..." *El médico cree, sin embargo, que la propuesta del Capitán Diamond "de caminar desde San Francisco hasta Nueva York", incluyendo el escalar las montañas, sería demasiado para un hombre de 102 años.*

Aceite extra potente

Diamond prefería utilizar el aceite de oliva de mayor calidad que podía encontrar. Para él esto significaba aceite de oliva puro y sin adulteraciones, de primera —no segunda ni tercera— presión. Hoy en día se lo conoce como aceite de oliva extra virgen, extraído aplastando y presionando las olivas (aceitunas) de mejor calidad, que contienen las sustancias químicas más potentes que combaten las enfermedades. Diamond consideraba que las aceitunas de California eran las mejores.

"Lo que como y bebo"

Diamond aseguraba que durante 50 años hizo religiosamente ciertas cosas. Primeramente, siempre respiraba el aire más fresco que fuera posible, "inhalaciones largas y profundas", y nunca fumaba.

En segundo lugar, no comió carnes después de los 56 años de edad. Creía que los seres humanos originariamente fueron creados para consumir sólo vegetación —frutas, vegetales, nueces y semillas.

"Cuando comemos carne", dice Diamond, "estamos comiendo los productos de segunda mano de la tierra. Los animales han comido la vegetación y gran parte de ella se ha convertido en huesos y tendones… y nosotros comemos sólo lo que sobra". Consumir carne, dice, produce demasiado ácido úrico, lo que causa afecciones, tales como el reumatismo, los dolores de cabeza y varias enfermedades nerviosas.

En tercer lugar, consideraba que era imprescindible masticar bien los alimentos, para facilitar la digestión, y usar trigo integral en lugar de harina blanca, la cual produce estreñimiento.

En cuarto lugar, no utilizaba estimulantes, a pesar de que la Biblia promueve el uso del vino como alimento, en moderación, y como medicina. Nunca consumió tabaco, té ni café. "Ninguno de estos productos contiene alimento", indicó.

En quinto lugar, no tomaba agua sin hervir, "a menos que fuera destilada", y tomaba agua destilada siempre que podía. Consideraba que las sales minerales —que se encuentran en solución en el agua de fuente natural— cuando se distribuyen en el organismo se depositan finalmente en todos los tejidos, células y órganos, donde se acumulan "en tales cantidades que debido al uso constante hasta la mitad de la vida, un hombre ha consumido tanta materia calcárea como para formar un pilar sólido de tiza, mármol o sal, que poco se diferencia con la esposa de Lot ", produciendo entumecimiento, rigidez, envejecimiento y decrepitud.

Su menú diario incluía una taza de agua caliente —trataba de tomar tres tazas de agua caliente al día— avena o farináceos (harina, fécula o almidón) con leche, bacalao hervido con papas, pan ordinario y mantequilla, dos huevos escalfados, puré de manzana y la fruta de temporada *para el desayuno*. Rara vez almorzaba. Una cena típica incluía una taza de agua caliente, sopa de tomate con arroz o vegetales, pan ordinario con mantequilla, batatas (papas dulces), judías, leche caliente y la fruta de temporada.

¿Un remedio milagroso para casi todo?

Durante siglos, se ha usado el aceite de oliva para aflojar los intestinos, estimular el flujo biliar, aliviar las membranas mucosas, inducir la urinación, suavizar la piel y calmar los nervios. Se encuentra en los remedios populares para el cáncer, los escalofríos, la diarrea, el dolor de oídos, la fiebre, la presión sanguínea alta, la presión sanguínea baja, la malaria, el bocio, el dolor de muelas, los tumores, las heridas, las verrugas genitales, los pólipos, la esclerosis del hígado, el bazo y el útero; y los tumores del oído, los dedos, el cuello y el estómago.

Los argelinos todavía mastican las hojas de olivo para el dolor de muelas y las aftas causadas por el exceso de tabaco. También lo utilizan para la calvicie, la tos, el dolor de oído, las fracturas, la gonorrea, la hemorragia, la hernia, la impotencia, la congestión del hígado, las enfermedades de la piel, las torceduras y los cálculos. En el Líbano, este aceite se utiliza para las quemaduras, los resfríos, el estreñimiento y el dolor de estómago.

¿Existe alguna base real para todos estos usos múltiples?

Control de la aparición de la diabetes en los adultos

El aceite de oliva redujo de manera significativa los niveles de azúcar en la sangre de la mayoría de los diabéticos que contrajeron esta enfermedad siendo adultos y redujo la necesidad diaria de insulina, según un estudio realizado en el centro médico Southwestern de la Universidad de Texas, en Dallas.

Esto —junto con el hecho de que el aceite de oliva previene y revierte la mortal acumulación de colesterol en el corazón, las venas y las arterias— puede ayudar a miles de diabéticos a evitar muchas complicaciones serias de esta enfermedad.

A diferencia de las dietas estándar bajas en grasa y ricas en carbohidratos que los médicos recetan normalmente a los que han contraído diabetes siendo adultos, las cuales son tan insípidas que la mayoría de los pacientes no pueden mantenerlas, la dieta de aceite de oliva es mucho más fácil de seguir debido a que se parece mucho a lo que la gente come normalmente.

Con este método, se utiliza el aceite de oliva para freír alimentos y como un aderezo de ensalada y en cualquier ocasión que se necesite aceite para cocinar. Es 75 por ciento poliinsaturado, por consiguiente más saludable que otras grasas.

Si usted padece de diabetes contraída en la adultez, debería consultar primero con su médico antes de usar este método, para determinar si es seguro para usted.

Cómo este Alimento Bíblico Curativo puede aliviar los problemas de la vesícula biliar

Si alguna vez ha tenido un ataque de vesícula biliar, sabe lo doloroso que puede ser, en especial si se han formado cálculos. *Para prevenir la formación de cálculos biliares dolorosos, si el médico indica que usted tiene una vesícula biliar perezosa, por lo general puede hacerla entrar en acción, al tomar 1 ó 2 cucharadas de aceite de oliva antes de cada comida, indica un médico.* Esto da comienzo al flujo de bilis antes de que el resto de los alimentos entren al estómago. Puede causar un poco de indigestión al comienzo, pero va a sentir una mejoría notoria al cabo de dos semanas.

Se ha descubierto que el aceite de oliva produce contracciones fuertes y saludables de la vesícula biliar, favoreciendo grandemente la evacuación completa, y es considerado como un buen tónico de la vesícula biliar, de acuerdo con el número de octubre-diciembre de 1962 de *Minerva Dietologica*. Al parecer también disuelve los cálculos biliares. En 1983, se informó sobre un experimento en el cual un cálculo biliar perdió el 68 por ciento de su peso cuando se lo sumergió en aceite puro de oliva.

Si su médico ha determinado por medio de rayos X que sus cálculos biliares son lo suficientemente pequeños como para pasar sin quedarse atorados, un antiguo remedio tradicional para hacerlos pasar —recomendado en ocasiones por los médicos— consiste en mezclar media taza de aceite de oliva con media taza de jugo de limón o toronja, revolver, beber y retirarse a la cama. Puede experimentar náuseas. A la mañana siguiente, tome algo caliente y así podrá hacer pasar los cálculos hacia los intestinos. En algunas ocasiones ayuda mucho ayunar 2 días, tomando jugo de manzana en intervalos de 2 horas y luego beba la mezcla de aceite de oliva y jugo de limón la segunda noche. Se dice que ésto disuelve los cálculos pequeños y limpia la vejiga.

Casos relatados:

M. C. relata: "Hace varios años un examen físico completo realizado en una clínica de muy buena reputación mostró que yo tenía cálculos biliares... existían cinco de varios tamaños. Por medio de mis amigos... aprendí cómo librarme de ellos. Durante tres días tomé un buen jugo orgánico de manzana. No consumí ni bebí nada más, a excepción del final del segundo y el tercer día, cuando tomé media taza de aceite de oliva con media taza de jugo de manzana. Los cálculos pasaron en el cuarto día. Varios años después me realicé unos exámenes de rayos X... y el médico me informó que no había signos de cálculos biliares".

D. R. escribe: "Mi hermana tenía una cita para someterse a cirugía, después de que le habían dicho que tenía cálculos biliares. Un familiar le aconsejó que esperara y probara el jugo de medio limón colocado en un vaso pequeño de vino, y que hiciera flotar cuatro cucharadas de aceite de oliva sobre él, para tomarlo todos los días una hora antes del desayuno. Ella hizo esto unos seis meses y no tuvo necesidad de someterse a la cirugía".

El antropólogo médico John Heinerman afirma: "Para la eliminación completa de los cálculos biliares, [el aceite de oliva] parece haber dado resultado para miles de personas en Estados Unidos y Canadá... Personalmente he entrevistado a unas 125... En cada uno de los casos, el tratamiento con unas pocas variaciones aquí y allá parece haber tenido éxito".[1]

Antiguos descubrimientos médicos

El Dr. A. E. Osborn, director del hospital de niños de Glen Ellen, California, escribiendo en el epílogo del libro del Capitán Diamond, da los resultados de sus experimentos en el tratamiento de varias enfermedades con aceite de oliva:

1. "Hace dos años el sarampión se esparció por todo el hospital. Más de 60 pacientes estaban enfermos al mismo tiempo. Careciendo de instalaciones médicas apropiadas... nos vimos obligados a tratarlos en los dormitorios comunes... Mi tratamiento invariable consistía en... darles un baño completo de esponja con agua caliente... seguido de inmediato y en repetidas ocasiones cada par de horas por [aplicaciones] copiosas de aceite de oliva tibio, bien masajeado... [además de] una dieta generosa...

"Todos se recuperaron muy bien, pese a la extremadamente delicada situación de muchos de ellos. La base del tratamiento era el aceite (no se utilizaron medicamentos)... Cuando la piel se volvía

---

[1]*Enciclopedia de frutas, vegetales, y hierbas*, Paramus, N.J.: Prentice Hall, Inc. 1998.

seca y caliente el aceite la curaba y le brindaba al paciente una sensación de alivio... seguida por sueño, del cual se levantaban muy refrescados.

2. "En los casos de escarlatina, [las aplicaciones] frecuentes de aceite de oliva caliente fueron particularmente eficaces para sostener al paciente y [evitar] muchas complicaciones peligrosas. Sobre la base de pruebas personales... estoy convencido de que entre todos los remedios para esta enfermedad, el aceite de oliva es el más valioso y potente".

3. Un niño retardado, de 6 años de edad, "contrajo pulmonía, afectando a los dos pulmones... Con un historial malo, una tara sifilítica bien arraigada en una constitución [tuberculosa]". El niño rechazaba todo tipo de alimentos con excepción del pan y la leche y un poco de papas bien cocidas. La digestión era deficiente. "Además del tratamiento regular, se le proporcionó aceite de oliva en el pan, bien salado, y externamente en el cuerpo y las extremidades, masajeando con las manos... y luego envolviéndolas... Se recuperó de la pulmonía.

4. "Otros casos han demostrado la superioridad del aceite de oliva sobre el aceite de hígado de bacalao en la extinción [de la tuberculosis], y nuevamente soy consciente que es mucho que decir sobre este aceite..."

"Mi experiencia me garantiza... el asumir las siguientes conclusiones:"

"El aceite de oliva no tiene rival... como remedio para la mayoría y probablemente todas las enfermedades desgastantes, donde alivia el estómago, calma los órganos digestivos sobrecargados, lubrica los tractos digestivos inflamados, [detiene] la congestión... y restablece, los tejidos gastados o agotados.

"Ejerce una influencia notoria sobre el hígado y, aparentemente, también sobre los riñones. Los beneficios que pueden derivar del aceite de oliva para el desarreglo del hígado no son para nada [imaginarios]". Calma al hígado, indica.

"El principal valor del aceite de oliva para la fiebre consiste en su propiedad para ser absorbido rápidamente por medio de la piel... En todos los casos reducirá la temperatura del cuerpo, lo que significa un ahorro de vital importancia. Debido a su constitución química, es apto especialmente para el tratamiento de la fiebre... ya que es absorbido de inmediato por la piel..."

Esto es cierto, dice, en casos de sarampión, escarlatina, malaria y fiebre tifoidea.

"Sigo usando y promoviendo el uso del aceite de oliva para... enfermedades nerviosas caracterizadas por una gran [pérdida] de energía y el desgaste progresivo de los tejidos nerviosos... La forma usual de aplicarlo es por medio del masaje... de una a tres veces al día. Para los paralíticos los masajes son los más valiosos. Para los epilépticos [las aplicaciones] de aceite seguidas de inmediato por un considerable descanso en cama produce los mejores resultados".

Otro médico, el Dr. P. C. Remondia de San Diego, California, escribiendo en el epílogo del libro del Capitán Diamond, indica los siguientes usos del aceite de oliva:

Como vermífugo: "El aceite de oliva es uno de los vermífugos más seguros. En el caso de los niños, debería administrarse en dosis de una onza (30 g) y repetirse con frecuencia. Es inofensivo, debido a que no provoca purgación activa, y si el estómago del niño no lo rechaza, a menudo realizará su trabajo sin la ayuda de ningún medicamento adicional. En casos de solitaria (*tapeworm*), por lo general la ha eliminado [por completo], simplemente por su peso y volumen".

Afecciones de la vejiga y el riñón: "En casos de dolores severos localizados en la región de los riñones, el aceite de oliva tomado internamente, en dosis medias, ha demostrado ser beneficioso para traer un alivio rápido. También se ha usado con éxito en casos de urinación dolorosa, angurria [una descarga lenta y dolorosa de orina, gota a gota] y en casos de lo que se conoce popularmente como orina con arenilla".

En las infecciones intestinales: "La diarrea simple, la disentería, los dolores de cólico, la flatulencia o el estreñimiento, se han aliviado gracias al pronto y generoso uso del aceite de oliva [particularmente en niños]. No existe nada que actúe más enérgicamente en casos de gases intestinales retenidos [o] acumulación de heces... que una gran dosis de aceite de oliva..."

Retención de fluido (edema): "El aceite de oliva, ingerido y [aplicado externamente], a menudo a dado muy buenos resultados en el tratamiento de hidropesía (*dropsy*) [hinchazón debida a la retención de fluidos], ya sea abdominal o general".

Quemaduras y heridas: "El aceite de oliva, junto con una cantidad igual de agua de cal (*lime water*), es una aplicación excelente para las superficies quemadas, ya que alivia el dolor y promueve la curación; esta mezcla se ha usado en casos de quemaduras, escaldaduras, heridas de pólvora y abrasiones de la piel. En los accidentes de pólvora que afectan a los ojos este aceite constituye una aplicación relajante y protectora".

Un antídoto para el veneno: "Se ha administrado exitosamente aceite de oliva en casos de envenenamiento con hongos, mezclado literalmente con carbón en polvo. En general, se puede decir que el aceite de oliva es un antídoto seguro y eficaz para muchos casos de envenenamiento..."

Reduce el colesterol al ser absorbido por la piel

Una mujer aseguraba que al remojar los pies durante 10 minutos todos los días en un baño caliente preparado con ralladuras de jabón de Castilla, se disminuyó su colesterol. Decía, "sé que suena ilógico, pero funcionó —¡en realidad funcionó! La disminución del colesterol fue confirmada por un médico". El jabón de Castilla se prepara con aceite puro de oliva, el cual se ha descubierto que reduce el colesterol hasta en un 26 por ciento. En un estudio donde se utilizó ampliamente el aceite de oliva, de un total de 1.215 hombres, sólo se encontraron cuatro casos de enfermedades cardiacas o arteriales en seis años.

Un remedio famoso para el estreñimiento

El aceite de oliva es uno de los laxantes más leves (una cucharada en el momento de ir a la cama). El estreñimiento de los que padecieron largo tiempo (20 años) por lo general se alivia con este simple método. A menudo se lo utiliza en forma de enema para aliviar la impacción o el bloqueo fecal.

Úlceras curadas

"Para aliviar la acidez estomacal, la indigestión y las úlceras", afirma John Heinerman, "simplemente mezcle 2 cucharadas de aceite puro de oliva virgen con la clara de un huevo crudo. Luego tómelo varias veces al día para experimentar un alivio rápido".[2]

Un médico informa que trata a sus pacientes con úlcera utilizando aceite de oliva. Relata cómo uno de sus amigos puede comer una cantidad impresionante de las más picantes salsas mexicanas —después de tomar este aceite. Algunos hombres del campo de la medicina creen que el aceite de oliva contiene vitamina U, una sustancia que se cree ejerce una influencia curativa en las úlceras.

Se cura la bursitis

En un caso reportado, la Sra. R. B. dice: "Mi esposo tuvo artritis por varios años y en una ocasión contrajo un mal caso de bursitis en el hombro derecho y no podía levantar el brazo. Para aliviar la infla-

---

[2] *Enciclopedia de frutas, vegetales, y hierbas, op. cit.*

mación empecé a masajearle el hombro y la parte superior del brazo diariamente con aceite de oliva caliente, realizando una pequeña manipulación mientras masajeaba. Esto fue de mucha ayuda y poco a poco empezó a recuperar el movimiento en el hombro y desde ese entonces no ha vuelto a tener problemas con la bursitis".

Se cura el "mal de San Vito"

Una niña de 11 años empezó a actuar de forma extraña y le diagnosticaron el mal de San Vito, un trastorno nervioso marcado por movimientos espasmódicos de los músculos faciales y de las extremidades, y por la falta de coordinación. Por medio de los otros niños, su madre se enteró de que la niña tenía el hábito de comer cierta hierba cada vez que se encontraba cerca de donde ésta crecía. Le administraron aceite de oliva dos o tres veces al día, en dosis de una cucharada llena. También lo aplicaron sobre la piel, donde, según se informa, se tornaba de color verde mientras absorbía el veneno a través de los poros. Se continuó con el tratamiento de aceite de oliva, tanto externa como internamente, sin ningún otro medicamento. La niña recuperó sus poderes mentales y físicos, y nunca más sufrió de ninguna recaída.

Alivio para el dolor de oído y las infecciones del oído interno

En un esfuerzo para encontrar una alternativa a los medicamentos antibióticos que los pediatras habían recetado a sus hijos, un hombre inventó un remedio sencillo para el dolor de oído y las infecciones del oído interno que ellos habían estado padeciendo.

Él exprime el contenido de una cápsula de vitamina E (400 unidades internacionales *IU*) y una cápsula de aceite de ajo en un envase de vidrio limpio. Agrega 13 gotas de aceite de oliva (con un gotero) a estos ingredientes y los mezcla muy bien. Luego coloca el envase en un bol para sopa lleno con agua "caliente", donde lo deja en reposo un minuto, probando hasta que esté lo suficientemente caliente como para soportar sin que escalde. Con la cabeza del niño levantada y de costado, coloca la misma cantidad de gotas en cada oído.

Dice que este remedio también alivia el zumbido en los oídos, pero no recomienda su uso cuando existe una descarga purulenta o si se ha roto el tímpano.

Alivio de emergencia para las quemaduras

John Heinerman asegura que el aceite de oliva es "estupendo" para las úlceras y las quemaduras. Señala que las quemaduras severas de la superficie de la piel pueden tratarse eficazmente con tan sólo aceite de oliva y claras de huevo, cuando no se dispone de nada más. Como prueba, menciona una horrible quemadura que sufrió mientras hervía líquido caliente, el cual pulverizó toda la parte interior del antebrazo derecho. Con una vieja brocha de adobar limpia (esterilizada con agua hirviendo) esparció una mezcla de aceite de oliva virgen (dos tazas) y las claras de seis huevos frescos —batidos juntos— sobre la herida. Luego cubrió la misma con una venda de gasa fina y no muy apretada, desde el codo hasta la muñeca y la cambió al día siguiente.

"En menos de una semana, estaba recuperado por completo y no necesité de ningún tipo de atención médica", indica. "Asombrosamente, no quedó ninguna cicatriz..."[3]

Ayuda a afirmar la piel flácida

Una cosmetóloga famosa sostiene que el aceite de oliva puede ayudar a afirmar la piel flácida y colgante que se encuentra alrededor del rostro y la garganta. Simplemente bata de manera minuciosa dos yemas de huevo en media taza de aceite de oliva. Aplique con una brocha sobre el rostro y el cuello y permita que se asiente durante

---

[3]*Enciclopedia de frutas, vegetales, y hierbas, op. cit.*

10 minutos. Luego se baten las claras de huevos y se colocan sobre la primera aplicación. Esto se deja así durante una media hora, luego se enjuaga. La piel aparece firme y sin arrugas.

El secreto de una piel sin arrugas

La mayoría de los usos medicinales de las aceitunas están relacionados con su aceite. Sin embargo, en Grecia las mujeres utilizan el *jugo* para mantener la piel prácticamente sin arrugas. Simplemente frotan el jugo de las aceitunas verdes, que es amargo y astringente, sobre la piel del rostro, la garganta, las manos, las muñecas y los antebrazos, con rápidos movimientos circulares, dando palmaditas suaves de vez en cuando. Esto mantiene la piel lo suficientemente firme como para que no se afloje o se arrugue. Además, el consumo diario de *aceite* de oliva con las comidas mantiene la piel tersa y elástica. El jugo debería usarse sólo externamente, debido a que su sabor es sumamente amargo.

El jugo de aceitunas se puede obtener de las aceitunas frescas o encurtidas, sacando las pepas y metiéndolas en una licuadora, aumentando agua si el jugo se vuelve demasiado espeso. (Las aceitunas encurtidas deberían secarse primeramente para eliminar la sal). Esto se puede almacenar en su refrigerador dentro de un envase tapado. Masajee la piel con un poco de este aceite todas las mañanas.

No se recomienda beber el jugo de aceituna debido a que su sabor es bastante amargo. Esto es cierto especialmente si el jugo se hace a base de aceitunas encurtidas, lo que puede agravar la presión sanguínea alta. En Indonesia, este jugo amargo se ha usado con éxito, en pequeñas cantidades, para expulsar las lombrices intestinales.

CAPÍTULO · 14

CÓMO ALGUNOS DE LOS MÁS FAMOSOS ALIMENTOS DE LA BIBLIA COMBATEN EL SIDA, EL MAL DE ALZHEIMER, LA ENFERMEDAD DE PARKINSON, Y MÁS

Durante los cuarenta años de vagar por el árido desierto, los israelitas se desanimaban a menudo y querían regresar. Se quejaban a los líderes. "Nos han traído al desierto para morir..." En esta atmósfera de descontento, cuando el hermano de Moisés, Aarón, fue designado Sacerdote, ellos cuestionaron su autoridad.

Moisés oró para obtener una guía y Dios le instruyó diciéndole que cada familia tenía que traer una vara con el nombre de la cabeza de la familia tallado en la misma. En la vara de la casa de Levi, Moisés talló el nombre de Aarón. Todas las varas fueron presentadas en la gran tienda de campaña, o tabernáculo, y al día siguiente, cuando Moisés ingresó al tabernáculo, la vara de Aarón había brotado. Germinaba, florecía y tenía almendras maduras.

La palabra para almendra en el lenguaje hebreo antiguo significa "regalo de Dios". El milagro de la vara que produjo flores de almendras todavía puede presenciarse hoy en día. Si la punta de una rama de almendro se coloca en agua o se envuelve en un paño mojado, producirá flores de la noche a la mañana.

El almendro es el primer árbol en florecer en la Tierra Santa, produciendo sus adorables flores rosadas de unas ramas desnudas y aparentemente sin vida como el primer signo de la primavera, una vida renovada y el despertar de la Creación. Los judíos todavía llevan varas de flores de almendras a las sinagogas para las grandes festividades.

283

Existen dos tipos principales de almendras: almendras dulces y almendras amargas. Las almendras dulces son valiosas como alimento y también como medicina. Las almendras amargas se deben usar con precaución, debido a que contienen cianuro, un veneno.

Los dolores estomacales e intestinales cesan en cuestión de minutos

Hace varios siglos, se descubrió que cuando se hierve a fuego lento, en leche o en gacha de cebada delgada y caliente, una cucharada de almendras trituradas, durante 30 minutos, y luego se administra a alguien con indigestión, los dolores intestinales o estomacales de esa persona cesan en cuestión de minutos.

Alivio para los cálculos, la arenilla y los problemas del riñón y la vejiga

"Emblanquecidas y batidas en una emulsión con agua de cebada (vea la página 147), las almendras dulces son de gran utilidad en casos de cálculos, arenillas, estangurria y otros trastornos renales, de la vejiga y los conductos biliares", señala Maude Grieve en *A Modern Herbal*.

Coloque su reloj biológico 20 años atrás con este autoestiramiento de la piel

Ninon de L'Enclos fue una belleza francesa quien, a los 90 años de edad, todavía era tan atractiva físicamente ¡que hombres jóvenes se enamoraban locamente de ella! ¡Su rostro era tan terso y sin arrugas como lo había sido a sus 20 años! (Este es un hecho bien documentado). El rey Luis XIV declaró que ella era la maravilla de su reino.

Los retratos auténticos de Ninon de L'Enclos a distintas edades, que van desde los 50 hasta los 85, muestran un rostro limpio y terso, con unos contornos redondeados y juveniles, una garganta lisa y un cuello simétrico.

Ninon enseñó el secreto a sus amigos más íntimos. Uno de ellos, San Evremond, a los 89 años de edad, todavía era tan atractivo que las mujeres jóvenes se desvanecían por él. Su secreto se reveló en un panfleto francés publicado en 1710. La autora, Jeanne Sauval, fue su sirvienta personal por casi medio siglo. Se dice que es el único método exitoso para eliminar las arrugas, aparte de la cirugía plástica.

El secreto era un ungüento que contenía 4 onzas (120 g) de aceite de almendras, 3 onzas (90 g) de manteca y una onza (30 g) de espermaceti (una sustancia cerosa que se obtiene del aceite de esperma de ballena). Se agregaba jugo de cebolla y luego se derretía la mezcla, batiendo hasta que se enfriara, y se aromatizaba con agua de rosas. En lugar de la manteca, se puede utilizar aceite de oliva o cualquier otra grasa vegetal. En lugar del espermaceti, se puede usar cera de vela picada o rallada. Puede exprimir el jugo de una cebolla con un exprimidor manual de ajo. Revuelva sobre el fuego hasta que se derrita, agregando una cucharadita de agua de rosas. Permita que se enfríe y embotelle para almacenar y tener disponible en el futuro. Aplíquelo una vez al día en la frente, el rostro y el cuello y donde sea necesario, al momento de irse a la cama. Cubra la almohada con algo para evitar que se manche. Limpie unas horas después, o al levantarse, con bolas de algodón remojadas en alcohol de fricción. Luego utilice cualquier tipo de limpiador, tonificador o humectante comercial para la piel.

Divertidas para comer, buenas para el corazón

Comer almendras puede reducir el colesterol. El Dr. Gene Spiller, director del centro de investigaciones *Health Research and Studies Center*, en California, puso a prueba a un grupo de personas con colesterol alto, administrando a un grupo 3-1/2 onzas (100 g) de almendras para comer cada día durante 3 a 9 semanas. Otros dos grupos recibieron cantidades iguales de grasa proveniente de queso o de aceite de oliva. Todos comieron las mismas cantidades de frutas, vegetales y granos enteros. Aquellos que comieron almendras experimentaron una disminución del colesterol del 10 al 15 por ciento mayor que los comedores de queso, y un poco mayor que la del grupo que consumió aceite de oliva. La conclusión fue que las almendras y el aceite de oliva, que contienen grasa monoinsaturada, son buenos para el corazón y útiles para disminuir el colesterol, pero deberían usarse limitadamente debido a que son ricos en calorías.

Laetrile

Una controvertida sustancia anticancerígena de la Biblia

La amargura de la almendra amarga se debe a la presencia del glucósido *amigdalina*, que se ha usado en la quimioterapia para el cáncer desde 1845. Su otro nombre, con el que la mayoría de la gente está familiarizada es *laetrile*.

Se decía que el laetrile descargaba ácido cianhídrico en el organismo, el cual destruye las células cancerosas, dejando intactas a las células normales. Las evidencias a favor y en contra del laetrile son fuertes.

Por ejemplo, sólo hay un lugar en el mundo que está libre del cáncer y es la región de Hunza en Pakistán, el único lugar donde los huesos de albaricoque son una parte importante de la dieta. Los hunza utilizan un aceite extraído de estos huesos como el principal aceite de cocina. En Nuevo México, los indios pueblo, cuya incidencia de cáncer es bastante baja, toman una bebida hecha a base de los huesos de albaricoques, duraznos y cerezas, los que contienen amigdalina, la sustancia con la cual se prepara el laetrile. A principios de los años 1970, un escritor que realizaba investigaciones sobre los indios pueblo empezó a tomar esta bebida. Comentó a la revista *Prevention* que, al cabo de 3 días, un par de tumores benignos de la piel de su brazo empezaron a encogerse. En una semana, habían desaparecido por completo. Unos amigos suyos que también tomaron la bebida tuvieron la misma experiencia. Y la droga parece que sí funciona en algunos pacientes. Un médico de Palo Alto, California, dice que salvó la vida de su propia madre con laetrile. En 1976, a un niño de 4 años que padecía de un tumor en la base de la columna (granuloma eosinófilo), con el potencial de convertirse en canceroso, su madre, una enfermera registrada, le administró diariamente pequeñas cantidades de laetrile, después de rechazar la recomendación del médico de someterse a radiación y cirugía. Al cabo de dos meses, los rayos X no mostraban ningún signo de un tumor.

Un defensor del laetrile, Hans Nepier, M.D., especialista en cáncer, del hospital Silbersee en Hannover, Alemania, dice que es una terapia importante para el cáncer de los huesos, a pesar de que no funciona para todos. Dice que funciona sólo cuando operan los mecanismos de defensa naturales del organismo. Se refiere a la prohibición del laetrile en Estados Unidos como "la más grande y deprimente tragicomedia de la medicina moderna".

Por otro lado, la mayoría de las organizaciones médicas y científicas consideran que el laetrile no tiene ningún valor. En varias pruebas realizadas por el *National Cancer Institute*, la *Food and Drug Administration* y otras agencias de salud, el laetrile no mostró ningún tipo de beneficio. En un estudio se examinaron los historiales médicos de 12 pacientes de un médico mejicano. De los nueve pacientes cuyos historiales se pudieron obtener, seis ya habían muerto y uno todavía tenía cáncer, el cual se había esparcido desde que empezó a usar laetrile. La *FDA* no realizó ningún tipo de pruebas en seres humanos.

El Dr. Dean Burke, un bioquímico y antiguo director de la división de citoquímica de la NCA, dijo que las pruebas en animales demostraron que el laetrile tenía un efecto disuasivo anticáncer. Renunció a causa de esta controversia. En su libro *The Treatment of Cancer with Herbs* (Orem, UT: BiWorld Publishers, 1980, pp. 171–82) John Heinerman cita al Dr. Harold W. Manner, antiguo director del Departamento de Biología de la Universidad Loyola, en Chicago, cuando dice que el cianuro del laetrile "no es un veneno cuando forma parte de un complejo químico completo" —refiriéndose a la almendra amarga— y que los pacientes con cáncer podrían tomar sin ningún riesgo pequeñas cantidades de almendras amargas, hasta 10 diarias, sin sufrir consecuencias serias. "Las almendras no podrían causar más daño que la quimioterapia o la radiación, y probablemente mucho menos", dijo el Dr. Manner, en una entrevista con Heinerman.[1]

---

[1]John Heinerman, *Heinerman's Encyclopedia of Nuts, Berries and Seeds*, West Nyack, NY: Parker Publishing Company, Inc., 1995.

Manner renunció a su cargo de profesor y abrió la clínica Manner en Tijuana, México, la cual, según indica Heinerman, ha ayudado a cientos de personas a recuperarse de diferentes tipos de cáncer en la última década. El tratamiento del cáncer con laetrile es, por supuesto, ilegal en Estados Unidos. Sin embargo, según se informa, muchas personas que se preocupan por su salud comen pequeñas cantidades de almendras a diario, para salvaguardarse contra el cáncer o como una terapia informal y no oficial para los tumores existentes que puedan tener, junto con el cuidado médico estándar.[2]

¿Qué deberíamos hacer con todas estas evidencias contradictorias? En su libro *Cancer: How to Prevent It* (Prentice Hall, 1978), el Dr. George E. Berkley dice, "Se pueden sacar unas pocas conclusiones. En primer lugar, el laetrile probablemente no causa ningún daño a nadie. Incluso algunos de sus más duros oponentes no aseguran que puede causar algún daño al organismo humano. En segundo lugar, el laetrile... puede ayudar a algunas personas a sobreponerse de esta enfermedad... En tercer lugar, el laetrile... una sustancia que se encuentra en los huesos de los albaricoques... se conoce químicamente como *nitriloside* [y] se puede encontrar en muchos alimentos más.

"Entre los alimentos ricos en *nitrilosides* parecidos al laetrile se encuentran muchas frutas, tales como manzanas, cerezas, arándanos agrios, ciruelas pasas, ciruelas, peras, limones y limas... También se incluyen muchas legumbres como los frijoles rojos (habichuelas, alubias, *kidney beans*), los garbanzos y las lentejas... y muchos granos integrales como el mijo (*millet*) y el alforfón (*buckwheat*)... Las almendras, batatas (papas dulces), lechugas y linazas (*linseed*) también se han identificado como fuentes de *nitriloside*. El sorgo contiene un poco de *nitriloside*, a pesar de que la melaza, que es parecida al sorgo... no lo contiene... Los brotes de judías de mung (*mung beans sprouts*) y de alfalfa proveen grandes cantidades de esta sustancia posiblemente anticancerígena.

"Considerando estos factores, le beneficiará consumir abundante y saludablemente estos alimentos ricos en *nitriloside* [debido

---

[2]Heinerman, *op. cit.*

a que contienen] muchos otros nutrientes que promueven una mejor salud y aumentan la resistencia a la malignidad..."[3]

Una manera deliciosa de comerlas

Una manera deliciosa de incluir las almendras en la dieta consiste en preparar una ensalada de almendras, combinando 2 tazas de rodajas de toronja (pomelo, *grapefruit*) con media taza de dátiles picados y una taza de almendras trituradas. Se puede lograr una atractiva apariencia arreglando los ingredientes sobre hojas de lechuga, con anillos de pimientos verdes esparcidos sobre las hojas y con iguales proporciones de toronjas y dátiles colocadas sobre los anillos de pimiento y las almendras trituradas rociadas sobre la ensalada. Las toronjas pueden ser sustituidas por, o combinadas con, naranjas y mandarinas. Los dátiles pueden ser sustituidos por, o combinados con, higos. La lechuga podría ser sustituida por berro (*watercress*). También se podrían agregar rodajas de aguacate (palta, *avocado*) u otras frutas, como manzanas o peras, dependiendo de lo que se disponga. Las almendras trituradas pueden ser sustituidas por almendras enteras.

La Planta Curativa del Arcángel Miguel para las mujeres

La reputación de la angélica como una cura para cualquier tipo de dolencia se remonta muchos siglos atrás. Sorprendentemente, las investigaciones científicas modernas han confirmado muchas de estas creencias.

En la Cristiandad, esta planta es considerada sagrada debido a que florece el día del Arcángel Miguel, de aquí proviene su nombre latín, *Angelica archangelica*. En especial parece salvaguardar la salud de las mujeres, pero parece normalizar los latidos del corazón en ambos sexos, protege contra las úlceras, inhibe los tumores, el

---

[3]George R. Berkley, Ph.D., *Cancer: How to Prevent It & How to Help Your Doctor Fight It*, Englewood Cliffs, N.J.: Prentice Hall, Inc., 1978.

dolor abdominal, la anemia, las migrañas, la nefritis, el herpes zoster (culebrilla, *shingles*) e incluso actúa como un mejorador de la potencia sexual.

En el Oriente, donde se la conoce como *dong quai*, médicos herbolarios han usado la angélica durante siglos, para tratar muchos problemas de la mujer, tales como la tensión premenstrual, los retortijones, la debilidad, la dismenorrea (sangrado profuso entre los períodos), los síntomas menopáusicos (especialmente los sofocos, los espasmos vaginales y la sequedad) y para asegurar un parto sin complicaciones.

El aceite esencial de la angélica relaja los músculos lisos del útero y los intestinos. Esto confirma su uso histórico en el tratamiento de los retortijones uterinos y los espasmos intestinales.

Casos Relatados

"Nunca había tenido retortijones... ni hemorragias uterinas, así que pensé que la menopausia sería muy fácil. Pero cuando llegó... todos mis órganos femeninos parecían estar inflamados... perdí muchas horas de sueño... los espasmos dolorosos de la vagina solían despertarme... me realicé un examen médico, pero todo parecía estar en buen estado. Me recetaron unos tranquilizantes [pero los espasmos empeoraron]. Una de las mujeres con las que trabajaba me sugirió que consultara con un herbolario... Debido a la severidad de mi caso me aconsejó que tomara dos cápsulas [de angélica] tres veces al día hasta que mis espasmos se detuvieran y mis órganos perdieran la inflamación. Luego tenía que seguir tomando sólo una cápsula dos veces al día... hasta que la menopausia llegara a su fin. Funcionó de maravilla. Mis síntomas desaparecieron al cabo de una semana". —Sra. M. L.[4]

"Desde que empecé a tomar cápsulas de [angélica], mis síntomas menopáusicos han mejorado de una manera increíble. Por pri-

---

[4]Richard Lucas, *Secrets of the Chinese Herbalists*, West Nyack, NY: Parker Publishing Company, Inc., 1977.

mera vez en muchos años no tengo ningún tipo de dolor reumático, sofocos, ni periodos lamentables de depresión. La mejora es tan notoria que mis amigos me han preguntado qué es lo que he hecho para lograr semejante transformación". —Srta. M. J.[5]

Más hechos asombrosos

La angélica también se usa en el tratamiento de los dolores abdominales, la anemia, las heridas, la artritis, las migrañas y muchas otras afecciones. Tiene un largo historial como remedio para la diabetes, la hipertensión, el cáncer, la angina de pecho, la nefritis y el herpes zoster.

+ En un estudio, la acción calmante del dolor de la angélica demostró ser 1,7 veces mayor que la de la aspirina. Eso, combinado con su capacidad para relajar los músculos lisos, podría explicar su buena reputación para aliviar los retortijones, los dolores de cabeza y la artritis.

+ Los chinos dicen que la angélica —llamada *dong quai*— hace por las mujeres lo que el ginseng hace por los hombres: es un tónico sexual y reproductivo multipropósito. Por lo general, se agregan entre 3 y 6 cucharaditas de la raíz en polvo a una pinta (1/2 litro) de agua hirviendo. Dosis: de 1 a 3 tazas al día. (Debido a que puede producir contracciones uterinas, no la tome si usted está embarazada).

+ Al parecer la angélica normaliza los latidos del corazón, reduciendo grandemente los casos de arritmia (latidos irregulares del corazón), según indican estudios recientes. Contiene por lo menos 14 compuestos que combaten la arritmia. Inhibe la acumulación o la coagulación de la sangre y aumenta el flujo de sangre hacia el corazón, el cerebro y las extremidades. Ejerce una considerable acción reductora de la presión sanguínea, un efecto que se debe en gran parte a su capacidad para dilatar

---

[5]Richard Lucas, *Magic Herbs for Arthritis, Rheumatism, and Related Ailments*, West Nyack, NY: Parker Publishing Company, Inc., 1981.

(ensanchar) los vasos sanguíneos. Contiene 15 compuestos que actúan como los medicamentos ampliamente recetados contra la angina conocidos como bloqueadores de canales.

✦ En un estudio realizado en 1990 se descubrió que la angélica tenía efectos que combaten las úlceras. Dos de los componentes de esta hierba "inhibieron de forma significativa la secreción ácida y la formación de lesiones gástricas inducidas por el estrés".

✦ En un estudio realizado en el Japón, en 1991, se descubrió que dos extractos de angélica podrían ser útiles para la prevención del cáncer. Induce al organismo a producir interferón y ha demostrado una acción antitumoral.

Los herbolarios por lo general recomiendan dos cápsulas de la planta en polvo, dos o tres veces al día, para casos donde los síntomas son severos, y cantidades menores para casos más moderados. Debido a que su sabor es parecido al del apio, puede abrir las cápsulas y esparcir el contenido en sopas o caldos calientes, agregándoles de esta manera un poco de sabor.

Miles de mujeres utilizan esta planta para aliviar el reumatismo causado por la menopausia

En toda América, las mujeres están hablando sobre la nueva forma de obtener un alivio increíble de los intensos dolores del reumatismo en la menopausia. Un alivio para todo el día y toda la noche que en muchos casos parece ser permanente. Después de años de molestias, muchas mujeres aseguran que ahora se encuentran sin dolor, gracias a la angélica.

Casos Relatados:[6]

"Después de padecer tanto debido al reumatismo causado por la menopausia y de gastar mucho dinero en facturas de médicos

---

[6]Richard Lucas, *Magic Herbs for Arthritis, Rheumatism, and Related Ailments, op. cit.*

y píldoras que no me brindaban ningún alivio, probé [la angélica]. En poco tiempo, noté una clara reducción de los dolores reumáticos. Ahora, dos meses después, considero que estoy completamente curada. Me llevé una feliz sorpresa al descubrir que ya no tenía ninguno de esos molestos calores desde que empecé a tomar [la angélica]. Pienso seguir haciéndolo... hasta que la menopausia llegue a su fin". —Sra. D. S.

"[La angélica] ha hecho milagros en mi vida. Me siento como una mujer nueva. Padecía de reumatismo 'del cambio de edad', que me molestaba tanto que en algunas ocasiones no podía descansar cómodamente, sentada, parada ni acostada. Después de tomar cápsulas de [angélica], del tipo superior [preparadas de los topes de las raíces de varias plantas de angélica en lugar de sólo una], durante varias semanas, me encuentro libre de dolor". —Srta. T. W.

"Quiero contarles sobre una mujer a la que le aconsejaron que tomara [angélica] para el reumatismo causado por la menopausia. Ella no sólo se sintió mucho mejor al poco tiempo, sino que al cabo de unos meses, dejó de tomar estrógenos, ya que no los necesitaba más". —Srta. V. B.

"Durante tres años padecí de reumatismo de la menopausia. Luego una amiga me mostró una carta de la columna de un periódico en donde se mencionaba que [la angélica] aliviaba el reumatismo que ocurre durante el cambio de vida. Insistí en que tenía que probarlo. Al poco tiempo, el dolor se desvaneció y no lo he vuelto ha sentir desde ese entonces". —Srta. S. E.

Unas lápidas antiguas revelan un nuevo tratamiento para la soriasis

Le pregunté a mi amigo Bob por qué estaba frotándose los codos con higos. Esperando que me respondiera con una broma, me sorprendí cuando dijo que era una técnica utilizada por los antiguos egipcios para librarse de la soriasis. Ellos alababan a Ra, el dios sol, de quien provenían todas las bendiciones. Para curar varias afecciones de la piel, frotaban esta área con ciertos jugos de plantas y luego se exponían a los rayos curativos del sol. En la actualidad sabemos que algunas de las plantas que ellos usaban, como los higos, contienen psoraleno (*psoralen*), que son compuestos químicos que sensibilizan la piel a la luz.

Esta técnica en realidad tiene un duplicado en la medicina moderna, llamado fotoquimioterapia UVA, que se usa en casos serios de soriasis. Primero, se administra un medicamento que contiene psoraleno. Luego se sienta al paciente dentro de una caja que emite rayos ultravioleta A hacia el cuerpo.

Para obtener una versión natural de este tratamiento, usted podría consumir plantas que contengan psoralenos, tales como el té de angélica, el apio, los higos, el perejil o las chirivías —que por casualidad son todos Alimentos Bíblicos. Podría consumir sólo uno, o mezclar varios en una sopa o ensalada, o preparar un jugo con ellos y después exponerse al sol durante corto tiempo todos los días, o bajo una lámpara solar, para recibir luz ultravioleta. Sólo el área afectada necesita ser expuesta al sol, tales como los codos, los nudillos, las rodillas o la parte inferior de la espalda, para minimizar el riesgo del exceso de exposición al sol. Si nota alguna irritación, deje de usar esta terapia. Siempre obtenga la aprobación de un médico antes de autotratarse.

Bob decía que al parecer este método estaba mejorando su soriasis, y sin importar lo extraño que fuera el método, usted no puede discutir con las pruebas del éxito.

Un alimento afrodisíaco de la Biblia y un remedio para la enfermedad de Parkinson extraído del Libro de Daniel

El mensaje claro de la Biblia es que las legumbres son una fuente milagrosa de salud. Esaú estaba dispuesto a vender sus derechos de nacimiento a cambio de un bol de potaje —sopa de lenteja.

Y Esaú le dijo a Jacob, "Dame de comer, te suplico, de ese...

guiso rojizo, pues estoy muy hambriento". Jacob le respondió,

"Véndeme ahora mismo tus derechos de primogénito..." y le vendió sus derechos a Jacob. Jacob entonces dio a su hermano pan y un plato de lentejas... *Génesis 25:30, 34*

Daniel se negó a comer la carne del rey, y en su lugar pidió tan sólo legumbres para comer y agua para beber. El término legumbres, en los tiempos Bíblicos, se refería a los frijoles, como las fabas (*fava beans*) y las lentejas. Daniel sabía que la mejor manera para mantener la mente clara y el cuerpo fuerte consistía en mantenerse alejado de los ricos alimentos y bebidas del rey.

Daniel se propuso de todo corazón que no iba a contaminarse con la porción de la carne del rey sino que pidió, "Danos legumbres para comer, y agua para tomar... Cumplido el plazo de diez días, vio que tenían mejor aspecto que todos los jóvenes que comían los alimentos del palacio". (Daniel 1:8)

Las legumbres reducen el aumento del nivel del azúcar en la sangre después de las comidas, y retrasa la caída del nivel de azúcar en la sangre más tarde, lo que garantizaría una mente clara.

Las legumbres contienen estrógenos vegetales y inhibidores de proteasas (*PI* por las siglas en inglés) que interfieren con las enzimas que producen cáncer. Los *PI* ayudan a prevenir el crecimiento de células tumorales. Según el antropólogo médico John Heinerman, "los inhibidores *PI* previenen el cáncer inducido por la radiación y mejoran la resistencia de los tejidos a la invasión de las células de los tumores. Si las personas consumen cantidades adecuadas de inhibidores de proteasas *PI* en forma de frijoles y granos, pueden estar protegidos contra el cáncer en diferentes partes del cuerpo".[7]

Las legumbres también reducen el colesterol: 1-1/2 tazas de lentejas secas o frijoles rojos al día pueden disminuir el nivel total del colesterol en un 19 por ciento, debido a su contenido de lecitina y fibra. *The American Journal of Clinical Nutrition*, de octubre de 1983, cita varios estudios que demuestran que los frijoles en realidad pueden disminuir el suero del colesterol y los niveles de triglicéridos en el or-

---

[7]John Heinerman, *Enciclopedia de frutas, vegetales, y hierbas*, Paramus, N.J.: Prentice Hall, Inc., 1998.

ganismo de forma significante, tanto es así que deberían comerse con más frecuencia para evitar que se acumule mucha grasa en la sangre.

Las fabas son la mejor fuente alimenticia de L-dopa, la medicina que se utiliza para tratar la enfermedad de Parkinson (para controlar el temblor y la rigidez). El cerebro utiliza la L-dopa para elaborar un compuesto químico llamado dopamina. A pesar de que nadie sugiere que las fabas puedan reemplazar a los medicamentos que está consumiendo el enfermo, pueden ser beneficiosas en los estados tempranos y leves de esta enfermedad, si el médico lo aprueba.

La L-dopa, que abunda en las fabas, también estimula erecciones potentes y saludables en los hombres. Según se informa, entre 8 y 16 onzas (230 y 450 g) de fabas podrían ser suficientes para aliviar los problemas de impotencia masculina.

Increíblemente, los *brotes* de fabas contienen diez veces más L-dopa que las no brotadas. Vea las instrucciones para hacerlas brotar en la página 431.

Las fabas —todos los frijoles, en realidad— son ricas en lecitina y colina, que aumentan las concentraciones de acetilcolina en el cerebro y mejoran la memoria en animales de laboratorio. Las personas que padecen del mal de Alzheimer, por lo general, carecen de acetilcolina, que desempeña un papel muy importante en el pensamiento y el razonamiento. Algunos investigadores han tratado de alimentar a los pacientes con el mal de Alzheimer a base de alimentos ricos en colina y lecitina, obteniendo inicialmente resultados alentadores.

En Japón se usa el jugo de los frijoles negros para aliviar el estreñimiento, causado por consumir demasiado pan blanco y alimentos refinados, y para calmar a los niños hiperactivos, según indica John Heinerman. Para prepararlo, se hierven durante 10 minutos 2 cucharadas de soja negra (*black soybean*) limpia en 2 cuartos de galón (dos litros) de agua, luego se hierve a fuego lento hasta que quede un cuarto de galón (un litro) de agua. Se agrega un poco de alga marina *kelp* para sazonar antes de colar el caldo. Dosis: 1 taza de jugo tres veces al día.

Como se mencionó anteriormente, el tratamiento del cáncer con laetrile es ilegal en Estados Unidos, sin embargo muchas personas consumen pequeñas cantidades de alimentos que lo contienen, para protegerse del cáncer o como una terapia informal y no oficial para curar los tumores existentes, junto con el cuidado médico profesional.

Entre los alimentos ricos en *nitrilosides* parecidos a los del laetrile se encuentran las legumbres, como los frijoles rojos, los garbanzos y las lentejas. Los brotes de judías de mung suministran grandes cantidades de *nitrilosides*. Las legumbres y los granos tienen el contenido más alto de *nitriloside* cuando están en el periodo de brote.

La "cura maravillosa" de la Biblia para la diabetes

Si tuviera diabetes, comería muchas legumbres. El *Indian Journal of Medicinal Research*, de febrero de 1987, informa que los frijoles tienen un efecto significativo en la reducción de los niveles de azúcar en la sangre de los diabéticos. El Dr. Paavo Airola señala:

> Los jugos para el tratamiento de la diabetes son hechos a base de: judías verdes, ortigas, pepinos, apio, berro, lechuga, cebollas, ajo y frutas cítricas. [Tome en cuenta que ocho de estos nueve alimentos son Alimentos Bíblicos Curativos, que se mencionan en este libro en las páginas 24, 41, 66, 294, 345, 353 y 413.]... Muchos médicos biólogos consideran que el té hecho con la piel de las legumbres es un sustituto natural de la insulina y, además, que es extremadamente beneficioso para la diabetes. La piel de las vainas de las judías verdes es muy rica en ácido sílico y ciertas sustancias hormonales que están íntimamente relacionadas con la insulina. Una taza de té de la piel de las judías es igual a por lo menos 1 unidad de insulina. La dosis recomendada: 1 taza de té de piel de judía en la mañana, al mediodía y a la noche (sistema Waerland).[8]

El té de vainas de frijoles rojos ha curado permanentemente la diabetes. (Esta es el agua en la que las vainas —no los frijoles— se han cocinado). Alrededor de 1900, el Dr. Ramm, de Preetz, Alemania, informó que los diabéticos que habían seguido este tratamiento durante los pasados 12 años —y habían dejado de usarlo— permanecieron curados. Otros, cuyos niveles de azúcar volvieron a los niveles anteriores, pudieron aliviarse nuevamente usando el tratamiento.

---

[8]Paavo Airola, N.D., *Health Secrets From Europe*, West Nyack, NY: Parker Publishing Company, Inc., 1970.

El Dr. Ramm indicó que el agua de vainas de frijoles debe ser recientemente preparada y debe tomarse el mismo día que se preparó. Si se la usa después de 24 horas, causa diarrea. Sólo se utilizan las vainas. Deberían ser recién recogidas y usadas de inmediato. Hierva 2 onzas (60 g) de vainas cortadas en rodajas en 4 cuartos de galón (4 litros) de agua, lentamente, durante 4 horas. Luego filtre el líquido a través de un cedazo fino y conserve durante 8 horas en un lugar fresco. Después de 8 horas, cuele nuevamente con el cedazo —despacio y con cuidado (muchas fibras en el líquido pueden causar malestares intestinales). Ahora sí está lista. Dosis: 1 vaso lleno cada 2 horas. Usado de esta manera, dijo el Dr. Ramm, el remedio es completamente inofensivo. La duración de tiempo requerida era de 3 a 4 semanas, durante el cual se recomienda seguir una dieta estricta para diabéticos.

Precaución: Como todos los remedios de este libro, se requiere de la autorización de un médico antes de empezar el autotratamiento. Usted puede tener una enfermedad, como la diabetes juvenil, que haga que esté método sea completamente inapropiado para usted. Puede ser incompatible con la medicación que está tomando y que su médico considera que no debe dejar de tomar. El médico puede considerar que no es seguro para usted depender de este método como único medio para tratar esta enfermedad. Puede reducir demasiado el nivel de azúcar. Sólo su médico lo sabe con seguridad. Discuta sobre este tratamiento con él o ella. Para obtener más detalles sobre los mejores tratamientos para varios tipos de diabetes, recomiendo *The Best Treatment*, por Isadore Rosenfeld, M.D. (1992), ahora un libro en edición de bolsillo, que analiza en forma excelente ésta y muchas otras enfermedades, desde el punto de vista médico. Además de ser autorizado, es fácil de entender y entretenido.

Desaparecen la obstrucción renal, los cálculos, la arenilla, el reumatismo y la gota

Esté té también produjo curas impresionantes y permanentes en casos de problemas del riñón y la vejiga. Todo esto fue descubierto por el Dr. Ramm, como se mencionó anteriormente, a fines del siglo pasado. Según informa Rex Adams en *Milagrosos Alimentos Curativos* (Prentice Hall, Inc., Paramus, 1998):

El Dr. Ramm había tratado a una mujer que padecía de hidropesía (acumulación de líquido en los tejidos) después de una enfermedad de una válvula del corazón. Nada podía curarla. De repente, mientras hacía las visitas diarias, descubrió que la hinchazón había desaparecido. Ella le dijo que había tomado por accidente un vaso de agua de frijoles rojos y que empezó a eliminar grandes cantidades de orina clara como el cristal —esto sucedía cada vez que lo bebía. Después de 3 semanas de beber el agua ¡la hidropesía desapareció!

Para estar segurar, siguió bebiendo el té de vainas de frijoles unas semanas, luego dejó de hacerlo. La afección nunca regresó. El Dr. Ramm declaró que estaba tan saludable como una mujer podría estar. El Dr. Ramm probó este tratamiento con otros pacientes. En todos los casos de enfermedad del corazón y otras afecciones, se eliminaron grandes cantidades de orina clara, y personas que sufrían desde hacía tiempo de hidropesía ¡se curaron en cuestión de días y permanecieron sanos!

Descubrió que el bloqueo renal de larga duración se podía curar por completo con el agua de vainas de frijoles y que el sangrado de cualquier parte del sistema urinario se podía detener rápidamente. Los cálculos y la arenilla se disolvían en forma rápida y no reaparecían. Las enfermedades de la vejiga y el uréter se curaban. El reumatismo y la gota desaparecían. Incluso se curaron algunos casos de diabetes. Señaló que este remedio era completamente inofensivo y que se podía utilizar indefinidamente obteniendo excelentes resultados.

En algunos casos, el agua de frijoles rojos causó náuseas; en dichos casos el Dr. Ramm la administró en forma de enemas (media pinta con una cucharadita de sal, cada 2 a 4 horas), y los resultados fueron tan buenos como los producidos por la bebida. De hecho, el enema parece haber detenido las convulsiones causadas por la uremia, eliminando grandes cantidades de agua.

Resultados relatados:

La Sra. B. D. relata: "Desarrollé una afección renal [hace] seis semanas. El médico siguió administrándome antibióticos pero el problema no se solucionaba. Visité a un tercer médico y me dijo que regresara para realizarme unos exámenes de rayos X. Encontró un cálculo renal y diabetes. Mi recuento de azúcar era de 326. Dijo que tenía que someterme a una operación si el cálculo no se movía... Cuando llegué a casa... empecé a tomar té de vainas de frijoles. Tomaba un cuarto de galón (un litro) al día. Dos semanas más tarde cuando volví a visitar al médico, mi cálculo había desaparecido y mi recuento de azúcar fue de 128. Me dijo, 'usted se encuentra muy bien'. Nunca más he vuelto a tener cálculos ni diabetes. Él estaba tan sorprendido como yo. En ningún momento tomé medicamentos para la diabetes".

El Sr. D. S. expresa: "Mi esposa ha padecido de problemas del riñón durante años... [Preparé un líquido con las vainas de frijoles rojos] preocupándome de colar y recolar el fluido, debido a que cualquier partícula extra de material suspendido podría causar estragos en un sistema digestivo débil. Luego [de dejarlo en reposo durante 8 horas], le dije a mi esposa que tomara un vaso de 8 onzas (230 g) cada hora. Me dijo que tenía un sabor horrible e hizo muchas muecas. ¿Pero sabe qué sucedió? La preparación funcionó. Su orina apareció clara como el cristal después de que tomó el jugo, y desde ese entonces no ha reportado ningún tipo de dolor o problema en el área de los riñones".

La Sra. T. D. relata: "Padecí de hidropesía durante varios años y tomaba pastillas para la hidropesía, para aliviar la hinchazón y el fluido... Luego empecé a cocinar las vainas de los frijoles rojos, las herví (y bebí el agua)... Empecé el tratamiento siguiendo las instrucciones. No tuve que esperar mucho tiempo para obtener buenos resultados. Expulsaba grandes cantidades de orina bastante seguido (y un poco de arenilla). Seguí tomando el agua de frijoles durante 2-1/2 semanas y al cabo de dos semanas no tenía ningún síntoma de hidropesía. La hinchazón había desaparecido de mis piernas y tobillos. El fluido de mi estómago también se había ido".

La Srta. K. B. escribe: "Mi uretra había estado hinchada muchos años. He acudido al hospital Duke, a mi propio hospital y a otro más. Ellos me operaban y trataban, pero nada funcionaba. Planté frijoles rojos y tomé el líquido hecho con ellas durante tres semanas y puedo decir que nunca había obtenido tan buenos resultados. Eliminó la hinchazón de todo el cuerpo e igualó la acción de un buen laxante... Varios amigos hinchados van a plantar un poco de frijoles... [ellos] están sorprendidos y contentos de escuchar lo que me sucedió".

Las semillas de la flor oficial de la Tierra Santa curan el dolor de los nervios de la noche a la mañana

La pimienta negra es una especia tan común en la Tierra Santa que en algún momento se la declaró la flor oficial del estado de Israel. Su existencia en los tiempos bíblicos ha sido demostrada recientemente por científicos que examinaron la momia de Ramsés II. Uno de los ingredientes usados para la conservación del cuerpo era la pimienta negra. Se encontraron granos de pimienta dentro de las fosas nasales y el abdomen.

George P. Wood, M.D., señala: "La combinación de pimienta negra y la clara de un huevo nunca ha fallado en la cura de un caso de neuralgia [espasmos de los nervios]. Una dama muy pudiente... quien había padecido de neuralgia casi un año y había sido tratada en vano con las mejores técnicas médicas disponibles, cuando estaba al borde de la desesperación, le dijeron que... la pimienta negra con la clara de un huevo la curaría en sólo una noche.

"Ella lo aplicó de la manera que le indicaron y a la mañana siguiente declaró que se sentía como una persona nueva. Por primera vez en muchos meses el dolor había desaparecido por completo y para su gran sorpresa nunca más regresó".

Estas son las instrucciones del Dr. Wood: "Moje un lado de un paño de algodón con la clara de un huevo. Esparza sobre él la pimienta negra de mejor calidad hasta que el huevo tome una coloración casi negra, luego envuélvalo alrededor de las partes afectadas. Cuando la enfermedad está localizada en la cabeza, colóquelo en la sien y otro (sin la pimienta) detrás de la oreja. Una aplicación producirá una cura".

El Dr. S. Asada, un médico japonés, declaró que cuando el remedio se aplica de la manera indicada puede curar cualquier caso de neuralgia en una sola noche. "He curado numerosos casos con esta técnica", dijo, "y no me ha fallado ni una sola vez, ya sea en casos recientes o de hace mucho tiempo".

Cardo santo (bendito)

Los cardos abundan en Palestina. Entre Nazaret y Tiberias, un investigador estaba sorprendido de encontrar un territorio cubierto con extensiones de estas plantas. Con razón aparecen con tanta frecuencia en las Escrituras. El Emperador Carlomagno una vez se encontró con que su ejército estaba amenazado por una epidemia de peste bubónica. Un ángel le informó que si tiraba una flecha de su ballesta al aire, esta caería sobre una planta que curaría esta enfermedad. La flecha cayó en un cardo de la especie que desde ese tiempo se conoce como cardo santo (*blessed thistle, holy thistle, Cnicus benedictus L.*).

Los herbolarios han atribuido varias virtudes al cardo. En una época se consideraba que tenía poderes casi sobrenaturales.

+ Un escritor relata el caso de una mujer cuyos senos estaban consumidos por el cáncer hasta las mismas costillas, y aun así se curaron lavándolos con agua destilada de cardo santo (*Centaurea benedicta*) y espolvoreándolos con el polvo de sus hojas.

+ Otro escritor relata que vio cómo las úlceras putrefactas y huecas de un hombre, que tenía consumida toda la carne de las piernas hasta los mismos huesos y que había probado otras medicinas en vano, se curaron con la siguiente receta: Recoja las hojas magulladas de esta planta y hiérvalas en una cantidad generosa de vino, luego agregue un poco de manteca derretida; deje que hiervan un poco más y luego agregue un poco de harina de trigo, siempre revolviendo con una espátula, hasta que tome la consistencia de un ungüento, el cual debe aplicarse tibio sobre las úlceras dos veces al día.

Según se informa, los compuestos de esta hierba tienen una actividad contra el VIH. En investigaciones modernas, los cultivos de células han demostrado ejercer una actividad citotóxica contra las células cancerosas usando un extracto de cardo santo, así como también una actividad antitumoral en el cáncer de ratones (sarcoma). Un extracto en polvo de la hierba se ha aplicado externamente para los cánceres de piel con resultados variados.

Estudios realizados in vitro con extractos de cardo santo han demostrado que tiene una considerable actividad antibacteriana y fungicida contra la *Candida albicans*.

Los herbolarios utilizan el cardo santo para aumentar el flujo de leche durante el periodo de lactancia. Para este propósito se administra a las madres una taza de té tibio. Según se afirma, también disuelve los coágulos sanguíneos, alivia la ictericia, detiene el sangrado, aumenta el apetito y reduce la fiebre.

El cardo santo contiene un aceite volátil y un principio amargo conocido como cnidina. El libro *Modern Herbal* de Grieve indica: "En grandes dosis, el cardo santo actúa como un emético poderoso, produciendo vómito con muy poco dolor e incomodidad. Las infusiones [tés] frías en dosis más pequeñas son valiosas cuando el estómago se encuentra débil, y como tónico, despertando el apetito y previniendo las enfermedades. La infusión tibia —1 onza (30 g) de la hierba seca con una pinta de agua hirviendo— en dosis de una copa de vino llena, constituye uno de los más útiles diaforéticos [inductores de la transpiración] que se puede utilizar. En una época se creía que la planta poseía grandes virtudes contra todo tipo de fiebre... Se decía que tenía grandes poderes para la purificación y la circulación de la sangre, y de esta manera fortalece el cerebro y la memoria".

Dosis

Agregue 1/2 onza (15 g) de las hojas a 1 pinta (1/2 litro) de agua. Hierva el agua aparte y viértala sobre la planta. Deje en remojo entre 5 y 20 minutos, dependiendo de cuán fuerte quiere que sea. Tómelo caliente o tibio, de 1 a 2 tazas al día.

El Alimento Bíblico que se dice "curó por completo a un hombre de su enfermedad"

Generalmente no se menciona a la col (repollo) como un Alimento Bíblico, pero sí lo era. En la versión original en hebreo de Números 11:4-5 se lee de la siguiente manera:

> "¿Quién nos dará carne para comer (*sir habosar*)? ¡Cómo echamos de menos el pescado que comíamos gratis (*dogo chinom*) en Egipto y los pepinos (*kischooim*), melones (*avatichim*), col (*chotzir*), cebollas (*b'tzolim*) y ajos (*schoomim*)!"

En algunas traducciones actuales de Romanos 14:2 se lee: "...otros, que están débiles (temerosos), no comen sino hierbas". Pero en una traducción del griego original, en *Biblical and Talmudic Medicine* (Alemania, 1911), el exhaustivo y definitivo trabajo de toda una vida de Julius Preuss, M.D., traducido al inglés y editado por Fred Rosner, M.D. (Sanhedrin Press, NY, 1978), se lee: "...*el que está débil debería comer col*".

En el Talmud, los 39 libros de comentario bíblico que datan del siglo I d.C., encontramos a la col registrada como uno de varios alimentos (col, *mangold*, manzanilla, pescado) que "*curan por completo a un hombre de su enfermedad*".

"Enfermedades muy graves que otros remedios no pudieron curar"

El Dr. Blanc, médico francés, ha descrito a la col como "el pan y la mantequilla de los terapéuticos... el médico de los pobres... el médico providencial". En su libro *Avisos sobre las propiedades medicinales de las hojas de col*, describe cientos de ejemplos de beneficios curativos de la col, escogiendo enfermedades "muy graves, que otros remedios no pudieron curar".

"¡Deje que los incrédulos la prueben!", dice. "Nada podría ser más sencillo. Como remedio, [la col] es rápida, segura y fácil de usar. Puede ver los resultados con sus propios ojos".

Jean Valnet, M. D., una autoridad de la medicina natural, dice que a menudo ha usado las hojas de col para tratar una amplia variedad de enfermedades y que en raras ocasiones ha fallado. "Efectivamente, la terapia de col", señala, "ha pasado la prueba del tiempo".

Asma —La col contiene por lo menos cuatro sustancias antiasmáticas (como la salvia, mientras que la cebolla tiene cinco). Un viejo remedio popular para el asma y la bronquitis consiste en tomar a sorbos un caldo preparado cocinando durante 1 hora, 2 onzas (60 g) de col en una pinta (1/2 litro) de agua, a la cual se han agregado 2 onzas (60 g) de miel.

Úlceras —El jugo de col cruda contiene cantidades considerables de dos compuestos que combaten las úlceras, la glutamina y la S-metilmetionina. En un estudio realizado en 1949 por el Dr. Garnett Cheney sobre personas con úlceras, a quienes se les había administrado un tratamiento de jugo de col cruda, el 95,9% estuvieron sin dolor al cabo de dos semanas. El 81 por ciento estuvieron sin síntomas en una semana y el 66 por ciento se había liberado del dolor en 4 días. Sus dietas consistían en vegetales cocidos, sopa de vegetales y carnes guisadas, evitando alimentos fritos y productos lácteos. Todos los pacientes tenían que tomar 1 cuarto de galón (un litro) de jugo fresco de col cruda al día, en cuatro o cinco dosis. Usted puede lograr los mismos resultados con un sabor mucho más agradable, mezclándolo con jugo de zanahoria, o preparando sopa de col.

Osteoporosis —La col ocupa la primera posición entre los vegetales de hojas por tener el mayor contenido de boro y el boro eleva los niveles de estrógeno en la sangre, ayudando a conservar los huesos en buen estado y evitar la osteoporosis.

Edema —La col alivia el edema (hinchazón producida por la retención de agua) debido a su alto contenido de potasio. Uno de los métodos consiste en hacer jugo con una col, y una piña entera, mezclarlos y tomar en pequeñas cantidades a lo largo del día. Asegúrese de tener un baño cerca, ya que drenará varios litros de agua.

Artritis —Un remedio popular, comprobado por el tiempo, para la artritis y el dolor de espalda, consiste en beber dos vasos de jugo de col al día. Otro método tradicional consiste en cocinar al vapor unas pocas hojas de col hasta que estén blandas. Frote un poco de aceite de oliva sobre el área dolorida. Luego coloque algunas hojas tibias —pero no calientes— de col sobre el área. Cubra con una toalla. Repita el procedimiento una hora después con nuevas hojas de col.

Furúnculos —Para deshacerse de un furúnculo, puede utilizar un antiguo remedio que consiste en colocar hojas de col trituradas sobre el furúnculo, dejándolas allí hasta que el furúnculo se abra, eliminando el pus y, por lo tanto, aliviando el dolor. (Según se informa, una rodaja de cebolla logra el mismo resultado). Limpie el área con el jugo de un limón pequeño o cualquier otro desinfectante, y coloque una venda sobre el furúnculo.

Intoxicación —Un remedio popular antiguo para evitar la ebriedad, consiste en consumir un poco de col cruda antes de asistir a una fiesta, y usted no se emborrachará. A Catón el Censor, un estadista romano, se le acredita este consejo. "Si desea beber grandes cantidades en un banquete, sumerja un poco de col en vinagre y consuma la cantidad que desee. La col evitará que se emborrache y puede beber tanto como desee".

Resaca —Para prevenir la resaca, tome tanta agua como pueda antes de irse a dormir para contrarrestar el efecto de deshidratación que causa el licor; a la mañana siguiente, tome un poco de sopa de col.

El Dr. Valnet afirma que las hojas de col se pueden aplicar externamente en el tratamiento de las úlceras de las piernas, el eczema y las heridas crónicas o infectadas. En algunas ocasiones, esto causa una recurrencia temporal, indica. Cuando esto suceda, aplique durante una hora o dos, separadas por intervalos de entre 6 y 12 horas, durante unos pocos días. Si está bastante inflamado, cambie las aplicaciones de hojas de col con aceite de oliva virgen o aceite de almendra dulce. Cuando la irritación ha disminuido, vuelva a aplicar la terapia de hojas de col.

Para preparar las hojas, simplemente lávelas con abundante agua, o remójelas unos minutos en agua con limón. Corte el nervio central da cada hoja. Después triture las hojas con un rodillo o una botella. El jugo aparece sobre la superficie de las hojas, listo para ser aplicado. Cubra con un paño grueso y continúe varias horas, toda la noche si es necesario. Si las hojas de col se aplican sobre las úlceras con bordes hinchados e irritados, remoje las hojas durante media hora en aceite de oliva. Esto calmará los tejidos inflamados, así como también combatirá la infección y promoverá la cura.

Cuando trate el lumbago, el dolor de articulaciones u otras afecciones de los nervios o la vejiga, las cataplasmas de hojas de col brindan un alivio rápido, indica el Dr. Valnet. Hierva de dos a cuatro hojas de col y dos cebollas picadas con 3 ó 4 puñados de salvado y un poco de agua. Cuando el agua se evapore, coloque la cataplasma en una gasa y aplíquela caliente durante una o dos horas, o durante toda la noche. Esta mezcla, señala, a pesar de que suena muy anticuada, es bastante eficaz.

Nunca aplique algo caliente sobre un abdomen dolorido, advierte. Sólo un médico puede diagnosticar y tratar el dolor abdominal. El calor puede ser perjudicial en casos de apendicitis o infección de los ovarios.

El Dr. Valnet recomienda aplicaciones externas de hojas de col para la piel resquebrajada y los sabañones; contusiones en la piel; heridas de varios tipos; úlceras en las piernas debido a las venas varicosas; gangrena en las extremidades; quemaduras, herpes zoster (culebrilla, *shingles*), eczema, herpes labial, acné, erupciones de la piel causadas por la sífilis; inflamación de los vasos sanguíneos y los canales linfáticos; hemorroides; varios tipos de infecciones, incluyendo los abscesos, las infecciones de las venas, los furúnculos, el ántrax y los panadizos; varios tipos de neuralgia inclusive el lumbago y la ciática, el dolor dental y la neuralgia facial; dolor de la gota; cólico renal; dolores de cabeza incluyendo la migraña; trastornos del estómago, los intestinos, la vejiga y el hígado; enfermedades respiratorias incluyendo los resfríos, la bronquitis, la pleuresía y el asma; mordeduras de animales; tumores.

Casos relatados:

Alrededor de 1880, en una pequeña aldea de Francia, un conductor se cayó de su carro y —como solía pasar en aquellos
tiempos— una rueda le pasó sobre la pierna. Los médicos estaban listos para amputarle la pierna la mañana siguiente. Pero
el cura de la parroquia le aconsejó a la madre del paciente
que cubriera la pierna lesionada con hojas de col. Con esta
simple venda en su lugar, el hombre pudo dormir toda la
noche. Cuando se despertó, su familia y uno de los médicos
se dieron cuenta de que ya podía mover la pierna. Se retiraron
las hojas de col para mostrar una pierna sin hinchazón, con un
color mucho mejor. Ocho días después, completamente recuperado, el hombre regresó a su trabajo.

El Sr. Z., fabricante de relojes, padeció durante un año de un
eczema muy doloroso en ambas manos, que le impedía trabajar. Las lesiones estaban muy inflamadas y las uñas se estaban
separando, a punto de caerse. Dos aplicaciones diarias de
hojas de col durante unos pocos días aliviaron el dolor, y un
fluido claro drenó sobre la venda. Con un tratamiento continuo, el Sr. Z. se curó al cabo de 2 meses.

En 1875, el Sr. S., de 75 años de edad, padecía de gangrena
arteriosclerótica en la parte inferior de la pierna derecha y el
pie derecho. La piel estaba negra y la parte frontal de la
pierna derecha estaba podrida. Después de la aplicación
local de la venda de hojas de col, la piel cambió de negra a
marrón, a rojo y luego retomó su saludable color
natural.

Casi después de un siglo, un médico de la ciudad de Nueva
York informó sobre el caso de un anciano que padecía de una
úlcera péptica. Necesitaba someterse a una cirugía —una resección gástrica— pero tuvo que esperar hasta que la compañía de seguros pudiera hacer los arreglos necesarios. Con el
objetivo de brindarle alivio inmediato, el médico le aconsejó
que tomara un cuarto de galón (un litro) de jugo fresco de col

(4 vasos) al día. El paciente regresó 2 semanas después con los papeles del seguro pero, se sentía bien, canceló la cirugía y se fue a su casa.

El mismo médico relata la historia de un hombre a quien le habían diagnosticado, en una clínica reconocida, un serio tumor en el cerebro y una úlcera péptica. Le dijeron que tomara 4 vasos de jugo de col cruda al día para la úlcera péptica crónica, que dejara de fumar y que disminuyera el consumo de azúcar, harina blanca y pastas. Al poco tiempo, se había liberado del dolor de la úlcera péptica y todos los síntomas del tumor cerebral habían desaparecido y pudo volver a trabajar.

Un hecho asombroso fue el de una mujer que tenía cientos de desagradables verrugas negras cubriéndole el rostro, el cuello y el pecho. También tenía un párpado paralizado. El médico, sin prometerle nada, le comentó sobre la terapia del jugo de col cruda. En pocas semanas, ¡las desagradables verrugas desaparecieron casi por completo, al igual que la parálisis!

El elixir del dios sol

En el libro *Plants in the Bible*, escrito por Harold y Alma Moldenke, hay una referencia sobre la manzanilla palestina, la cual fue usada por los primeros cristianos. Los egipcios veneraban a la manzanilla por su poder para curar la fiebre, en particular la fiebre recurrente de la malaria. Sus flores parecidas a la margarita les hacía recordar al sol, así que la dedicaron a Ra, el dios sol, uno de los dioses más importantes del panteón. Desde la sexta dinastía, todos los faraones aseguraban ser descendientes de Ra. El cuerpo de Ramsés II fue ungido con aceite de manzanilla. La manzanilla común es agradablemente aromática, con una esencia similar a la manzana, de aquí su nombre que proviene del griego de *kamai*, que significa "sobre la tierra" y *melon*, que significa "manzana". Cuando se camina sobre ella, su esencia fuerte y fragante, por lo general, revela su presencia antes de que uno la vea. De hecho, caminar sobre esta planta parece ser beneficioso:

Como un lecho de manzanillas
Cuanto más se pisa,
Más se propaga...

Se solía llamar a la manzanilla el "médico de las plantas", debido a que nada parece contribuir tanto a la salud de un jardín como el número de manzanillas dispersas en él. Si otra planta está decaída o enfermiza, en nueve de cada diez casos se recuperará si se planta una hierba de manzanilla cerca de ella.

Sus principales sustancias activas consisten en un ácido volátil, ácido antémico (el principio amargo), ácido tánico y un glucósido. El hervir disipa el aceite. El té de manzanilla debería prepararse en un recipiente tapado, con el objeto de prevenir que se escape el vapor, ya que el valor medicinal de las flores se pierde en gran parte con la evaporación. Para preparar el té, las flores se deberían dejar en remojo en agua bastante caliente, pero no hirviendo, durante por lo menos 10 minutos. Cuele y endulce al gusto.

Alivio para el estómago, las úlceras, los cálculos biliares y la diverticulitis

Los herbolarios consideran a la manzanilla como la primera opción entre las hierbas para la acidez y los problemas estomacales. Rudolf Fritz Weiss, M.D., conocido como el decano de los herbolarios médicos alemanes, autor de *Herbal Medicine*, escribe que para las úlceras estomacales, "El remedio preferido es la manzanilla... No existe ningún otro remedio más preciso, incluyendo todos los productos sintéticos". Es específicamente adecuado para tratar los problemas digestivos, inclusive las úlceras, porque combina propiedades antiinflamatorias, antisépticas, antiespasmódicas y calmantes del estómago.

Hace mucho tiempo que se sabe que el té de manzanilla disuelve los cálculos biliares. Nicholas Culpepper escribió: "Que es excelente para los cálculos se demuestra en ésto que he tratado —que el cálculo que se ha extraído del cuerpo de un hombre, envuelto en manzanilla, se disolverá con el paso del tiempo, y en poco tiempo". En un caso relatado, se colocaron dos cálculos en un vaso de té de manzanilla. Al día siguiente, los cálculos se habían partido en cuatro partes. Al cabo de 5 días parecían arenilla. En 10 días se habían disuelto por completo.

El té de manzanilla es valioso particularmente en el tratamiento de la diverticulitis, debido a que su acción antiinflamatoria calma a todo el sistema digestivo. La dosis sugerida es de 2 cucharaditas de manzanilla seca por cada taza de agua hirviendo. Deje en remojo durante 5 a 10 minutos. Tome a sorbos a lo largo del día.

Alivio de la hinchazón, la inflamación, la neuralgia y los abscesos

Además de sus usos internos, las flores de manzanilla se usan ampliamente en cataplasmas y fomentos para las hinchazones externas, el dolor inflamatorio o la neuralgia. Estas flores aliviarán lo que otros remedios no han aliviado, y serán invalorables para reducir la hinchazón del rostro causada por abscesos. Se pueden llenar unas bolsas con las flores y remojarlas en agua hirviendo antes de aplicarlas como fomento. Se dice que los poderes antisépticos de la manzanilla son 120 veces más fuertes que el agua de mar.

Una mujer, que se cortó el dedo con un clavo oxidado, remojó la mano en una infusión de manzanilla. "Mi mano se curó en pocos días y en los años siguientes he descubierto que estas flores han sido infalibles en todos los casos que las he usado", escribió. "En meses recientes me curó el pie que estaba bastante envenenado por la lejía. Para los pies cansados, es bastante relajante remojarlos en una infusión tibia [preparada como el té pero tapada y dejada en remojo por más tiempo, de 10 a 20 minutos], y además elimina la inflamación de los callos. También es un remedio excelente para la hiedra venenosa".

Toda la hierba se usa en aplicaciones externas para el dolor de muelas, el dolor de oídos y la neuralgia. Se hace una infusión (se remoja) una onza (30 g) de la hierba seca en 2 pintas (1 litro) de agua hirviendo y se deja enfriar.

Asegura que curó la migraña

El herbolario francés Maurice Mességué dice: "Mi abuela Sophie siempre me daba una buena infusión de manzanilla cuando sospechaba que yo tenía lombrices, y luego me enteré que solía recomendarla a las mujeres del pueblo que padecían de períodos dolorosos. Mi padre la recetaba para los retortijones intestinales y estomacales, los cólicos y los espasmos... para acelerar la cura de... las heridas y para eliminar el pus. Yo mismo he usado sus virtudes curativas para tratar la neuralgia facial y la migraña... Me gusta citar el caso de un hombre que vino a consultarme sobre su migraña, la cual se había resistido a todos los productos farmacéuticos 'clásicos' que había estado tomando y que estaban destruyéndole el estómago y los riñones. Pero después de 14 días de intenso tratamiento con manzanilla se había curado.[9]

Para la migraña y la neuralgia, Mességué preparaba una cocción colocando un puñado de flores de manzanilla secas en un litro (2 pintas) de agua. (Vea las instrucciones para preparar infusiones y cocciones que se encuentran en el Apéndice A).

"Su efecto calmante y sedante es absolutamente inofensivo"

La herbolaria Maude Grieve escribe: "La infusión [de manzanilla], preparada con 1 onza (30 g) de las flores por cada 1 pinta (1/2 litro) de agua hirviendo y tomada en dosis de una cucharada a una copa de vino... es un remedio antiguo pero extremadamente eficaz para las afecciones histéricas y nerviosas de las mujeres. También se usa como un emenagogo [estimula la menstruación]. Produce un efecto calmante, sedante y completamente inofensivo que es maravilloso. Se la considera un preventivo y el único remedio cierto

---

[9]Del libro *Health Secrets of Plants and Herbs* escrito por Maurice Mességué. Copyright 1975 por Opera Mundi. Copyright 1979 por William Collins & Co., Ltd. Con permiso de William Morrow & Company, Inc.

para las pesadillas. Interrumpirá un ataque de delírium tremens en la etapa primaria. En algunas ocasiones se la ha utilizado para tratar la fiebre intermitente".

Precaución: La manzanilla es miembro de la familia de la ambrosía (*ragweed*). Si usted tiene fiebre del heno, existe la remota posibilidad de que al beber el té de manzanilla pueda provocar una reacción. Hace un tiempo, el *Journal of Allergy and Clinical Immunology* afirmaba que el té de manzanilla podría causar una reacción alérgica potencialmente fatal —shock anafiláctico— en personas alérgicas a la ambrosía. La revisión posterior de toda la literatura mundial del periodo de 95 años, desde 1887 hasta 1982, no reveló ninguna muerte, y un total de 50 casos de reacciones parecidas a las de la histamina —45 causados por la manzanilla común (o romana) y cinco por la variedad alemana, la cual es la más común en Estados Unidos.

El remedio de Moisés para el dolor de muelas

Moisés incluyó clavo de olor (*cloves*) en el incienso santo del Tabernáculo. Todas las traducciones de la Biblia utilizan la palabra *onycha*, que tiene su origen en la palabra griega *onux*, que es la misma derivación básica de la palabra "clavo", del latín *clavus*. Debido a que la *onycha* en la Biblia siempre es una de varias especias dulces, la evidencia apunta en dirección a los clavos de olor:

> Y el Señor dijo a Moisés: "Procúrate en cantidades iguales los siguientes aromas: resina, espinos y *onycha* y galvano, especias aromáticas..." *Éxodo 30:34*

Los curanderos tradicionales de la India han usado clavo de olor desde la antigüedad, y se cree que se convirtió en una posesión valiosa —y bastante rara y costosa— del comercio de los israelitas.

El aceite de clavo de olor está compuesto en un 60 a 90 por ciento de eugenol, que le da un poder antiséptico y anestésico. Los dentistas lo utilizan como un anestésico oral —se colocan unas pocas gotas en la cavidad— y para desinfectar los conductos de las raíces de los dientes. También es el ingrediente activo de remedios de venta libre para el dolor de muelas, como *Benzodent* y *Numzident.*

Un comité científico, en un informe a la *Food and Drug Administration*, comentó que el aceite de clavo de olor era el único de 12 ingredientes, que se encuentran comúnmente en las preparaciones para el dolor de muelas, que era "seguro y eficaz para uso temporario en una muela con un dolor punzante". El aceite se coloca directamente en la muela, y no se ingiere.

Usos relatados:

Una manera de utilizar el aceite de clavo de olor es verter unas gotas del mismo sobre una bolita de algodón y frotarlo suavemente sobre la muela inflamada. Esto puede brindarle una hora de alivio. Siga haciéndolo hasta que pueda acudir a un dentista. La misma técnica funciona después de una extracción. El aceite de clavo de olor está disponible en la mayoría de tiendas de alimentos naturales (*health food stores*) y es un buen producto que vale la pena tener a la mano, en casos de emergencia.

Según mi dentista, si se cae un empaste dental, usted puede aliviar el dolor colocando un trozo pequeño de algodón remojado en aceite de clavo de olor. Luego llene el hueco con un empaste temporal —como *Dent Temp*— disponible en la mayoría de farmacias. También se puede usar como empaste temporal, goma de mascar —sin azúcar— masticada. Esto debería proteger y aliviar el dolor hasta que pueda ir al dentista.

Los clavos de olor son una de numerosas especias que pueden ayudar al organismo a usar la insulina de una forma más eficaz. Las otras son: hoja de laurel (*bay*), canela (*cinnamon*) y cúrcuma (*turmeric*).

Ayuda a conservar la visión en la edad avanzada

El aceite de clavo de olor es un antioxidante poderoso. Varios estudios muestran que ayuda a evitar la descomposición en la retina de una sustancia llamada ácido docosahexaenoico. Esta acción ayuda a mantener la visión en la edad avanzada. Un científico aconseja agregar 1 ó 2 gotas de aceite de clavo de olor al té de menta y tomar hasta 4 tazas al día.

Poderes medicinales de la corteza sagrada usada en la Cruz del Calvario

Ninguna discusión de las Plantas Bíblicas estaría completa sin el saúco negro (*black elder*), que muchos piensan es el árbol del cual se hizo la Cruz del Calvario. Según se indica en este verso antiguo:

> "Bour tree — Bour tree: injustamente torcido
>
> Nunca firme, nunca fuerte;
>
> Nunca árbol y arbusto para siempre
>
> Desde que clavaron en tu madera al Señor".

La leyenda identifica al saúco como el famoso árbol de Judas. Sir John Mandeville, al escribir sobre sus viajes, nos cuenta que cerca de Piscina de Siloé (Juan 9:7), le mostraron el verdadero "Árbol de Saúco donde Judas se ahorcó, en muestra de desesperación, después de haber vendido y traicionado a nuestro Señor".

Medicinalmente, el saúco negro es una planta extremadamente valiosa. Todo el árbol tiene un olor narcótico. Ninguna planta puede crecer debajo de su sombra; ya que son afectadas por sus aceites aromáticos volátiles. Dormir debajo del saúco supuestamente produce un sueño narcótico lleno de sueños. Debido a sus propiedades diuréticas y desintoxicantes, la gente consume bayas de saúco para adelgazar. El té fuerte de flores de saúco es muy bueno para los resfríos, la gripe y el asma si se mezcla con menta piperita y milenrama (*yarrow*).

Desaparición de los espasmos nerviosos, la ciática y los dolores reumáticos

En 1899, un marinero estadounidense le dijo a su médico que emborracharse con el genuino vino tinto oporto tradicional era un remedio infalible para la dolorosa ciática. Haciendo varias pruebas, el médico descubrió que a pesar de que el genuino vino oporto no tiene prácticamente ninguna propiedad calmante de los nervios, el producto barato y adulterado, que trata de asemejarse al vino oporto seco por medio de la adición de jugo de bayas de saúco, por lo general desvanece los espasmos nerviosos. En su libro *Milagrosos alimentos curativos*, Rex Adams dice:

> Los espasmos faciales, acompañados de un dolor de una naturaleza punzante y un tic nervioso, se conocen con el nombre del *tic douloureux* o neuralgia trigémina. Se han utilizado muchos medicamentos para tratar esta condición. Es posible que la cirugía la alivie. En 1914, un médico de Praga ¡curó 48 casos con jugo puro de bayas del saúco!

"Los pacientes tomaron diariamente 20 gramos durante cinco días. Algunos se curaron ¡con sólo una dosis! Otros se curaron al cabo de varios días. Se descubrió que el añadir un 20% de alcohol aceleraba la curación. Dos años más tarde un médico noruego combinó diez gramos de vino oporto con 30 gramos de jugo de bayas del saúco y descubrió que los casos agudos de ciática ¡se curaban en tan solo un día! Ningún caso demoró en curarse más de dos o tres semanas".

Una poderosa Planta Bíblica Curativa que elimina el dolor de la artritis

El jengibre se menciona varias veces en el Talmud —los 39 libros de comentario bíblico que datan del siglo I— como una poderosa planta medicinal que es, junto con la pimienta y el vino, beneficiosa para todo el organismo.

El jengibre es un agente antiinflamatorio que se ha usado para aliviar la artritis reumatoide durante miles de años. Funciona bloqueando la formación de sustancias químicas inflamatorias en el organismo.

Muchos medicamentos antiinflamatorios también hacen lo mismo, pero producen efectos secundarios como úlceras del estómago que evitan su uso prolongado. Al parecer el jengibre también neutraliza los ácidos inflamatorios en los fluidos de las articulaciones.

El Dr. Krishna C. Srivastava de la Universidad de Odense, en Dinamarca, informa los siguientes usos del jengibre para la artritis reumatoide:

> A un mecánico automotriz, de 50 años de edad, a quien habían diagnosticado artritis reumatoide, le dijeron que comiera unas 1-3/4 onzas (50 g) de jengibre fresco al día, mezclado con vegetales y carnes un poco cocidos. Los síntomas empezaron a disminuir al cabo de un mes. En 3 meses, estaba "completamente libre de dolor, inflamación e hinchazón", y ha permanecido así durante 10 años.

> En un estudio que duró dos años, cincuenta pacientes se aliviaron de la artritis reumatoide tomando 1/6 onza (5 g) de jengibre fresco ó 1/3 cucharadita de jengibre molido con los alimentos o disueltas en líquido, tres veces al día. No se observaron efectos secundarios, al usar pequeñas dosis terapéuticas.

> El Dr. Srivastava también señala que el jengibre en polvo es eficaz para aliviar el dolor y la inflamación de la osteoartritis. Dice que el 75 por ciento de los pacientes que tomaron 1/3 cucharadita de jengibre en polvo tres veces al día, en un periodo de hasta 2 años y medio, mejoraron significativamente.

Alivio para los mareos, las náuseas y las náuseas matinales del embarazo

El jengibre tiene una antigua reputación por aliviar los mareos causados por movimiento, las náuseas matinales del embarazo, el vértigo y las náuseas causados por la "gripe estomacal". Lo hace mejor que el medicamento estándar, *Dramamine*, según un estudio publicado en la revista médica británica *The Lancet*.

Investigadores administraron cápsulas de 100 mg de *Dramamine* ó 940 mg de polvo de jengibre a voluntarios con un historial de mareo causado por el movimiento. Luego se sentaron en una mecedora que estimulaba el tipo de movimiento que produce mareos como los causados por el movimiento del mar. Tan pronto como sintieran náuseas tenían que detener la mecedora. Aquellos que tomaron jengibre duraron 57 por ciento más que aquellos que tomaron *Dramamine*.

En un estudio de 8 años conducido por cierto investigador, el jengibre funcionó para más del 90 por ciento de las personas que lo probaron. Las personas que padecían de mareos o vértigo pudieron salir de sus casas por primera vez en muchos años, sin sentirse enfermas o mareadas. Una dosis sugerida es de 1.500 mg, unos 30 minutos antes de viajar. Durante el embarazo, las náuseas matinales se pueden aliviar tomando jengibre antes de levantarse de la cama, quedándose en la cama hasta que los síntomas desaparezcan. En el estudio publicado en *The Lancet*, se usaron menos de 1.000 mg para prevenir las náuseas. El jengibre puede estimular la menstruación en niveles muy elevados (en estudios chinos, de 20 a 28 gramos). No se han reportado abortos. El jengibre está en la lista de hierbas que son consideradas seguras por la *Food and Drug Administration* (*FDA*).

"Completamente seguro"

Un investigador señala que no ha observado el más mínimo síntoma tóxico en animales de laboratorio con dosis 10 veces mayores que las que un ser humano ingeriría normalmente. "Se han establecido niveles de dosis letales", dice, "pero son muy elevados por lo que la *FDA* la ha aceptado como una hierba completamente segura... Conozco a gente que usa [el jengibre] a diario, para tratar problemas crónicos, sin el más mínimo rastro de efectos secundarios".

Fertilidad masculina

En un artículo titulado "Estudio de los afrodisíacos herbarios usados en el sistema médico árabe", publicado en el *American Journal of Chinese Medicine*, algunos científicos saudíes coincidían en que los extractos de jengibre aumentaban en forma significativa la movilidad y cantidad de los espermatozoides.

Crecimiento del cabello

Un conocido me comentó que la raíz de jengibre puede hacer crecer cabellos nuevos. Mi amigo, un tanto calvo, aseguró que el ritual nocturno de rallar un poco de raíz fresca de jengibre, exprimiéndola a través de un pedazo de estopilla para obtener un poco de jugo, mezclar este jugo con alcohol (diez partes de alcohol con una parte de jugo), y aplicarlo sobre la calvicie, enjuagando media hora más tarde con agua templada, hizo que un área calva que le molestaba se llenara de cabellos, en un periodo de 6 meses.

Esta humilde planta de la Biblia se la considera como una de las más valiosas e importantes en el campo de la medicina

Los expertos consideran que las referencias al brezo (*heath*) en la Biblia, en el Libro de Jeremías (17:6 y 48:6), se refieren al enebro, que crece en los montes de Sinaí y es un arbusto común en los lugares desérticos de la Tierra Santa. Medicinalmente, las hojas y las bayas de enebro se usaban para provocar la evacuación de los intestinos, eliminar las solitarias, aliviar el asma, curar los dolores de cabeza, inducir la menstruación y mucho más. A comienzos del siglo XX, se conocía al enebro como "uno de los artículos más valiosos, importantes y universales de la Materia Médica". En su libro, *The Way of Herbs*, Michael Tierra, N.D., dice que el tomar entre 4 y 6 gotas de aceite de bayas de enebro con miel, tres o cuatro veces al día, ha sido un remedio casero exitoso para los cálculos y la arenilla, los dolores lumbares, la gota y los problemas reumáticos.

El asma se cura con una simple Planta Bíblica Medicinal

En *Folk Remedies of the Low Country*, la Dra. Julia F. Morton presenta un tesoro de remedios con plantas medicinales usados por los nativos de la región costanera de Charleston, Carolina del Sur —los *Gullah folk*.

Cuenta la historia de una mujer anciana que, años atrás, había padecido de asma. Cuando tenía 18 años, una mujer negra le dijo que remojara las bayas de un cedro blanco (enebro) en whisky y que tomara una cucharadita cuando sintiera venir un ataque de asma. Este remedio no sólo evitó los ataques, sino que también parece haberla curado. Por el resto de su larga vida —otros 60 años— nunca tuvo más problemas con el asma.

Los expertos previenen, sin embargo, que las mujeres embarazadas, los niños pequeños y aquellas personas con problemas de los riñones o fiebre del heno no deberían tomarlo. "La regla", explica el famoso herbolario alemán Rudolf Fritz Weiss, M.D., "es nunca tomar enebro más de 6 semanas". El principal ingrediente activo del enebro es un aceite volátil. Un constituyente del aceite, terpinen-4-ol, actúa en los riñones y es el responsable por su acción diurética. Pero su uso prolongado puede irritar y posiblemente dañar los riñones. Entre los síntomas por sobredosis se encuentran: diarrea, dolores intestinales o del riñón, sangre en la orina, latidos acelerados del corazón, o presión sanguínea elevada. Si ocurre uno de estos síntomas, deje de tomarlo. Siempre consulte con un médico antes de automedicarse.

Un Alimento Curativo de la Biblia para los riñones, la vejiga y los problemas urinarios

Durante siglos, el enebro se ha usado como un diurético, para aumentar la orina. El herbolario inglés Nicholas Culpepper escribió que el enebro "es un remedio tan poderoso contra la hidropesía [insuficiencia cardiaca congestiva], cura la enfermedad". También se ha usado para las infecciones en la vejiga, y como un desodorante en casos de incontinencia porque da a la orina la fragancia de las violetas.

Casos relatados:

"Mi madre tenía una afección en la vejiga y preparó un té de bayas de enebro y junco purgado, y lo tomó intermitentemente durante 6 años, pero se curó. Preparaba el té y lo tomaba sólo cuando sentía complicaciones y no lo tomaba en forma continua". —G. C.

"Administrar té de bayas de enebro tres veces al día, en dosis de una taza pequeña, ha curado a mi madre de una supuración desagradable y fétida causada por el pus en los riñones (según un análisis de orina)". —F. S.

"Conseguí unas bayas de enebro para los problemas del riñón y la vejiga de mi hijo. Había probado todo tipo de medicamentos y ninguno lo había aliviado. Las bayas de enebro lo aliviaron bastante y ahora voy a conseguir más". —Sra. M. H.

Medicinalmente, las bayas de enebro se preparan en forma de té. Una cucharada de las bayas trituradas se coloca en una olla y se cubre con 4 tazas de agua. Se tapa la olla y se hierve el agua hasta que se reduzca a 2 tazas, luego se cuela. Se toma una taza dos veces al día, una al mediodía y otra antes de irse a la cama, durante no más de 6 semanas. Tiene un sabor aromático agradable.

Aseguran que alivia el enfisema, la sinusitis, el resfrío y la gripe

Se dice que una taza llena de té de bayas de enebro, una vez cada par de horas, puede acabar con la gripe rápidamente. Y el aceite de bayas de enebro vaporizado (15 gotas con 3/4 taza de agua colocadas en un vaporizador cerca de la cama, inhalando durante una hora) es un remedio de los indígenas estadounidenses que puede brindar horas de alivio en casos de enfisema, sinusitis, resfrío y gripe. Se dice que el té de bayas de enebro (1/2 taza tomada despacio y a sorbos cada par de horas) también detiene rápidamente el sangrado interno.

"Dijeron que la diabetes había desaparecido"

Un uso asombroso de las bayas de enebro se cita en parte de una entrevista con Mathew King, portavoz de la Nación Lakota (sioux) de la Reservación Pine Ridge de Dakota del Sur:[10]

"Una vez, cuando estaba en lo alto de una montaña, le pedí a Dios que nos diera una cura para la diabetes. Mientras me encontraba allí, alguien me dijo, '¡date vuelta!' Así que me dí la vuelta y me encontré con la indígena más hermosa que había visto en mi vida. Tenía un cabello negro largo y el rostro más precioso. Quería entregarme algo que tenía en la mano. Eran aquellas bayas pequeñas de [enebro], las bayas azul oscuras de los árboles [de enebro]. Me las ofreció, pero antes de que pudiera extender mi mano ella desapreció.

"Yo sé quién era ella. Es la que trajo la pipa sagrada a nuestra gente. La llamamos Mujer Búfalo Pequeño Blanco. Dios la envió para salvar al pueblo indígena. Eso fue hace mucho tiempo... Cuando la vi en la montaña yo sabía que ella era la misma mujer. Pero desapareció antes de que pudiera recoger las bayas azules de su mano.

"Luego, cuando contraje diabetes, me olvidé de las bayas. Me enviaron a los médicos del hombre blanco quienes me dieron

---

[10]Del libro *Wisdomkeepers: Meetings with Native American Spiritual Elders* escrito por Harvey Arden and Steve Wall Copyright 1990. Publicado por Beyond Words Publishing, Inc., Hillsboro, Oregon. Reimpreso con permiso.

píldoras. Tenía que tomar insulina todas las mañanas. Pasé mucho tiempo en el hospital. Luego me acordé de la Mujer Búfalo Pequeño Blanco y las pequeñas bayas azules [de enebro]. Recogí algunas, las herví, colé el jugo y lo tomé. Es tan amargo que extrajo todo el azúcar de mi organismo. Los médicos me controlaron y estaban sorprendidos. Me dijeron que la diabetes había desaparecido. Nunca más tuve que tomar insulina. Me preguntaron cómo lo logré, pero no les dije. Dios nos dio la medicina para compartirla con la gente, pero si el hombre blanco mete su mano en el asunto, le cobrará un precio bastante caro y le dejará morir si no tiene el dinero para pagarlo. La medicina de Dios es gratis. Dios no cobra una comisión. No le damos dinero a Dios. A Él le damos nuestras oraciones, nuestras gracias".

Vale la pena recalcar que las bayas de enebro no deberían ser consideradas como una cura para la diabetes, sino como una forma de controlarla, o como un suplemento para el tratamiento existente, si el médico lo aprueba.

Cómo cura el aceite usado para bendecir a Jesús

Cuando el novio, en el Cantar de los Cantares (*Song of Songs*), compara a su novia con todo tipo de plantas preciosas, menciona en varias ocasiones al espicanardo (nardo, *spikenard*, *Lavandula spica*), que está íntimamente relacionado con la lavanda común (*Lavandula vera*). El aceite de lavanda común es idéntico al que se usó para ungir a Jesús.

Jesús estaba en Betania, comiendo en casa de Simón el leproso. Llegó una mujer con un frasco como de mármol, lleno de un perfume muy caro, de nardo puro. Lo quebró y derramó el perfume sobre la cabeza de Jesús. *Marcos 14:3*

María trajo como medio litro de un aceite perfumado de nardo muy fino y muy caro. Ungió con él los pies del Señor y se los secó con sus cabellos. Y toda la casa se llenó con el olor del perfume. *Juan 12:3*

El afamado herbolario Maurice Mésségué llama a la lavanda "el regalo de Dios para la tierra". Ningún aroma podría ser más dulce, dice. Su padre la cosechaba en los campos y la traía a casa. "Se sentía como si un pedazo del paraíso hubiera descendido sobre la tierra". Recuerda a un paciente que padecía de mareos, dolores de cabeza, náuseas y calores repentinos, que se recuperó rápidamente cuando le administraron té de lavanda. Otro de los pacientes padecía de distensión estomacal e intestinal, con indigestión y pérdida de apetito. La lavanda le brindó un alivio acogedor.

Otro paciente "estaba muy nervioso, con ataques de neurastenia, palpitaciones y temblores incontrolables, y también se convirtió en un hombre nuevo luego de curarse [con lavanda].

"La lavanda también es eficaz en casos de asma, debilidad general, influenza, infecciones del hígado y el bazo, ictericia, congestión, derrame vaginal y debilidad de los ojos...

"Hace maravillas en casos de gota y reumatismo y los niños pueden mantenerse en buena salud si se bañan completamente con lavanda. Vale la pena mencionar también, que esta planta ayuda en casos de problemas de la piel, tales como eczema, acné y demás; que puede usarse para las quemaduras y para las enfermedades no, en este último caso, como una cura, por supuesto, sino para colaborar con el proceso de curación. Y es beneficiosa para las úlceras, las inflamaciones superficiales y las heridas infectadas.

"Cuando se inhala acelera el tratamiento de los resfríos, la influenza, la tonsilitis y la bronquitis. Como gargarismo limpia todos los pequeños lugares infectados de la boca y también puede tratar la parálisis de la lengua y el tartamudeo debido al efecto relajante que ejerce en los nervios y músculos.

"Utilizado como compresa para el hígado, ayuda a este órgano vital a cumplir su función como el 'procesador químico' del organismo. Si se frota en el pecho, tonifica los pulmones y por ende ayuda a acelerar el tratamiento de la pulmonía, la pleuresía y la congestión pulmonar".[11]

Reconocido oficialmente durante más de 200 años

La tintura de lavanda roja se compone de los aceites de lavanda y romero, con corteza de canela, nuez moscada (*nutmeg*) y sándalo rojo (*red sandlewood*), macerada en vino durante 7 días.

Esta preparación, vendida con el nombre de gotas de lavanda (*Lavender drops*) en Inglaterra, ha sido reconocida oficialmente en la *British Pharmacopia* por más de 200 años. Se puede entender la popularidad de este remedio al observar los usos comprobados para combatir las apoplejías, la parálisis, las convulsiones, el vértigo, la amnesia, el opacamiento de la vista, la depresión y la infertilidad femenina.

Se tomaba con jugo de zarzamora (mora negra, *blackberry*), o con vino. También con leche o agua endulzada con azúcar. Como infusión (té), si se toma a discreción, la lavanda puede causar dolores en los intestinos y cólicos, y el aceite de lavanda en dosis demasiado grandes es un veneno narcótico y puede causar la muerte por convulsiones.

"El aceite de lavanda", dice la herbolaria Maude Grieve, "da resultados cuando se frota externamente para estimular las extremidades paralizadas... El aceite se usa con éxito en el tratamiento de las inflamaciones, las úlceras varicosas, las quemaduras y las escaldaduras..."

El aceite de lavanda espicanardo (*spike lavender oil*), hecho con la *Lavandula spica* (espicanardo) "se dice que promueve en gran manera el crecimiento del cabello cuando éste se está debilitando o cayendo. Una cocción —agua de espicanardo— se puede preparar con la planta.

"El agua de lavanda se puede preparar fácilmente en casa", dice Grieve. "En un cuarto de botella se colocan 1 onza (30 g) de

---

[11]Del libro *Health Secrets of Plants and Herbs* escrito por Maurice Mességué, *op. cit.*

aceite esencial de lavanda, una gota de almizcle (*musk*) y 1-1/2 pintas (750 ml) de espíritu de vino. Se mezclan bien estos tres ingredientes batiéndolos. Se deja que la mezcla se asiente, volviendo a agitar en unos días, luego se vierte en botellas pequeñas de perfume que tengan tapones herméticos".

Los leones y los tigres se vuelven dóciles bajo su influencia

Se ha descubierto que la lavanda es un repelente de insectos extremadamente eficaz. Sorprendentemente, no sólo los insectos odian el olor de la lavanda, afirma Grieve, "sino que se conoce de buena fuente que los leones y los tigres de nuestros jardines zoológicos [en Inglaterra] son afectados poderosamente por el aroma del agua de lavanda, y que se vuelven dóciles bajo su influencia".

Lo último en afrodisíacos

En 1995, en el instituto de investigación de aromas y sabores (*Smell and Taste Research Institute*), en Chicago, varios científicos informaron que ciertos olores aumentaron drásticamente el flujo de sangre en el pene, en voluntarios masculinos saludables, más que cualquier otro aroma. Los aceites de flores de lavanda y semillas de calabaza *pumpkin* provocaron 40 por ciento más erecciones en hombres entre los 20 y 39 años de edad cuando se les dijo que olieran unas muestras que contenían pequeñas cantidades de estos aceites.

Alivio instantáneo para la tos

"Si alguna vez ha tenido uno de esos ataques de tos que suenan como el ladrido de un perro, entonces aquí le presento algo que le curará en cuestión de minutos", afirma el antropólogo médico Dr. John Heinerman: "Agregue media taza de flores secas de lavanda a dos tazas de agua hirviendo. Tape, retire del fuego, y deje en remojo durante 30 minutos. Cuele y beba a sorbos una taza de té tibio con una pajita (caña, popote) de plástico, si es necesario, cada 3 horas".[12]

Alivio para el cólico infantil

El Dr. Heinerman cita a un conductor de trenes Amtrak cuyo hijo lo había mantenido despierto toda la noche. Habían acudido a cinco pediatras. El niño tenía lo que los médicos llaman "cólico infantil". Pero nada de lo que le recetaron parecía aliviarle.

"Me fui a trabajar una noche como siempre, con mal humor, debido a que el niño no me había dejado dormir... El ingeniero del tren me preguntó cuál era el problema y le comenté sobre el cólico de mi hijo. Me dijo que su madre usaba té de flores de lavanda para curar la misma enfermedad en sus hijos y que él lo había utilizado con el mismo éxito con sus propios hijos. Luego... le dimos un poco de este té tibio en un biberón. Le juro que desde el primer minuto que mi hijo empezó a tomar este té, empezó a lucir y sentirse mucho mejor. En dos días, lo que los médicos no pudieron curar, la lavanda lo hizo —los cólicos desaparecieron y nunca más regresaron".[13]

Milagros curativos de una semilla diminuta

Se menciona a la mostaza en dos de las parábolas de Jesús. En una de estas (Mateo 13:31, 32), Él dice: "El Reino de los Cielos es semejante al grano de mostaza que un hombre sembró en su campo. Este grano es muy pequeño, pero, cuando crece, es la más grande de las plantas del huerto..." En la otra parábola dice:

---

[12]John Heinerman, *Heinerman's Encyclopedia of Healing Herbs and Spices,* West Nyack, NY: Parker Publishing Company, Inc., 1996.

[13]Heinerman, *op. cit.*

Porque tienen poca fe. Yo les digo que si tuvieran fe como un granito de mostaza, le dirían a este cerro: quítate de ahí y ponte más allá, y el cerro obedecería: nada les sería imposible.

Mateo 17:20

Como medicina, las semillas de mostaza pueden ser un verdadero salvavidas. Trituradas y mezcladas con agua, dos sustancias que se encuentran dentro de las semillas —sinigrósido y mirosina— se combinan para formar un aceite volátil que genera un calor intenso. Cuando se coloca sobre la piel, alivia la congestión de varios órganos llevando la sangre hacia la superficie.

Por esta razón, la mostaza tiene un valor considerable para tratar una amplia variedad de dolencias: asma, bronquitis, pulmonía, fiebre y escalofríos, ciática, neuralgia, gota, torceduras, tendinitis, resfrío y gripe, llagas y furúnculos supurantes, y la irritación de los riñones.

En muchos casos, un simple emplasto de mostaza —del tipo que suele preparar la abuela— puede brindar un alivio increíble: Esparza un poco de vaselina o manteca sobre la piel del área afectada. Mida una parte de polvo de mostaza (de las semillas trituradas) y mézclela con cuatro partes de harina de trigo. Agregue agua hasta que la pasta se espese lo suficiente como para poder esparcirla sobre un pedazo de tela o gasa y aplíquela directamente sobre el área afectada, sosteniéndola con una cinta adhesiva. Esto se puede mantener durante varias horas, o toda la noche, si desea.

La vaselina protege la piel. De lo contrario se podrían formar ampollas. El herbolario Jethro Kloss aseguraba que mezclar polvo de semillas de mostaza y harina con las claras de huevos en lugar de agua evitaba la formación de ampollas. Al escribir señalaba que la pasta de mostaza es excelente cuando se aplica sobre los riñones irritados.

Una pasta más potente se puede preparar omitiendo la harina de trigo y mezclando 4 onzas (115 g) de polvo de semillas de mostaza recién molidas con agua tibia para preparar una pasta espesa, que se puede aplicar como se describió anteriormente.

Un herbolario europeo de renombre mundial ha comentado que "una cataplasma o un baño de mostaza (preparado usando polvo de mostaza) ha salvado la vida de muchos niños que se habían puesto azules debido a casos severos de bronquitis (inflamación y bloqueo gradual de los más diminutos tubos de aire de los pulmones) y que estaban desesperados respirando con dificultad".

Sin embargo, señala, se debe tener cuidado de que la piel no se exponga a los ingredientes activos de la mostaza mucho tiempo a la vez. Está bien un enrojecimiento intenso de la piel, indica, pero nunca se deberían formar ampollas. Si los casos de tos ferina se trataran de esta manera, se podría proteger a los niños de serias complicaciones, agrega.

Más hechos asombrosos

SIDA —Nos relataron la historia de una víctima de SIDA[14] que sobrevive con un estado de salud resplandeciente después de que los médicos le pronosticaron que iba a morir, hacía 4 años. ¿Cuál es su secreto? Las especias. Cada dos días come algún tipo de comida picante, incluyendo mostaza picante china, mostaza verde japonesa (*wasabe*), jengibre, rábano picante o col picante encurtida —todos Alimentos Bíblicos, cabe mencionar.

Dice que conoce a varios sobrevivientes de largo tiempo que tienen niveles muy bajos de T4 que aparentan estar de buena salud, están llenos de energía, trabajan tiempo completo, están subiendo de peso —y la mayoría de estos sobrevivientes también comen alimentos picantes por lo menos una vez a la semana, particularmente el *kim-chi jige* coreano, que lo describen como fuego líquido.

Dice que desde que empezó a ingerir a conciencia alimentos picantes, ha estado consistentemente más alerta y ha podido trabajar mejor que en cualquier otra ocasión en los pasados 10 años. Trata de cenar en restaurantes que ofrecen muchos tipos de comidas picantes —mexicanos, brasileños, chinos o coreanos. Su teoría es la de que diferentes especias afectan a diferentes microorganismos en diferentes maneras.

---

[14]John Heinerman, *Double the Power of Your Immune System*, West Nyack, NY: Parker Publishing Company, Inc., 1991.

Asma —Un investigador indica que los alimentos picantes y acres como la mostaza y el ajo pueden "aliviar de inmediato el asma", debido a su poder "mocoquinético" (para mover la flema) para adelgazar secreciones gruesas, por lo tanto despeja las vías respiratorias y facilita la respiración de los asmáticos.

Hipotiroidismo —Las hormonas tiroideas están compuestas de yodo y tirosina. Las hojas de mostaza son la fuente alimenticia más rica en tirosina. Figuran en el primer lugar de alimentos ricos en tirosina entre los que se encuentran: algarroba (*carob*), brotes de frijoles, frijoles de soja, avena, maní, espinaca, berro y col. El alga marina *kelp* —descrita en Jonás 2:5 como "algas" (*weeds*) o "algas marinas" (*seaweeds*)— es la fuente alimenticia más rica en yodo. Estos alimentos tienen la propiedad de aumentar la producción de hormonas tiroideas y revertir el hipotiroidismo.

Enfermedad de Raynaud —En esta enfermedad, la contracción y los espasmos de las arterias pequeñas que llevan la sangre a los dedos provoca que los dedos se vuelvan fríos, dolorosos, blancos o azulados. Algunas veces, esto también se produce en la nariz y los dedos de los pies. Es una afección bastante común en las mujeres. En algunas ocasiones puede ser un síntoma de esclerodermia, una enfermedad bastante rara que se caracteriza por el endurecimiento de la piel y el daño de los órganos internos.

Si usted padece de la enfermedad de Raynaud, puede aplicar un emplasto de mostaza para aumentar la circulación en los dedos. También puede probar una sopa de vegetales o minestrón (sopa italiana de verduras) sazonada con bastantes especias "picantes", como el polvo de mostaza, la pimienta de Cayena (*Cayenne pepper*), el ajo o el jengibre, las cuales mejorarán la circulación.

Uno de los regalos que los Reyes Magos llevaron a Jesús alivia las afecciones crónicas de los pulmones, la artritis, los coágulos sanguíneos y más

"Los antiguos hebreos", escribe Richard Lucas, "consideraban a la mirra como uno de los productos más preciados y versátiles de la tierra, debido a que como medicamento curaba el organismo, como incienso levantaba el espíritu y como perfume agradaba al corazón...

"Uno de sus usos más importantes era como ingrediente de los aceites santos con los que ungían el Tabernáculo, el Arca, el altar y las vasijas sagradas".[15]

La mirra se utilizaba en los rituales de purificación. Las jóvenes que eran presentadas al Rey Ahaseurus, quien escogía entre ellas una nueva reina, eran purificadas durante 12 meses, de acuerdo con las leyes para las mujeres; 6 meses con aceite de mirra y 6 con bálsamos y otros medios de embellecimiento. (Ester 2:12)

La mirra era uno de los regalos que los Reyes Magos llevaron al niño Jesús y también se utilizó en su entierro:

> También vino Nicodemo [el que había ido de noche a ver a Jesús]. Trajo como cien libras de mirra perfumada y áloe. Envolvieron el cuerpo de Jesús con lienzos perfumados con esta mezcla de aromas, según la costumbre de enterrar de los judíos.
>
> *Juan 19:39-40*

Los antiguos hebreos atribuían gran valor al poder desinfectante de los aceites volátiles, y la goma de mirra contiene varios de ellos. La mirra es uno de los mejores antisépticos y desinfectantes que se conocen.

Las tres acciones principales de la goma de mirra se relacionan con la digestión, las infecciones y los órganos reproductores de la mujer. Durante siglos se ha usado para tratar la vaginitis, las dificultades menstruales, la leucorrea y otras formas de sangrado, incluyendo las hemorroides y las llagas ulceradas.

La mirra es uno de los mejores antisépticos que se conocen. Cando se combina con botón de oro (hidraste, *goldenseal*), se puede transformar en un ungüento antiséptico y curativo útil para el tratamiento de las hemorroides, las úlceras de decúbito y las heridas.

---

[15]Richard Lucas, *Nature's Medicines*, West Nyack, NY: Parker Publishing Company, Inc., 1966.

O se puede usar en forma de té como lavado. Después de lavar cuidadosamente las llagas, úlceras y demás, con el té, esparza un poco del polvo sobre la llaga. El carbón humedecido con este té y aplicado sobre las úlceras y llagas antiguas es bastante curativo. También es eficaz para la gangrena.

La mirra puede aliviar las afecciones crónicas de los pulmones, especialmente cuando existe flema blanca espesa. Debido a que es antimicrobiano, alivia cualquier infección de los intestinos. También es muy buena para la influenza estomacal y excelente para cualquier infección o inflamación de la boca o la garganta. Para usarla como gargarismo o enjuague bucal, deje en remojo una cucharadita de mirra y una de ácido bórico en una pinta de agua. Deje que se asiente media hora, vierta el líquido claro y úselo. También es un remedio excelente para la difteria, la garganta ulcerada y las llagas de la boca. Puede usarlo para la tos, el asma, la tuberculosis y todas las afecciones del pecho, ya que disminuye el derrame de flema. Para usarla como té, utilice 2 cucharaditas de goma de mirra por cada taza de agua hirviendo. Tómelo tres veces al día. El aceite de mirra se puede usar en inhalaciones para tratar problemas respiratorios. No trague el aceite. Sólo vierta unas pocas gotas en un trapo limpio y olfatee periódicamente.

En la India, la mirra se purifica cociéndola en un *triphala* (una mezcla de frutas). Se cuece hasta formar una sustancia negra y espesa llamada *guggal*. Se toma para el endurecimiento de las arterias, la artritis y el reumatismo, y para mejorar la circulación y la salud de los nervios.

Para preparar una bebida que podría ayudar a prevenir la enfermedad cardiaca y los coágulos sanguíneos internos que provocan los ataques al corazón, hierva una cucharadita de polvo de mirra por cada taza de agua hirviendo. Deje en remojo durante 10 minutos. Tome hasta 2 tazas diarias. La mirra tiene un sabor amargo y desagradable, así que sería bueno que agregue miel y limón, o que la mezcle con otra bebida para mejorar el sabor.

La mirra es excelente para la piorrea. Cepíllese los dientes con el polvo, enjuáguese la boca con el té, y límpiese las encías. Cuando se bebe, elimina la halitosis, o mal aliento. Utilice 1 cucharadita de la goma de mirra por cada taza de agua hirviendo. Tómelo tres veces al día. El sabor es amargo pero refrescante y puede ayudar a aliviar la gingivitis.

Debido a que estimula las contracciones uterinas, no se debería tomar la mirra durante el embarazo. También, debido a que es una resina, puede ser pesada para los riñones si se toma por un periodo prolongado —por más de un par de semanas.

Una antigua medicina vegetal prueba su valor

Heródoto menciona una inscripción antigua en la Gran Pirámide de Keops que señala que la suma de 1.600 talentos de plata —equivalente a 30 millones de dólares hoy en día— se habían pagado para proveer a los trabajadores cebollas, ajo y rábanos durante la construcción de la pirámide. En los días de los Faraones, el rábano se cultivaba abundantemente en Egipto y las raíces eran bastante dulces. Los rábanos también se usaban con propósitos medicinales. El aceite de rábano se usaba para tratar las enfermedades de la piel. Los primeros cristianos utilizaban las semillas de rábano para tratar problemas internos y el aceite para cocinar y ungir.

Los rábanos son un excelente remedio alimenticio para los cálculos biliares y renales. En Rusia se han usado durante mucho tiempo para tratar la enfermedad de Graves (tiroides hiperactiva) y el hipotiroidismo (tiroides poco activa). El té fuerte de semillas de rábano se ha usado para reducir el cáncer de estómago y externamente como cataplasma caliente para tratar el cáncer de mama.

En casos de enfermedad de Graves, los rábanos reducen sutilmente la producción de hormonas tiroideas. Todos los vegetales de las familias de la col y la mostaza hacen lo mismo, pero aparentemente el rábano es el mejor de todos. La razón por la cual los rábanos también alivian casos de hipotiroidismo —producción baja de hormonas— es que contienen una sustancia química llamada rafanina que ayuda a mantener equilibrados los niveles de hormonas tiroideas.

Para prevenir y aliviar los cálculos biliares, según la herbolaria Maude Grieve, el jugo exprimido de rábanos españoles blancos o negros se administra en dosis que van aumentando de 1/2 a 2 tazas al día. Las 2 tazas se siguen tomando durante 2 ó 3 semanas, luego la dosis se reduce hasta tomar 1/2 traza tres veces a la semana durante 3 ó 4 semanas más. El tratamiento se puede repetir tomando 1 taza al comienzo, luego media taza diaria y después media taza cada dos días.

Según se informa, un buen método para controlar los cálculos renales, o para prevenir que ocurran, consiste en combinar 2 rábanos rojos picados y 1/2 taza de vino tinto en una licuadora y tomarlo todos los días —dos veces al día en casos de dificultades al orinar.

Los depósitos de grasa endurecida del organismo se pueden eliminar, usando un remedio de rábano desarrollado por médicos japoneses. Se agregan zanahoria y rábano blanco *Daikon* rallados, 1 cucharadita de cada uno, a 2 tazas de agua con 7 gotas de salsa de soja, 1 cucharadita de limón y una pizca de alga marina *kelp*. Hierva durante 5 minutos. El líquido se cuela y se toma una taza dos veces al día, en la mañana y la noche.

"Los rábanos frescos y las semillas de rábano se han utilizado en el tratamiento del cáncer en todo el mundo", según el Dr. John Heinerman. "Dicho éxito se ha documentado cuidadosamente en una variedad de publicaciones científicas. En *Medicinal Plants of East and Southeast Asia*, escrito por Lily M. Perry y publicado por el *Massachusetts Institute of Technology Press* en Cambridge, se describe el uso de las semillas para hacer té fuerte para reducir el cáncer de estómago y como aplicación externa, como cataplasma caliente, para tratar el cáncer de mama en las mujeres".[16]

La "Planta de las siete velas" que salva vidas

Los antiguos hebreos escogían muchos de sus símbolos de las plantas. El nenúfar o lirio de agua fue la inspiración para la obra de lirios en el templo de Salomón. La flor del granado fue la inspiración para las campanas ornamentales, y su fruta sugería la forma de las coronas reales desde los tiempos de Salomón hasta hoy en día.

---

[16]John Heinerman, *Enciclopedia de frutas, vegetales, y hierbas, op. cit.*

El candelabro de 7 ramas, que ha llegado a nosotros a través de los siglos como símbolo judío importante que representa los 7 días de la creación, tuvo su origen en la humilde planta de salvia que crecía en los montes de Palestina.

Cuando se la aplana, la planta tiene casi la forma exacta del candelabro de siete ramas —el *menorah*— con su espiga central y tres pares de ramas laterales, cada una inclinándose hacia afuera y hacia adentro simétricamente; en cada rama se encontraban los verticilos de capullos (*knops* o "botones") del candelabro dorado de la Biblia, exactamente como se describió hace 3.000 años en Éxodo 37:17.

El nombre de la salvia, proviene del latín *salvere*, "ser salvado". En una época, esta planta disfrutaba de tan buena reputación como una hierba que retardaba el envejecimiento y prolongaba la vida que un escritor del sigo XIV preguntaba, "¿Por qué debería morir un hombre mientras la salvia crece en su jardín?"

Un poder curativo para el corazón

Descubrimientos modernos sobre esta Planta Bíblica informan sobre una letanía de milagros. En la China, una especie llamada salvia púrpura (*Salvia miltiorrhiza*) se usa ampliamente como medicamento para tratar los bloqueos del corazón (infartos de miocardio), los dolores del corazón, los edemas cardiacos (exceso de fluido alrededor del corazón) y la presión sanguínea alta. También ejerce un efecto tranquilizador sobre el sistema nervioso central. Sólo se utiliza la raíz amarga. En el organismo, las oleorresinas de esta raíz tonifican mucho el corazón, el hígado, los riñones y la circulación de la sangre.

Como ejemplo del poder para salvar vidas de la salvia, se informa el caso de un científico quien, mientras visitaba la China, sufrió un ataque al corazón bastante serio. El diagnóstico, basado en un electrocardiograma, era de un infarto de miocardio (bloqueo del corazón). Luego de haber sido sedado para soportar el agudo dolor, sufrió otro ataque grave unas pocas horas después, por lo que tuvieron que administrarle un masaje cardiaco. Para restablecer la circulación de la sangre hacia el corazón, los médicos le inyectaron un extracto de raíz de salvia púrpura. Al poco tiempo, la circulación se había restablecido en los pequeños vasos sanguíneos del corazón... El hombre se alivió, recuperó la salud, y al cabo de un mes llevaba una vida activa y normal, de vuelta en su hogar en Estados Unidos.[17]

Científicos japoneses han informado que ciertos compuestos químicos de la raíz de salvia china parecen prevenir la coagulación de la sangre en animales de laboratorio, lo que puede explicar por qué la raíz de salvia china es tan útil para el tratamiento de los bloqueos y los dolores del corazón. También, ciertos ácidos de la salvia matan bacterias nocivas para el corazón. En la China, la salvia es un medicamento popular bastante utilizado para tratar las infecciones de estafilococos.

Si puede encontrar raíz de salvia púrpura, conocida también como raíz de salvia china, prepare un té sencillo con ella. El antropólogo médico Dr. John Heinerman dice: "Haga hervir una pinta (1/2 litro) de agua; agregue una cucharada colmada de la raíz seca. Tape y reduzca el fuego, hierva a fuego lento *no más de 3 minutos*. Retire del fuego y deje en remojo durante media hora. Cuele y beba 1 taza *tibia* con el estómago vacío dos veces al día si padece de problemas del miocardio o angina".[18]

Si no puede conseguir la raíz de salvia púrpura o china, entonces la puede sustituir con hojas comunes de salvia de jardín (*Salvia officinalis*).

Un remedio para la parálisis agitante

Cuando John Wesley, clérigo inglés del siglo XVIII, se dio cuenta de que sus manos habían empezado a temblar, buscó un libro de remedios herbarios y descubrió estas palabras:

---

[17]John Heinerman, *Double the Power of Your Immune System, op. cit.*
[18]Heinerman, *ibid.*

"La salvia calma los nervios y con su poderosa potencia
a menudo hace marchar trastornos pagéticos y parálisis".

Decidió tomar este té a diario y al poco tiempo pudo registrar
lo siguiente en su diario: "Mi mano está tan firme como cuando
tenía quince años".

Desaparece una peligrosa hinchazón en la garganta

La amigdalitis (anginas) es una inflamación severa de la garganta
con hinchazón y fiebre. Durante sus viajes a través de África, el ex-
plorador francés Francois Le Vaillent contrajo esta afección. Debido a
la severa hinchazón de la garganta y la lengua, sólo se podía comuni-
car mediante gestos con sus manos. Durante casi una semana apenas
podía respirar y esperaba sofocarse en cualquier instante.

Algunos indígenas le sugirieron que usara una planta medicinal
que ellos habían preparado. Le colocaron unas hojas calientes y húmedas sobre la garganta, en varias ocasiones. También usaron las
hojas para preparar un té para que lo usara como gargarismo. A la
mañana siguiente, la garganta estaba mucho mejor y podía respirar
con facilidad. Siguió usando este remedio hasta que se sintió curado
por completo.

Cuando les preguntó a los indígenas qué era lo que habían
usado para salvarle la vida, se sorprendió al descubrir que no era
nada más que la salvia común, que crecía en forma silvestre afuera
de su tienda de campaña.

¿Un remedio para el mal de Alzheimer?

En su diario, John Gerard (1545-1612) escribió: "La salvia es eficaz
para agilizar los sentidos y la memoria".

Investigadores británicos, 450 años después, informaron que la
salvia inhibe la enzima que descompone la acetilcolina, conser-
vando de esta manera el compuesto que al parecer ayuda a prevenir
y tratar el mal de Alzheimer.

"Se ha descubierto que la salvia ejerce una acción sobre la corteza cerebral que se dice es beneficiosa para el agotamiento mental y para fortalecer el poder de concentración", señala el investigador Richard Lucas.

Según Lucas, una sociedad de profesores de escuela probaron tomar té de salvia, y muchos miembros declararon que había fortalecido de una manera maravillosa la memoria y que parecía aclarar la mente cuando estaba agotado.[19]

Para preparar esta bebida, coloque una onza de salvia en polvo en un recipiente y vierta una pinta de agua sobre el mismo. Deje que se asiente durante 10 minutos. Luego cuele, endulce al gusto y tómelo dos o tres veces a lo largo del día.

Útil para detener el flujo de leche, aliviar los espasmos intestinales y disminuir la fiebre

La salvia contiene un aceite volátil que inhibe la liberación de fluido del organismo. Esto convierte al té de salvia en un remedio útil para las mujeres que desean detener el flujo de leche después de finalizar el periodo de amamantamiento de un bebé. Este flujo cesa en tan sólo unos pocos días.

El té de salvia también alivia los espasmos intestinales y disminuye la temperatura corporal, por lo tanto es útil para curar la fiebre.

Para oscurecer las canas o hacer crecer cabellos nuevos

Para oscurecer las canas, se colocan 2 cucharaditas de salvia y 2 de té común en un recipiente de una pinta lleno de agua hirviendo. Se tapa y se coloca en un horno a fuego bajo durante 2 horas. Mientras más tiempo permanezca en el horno más oscura se volverá la solución. Luego se cuela el líquido y se deja enfriar. Cuando esté frío, se

---

[19]Richard Lucas, *The Magic of Herbs in Daily Living*, West Nyack, NY: Parker Publishing Company, Inc., 1972.

frota un poco del líquido en las raíces del cabello todas las noches. Si va a almacenar la mezcla más de unos días, puede agregar una cucharada de brandy o vodka para conservar su potencia.

Para estimular el crecimiento de cabellos nuevos, se colocan media onza de salvia y media onza de romero en un recipiente. Se vierte una pinta (1/2 litro) de agua hirviendo sobre los ingredientes. Se tapa el recipiente y se deja que la solución se asiente durante 15 a 20 minutos, revolviendo ocasionalmente. No hierva la mezcla. Luego se cuela el líquido y se almacena en una botella. Se dice que si esta mezcla se usa externamente, estimula el crecimiento de cabellos nuevos.

Reduce el azúcar en la sangre en casos de diabetes tipo II

Mi padre solía tomar té de salvia para ayudar a normalizar el nivel de azúcar en la sangre. Después de padecer durante 3 años de diabetes tipo II —el tipo que puede ser controlado sin inyecciones de insulina— leyó sobre los beneficios del té de salvia para reducir el nivel de azúcar en la sangre y decidió probarlo.

Hervía la cantidad suficiente de té para un día, colocaba 3 cucharadas de hojas de salvia secas y en polvo en un envase y agregaba 3 tazas de agua cliente. La cantidad que tomaba dependía del nivel de azúcar en la sangre. Si era alto, tomaba 3 tazas ese día. Si era medio, tomaba sólo una. Si era normal, no tomaba el té.

Algunos diabéticos de tipo II han podido dejar de usar su medicación diaria desde que empezaron a tomar el té de salvia. Si tiene diabetes, asegúrese de buscar el cuidado de un médico. Coméntele sobre el té de salvia y pregúntele si puede probarlo. "Usted todavía tiene que comer adecuadamente", decía mi padre, "pero el té de salvia disminuirá el nivel de azúcar en la sangre".

Desaparece la infección del riñón

Una mujer informa que padeció de una infección del riñón más de un año. Ella cuenta: "Mi médico me trató con antibióticos... que me ayudaron un tiempo, pero las infecciones regresaron. Al final me había sometido a tantos tratamientos con antibióticos que ya no me hacían ningún efecto.

"Luego una noche mi hijo invitó a casa a un amigo cuyo padre era un herbolario. El joven... me dijo que probara el té de salvia y menta piperita (*peppermint*). Al día siguiente compré las hierbas y empecé a tomar el té. Tomé dos tazas diarias durante tres meses y la infección del riñón desapareció".[20]

Para preparar el té, se colocan 1/2 onza (15 g) de hojas de salvia y 1/2 onza (15 g) de hojas de menta piperita, ambas en polvo, en un recipiente. Se vierte una pinta de agua hirviendo sobre las hierbas, se tapa el recipiente y se deja reposar hasta que se enfríe. Se toma una taza llena tres veces al día.

"Fantástica regeneración del hígado"

El herbolario médico John Heinerman dice que cuando se descompone el hígado o es parcialmente extraído por medio de una cirugía, la salvia tiene la habilidad de hacer crecer o regenerar las partes perdidas, en cierto modo. Dice que existen algunas plantas que definitivamente ayudarán al hígado a regenerarse por sí mismo: la salvia, la remolacha y el tomate.

Cita un número de experimentos realizados en China, en los cuales los animales de laboratorio regeneraron los tejidos perdidos del hígado cuando fueron alimentados con té de salvia o jugo de tomate.

Para preparar un cóctel saludable para la regeneración del hígado, recomienda combinar 1/2 taza de té fresco de salvia con 1/4 taza de jugo de remolacha fresco y 2/3 taza de jugo de tomate fresco. Tome esta mezcla por lo menos una o dos veces al día, entre o con las comidas, indica.[21]

---

[20]Richard Lucas, *Secrets of the Chinese Herbalists, op. cit.*

[21]John Heinerman, *Enciclopedia de frutas, vegetales, y hierbas, op. cit.*

Un remedio para las encías sangrantes, laringitis, llagas de la lengua y tonsilitis

La salvia se usa ampliamente en los países europeos como gargarismo o enjuague bucal. Se usa para reducir el flujo excesivo de saliva y también para tratar las encías sangrantes.

Una infusión de salvia preparada dejando en remojo un puñado de las hojas en una pinta (1/2 litro) de agua hirviendo y tapando hasta que se enfríe, constituye un remedio popular para la laringitis y la faringitis. Se sugiere el consumo de una copa de vino llena de la infusión colada, tres veces al día. Se dice que es especialmente valioso para las llagas de la lengua o la boca (úlceras bucales) y la tonsilitis.

Otra fórmula que se puede usar como gargarismo para la tonsilitis consiste en verter 1 cuarto de galón (un litro) de agua hirviendo sobre 2 onzas (60 g) de salvia. Se deja reposar durante 2 horas, luego se cuela y se agrega una pizca de alumbre pulverizado.

Una mujer que probó el gargarismo de salvia con alumbre escribió: "Mi hijo mayor se despertó una mañana con tonsilitis, así que preparé un té de salvia y alumbre y le dije que hiciera gárgaras varias veces al día. Al día siguiente se había librado de la tonsilitis, mientras que en otras ocasiones padecía durante semanas y no podía dormir".[22]

Advertencia

Un experto previene que la salvia contiene una buena cantidad de *thujone*, un compuesto que en dosis muy elevadas puede causar convulsiones. A pesar de que la salvia es una hierba curativa excelente, explica, no la consuma en exceso.

---

[22]Richard Lucas, *Herbal Health Secrets from Europe and Around the World*, West Nyack, NY: Parker Publishing Company, Inc., 1983.

Un afrodisíaco de la Biblia

Se cree que la ajedrea (*savory*) ha sido una de las especias mencionadas en varias ocasiones en la Biblia, en el Cantar de los Cantares. Los expertos creen que estaba incluida, junto con la lavanda, el romero, la salvia y el tomillo —todos miembros de la familia de las mentas— en los jardines de Salomón en Etham.

La ajedrea es famosa por sus efectos afrodisíacos. El renombrado herbolario francés Maurice Mességué dice: "Mi padre apreciaba mucho a esta hierba. 'Hijo', solía decir cuando la iba a buscar en las colinas, '¡esta es la hierba de la felicidad!'. En realidad me hacía muy feliz el recorrer los campos en su búsqueda y aprender de mi padre los secretos de las plantas, pero no fue sino hasta más tarde que entendí el tipo de felicidad al que se refería. A los monjes de la antigüedad no les permitían plantar ajedrea en los jardines debido a que ésta era ¡la hierba del amor!...

"Cuando preparo una 'loción para el amor', esta no contiene cosas como cantáridas (*Spanish fly*) o cuernos de rinoceronte... No. Es mucho más sencilla y agradable... A las parejas que quieren recuperar el deleite del matrimonio tan sólo les aconsejo que salpiquen un poco de polvo de ajedrea en las carnes. A los hombres impotentes y a las mujeres frígidas les aconsejo que tomen el tratamiento por ósmosis que mi padre solía recomendar: frotar la base de la columna vertebral con una cocción de ajedrea y fenogreco".[23]

A la ajedrea se la ha conocido como afrodisíaco desde la antigüedad, pero también tiene otras propiedades. También se ha recomendado para la gota, la parálisis, el reumatismo, los cálculos renales, la diarrea (aguda y crónica), el flujo vaginal y los períodos interrumpidos. Según se informa, es buena para el asma y los bloqueos del tracto respiratorio. Contiene un expectorante (cineole). Alivia los retortijones estomacales y los gases estomacales e intestinales. En Europa, los diabéticos toman té de ajedrea para aliviar la sed excesiva. Es un vermífugo, útil para eliminar los parásitos como la as-

---

[23]Del libro *Health Secrets of Plants and Herbs* escrito por Maurice Mességué, *op. cit.*

cáride y la solitaria. No se conoce ningún tipo de efectos perjudiciales que se puedan producir por usar la ajedrea. Forma parte de la lista de hierbas generalmente consideradas seguras por la *FDA*.

Para usarla como afrodisíaco, Mességué recomienda colocar un puñado pequeño de hojas frescas o secas de ajedrea en un litro de agua hervida (no hirviendo). Cuele, endulce al gusto y beba de 2 a 3 tazas al día y una antes de irse a la cama "si tiene algo planeado".

Para preparar una cocción de ajedrea y fenogreco (*fenugreek*) para usar externamente, hierva a fuego lento 3-1/2 cucharaditas de semillas de fenogreco durante 5 minutos en 1 cuarto de galón (un litro) de agua hirviendo. Retire del fuego y agregue 2 puñados de hojas secas de ajedrea. Deje en remojo por 50 minutos más. Aplique en la base de la columna antes de irse a la cama. El antropólogo médico Dr. John Heinerman recomienda tomar 2 tazas de esta cocción, antes de irse a la cama. Para hacerlo, cuele y endulce al gusto.

Para preparar una infusión para tratar la tos, la gripe o el malestar estomacal, coloque 4 cucharaditas de ajedrea en una taza de agua hirviendo (para los niños utilice de 1 a 2 cucharaditas por cada taza). Deje en remojo durante 10 minutos. Cuele, endulce al gusto. Beba hasta 3 tazas al día.

Una planta del jardín de Salomón que actúa como un antibiótico

Se cree que Salomón tenía tomillo en sus jardines de Etham, entre todas las plantas de aromas dulces —todas raras y caras, conocidas por sus aceites volátiles. En el Talmud, los 39 libros de comentario bíblico que datan del siglo I e interpretan las leyes de la Biblia, encontramos al tomillo registrado como parte de un remedio para la enfermedad puerperal que incluye el comino, alcaravea y *ammi* (menta). Se descubrió tomillo en la tumba de Tutankamón y hoy en día crece en Egipto. El *Assyrian Herbal* cita al tomillo en un tratamiento para las dolencias de los pulmones y el estómago. Se rociaba tomillo en los animales sacrificados para hacerlos más aceptables para los dioses.

El tomillo contiene timol —un aceite volátil— cuyo olor elimina los virus y las bacterias en la atmósfera y los gérmenes infecciosos del organismo. El herbolario francés Maurice Mességué dice: "Desde los furúnculos hasta la fiebre tifoidea, desde los panadizos hasta la tuberculosis, no conozco ninguna infección que no pueda ser miti-gada si se trata con esta hierba preciosa".[24]

Todos deberían cultivar tomillo "porque es un arma excelente contra las epidemias y es mucho más barato que cualquier otro medio para controlarlas", señala. "Es un antiespasmódico, lo que lo hace eficaz en casos de tos ferina, palpitaciones, tos, retortijones es-tomacales, asma e insomnio. También es un diurético, útil para la debilidad de los riñones y la vejiga, para la retención de orina, para el reumatismo y para la gota...

"Regula los períodos de las mujeres y funciona bien en casos de enfermedades respiratorias como los resfríos, la tonsilitis, la bron-quitis, la pulmonía y la pleuresía. Sobre todo, por mis largos años de experiencia como herbolario, puedo apreciar al tomillo por sus cua-lidades antisépticas...

"Usado externamente, desinfecta las heridas, los abscesos y las quemaduras y también es útil para las contusiones, la gota, el reu-matismo y el dolor de muelas en forma de compresa, venda, loción y demás, dependiendo del caso... Los baños locales alivian los senos inflamados de las mujeres y los ojos inflamados de los niños".[25]

Los farmacéuticos de hoy en día le pueden proporcionar recetas que contienen extracto líquido de tomillo o le pueden vender el co-nocido remedio sin receta *Pertussin* y aún así saber muy poco o nada sobre sus ingredientes. La etiqueta en un frasco de *Pertussin* indicará que está compuesto de un "extracto sacarificado de tomillo" mientras que el extracto alcohólico (las hojas de tomillo dejadas en remojo en alcohol etílico o de granos se mezcla con azúcar y agua para formar un jarabe. Este jarabe es útil para la tos ferina y bronquial. *Pero se puede preparar un producto similar en su propia cocina, simple-mente dejando en remojo o hirviendo a fuego lento, la hierba de to-millo silvestre en agua tibia, el remedio tradicional por siglos.*

Mességué recomienda varias formas de usar el tomillo. Como una infusión o té, coloque 10 ramitas en un litro de agua. Hierva du-

---

[24]*Health Secrets of Plants and Herbs, op. cit.*
[25]Mességué, *ibid.*

rante varios minutos. Tome 3 ó 4 tazas al día. Para un baño de pies o manos, o una ducha vaginal, mezcle un puñado de tomillo silvestre en un litro de agua. Para el hígado descompuesto, coloque una pizca de tomillo salvaje y una pizca de anís en una taza de agua y tómelo antes de irse a la cama.[26]

Una Planta Bíblica Curativa para la neuralgia facial y los ataques epilépticos

La herbolaria médica Maria Treben recomienda el tomillo para la neuralgia facial. El tratamiento consiste en hacer una almohadilla herbaria, compuesta de tomillo, manzanilla (vea la página 271) y milenrama, recién cosechados, secos y colocados sobre el área afectada. También, 2 tazas de té de tomillo que se toman a sorbos a lo largo del día, señala.

Cita el caso de un agricultor de 79 años de edad que había padecido de neuralgia facial durante 27 años. Había tenido un par de operaciones, pero la afección empeoró. En el último par de años, la boca estaba estirada casi hasta el oído y esto le causaba un gran dolor. Sólo pudo aliviarse después de usar tomillo, como se describió anteriormente.

Siguió tomando el té incluso mucho tiempo después de que la neuralgia había desaparecido. Para los ataques epilépticos, Treben recomienda 2 tazas de tomillo al día, durante 2 ó 3 semanas, alternando con un periodo de descanso de 10 días, durante todo el año.

Un extraordinario Alimento Curativo de la Biblia para la retención de agua, las infecciones urinarias, las migrañas y la hiedra venenosa

Acordamos... los pepinos, y los melones... que comíamos gratis en Egipto. *Números 11:5*

---

[26]Mességué, *op. cit.*

La sandía, sus semillas y sus familiares -el pepino y otros melones-contienen una sustancia química llamada cucurbocitrina que aumenta la permeabilidad de los capilares, los pequeños vasos sanguíneos, en los riñones, permitiendo que escapen grandes cantidades de agua por medio de la orina. Esto puede liberar a su cuerpo de hinchazón (edema) debido al exceso de agua retenida.

La sandía también es una buena fuente de potasio, que extrae el exceso de agua del organismo, contrarrestando la tendencia a retener líquidos del sodio (sal), presente en cantidades excesivas en muchos alimentos procesados.

Un médico describe a la sandía como "es por mucho, el mejor y más seguro diurético natural". Dice que limpia rápidamente los venenos retenidos y los desechos de la vejiga, sin provocar efectos secundarios. Señala que la sandía siempre se debería comer entre las comidas, o por lo menos 1 hora después de haber comido, nunca con la comida, a mordiscos pequeños, equivalentes a sorbos en lugar de engullirse la fruta. "Puede abrir el sistema urinario como una boca de riego", indica.

Las semillas se usan para preparar té, de la siguiente manera: Hierva 2 cucharadas de semillas de sandía en una pinta (1/2 litro) de agua durante 5 minutos, deje en remojo (en reposo) hasta que se enfríe y cuele. Tome una taza de té llena tres o cuatro veces al día, endulzada al gusto.

Otra forma de usar las semillas consiste en molerlas hasta hacerlas polvo y usar una cucharadita colmada por cada taza de agua hirviendo.

Casos relatados:

"El té de semillas de sandía es mejor que cualquier otra cosa", afirma Stephanie, de 54 años, una fisioterapeuta de Portland, Maine, quien dice que tomar a sorbos 2 ó 3 tazas de té de semillas de sandía a lo largo del día ayuda a aliviar la retención de líquido.

"Padecí de una infección de la vejiga alrededor de 10 años", dice la Sra. J. R. "Durante este tiempo cooperaba cien por cien con el médico de la familia y probamos muchos antibióticos, medicamentos y sulfamidas. A pesar de todo esto padecía de una infección periódica de la vejiga unas cuatro o cinco veces al año. Luego un vecino me comentó sobre el té de sandía. Debido a que creí que era un remedio completamente inofensivo y que no tenía nada que perder... lo probé. ¡Fue una sorpresa descubrir que sí funcionaba! Tomo el té unas tres veces a la semana, y no he tenido una reaparición de la infección de la vejiga en los últimos 16 meses. También como mucha sandía cuando es la temporada y uso las semillas durante todo el año".[27]

Para las migrañas, tome un pedazo de sandía, coma la pulpa y coloque la cáscara alrededor de la frente, asegurándose de que le apriete en las sienes.

Para la hiedra venenosa, haga deslizar la carne o la cáscara de una sandía sobre el área afectada de la piel y deje que se seque de forma natural. Al cabo de un día, la afección debería mejorar drásticamente.

Los pepinos (familiares de la sandía) contienen hormonas de planta beneficiosas para la próstata; también contienen una hormona necesaria para que el páncreas produzca insulina; se han recomendado como un remedio contra las náuseas; y se pueden usar para desodorizar el cuerpo. Simplemente lave las áreas donde transpira con algunas rodajas de pepinos y deje que la piel se seque en forma natural —los pepinos son ricos en magnesio, que se dice es un desodorante natural.

La desventaja de la sandía, el melón (*cantaloupe*), el melón dulce (*honeydew*) y los pepinos es que contienen ciertas proteínas similares a las de la ambrosía, lo que los convierte en alimentos que se deben evitar en casos de fiebre del heno debido a la sensibilidad contra la ambrosía.

El melón, dicho sea de paso, es un anticoagulante. Algunos investigadores mezclaron plaquetas con "la carne dulce y acuosa del melón homogeneizado en una licuadora". Su conclusión fue que "el melón contiene un agente [adenosina] que inhibe fuertemente la agregación de plaquetas humanas". De esta manera, el melón ayuda a prevenir la enfermedad del corazón y las apoplejías.

---

[27]Richard Lucas, *Secrets of the Chinese Herbalists*, op. cit.

Alivio abrumador para el dolor

El ajenjo (*wormwood*) es uno de los remedios más antiguos y era conocido como tal en el antiguo Egipto, donde era una planta sagrada que se llevaba en procesiones religiosas. En la Biblia se lo menciona en muchas ocasiones. Su compuesto principal es un aceite volátil,* por lo general, verde oscuro, y algunas veces de color azul, con un fuerte olor y sabor amargo —junto con la ruda, los más amargos del reino vegetal. Una bebida llamada absenta o licor de ajenjo se preparaba a base de una especie de ajenjo conocida como *Artemisia absinthium*. Era un licor de color verde, ahora ilegal en la mayoría de países. Al principio produce sensaciones agradables e inspira a la mente con ideas grandiosas, ilustrando bien la frase de la Biblia "me ha emborrachado con ajenjo". El uso habitual del ajenjo, sin embargo, causa estupor y una disminución gradual del intelecto, que termina en delirios, ataques y en algunas ocasiones la muerte. Se dice que el pintor impresionista Vincent van Gogh había estado bebiendo absenta cuando pensó que era una buena idea cortarse la oreja y enviársela a una amiga.

Usado externamente, sin embargo, el ajenjo es un remedio útil que, según las palabras de un investigador, puede brindar un "alivio abrumador para el dolor".

El investigador John Heinerman dice: "Una tintura alcohólica de [ajenjo], aplicada externamente, por lo general tiene un efecto profundo para aliviar la inflamación de los músculos doloridos, el dolor que acompaña a las articulaciones artríticas hinchadas, y el terrible dolor que se siente después de una torcedura o una dislocación del hombro o la rodilla o un hueso fracturado".[28]

Cita el siguiente episodio, relatado por el hijo mayor del profeta mormón, Joseph Smith, Jr.:

Nuestro carruaje se había detenido a un lado del camino para almorzar y dejar descansar a los caballos. Al volver a mi asiento

---

*El agente activo del ajenjo (*wormwood*) es *thujone*, el cual en cantidades mayores es un convulsionante, veneno, y narcótico, algo similar a la marihuana.

[28]John Heinerman, *Heinerman's Encyclopedia of Healing Herbs and Spices*, West Nyack, NY: Parker Publishing Company, Inc., 1996.

después de este corto intervalo, sin pensar puse la mano alrededor de una de las columnas del carruaje, y cuando el conductor cerró la puerta, ésta aplastó dos de mis dedos gravemente.

Las heridas sangraban y mi madre las envolvió con algunas telas que tenía en la bolsa y continuamos el viaje. Mis dedos empezaron a dolerme mucho y luego de un tiempo nos detuvimos en una granja. Mi madre retiró las telas, remojó las vendas temporales con agua tibia y volvió a envolver los dedos con telas frescas. Sacó del baúl una botella pequeña de whisky y ajenjo, puso las puntas de mis dedos apuntando hacia arriba y vertió el líquido sobre ellos, dentro de las vendas —a tal punto, que por primera vez en mi vida ¡me desmayé de inmediato! Pareció como si hubiera vertido la poderosa medicina directamente en mi corazón, el ardor fue intenso pero el efecto circulatorio fue bastante rápido.

Cuando recuperé la conciencia estaba acostado en un sofá contra la pared y mi madre me lavaba la cara solícitamente. Me recuperé muy pronto y continuamos el viaje, llegando a casa a tiempo y sin ningún otro inconveniente.

Para preparar una tintura eficaz para aliviar el dolor punzante, el Dr. Heinerman dice: "Combine 1-1/2 taza de la hierba finamente cortada u 8 cucharadas de la hierba en polvo en 2 tazas de whisky *Jim Beam*. Agite el frasco diariamente, dejando que el ajenjo se extraiga durante 11 días. Deje que las hierbas se asienten y luego vierta la tintura, colando el polvo a través de una tela fina o un filtro de papel para colar café. Vuelva a embotellar y selle con una tapa apretada hasta que lo necesite. Almacene en un lugar fresco y seco. Cuando use esta tintura para aliviar el dolor externo, recuerde que debido a su *fuerte potencia* ¡un poco puede ir bastante lejos! El aceite de ajenjo usado externamente también alivia el dolor".[29]

---

[29]John Heinerman, *Heinerman's Encyclopedia of Healing Herbs and Spices*, *op. cit.*

Otro ejemplo del poder anestésico y analgésico del ajenjo se puede encontrar en *La autobiografía de Benvenuto Cellini*, en la cual el escritor recuerda una herida que recibió durante el sitio de Roma en 1527, en la muralla de la fortaleza de San Ángelo, mientras luchaba al servicio del Papa Clemente VII:

Un disparo de cañón, que golpeó en el ángulo de una muralla, me alcanzó,... toda la masa me cayó en el pecho y me hizo perder el aliento. Caí al piso y quedé inconsciente como un hombre muerto y podía escuchar lo que decían los espectadores... Atraído por el tumulto, uno de mis camaradas se acercó rápidamente... De inmediato fue en busca de un recipiente del mejor vino griego. Luego preparó una tela (*tile*) muy caliente y echó sobre ella un buen puñado de ajenjo; después de lo cual roció el vino griego, y cuando el ajenjo estaba bien húmedo, lo colocó sobre mi pecho, justo donde la contusión estaba visible. Las virtudes del ajenjo son tan maravillosas que de inmediato recuperé las facultades que había perdido.

Curación de los pies planos

Los curanderos de pueblo en algunas partes del mundo tratan los pies planos con un linimento hecho a base de ajenjo remojado en ron. Richard Lucas relata el caso de un hombre que no pudo caminar durante 3 meses debido a los pies planos. Los médicos le recetaron zapatos especiales, masajes, y fisioterapia, todo en vano. Finalmente, un curandero popular anticuado le dijo que preparara un linimento colocando 1 onza (30 g) de ajenjo en polvo en una pinta (1/2 litro) de ron y que lo dejara remojar durante una semana, agitando la botella vigorosamente todas las noches. Al final de la semana, tenía que colar el líquido, colocarlo en una botella y taparlo apretadamente. Le aconsejó que frotara los pies con este linimento herbario, dos veces al día, una por la mañana y otra por la noche, y que los mantuviera envueltos con gasa durante todo el día. Al cabo de tres semanas pudo volver a trabajar. Desde que empezó a usar el

linimento hace más de 20 años, no ha tenido ninguna rea-
del problema.[30]

Remedio para el pie de atleta

Un conductor de camión de San Diego informa que utiliza un remedio de venta libre que contiene ajenjo para aliviar el pie de atleta. El
producto se llama *Absorbine, Jr.* "Simplemente sigo las instrucciones
impresas en la botella", dice. "Pica un poco, pero funciona bastante
bien".

Curación de la anorexia

El herbolario francés Maurice Mességué dice, "el ajenjo es un tónico
excelente, estimula el apetito y todo el sistema digestivo. En una
ocasión lo usé para tratar a una jovencita que padecía de anorexia
nerviosa y se negaba a comer. El ajenjo literalmente le devolvió el
sabor a su vida".[31]

Para el hígado, la ictericia y la hepatitis viral

El ajenjo también es bueno para el mal funcionamiento del hígado y
para la ictericia, de acuerdo con Mességué. "Me gusta usarlo con los
convalecientes que padecen de hepatitis viral", dice. "Otra de sus virtudes es la propiedad que tiene para reducir la fiebre... También lo re-
ceto para normalizar los períodos o estimular los períodos atrasados,
y es un antiséptico útil, así como eficaz para la diarrea".

---

[30]Richard Lucas, *Common and Uncommon Uses of Herbs for Healthful Living*,
West Nyack, NY: Parker Publishing Company, Inc., 1969.
[31]Mességué, *op. cit.*

Pero advierte que para uso interno, usted debería seguir estrictamente las dosis recomendadas. Si se excede, se puede exponer a serios problemas: dolores de cabeza, vértigo, conjuntivitis y mucho más. Las mujeres embarazadas nunca deberían usarlo, ni tampoco las madres en la etapa de lactancia al igual que ninguna persona que padezca de hemorragias del estómago o el intestino.

Para preparar una infusión (té), Mességué recomienda colocar entre 5 y 20 pizcas de hojas de ajenjo en un litro de agua caliente o fría, endulzar generosamente y beber 2 tazas al día.

Como ayuda para la digestión, o como vermífugo (para librarse de los parásitos intestinales), recomienda un jarabe preparado colocando 2 puñados de flores secas de ajenjo, medio puñado de pétalos secos de rosa, 6 pizcas de canela y 14 onzas (400 g) de miel en un litro de vino blanco; deje reposar en un lugar tibio durante 24 horas o deje reposar a temperatura ambiente durante una semana; cuele. Tome un vaso lleno del licor antes de las comidas.[32]

---

[32]Mességué, *op. cit.*

CAPÍTULO · 15

DIRECTAMENTE DE LA BIBLIA: EL ANTIBIÓTICO NATURAL MÁS PODEROSO DEL MUNDO

¡Cómo echamos de menos el pescado que comíamos gratis en Egipto, y los pepinos, melones, puerros, cebollas y *ajos*...!

Números 11:5

¿Existe algún Alimento Bíblico que sea tan poderoso que pueda proteger de la peste bubónica? ¿Tan poderoso que los científicos están probándolo contra el SIDA? ¿Tan poderoso que podría curar un brazo paralizado, debilitado y corto? ¿Tan poderoso que los viejos, los enfermos y aquellos afligidos por todo tipo de achaques se han transformado de inválidos sin esperanza —algunos apenas podían arrastrarse unos pocos pies— en hombres y mujeres saludables y robustos capaces de correr, patear, saltar y seguirle el paso a cualquiera? Increíblemente, SÍ existe y usted lo encontrará —no en su botiquín de medicinas— sino en su huerto de vegetales.

Existen aproximadamente 67 tipos de ajos en la Tierra Santa, así que no es nada raro que los hebreos hayan desarrollado un gusto especial por esta planta. La alguna vez famosa ciudad de Escalonia, en Palestina, fue llamada así literalmente en honor a una especie de ajo, el chalote, o *Allium ascalonicum* en latín.

En los tiempos bíblicos, el ajo se usaba medicinalmente para una amplia variedad de dolencias. Datos auténticos descubiertos por los arqueólogos alemanes que excavaron al sur de los territorios donde se encontraban Babilonia y Nippur demuestran que el ajo se usaba ampliamente:

1. Como infusión (té) para disminuir la fiebre.
2. Como decocción para los intestinos flojos.
3. Como fomento para las hinchazones dolorosas.
4. Como linimento para músculos estirados y tirones de ligamentos.
5. Como tintura para parásitos intestinales.
6. Como tónico general para mejorar el corazón y fortalecer la digestión.

El Talmud —los 39 libros de comentario bíblico que interpretan las leyes de la Biblia, que datan del siglo I— indica que muchos tipos de alimentos se sazonan regularmente con ajo para evitar las enfermedades que se producen debido al deterioro de los alimentos. También los cuelgan en las puertas para ahuyentar a las influencias malignas. Estas creencias pueden sonar anticuadas, pero resulta que, como lo ha demostrado la ciencia moderna, los fuertes gases sulfurosos que emite el ajo matan las bacterias y los virus y desinfectan el aire, el cuerpo y cualquier otra cosa que entre en contacto con ellos.

En la antigua medicina egipcia, Hesy Re, jefe de dentistas y médicos alrededor del 2600 a.C., tapaba las caries con ajo triturado. En esos tiempos se tenía la intención de conservar un diente malo a toda costa en lugar de extraerlo.

Un antiguo remedio para el dolor de muela todavía funciona

El Dr. John Heinerman nos cuenta sobre el uso exitoso de este remedio tradicional, que tiene 4.500 años de antigüedad, cuando se le cayó uno de sus empastes. Le produjo un dolor punzante. No pudo encontrar un dentista el fin de semana, así que se dirigió a una tienda local y compró varios dientes de ajo y un envase pequeño de mantequilla de maní. Luego peló un diente de ajo, lo aplastó con la base de un cenicero pesado, lo mezcló con un poco de mantequilla de maní y lo colocó en el hueco abierto. "Al cabo de pocos minutos, cesó el dolor", dice, "y pude controlarlo muy bien", hasta que pudo acudir al dentista para que le rellenara la caries.[1]

La sabiduría del rey Salomón

Se dice que el rey Salomón había escrito un libro que contenía curaciones en base a plantas para todas las enfermedades conocidas por el hombre. Para aquellos afectados por ataques epilépticos (considerados en ese entonces como un tipo de locura), él recetaba raíz de valeriana o diente de ajo. Insertaba una pequeña porción de cualquiera de estas hierbas en la parte superior de un anillo grande que llevaba en uno de sus dedos. Esto se colocaba directamente debajo de las fosas nasales de la persona afectada, aparentemente con mucho éxito. La valeriana se conoce ahora como un sedante y tranquilizante natural. Y los compuestos de sulfuro en el ajo podrían haber actuado de la misma manera que lo hacen las sales aromáticas para sacar a alguien de un estupor temporario, como especula un científico.

En una visión, los ángeles relatan los poderes curativos de las plantas

Como se mencionó en el Capítulo 12, Hildegard von Bingen era una mística y herbolaria alemana que vivió en el siglo XII. Era la abadesa de un convento benedictino y era considerada una santa en su época, una verdadera profetisa del Señor.

Ella aseguraba haber recibido una serie de visiones que le mostraban la forma de usar las hierbas medicinales, las cuales registró en un libro llamado *Physica*, la primera obra alemana de historia natural. Estas visiones se registraron en rollos de pergamino que todavía se pueden ver en varios museos europeos.

---

[1]John Heinerman, *The Healing Benefits of Garlic*, New Canaan, CT: *Keats Publishing, Inc.*, 1994.

En una de estas visiones, un ángel apareció frente a ella y le dijo que una mezcla de dos hierbas —ajo e hisopo— curaría el asma. El ángel le indicó que preparara un té con un puñado de ápices de hisopos verdes y dos dientes de ajo, limpios, picados y colocados en una olla de agua, hervidos a fuego lento.

Para la tos con sangre, el ángel le dijo que agregara una planta llamada *allheal* a la mezcla, y que detendría drásticamente el problema al cabo de pocos minutos. Para la tisis —conocida hoy en día como tuberculosis— el ángel le dijo que agregara brotes de lavanda y hojas de consuelda (*comfrey*) a la preparación de ajo con hisopo.

Protección contra la peste bubónica

Quizás la mejor prueba del poder del ajo para combatir los gérmenes es su capacidad para proteger a los seres humanos contra la peste bubónica, que pasó por Europa varias veces en el pasado, arrasando con poblaciones enteras. Una vez, en Marsella, Francia, por ejemplo, el 80 por ciento de la población murió en unos meses.

Registros históricos indican que cuando la plaga atacó la ciudad de Chester, Inglaterra, en 1665, los únicos residentes que sobrevivieron vivían en un depósito con un sótano lleno de ajo; ninguna de las personas que vivían en la casa murió.

Durante la gran plaga de 1722 en Marsella, había algunos ladrones astutos que robaban dinero y joyas de las casas y de los cuerpos de los moribundos y los muertos —que estaban inmunes a la infección. Ellos fueron arrestados, enjuiciados y sentenciados a muerte, pero se les ofreció clemencia a cambio de su secreto sobre cómo sobrevivir en medio de la plaga. Ellos eran inmunes, decían, porque se habían frotado la cara, el cuello, las manos, los brazos, el cuerpo entero e incluso la ropa con un líquido preparado remojando 50 dientes de ajo pelado en 3 pintas de un vinagre de vino fuerte durante 2 semanas. También tomaban un poco de la solución y hacían gárgaras con ella. Las autoridades publicaron las instrucciones en lugares públicos y el resto de los habitantes de Marsella pudieron resistir la plaga.

El tipo de esa enfermedad transmitida en forma aérea —mediante la tos de los enfermos— y propagada por roedores y pulgas, es tan virulento que mata prácticamente a todos aquellos que la contraen en un lapso de 3 días. Los pacientes infectados deben ser tratados con antibióticos potentes en un periodo de 15 horas para poder sobrevivir. Sin embargo, el ajo común, un regalo de Dios, puede prevenir el contagio.

El antibiótico natural más poderoso del mundo

El ajo es el antibiótico natural más poderoso que se conoce como alimento puro. Los gérmenes y virus del resfrío y la gripe no pueden soportar el jugo de ajo. Elimina la flema, combate las infecciones y descongestiona los senos nasales, los tubos bronquiales y los pulmones. Mata a los peores gérmenes —incluso la lepra, la gonorrea y la gangrena— en sólo 5 minutos.

En pruebas de laboratorio, ¡estos gérmenes fueron eliminados de un plato de cultivo! Un solo miligramo de ajo tenía el mismo poder que 25 unidades de penicilina.

Es una hierba tan poderosa que cuando se la frota en los pies, pasa rápidamente al torrente sanguíneo y puede tener un efecto beneficioso en los pulmones. Un emplasto de ajo colocado en las plantas de los pies es muy bueno para detener la tos y aliviar los resfríos. Se prepara picando varios dientes de ajo, mezclándolos con un poco de aceite de oliva y aplicándolos en las plantas de los pies.

Los pacientes con problemas pulmonares —cerca de la muerte— que padecen de dolencias respiratorias (asma, enfisema y abscesos pulmonares horribles, alergias y bronquitis), se han restablecido y han quedado completamente curados, alabando a esta planta milagrosa.

Combate los gérmenes que la penicilina no puede eliminar

En 1948, después de años de investigaciones, los científicos establecieron firmemente el "poder de penicilina" del ajo, aislando varias sustancias que lo componen.

Alliin, la primera sustancia aislada, fue eficaz contra los gérmenes que causan el envenenamiento con salmonela, la disentería y los gérmenes estafilococos que causan los furúnculos de la piel y las llagas supurantes. También fue eficaz contra los gérmenes estreptococos que causan la escarlatina, la sepsis, la difteria, la erisipela y la inflamación del revestimiento del corazón (fiebre reumática). *Allicin*, otro ingrediente, combate la conjuntivitis (infección ocular), la putrefacción (descomposición de los alimentos en el estómago y los intestinos), la fiebre tifoidea, el cólera y la tuberculosis.

Desde ese entonces, se han descubierto muchas otras sustancias importantes en el ajo. El *germanio*, un nutriente comprobado anticáncer, es una de ellas. De hecho, el ajo es una de las fuentes más ricas en germanio y *selenio* orgánicos (vital para la prevención de la enfermedad del corazón y muchas formas de cáncer, vea la página 178). El *ajoene* es una sustancia química que "adelgaza" la sangre, por lo tanto evita la formación de potenciales coágulos peligrosos. Cuando se alimentaron animales de laboratorio con una sola dosis de este ingrediente de ajo, la coagulación de la sangre se redujo en un 100 por ciento durante 24 horas. El *ajoene* también combate dos tipos de hongos: uno que por lo general está presente en el canal externo del oído y otro que causa la cándida y la vaginitis. El *ajoene* también "es tóxico para las células del linfoma de Burkitt cuando se crecen en un cultivo de tejido", según el *Harvard Health Letter* de agosto de 1991.

Otros compuestos de azufre que contiene el ajo "bloquean el desarrollo de cánceres de colon, esófago y piel en roedores expuestos a sustancias químicas cancerígenas específicas que producen estos males", indica el informe. El ajo tiene más de 100 compuestos de azufre conocidos. Algunos científicos creen que existen como 500 o más. Estos compuestos de azufre proporcionan al ajo el poder para combatir las enfermedades, ayuda a reducir la presión sanguínea y el nivel de azúcar en la sangre, alivia el asma y la bronquitis, mejora la circulación y el funcionamiento del corazón, previene el cáncer y ayuda al organismo a deshacerse de las toxinas peligrosas.

Se alivian el asma, la bronquitis, el enfisema y otros problemas respiratorios

Un médico receta ajo como un "regulador de la flema" para la bronquitis crónica. Piensa que el ajo trabaja estimulando los mismos reflejos que causan que la nariz y los ojos se humedezcan. Estos reflejos provocan la liberación de fluidos de los pulmones que aguan la flema, permitiendo que el organismo la expulse. Afirma que el uso regular de ajo puede evitar que algunas personas susceptibles desarrollen bronquitis crónica.

El ajo, según este médico, puede ayudar a prevenir el daño pulmonar causado por bronquitis y enfisema. Hay más evidencia, señala, de que el enfisema puede deberse en parte a los radicales libres del organismo que destruyen las células pulmonares. Estos radicales libres pueden neutralizarse por medio de los agentes sulfhídricos del ajo.

El principal agente de sabor del ajo, áliin, está relacionado, químicamente, con *Mucodyne*, un popular medicamento europeo para aliviar el exceso de flema. El áliin del ajo escapa cuando el diente se corta o se aplasta. Por esta razón, aconseja el uso de dientes enteros pelados en las sopas. Recomienda usar un bulbo de ajo (unos 15 dientes) con 28 onzas (400 ml) de caldo de pollo y varias hierbas y especias, hervir (inhalando el vapor), hervir a fuego lento durante 30 minutos, filtrar los sólidos y tomar porciones iguales antes de cada comida, de una a tres veces diarias. Masticar un poco de perejil desvanece los olores del ajo.

Usos relatados:

Una mujer indica: "En un libro de hierbas aprendí sobre las maravillas del ajo, y mejoró la congestión de mis pulmones debido a la pulmonía cuando los antibióticos fracasaron".

Hablando sobre el uso de ajo para problemas respiratorios, un experto indica: "El ajo es un preventivo o un tratamiento eficaz para la gripe, mientras que la medicina convencional no ofrece ningún tratamiento".

Si usted siente venir un resfrío o dolor de garganta, coma un poco de ajo o cebolla, indica James North, director de microbiología en Universidad Brigham Young. Si lo come al principio, podría evitar enfermarse". Los estudios muestran que el extracto de ajo es casi 100 por ciento eficaz en la destrucción del rinovirus que causa los resfríos; de la parainfluenza 3, un virus respiratorio y de gripe común; y del herpes simple 1, que causa las ampollas de fiebre. El ajo mata estos gérmenes por contacto, señala North.

Eficaz contra la tuberculosis y la infección cerebral

El poder antibiótico del ajo se ha comprobado en literalmente cientos de pruebas, documentadas en la Biblioteca Nacional de Medicina, en Bethesda, Maryland. Desde 1983 se han publicado alrededor de 125 informes científicos sobre el ajo. Un informe reciente destacaba su eficacia contra 72 tipos diferentes de agentes infecciosos; el alcance más amplio que cualquier sustancia antimicrobiana conocida, señala un experto.

El Dr. M. W. McDuffie usaba el ajo para curar casos casi sin esperanza de tuberculosis —personas que llegaban en muletas y en sillas de ruedas, esperando la muerte. En el *North American Journal of Homeopathy*, de mayo de 1914, lo llama "el mejor tratamiento individual que se ha descubierto para eliminar los gérmenes", y dice, "y también creemos que es específico para el bacilo tuberculoso y para los procesos tuberculares, sin importar qué parte del cuerpo esté afectada".

Un médico inglés, el Dr. Minchin, informó resultados similares mientras se encontraba a cargo de un pabellón grande de tuberculosis en el hospital Kells, en Dublín. Descubrió que el ajo tenía un poder destructor específico contra el bacilo de la tuberculosis.

El ajo combate las infecciones causadas por hongos como la tuberculosis, matando el organismo. También estimula el sistema inmunitario del paciente.

Durante siglos, los médicos chinos han administrado ajo a sus pacientes para combatir las infecciones. En 1980, apareció un artículo en *The Chinese Medical Journal* sobre el uso del ajo en casos de meningitis. Médicos de la provincia de Changsha, que no podían adquirir anfotericina, un antibiótico, alimentaban e inyectaban ajo a los pacientes con una infección seria llamada meningitis criptocósica. De los 16 pacientes que recibieron ajo, 11 sobrevivieron, un porcentaje de cura del 68 por ciento. *Esto significa que las sustancias químicas del ajo pudieron curar la infección del cerebro, lo que incluso ciertos antibióticos poderosos no han logrado, sin efectos secundarios serios, a diferencia de muchos medicamentos.*

Propiedades para combatir el cáncer

El ajo incluso parece tener propiedades anticáncer. Durante mucho tiempo se ha conocido que es eficaz contra varios tipos de tumores en animales de laboratorio. En 1942, científicos rusos usaron con éxito extractos de ajo contra tumores en seres humanos.

En la China, se hizo una comparación entre dos condados de la provincia de Shantong, uno donde el ajo era muy popular y otro donde se lo comía rara vez. Se descubrió que aquellos que no comían ajo eran 12 veces más propensos a desarrollar cáncer. Específicamente, se notó que los residentes del condado de Cangshan disfrutaban de la tasa de mortalidad de cáncer de estómago más baja (3 de cada 100.000), mientras que el condado de Qixia tenía una tasa de mortalidad debida al mismo cáncer, trece veces más elevada (40 de cada 100.000). Un examen a las dietas de ambos países mostró que los residentes de Cangshan comían con regularidad más de media onza de ajo, cebollas, puerros y vegetales similares todos los días, mientras que los residentes de Qixia casi no los comían.

En Shanghai, China, en la misma época (1990), se comparó a 200 personas con cáncer de laringe (la "caja de voz" de la garganta) con 414 pacientes de un grupo de control que no tenían esta enfermedad. Se descubrió que el ajo, junto con las frutas y los vegetales verde oscuros y amarillos, aparentemente prevenían esta forma de cáncer.

En 1987, investigadores del *Akbar Clinic and Research Center* en Panama City, Florida, descubrieron que cuando pacientes voluntarios comían grandes cantidades de ajo crudo, y las muestras de sangre se mezclaron con células cancerosas vivas, destruyeron de un 140 a un 150 por ciento más células cancerosas que en la sangre de aquellos que no comían ajo. Específicamente, las personas tenían que comer de dos a tres bulbos de ajo al día (bulbos, no dientes). Después de 3 semanas se colocarón células asesinas naturales de su sangre en una bandeja de laboratorio que contenía una variedad de tejidos cancerosos. Las células asesinas de los que consumían ajo eliminaron más de dos veces y media el número de células cancerosas que las células asesinas de las personas que no habían comido ajo. Los pacientes no necesitan consumir cantidades tan grandes para obtener buenos resultados. Una cantidad tan pequeña como medio diente produce un aumento en la actividad de las células asesinas naturales.

En un artículo titulado "Plant Remedies for Cancer", del *Cancer Therapy Reports* (7:19-20, mayo 1960), el Dr. Jonathan Hartwell cuenta sobre un médico de Victoria, Columbia Británica, que había tratado con éxito varias enfermedades malignas diferentes (sin nombrar cuáles) haciendo que sus pacientes comieran ajo. No olvidemos que Hipócrates recetaba consumir ajo para aliviar los tumores uterinos entre los siglos V y IV a.C. La literatura popular de la India (hacia el 450 d.C.) se refiere al ajo como una cura para tumores abdominales. Se supone que Francia tiene una de las incidencias más bajas de cáncer debido a las grandes cantidades de ajo que se consumen en ese país. Los consumidores de ajo en Bulgaria están prácticamente sin ninguna clase de cáncer.

En 1986, varios investigadores preguntaron a 41.837 mujeres entre los 55 y 69 años de edad, escogidas al azar en Iowa, sobre su dieta. Les pidieron que escogieran, de una lista de 127 alimentos, aquellos que comían con regularidad. Luego las observaron durante un periodo de tiempo para ver qué enfermedades desarrollaban. Los investigadores estaban buscando especialmente casos de cáncer de colon, un gran asesino en Estados Unidos. De todos los alimentos que comían, ninguno sobresalió como preventivo del cáncer a excepción del ajo. El estudio mostró que el ajo parecía ser bastante eficaz en la prevención del cáncer de colon.

Parece que el ajo evita que las células se conviertan en cancerosas estimulando los mecanismos de defensa del organismo contra el cáncer. Por ejemplo, tonifica el hígado, el cual produce enzimas contra el cáncer y filtra los venenos del torrente sanguíneo. El ajo también protege el hígado, para que no sufra ningún daño.

No sólo uno, sino varios factores del ajo parecen combatir el cáncer. Uno de estos factores es el alto contenido de azufre del ajo, que parece confundir a ciertos tipos de tumores, evitando que se reproduzcan. Otro elemento del ajo para combatir el cáncer es el selenio (vea la página 153), que incluso en cantidades pequeñas —tan bajas como cinco partes por millón— muestran efectos anticáncer.

El ajo también parece proteger contra el cáncer inducido por radiación, que es predominante en las áreas que rodean plantas nucleares. También previene algunos de los síntomas y efectos secundarios de la quimioterapia. En un estudio realizado en Japón, se administró ajo a un grupo de mujeres que recibían quimioterapia y radiación; casi el 70 por ciento de las mujeres que tomaron ajo no informaron sobre ningún tipo de efectos secundarios.

Investigaciones sobre el SIDA

En la quinta Conferencia Internacional sobre el SIDA llevada a cabo en Montreal, en junio de 1989, se discutió sobre el ajo como posible tratamiento contra el SIDA. El Dr. Tariq Abdullah, director del *Akbar Clinic* de Panama City, Florida, presentó los resultados de un estudio de 12 semanas que mostraba cómo siete pacientes con SIDA de Jacksonville y Nueva Orleans habían mejorado, después de tomar un extracto de ajo especial llamado *Kyolic® Special Garlic Preparation* (*SPG*), producido por Wakunaga Pharmaceutical Company de Japón. Los pacientes tomaron 10 cápsulas diarias, equivalentes a dos dientes, durante las primeras 6 semanas; luego 20 cápsulas, equivalentes a cuatro dientes, durante seis semanas más.

Todos los pacientes tenían una actividad bastante baja de células asesinas naturales y unas proporciones anormales de células T —ambos son medidas de la sangre que por lo general muestran que el SIDA está en una etapa avanzada, y que le queda poco tiempo de vida al paciente. Todos los pacientes también tenían infecciones oportunistas como diarrea criptosporidial o infecciones causadas por herpes.

Los resultados fueron notables, y como señaló un experto, "si se hubiera utilizado un medicamento farmacéutico en lugar del ajo, no hay duda de que la noticia se hubiera esparcido rápidamente en los medios de comunicación". Seis de las siete personas que completaron la prueba tenían una actividad normal de células asesinas naturales al cabo de 6 semanas, y las siete tenían una actividad normal al final de 12 semanas. Las proporciones de células T volvieron a la normalidad en tres de los pacientes, mejoraron en dos, permanecieron igual en uno y disminuyeron en otro.

Al final de la prueba, las llagas, diarrea y herpes genital de estos pacientes con SIDA desaparecieron. Entre las condiciones que mejoraron había una infección crónica de los senos nasales, en un paciente que no se había aliviado con el uso de antibióticos durante más de un año de tratamiento antes de empezar el estudio sobre el ajo.

La noticia del estudio se esparció rápidamente y muchos pacientes con SIDA comen ajo con regularidad, además de otros medicamentos que puedan estar tomando.

El efecto del ajo en las infecciones relacionadas con el SIDA

Varias pruebas han demostrado que el ajo es eficaz contra el criptococo, la criptosporidia, el herpes, la micobactria y la neumocistitis, todos agentes infecciosos comunes en casos de SIDA. Los investigadores han descubierto recientemente evidencias que muestran que el constituyente *ajoene* del ajo podría interferir en forma directa con la propagación del virus HIV en pacientes con SIDA.

El *Immune Enhancement Project* en Portland, Oregon, utiliza el ajo como el principal agente para la prevención y el tratamiento de las infecciones oportunistas que acompañan al SIDA. Ofrece una amplia variedad de servicios naturales, incluyendo visitas a la oficina, tratamientos herbarios y más de alrededor de $100 mensuales a sus clientes. "Compare esto con el costo de algunos medicamentos para el SIDA, que representa más de $1.000 mensuales sólo por los medicamentos", indica un experto., "y que no son más eficaces que los tratamientos naturales".

Trastornos cerebroespinales, convulsiones, pulmonía

Se ha aplicado ajo en los pies como cataplasma para los trastornos cerebrales y cerebroespinales de los niños y para las convulsiones. Aunque parezca raro el hecho de que aplicar algo en los pies podría afectar al cerebro, las cataplasmas de ajo en los pies —debido al calor que generan— retiran sangre de la parte superior del cuerpo. El efecto es lo suficientemente poderoso como para detener una hemorragia nasal. Las sustancias químicas antibióticas del ajo son absorbidas por el torrente sanguíneo por medio de los pies.

Una herbolaria usaba las cataplasmas de ajo en los pies para tratar su propio caso de pulmonía. Tenía 8 meses de embarazo en ese entonces, y su caso se complicó más debido a una pleuresía severa, que le causaba dolor cada vez que respiraba o tosía. El médico le ofreció antibióticos, pero se negó a tomarlos en esa etapa avanzada del embarazo. En su lugar, comía de seis a diez dientes de ajo picados y crudos al día, se los tragaba con agua. Aplicaba las cataplasmas de jengibre y ajo directamente sobre el lugar que le dolía debido a la pleuresía, y aplicaba ajo sobre los pies. Al cabo de dos días había superado la crisis y se recuperó por completo en dos semanas.

Cómo evitar la obstrucción de las arterias

Consumir ajo puede ayudar a prevenir las arterias enfermas. Pruebas médicas han demostrado que la raíz picante tiene "una acción protectora muy significativa" para limitar los efectos de la coagulación de la sangre con grasa, según los doctores Arun Bordia y H. C. Bansal del *R.N.T. Medical College*, Udaipur, India. En un reportaje publicado en el número del 29 de diciembre de 1973 de la revista médica británica *The Lancet*, los médicos señalaron que la sangre de diez pacientes se coagulaba más despacio cuando comían ajo con alimentos grasos que cuando los comían sin ajo. Dijeron que esto significaba que el ajo podía disminuir la acumulación de depósitos de grasa en las paredes arteriales y ayudar a prevenir que las arterias se obstruyeran.

Específicamente, se agregaron 100 gramos de mantequilla (casi un cuarto de libra) a una comida que los pacientes comían habitualmente. Tres horas más tarde, tenían un promedio de colesterol en la sangre de 237,4 miligramos por ciento.

Cuando se agregó el jugo o el aceite extraído de 50 gramos de ajo a la misma comida, después de 3 horas el recuento del colesterol en la sangre era de sólo 212,7 miligramos por ciento. Se descubrió que el aceite de ajo provocaba este efecto, ya sea que se tomara como aceite puro, como jugo de ajo o como ajo entero.

Además, el aceite de ajo redujo el nivel de fibrógeno (un factor bloqueador en la sangre). Una comida que contenía mantequilla resultó en un nivel de fibrógeno de 320,9 miligramos por ciento —en 3 horas. Cuando se agregó ajo a la misma comida, el nivel de fibrógeno en la sangre después de 3 horas era de 256,4.

En ambos casos el ajo disminuyó los niveles de colesterol y fibrógeno por debajo de sus niveles de ayuno.

Disminuye la presión sanguínea alta

Según se informa, cientos de médicos han descubierto que el ajo es la manera más segura y confiable de aliviar la presión sanguínea alta. Nadie sabe a ciencia cierta por qué. Algunos médicos piensan que dilata (abre) las arterias, aliviando la presión. Otros citan su poder germicida para aliviar las infecciones de diferentes clases y por lo tanto reducir la presión sanguínea elevada.

Sin embargo, la presión sanguínea en realidad se reduce. Los médicos informan —caso tras caso— que síntomas, tales como la debilidad, el mareo, los dolores de cabeza punzantes, el zumbido en los oídos, los dolores de pecho parecidos a la angina, la falta de respiración, los dolores de espalda, el entumecimiento o las sensaciones de hormigueo— se pueden aliviar rápida y fácilmente.

De hecho, parece que el ajo llena todos los requisitos de un agente terapéutico perfecto para reducir la presión sanguínea:

1. Es absolutamente seguro.
2. No se han descubierto efectos secundarios perjudiciales y no existe una dosis límite.

3. La presión sanguínea se reduce en forma gradual —por un periodo de tiempo— sin una caída repentina que podría alterar al organismo.

4. No interferirá con ningún otro medicamento que pueda estar tomando, con la supervisión de un médico.

5. En casi todos los casos que se ha probado, ha aliviado la debilidad, el mareo, los dolores de cabeza, el zumbido en los oídos, el dolor de pecho y los molestos dolores causados por gases.

6. Se pueden obtener buenos resultados sin importar la edad o la condición.

7. Es fácil de tomar en forma de tableta sin olor.

En experimentos realizados en la Universidad de Ginebra en 1948, síntomas como dolores de cabeza, mareo, zumbido en los oídos, dolores de pecho parecidos a la angina y dolores entre los omóplatos empezaron a desaparecer después de 3 a 5 días de haber empezado el tratamiento. En casos de dolores de cabeza, el 80 por ciento de las personas tratadas dijeron haberse aliviado. Los pacientes descubrieron que podían pensar con mayor claridad y concentrarse en su trabajo.

Sin embargo, se debe aclarar que el ajo no constituye una cura para la presión sanguínea alta; simplemente alivia los síntomas, que podrían reaparecer cuando se interrumpe la terapia de ajo. Sin embargo, en muchos casos, el uso prolongado del ajo ha tendido a disminuir en forma permanente la presión sanguínea elevada.

Desafía a la muerte con un Alimento Bíblico

"Mi suegro estaba recostado esperando —sí, simplemente esperando— fallecer", dice la Sra. R. E. "Podía elevar la voz sólo para susurrar. Los médicos le daban dos días de vida. Luego escuchamos que el jugo de ajo podría curar la presión sanguínea alta. [Esto era mucho tiempo antes de los betabloqueantes.] Lo colocamos en los pies, y también le alimentamos con ajo cocido.

"En poco tiempo se sintió mucho mejor. Le seguimos administrando ajo como la parte principal de una dieta durante un día o dos. Al cabo de seis días, fue al centro de la ciudad a su cerrajería.

"Todo fue tan impresionante que la noticia se esparció como el fuego —de tal manera que por largo tiempo estuvo recibiendo cartas de todas partes de Estados Unidos, queriendo saber cuál era su opinión".

Se normaliza la peligrosa presión sanguínea alta

Un hombre expresa: "Hace seis meses, acudí a mi examen físico anual y me dijeron que tenía presión sanguínea alta de 190 sobre 90. Me sugirieron que siguiera una dieta y perdiera peso, y que esto reduciría la presión sanguínea. Por alguna razón nunca pude contar las calorías que ingería. Sin embargo, un amigo me comentó que el ajo podría reducir la presión sanguínea en forma rápida. Así que empecé a tomar 1 cápsula de aceite de ajo al día.

"Después de un par de semanas, compré una de esas máquinas caseras para medir la presión sanguínea y ¿sabe qué? Mi presión sanguínea había bajado a 130/75. No he perdido ni una onza de peso, así que tiene que haber sido el ajo. He estado tomando una cápsula al día sin falta".

Un Alimento Bíblico Curativo para la diabetes

El uso del ajo ha reducido el nivel de azúcar en la sangre en los diabéticos. En un caso, a un hombre con diabetes avanzada los médicos le dijeron que su afección era incurable, y le enviaron a su casa a morir en paz a los 60 años de edad.

Sin embargo, a los 90 años de edad, todavía estaba vivo y en excelente estado de salud. Había empezado a consumir una combinación de ajo, perejil y berro. El nivel de azúcar en la sangre disminuyó de más de 200 a 110. Y continuó usando felizmente este alimento durante muchos años.

El ajo no constituye una cura para la diabetes y no debería usarse sin la autorización de un médico. Pero puede ser una buena forma de reducir el nivel de azúcar en la sangre y, por lo tanto, controlar la enfermedad. Es un hecho asombroso e interesante, sin embargo, que se ha registrado varias veces, que el ajo puede reducir el nivel de azúcar en casos de diabetes.

Se prueba un Alimento Bíblico contra un fármaco para la diabetes

El uso de ajo redujo el nivel de azúcar en la sangre en un caso de diabetes, según lo informado por el Dr. Madaus en la publicación alemana *Lehrbuch der Biologischen Heilmittle*, volumen 1, página 479. En el número del 29 de diciembre de 1973 de *The Lancet*, la revista médica británica, dos médicos de la India señalaron que el ajo —aunque con un efecto un poco más lento— es tan eficaz como la tolbutamida (un medicamento oral para diabéticos) para sacar el exceso de glucosa del torrente sanguíneo.

La Sra. S. L., una consumidora de ajo, dice: "Recientemente, me diagnosticaron un caso leve de diabetes. El médico me dijo que tendría que tomar un medicamento oral si el nivel de azúcar en la sangre no disminuía. Había leído cómo el ajo podía disminuir el nivel de azúcar en la sangre. Así que de inmediato empecé a tomar cápsulas de ajo de cinco granos (*five-grain capsules*) junto con mis vitaminas y levadura de cerveza después de cada comida. El resultado —el nivel de azúcar en la sangre disminuyó hasta normalizarse y no me recetaron ni tuve necesidad de consumir ningún medicamento".

Un Alimento Bíblico estimula los poderes sexuales

En su libro, *Garlic Therapy* (*Japan Publications, Inc.*, Tokio, 1974), Tadashi Watanabi, D.Sc., dice: "El poco conocido polvo hecho a base del escarabajo conocido como cantárida (*Spanish fly*), o la venenosa yohimbina que se obtiene de la corteza de un árbol de África Occidental, producen el efecto inmediato de causar la erección del pene, pero no nutren al organismo y de hecho pueden causar daño. El állicin del ajo estimula el nervio central del pene y ayuda a producir la erección, pero el ajo [también] tiene un efecto nutritivo y estimula las glándulas hormonales, que a largo plazo fortalecen la potencia sexual proporcionando la energía a todo el organismo".

Rejuvenece el hígado

El principal valor del ajo en los trastornos del hígado es su poder para eliminar la toxicidad de las bacterias que causan putrefacción en los intestinos y por lo tanto dar un descanso al hígado. Es un estimulante comprobado de los jugos gástricos, que contribuyen a la digestión, y una ayuda para aumentar y vigorizar la circulación de la sangre a través del hígado.

Se asegura que una cucharadita de ajo mezclada con una cucharada de aceite de oliva o de soja, tomada por la noche, animará al hígado y lo rejuvenecerá de tal manera que la piel del cuerpo resplandecerá con una actividad renovada. Los consumidores dicen que en realidad es un vegetal milagroso.

Un Alimento Bíblico Curativo para la cistitis

Las infecciones urinarias pueden ser dolorosas y debilitantes. La Sra. N. Q. relata cómo usaba el ajo para aliviar la infección persistente de la vejiga:

"Para aquellos que puedan padecer de cistitis, el ajo puede ser la solución. Después de haberla contraído varias veces, decidí probar mi propio remedio. Picaba tres dientes grandes de ajo tres veces al día, los colocaba en una cucharadita y me los ponía en la boca y los enjuagaba con agua. Después de cinco días, la cistitis había desaparecido".

Un Alimento Bíblico cura las dolencias estomacales

Si se toma con regularidad, el ajo puede curar las dolencias estomacales e intestinales, dice un científico destacado y experto en la terapia de ajo. Según se informa, el állicin del ajo estimula a las paredes del estómago e intestinos a segregar enzimas digestivas. Pero las personas que padecen de estas afecciones tienen que diluir el ajo o mezclarlo con otros alimentos, indica un experto. Una forma excelente de suavizar el ajo consiste en cocinarlo o mezclarlo con huevos y leche.

Sin embargo, ni siquiera es necesario ingerir el ajo. El ajo se puede usar en forma de cataplasmas o baños para los pies y las manos para aliviar el estómago. Sus poderes penetrantes son tan fuertes que son absorbidos de inmediato a través de la piel. Usado de esta manera ha producido una eficacia del 95 por ciento.

Desde la antigüedad hasta el presente, el ajo ha sido elogiado en todo el mundo por aliviar gases, retortijones y síntomas de la (inflamación) catarral. El estudio clásico en esta área, el cual finalmente estableció bases científicas sólidas para usar el ajo en casos de trastornos estomacales y digestivos, fue realizado por Damrau y Ferguson, y se publicó en el *Review of Gastroenterology* de mayo de 1949. A cada uno de los 54 pacientes tratados se le administró dos tabletas de ajo dos veces al día, después del almuerzo y la cena, durante un periodo de 2 semanas:

La pesadez después de comer se alivió por completo en 15 casos y, parcialmente, en seis de 25 casos; un total de 84 por ciento de eficacia.

De un total de 25 casos, los eructos se aliviaron por completo en 13 casos, y parcialmente, en nueve; una eficacia del 88 por ciento.

La flatulencia se alivió por completo en 20 de 25 casos; una eficacia del 80 por ciento.

Los cólicos causados por gases se aliviaron por completo en 13 casos, y en forma parcial en ocho; una eficacia del 84 por ciento.

Las náuseas se aliviaron por completo en seis de ocho casos; una eficacia del 75 por ciento.

Se informa que el ajo no sólo produjo un alivio temporal, sino una libertad permanente de estos trastornos gástricos. Los investigadores concluyeron que el ajo es un carminativo que, si se usa para la flatulencia y el cólico, expulsa los gases del estómago e intestinos y disminuye los dolores intestinales.

Un Alimento Bíblico que brinda alivio rápido para los malestares intestinales

E. E. Marcovici, M.D., en un artículo titulado "Terapia de ajo para las enfermedades del tracto digestivo basada en 25 años de experiencia" y publicado en *Practical Therapeutics*, del 15 de enero de 1941, informa que se interesó por primera vez en el ajo en 1915 cuando, como médico del ejército, tuvo la oportunidad de estudiar y tratar innumerables casos de infecciones gastrointestinales, incluyendo disentería y cólera.

El Dr. Marcovici descubrió que el ajo brindaba un alivio rápido para la diarrea extrema de la disentería. Algunos pacientes se quejaban del sabor fuerte y picante de la planta, así que se utilizaron tabletas de ajo logrando los mismos resultados. Estos fueron tan notables que luego se empezó a utilizar el ajo como un tratamiento de rutina y una medida de purificación en cientos de casos de trastornos digestivos.

Para la hipertensión crónica de los ancianos, el Dr. Marcovici cree que el ajo produce buenos resultados debido a su efecto purificador de los gérmenes intestinales que causan la putrefacción. Por lo tanto, evita que el torrente sanguíneo absorba estos venenos.

"Se sabe que estos pacientes padecen con frecuencia de estreñimiento crónico, estasis fecal (bloqueo intestinal) o apendicitis crónica", explica. "Como resultado de estos trastornos, sustancias alimenticias predigeridas en forma incompleta en el estómago debido a la subacidez o hiperacidez, llegan a la región cecal donde pasan por una putrefacción patológica. Como consecuencia, el torrente sanguíneo absorbe y transporta estas toxinas. Esta toxemia es responsable de los síntomas variables que padecen los pacientes:

dolores de cabeza (migrañas), mareos, fatiga, espasmos capilares y demás". El ajo elimina los gérmenes de putrefacción para limpiar y purificar el organismo.

Un Alimento Bíblico que cura la diarrea

El Dr. E. Roos, escribiendo para el *Münchener Medizinische Wochenschrift*, revista médica alemana, relata cómo usaba con éxito una preparación de ajo en el tratamiento de muchas dolencias intestinales, mayormente en casos de diarrea. Indica que el ajo es eficaz por tres razones: relaja, limpia y reduce la inflamación. El ajo, dice, produce un efecto casi narcótico. Como narcótico, parece que hace desparecer los dolores estomacales, la diarrea y otras dolencias intestinales en muy poco tiempo. A diferencia de los narcóticos, el ajo rara vez causa estreñimiento.

"No importa", dice el Dr. Roos, "qué tipo de diarrea tenga o de qué proviene. Se ha obtenido un resultado favorable en la gran mayoría de los casos tratados, incluso en casos obstinados y crónicos con reapariciones".

A pesar de que no se pueden garantizar resultados en casos de trastornos orgánicos serios como el cáncer o la tuberculosis, y el Dr. Roos cita varios ejemplos de casos aparentemente sin esperanza que se trataron con éxito.

Casos relatados:

M. F., un profesor universitario, había sufrido de gases, dispepsia y colitis durante 17 años. En algunas ocasiones, la diarrea se alternaba con ataques de estreñimiento. Le administraron 2 gramos de una preparación de ajo dos o tres veces al día. Al cabo de 2-1/2 meses el paciente se consideró completamente curado.

La Sra. O. S., de 59 años, padeció de diarrea casi 9 meses. Antes de esto ella siempre había estado estreñida, con un sistema digestivo muy sensible y delicado. Al cabo de un mes, con tratamiento de ajo, subió de peso, lucía saludable y sus heces eran completamente normales. Toda evidencia de grandes depósitos de bacterias perjudiciales en los intestinos desapareció por completo.

El Sr. L. R., de 33 años, un eclesiástico, padecía de colitis crónica, con mucho dolor e incomodidad abdominal. Empezó a tomar 2 gramos de ajo dos veces al día durante 14 días, luego una vez al día. En los primeros días se sintió mucho mejor. En menos de un mes, tenía dos evacuaciones intestinales normales al día.

La Srta. L. H., de 24 años, repentinamente experimentó un terrible dolor corporal, náuseas, escalofríos y fiebre, junto con diarrea persistente. Su afección fue diagnosticada como enterocolitis aguda. Empezó a tomar 2 gramos de ajo tres veces al día, y al quinto día su estado era perfectamente normal.

C. R., de 48 años, un panadero, padecía de intensos dolores de presión en la parte superior del abdomen. Este dolor le había molestado más de un año, en algunas ocasiones durante todo el día, y sin embargo él no padecía de gases. Le administraron dos tabletas de ajo tres veces al día y en pocos días experimentó una gran mejoría. En alrededor de un mes, se declaró en perfecto estado de salud.

I. W., un estudiante que sufría de dolores abdominales, problemas estomacales, hiperacidez y diarrea, tenía cita para realizarse una apendicetomía. Por esas cosas del destino, el cirujano no estaba disponible. Mientras tanto, le administraron preparaciones de ajo, 2 gramos dos veces al día. Después de pocos días, aseguró que se sentía perfectamente bien y canceló la operación. (El Dr. Roos da este ejemplo sólo para mostrar la influencia relajante del ajo, no para recomendarlo como un sustituto de la cirugía).

"Por lo general, al cabo de poco tiempo", señala el Dr. Roos, "las dificultades mejoran, los pacientes se sienten aliviados y tienen mejor aspecto... Por lo que luego nos cuentan los pacientes, el efecto parece ser duradero". Recomienda dos tabletas de ajo tres veces al día como la mejor dosis diaria posible para problemas intestinales; en casos severos, tres tabletas cinco veces al día, y en casos leves dos tabletas, una o dos veces al día. Lo más importante, indica, es que estas tabletas se pueden tomar sin temor a sufrir efectos secundarios desagradables.

La diarrea se detuvo casi de inmediato

La Sra. H. L. de Bethesda, Maryland, dice: "En algunas ocasiones he padecido de diarrea persistente. Los diferentes medicamentos que me recetó el médico no me ayudaron ni me hicieron sentir mejor. Finalmente traté de comer ajo crudo después de cada comida y la diarrea se detuvo de inmediato. No me gusta masticar el ajo así que lo piqué finamente y lo tragué con jugo de frutas".

La Sra. K. V. informa: "Tuve diarrea mucho tiempo, estaba débil y apenas podía moverme. Me sentía exhausta y adelgacé en forma alarmante. Cada vez que dejaba de tomar lo que el médico me había recetado, la diarrea reaparecía, peor que nunca. Luego me dijeron que probara el ajo, tomando una cucharadita de ajo cortado en cúbitos con miel o leche, dos o tres veces al día. Lo increíble es que mi diarrea se detuvo casi de inmediato".

Cómo usar este Alimento Bíblico Curativo para la diarrea

Si se usa correctamente, el ajo es sutil, delicioso y no tiene olor. La mejor manera de suavizar el ajo es cocinarlo. Esto le da una textura blanda como la mantequilla y un delicioso sabor a nuez. Y el plato final no tiene ningún sabor a ajo.

Esto es cierto, incluso en ciertos platos exóticos cocinados con hasta 60 dientes de ajo. La razón es que la esencia (u olor) del ajo es un aceite volátil que escapa rápidamente en el calor.

El ajo cocido, dice un experto, es seguro y sabroso —como lo son pequeñas cantidades de ajo fresco picado en ensaladas o carnes— y lo recomienda para las personas con un estado de salud débil, o con alergias o dolencias estomacales. Por lo general, las dosis de ajo crudo son las que algunos encuentran más desagradables.

Aquellas personas siempre lo deberían diluir de alguna manera, en una sopa o con leche y galletas.

Un Alimento Bíblico Curativo para el estreñimiento

Un científico destacado y experto en terapia de ajo indica que las personas que padecen de estreñimiento pueden encontrar alivio comiendo en forma regular cantidades moderadas de ajo mezcladas con cebollas y leche o yogur. Señala que el *állicin* en el ajo estimula el movimiento peristáltico de las paredes intestinales y de esta manera produce una evacuación intestinal. Kristine Nolfi, M.D., médica naturópata danesa, también indica que "el ajo tiene un efecto fortalecedor y laxante".

Un Alimento Bíblico Curativo para alivio inmediato del dolor de oído y las quemaduras

La Sra. L. C. dice: "He usado ajo durante un año para el dolor de oídos. He visto cómo hace milagros al cabo de 10 a 15 minutos de haber perforado una cápsula de aceite de ajo y haber vertido el contenido en el oído, cubriéndolo con un poco de algodón para evitar el goteo. A mis amigos y familiares les he contado cómo el dolor se detiene al poco tiempo, ¡y todos confían mucho en el ajo!

"También, descubrí por accidente que las quemaduras se alivian si se frota aceite de ajo sobre las mismas. El dolor desaparece casi inmediatamente después de la aplicación. Mi sobrino se quemó la mano en una hornilla eléctrica. Cuando se aplicó aceite de ajo, se sintió bastante aliviado y durmió toda la noche sin llorar".

Un Alimento Bíblico Curativo alivia el zumbido de los oídos

La Sra. S. A. dice: "He descubierto un remedio muy sencillo y barato para la mala audición y el zumbido de los oídos... Mis oídos zumbaban bastante y la audición era bastante confusa. Hace tres años leí que, 'se dice que una gota de jugo de cebolla en el oído es buena para la mala audición'. Lo probé y conseguí resultados maravillosos. Comience haciéndolo tres veces a la semana y conforme mejora su condición puede disminuir la dosis. Ahora lo uso cada semana o cada diez días y sigo obteniendo buenos resultados".

Un Alimento Bíblico Curativo para los problemas de la nariz y la garganta

Por mucho tiempo se ha conocido al ajo como un antiséptico milagroso en casos relacionados con infecciones de los ojos, los oídos, la nariz y la garganta. Como indica Kristine Nolfi, M.D., en *My experiences with Living Food*: "Si se coloca un pedazo de ajo en la boca, al comienzo de un resfrío, en ambos lados entre la mejilla y los dientes, el resfrío desaparecerá al cabo de pocas horas o, como máximo, en un día".

El ajo también tiene un efecto curativo en las enfermedades crónicas de los órganos respiratorios superiores, dice la doctora, absorbiendo los venenos —y esto es cierto para "la inflamación crónica de las amígdalas, las glándulas salivales y las glándulas linfáticas, el empiema de los senos maxilares, las laringitis y faringitis agudas", y otras enfermedades. Por ejemplo:

+ Esta milagrosa planta curativa, dice la médica, "hace que los dientes flojos se afirmen nuevamente y elimina el sarro".

+ Tiene un efecto curativo para el catarro ocular y la inflamación del conducto lacrimal (lágrimas).

+ ¿Tiene dolor de oído? Simplemente envuelva la planta en un poco de gasa, dice la doctora, y colóquela en el canal externo del oído.

+ ¿Tiene dolor de cabeza? El ajo es la aspirina natural, que dilata las venas y las arterias para aliviar la congestión. Simplemente exprima un poco de jugo de ajo en una cucharadita de miel (es un antiguo remedio de los indios estadounidenses).

+ ¿El estornudo, la congestión nasal o la alergia lo tienen agobiado? Pruebe un poco de ajo, cortado en cubitos, sumergido en agua. Según se informa, el ajo hace milagros en estos casos.

Un Alimento Bíblico Curativo alivia los resfríos de inmediato

El Dr. J. Klosa experimentó con el ajo y relató sus descubrimientos en el número de marzo de 1950, de la revista alemana *Medical Monthly*. El Dr. Klosa experimentó con una solución preparada especialmente a base de aceite de ajo y agua (2 gramos de aceite de ajo por cada kilogramo de agua).

En 71 casos, las narices obstruidas y chorreantes se despejaron por completo al cabo de 13 a 20 minutos. La quemazón y el cosquilleo de la garganta se pueden detener de inmediato administrando 30 gotas de una solución de aceite de ajo, si los síntomas se detectan durante la primera etapa. De lo contrario, los reducen al punto de hacerlos desaparecer después de 24 horas.

El Dr. Klosa informa los resultados con pacientes con gripe, dolor de garganta y rinitis (nariz obstruida y chorreante). La fiebre y los síntomas catarrales de 13 pacientes con gripe se cortaron en todos los casos. Se suprimieron los síntomas de la tos, tales como la hinchazón de las glándulas linfáticas, la ictericia, los dolores en los músculos o las articulaciones, o la inflamación crónica de los pulmones. Todos los pacientes mostraron una reducción definitiva del periodo requerido de convalecencia. La dosis normal fue de 10 a 25 gotas tomadas en parte oralmente y en parte administradas directamente en las fosas nasales cada 4 horas.

Un Alimento Bíblico Curativo para el dolor de garganta

"El ajo actúa más rápidamente que la vitamina C para curar los resfríos", dice el investigador Rex Adams. "De acuerdo con mis experiencias, si mantiene un diente de ajo en la boca, el resfrío desaparecerá al cabo de pocas horas, o como máximo en medio día. No picará, al menos que usted lo mastique. Simplemente presiónelo con los dientes, de vez en cuando, para que salga un poco de jugo. (Si el ajo es muy fuerte, pruebe uno de sus primos más suaves como el rocambole —*giant garlic*— o el puerro de arena —*sand leek*).

"De esta manera, se puede detener el dolor de garganta en pocos minutos (¡incluso funciona para los temidos síntomas de dolor de garganta de la difteria!) Me he dado cuenta que da buenos resultados siempre —y que es mucho más confiable que la vitamina C, la cual puede o no funcionar, y por lo general previene lo inevitable. El ajo le brinda alivio permanente, no sólo temporal.

Es mucho más sencillo que la vitamina C, la cual debe ser tomada en grandes dosis, 500 mg cada dos horas (según F. Klenner, M.D.) o hasta 1.000 mg *por hora* (según el Dr. Linus Pauling) y se demora 48 horas para hacer efecto.

Un Alimento Bíblico Curativo despeja la congestión de los senos nasales

La Sra. L. E. dice, "Deseo contarles sobre los maravillosos resultados que obtuve con el ajo para disipar un ataque de sinusitis. Normalmente, cuando mi hija pequeña empieza a tener fiebre (unas dos veces al año), dolores de cabeza y mareos, la llevo de inmediato el médico [quien receta un medicamento] de algún tipo. La última vez que empezó a sentirse enferma, había leído recientemente sobre lo bueno que era el ajo para las infecciones y los resfríos, así que decidí probarlo. Compré ajo (con clorofila) y le di dos tabletas cada cuatro horas. Después de seis tabletas, se despertó a la mañana siguiente con la cabeza despejada y se sentía muy bien. Todos los síntomas de la congestión de los senos nasales habían desaparecido".

Un Alimento Bíblico Curativo para las alergias

Se cuenta la historia de una empleada doméstica europea, Klara Y., quien sorprendió a sus patrones por el hecho de que rara vez contraía un resfrío y era resistente a enfermedades contagiosas mientras que los demás tenían trastornos bronquiales serios y enfermedades típicas del invierno.

Ella dijo que masticar y comer ajo constituía un remedio tradicional para ayudar a crear una resistencia hacia las infecciones y actuar como cura natural para los problemas respiratorios o bronquiales. Otros miembros del hogar empezaron a tomar este medicamento tradicional y pudieron curar los síntomas de la alergia.

Según informa Carlson Wade en *Magic Enzymes*: "Los efectos perjudiciales de los virus son desactivados y se experimenta un poder curativo. Para muchos europeos, comer ajo es una forma natural de ayudar a combatir los trastornos alérgicos que van desde el resfrío común hasta los espasmos y ataques bronquiales".

Asegura que el alivio de la alergia fue como una nueva experiencia religiosa

La Sra. A. S. dice, "¡Lo mejor que me ha pasado con respecto a mi salud ha sido... el ajo! Durante años he padecido de problemas estomacales y respiratorios. 'Alergias', decían los médicos y finalizaban el caso.

"Fui empeorando poco a poco, hasta que las 11:00 p.m. se volvió la hora más temida del día. Cuando por fin podía conciliar el sueño, al poco tiempo me despertaba casi ahogándome. Tosía, jadeaba y boqueaba para respirar. A los 56 años, sentí la amenaza de un retiro anticipado... Me convertí en una cliente importante de las compañías de medicamentos que fabricaban antiácidos. Esto causó otros problemas. Luego escuché sobre los beneficios del aceite de ajo para las alergias. Empecé a tomar 20 gotas al día.

"Los resultados son como una nueva experiencia religiosa. Yo sentí la diferencia en siete días. La comodidad y tranquilidad que siento ahora son indescriptibles. Si todo sigue igual, haré el camino completo antes de retirarme".

Se asegura que un Alimento Bíblico Curativo es eficaz para los virus

Según se informa, seis dientes de ajo constituyen un remedio eficaz para tratar virus y otras infecciones. Se pueden picar y agregar a las ensaladas de vegetales, o se pueden triturar, mezclar con mantequilla y untar sobre pan (o tostada). Además, debería tomar un vaso lleno de agua caliente en el cual se han diluido 4 cucharadas de vinagre de sidra de manzana y dos cucharadas de miel.

Un Alimento Bíblico cura un ataque de estornudos casi fatal

Se cuenta la historia de un joven de Reno, Nevada, que había estado estornudando durante 4 días. Los médicos probaron todo, pero nada detuvo los espasmos.

Finalmente, un médico que había leído sobre el caso en un periódico local sugirió que alimentaran al paciente con mucho ajo. Siguieron el consejo. Casi de inmediato, el paciente dejó de estornudar y concilió un sueño tranquilo —el primero desde que empezó el ataque.

"Creo que el ajo lo curó", dice el médico. En otro caso, Carmella J., de 21 años, de Oak Ridge, Tennessee, experimentó un ataque de estornudo casi continuo durante 6 días. Una dieta de ajo detuvo el ataque. Los estornudos, que habían sido tan rápidos como 14 por minuto, menguaron en forma gradual hasta que pararon finalmente cuando comió ajo.

Un Alimento Bíblico Curativo para la fiebre del heno y las alergias crónicas

Phyllis S. padecía de fiebre del heno y de una vasta gama de alergias que la mantenían estornudando, resollando y sufriendo durante todo el año. A duras penas podía respirar. Se quejaba de tener una sensación de nariz tapada que no le permitía dormir. Tenía que sostenerse con almohadas; sentarse erguida era la única forma en la que podía descansar.

Phyllis era alérgica prácticamente a todo, incluyendo perros, gatos, hierba, polvo, polen, ambrosía, moho y esporas. Un médico le dijo que evitara el frío y las corrientes de aire y que mantuviera el cuello abrigado. Otro médico le dijo que tenía pólipos nasales y los extrajo mediante una operación muy dolorosa; al poco tiempo volvieron a crecer. Otro médico quería administrarle una serie de inyecciones para la alergia en un programa especial de 3 años, al cual se negó. "Lo que realmente necesito", dijo ella, "es un cuerpo nuevo".

Luego descubrió el ajo, la planta milagrosa del rejuvenecimiento, y hierbas tales como la ortiga, el rábano picante y las bayas de saúco —todos Alimentos Bíblicos famosos por su propiedad para calmar los síntomas de la alergia.

Al cabo de 2 semanas, Phyllis se sintió mejor de lo que se había sentido en años. Al cabo de un mes, un especialista en alergias le confirmó que estaba en perfecto estado de salud. ¡No más alergias!

La baya de saúco (*elderberry*), por ejemplo, contiene dos compuestos activos contra los virus de la gripe. Un medicamento israelí patentado (*Sambucol*) que contiene baya de saúco es activo contra varios tipos de virus. De aquellos que lo usaron durante una epidemia de gripe, un 93 por ciento se sintieron mejor, algunos en sólo 1 día, con un alivio significativo de la fiebre y los dolores, y se curaron por completo en 3 días. En un grupo que recibió el placebo, sólo el 26 por ciento mejoró en 2 días, y tardaron más de 6 días en sentirse mejor. Este medicamento israelí también estimula el sistema inmunitario y se prueba contra otros virus, como el Epstein-Barr, el herpes e incluso el VIH. *Sambucol* ahora está disponible en Estados Unidos en varias farmacias y tiendas de alimentos naturales (*health food stores*). Si no lo puede encontrar, puede prepararse un té con la hierba misma.

El té de ortiga mayor (*stinging nettle*) —vea el capítulo 18— tiene una larga historia como tratamiento para la tos (incluyendo la tos ferina) y el resfrío, la nariz que gotea, la congestión pectoral y la bronquitis. Hace más de 400 años, el herbolario británico Nicholas Culpepper aseguraba que las raíces o las hojas de la ortiga, usadas como jugo o té, "constituían medicamentos seguros y confiables para abrir los conductos y pasajes de los pulmones". Estudios científicos recientes han demostrado que la ortiga es un antihistamínico potente. No hay nada tan drástico como el alivio producido por las hojas de ortigas secadas al frío (*freeze-dried*) en casos de fiebre del heno, según Andrew Weil, M.D., autor de *Natural Health, Natural Medicine*. Pruebe 2 cucharaditas de esta hierba por cada taza de agua hirviendo. Deje en remojo hasta que se enfríe. Endulce al gusto.

El rábano picante (*horseradish*) —usado por los judíos durante siglos para simbolizar las siete hierbas amargas de Pascua (vea el capítulo 2)— tiene una larga reputación por ser mocoquinético, es decir, por su habilidad de adelgazar la flema o el moco, y por lo tanto, facilitar la eliminación de la flema del organismo. Como señalan el botánico médico, Dr. James Duke, y el antropólogo médico, Dr. John Heinerman, no hay nada como una cucharadita de rábanos picantes frescos para despejar los senos nasales. Otra aprobación viene de parte de Glenn W. Geelhoed, M.D., y Robert D. Wilix, M.D., ambos cirujanos, quienes recomiendan un rábano picante japonés llamado *wasabi* en su libro, *Natural Health Secrets from Around the World*. Ellos indican: "Una dosis diaria es necesaria sólo hasta que cesen los síntomas de la alergia. De ahí en adelante, sólo necesita unas pocas cucharaditas de rábano picante al mes para prevenir otro ataque de alergia".

Un Alimento Bíblico Curativo para la infección vaginal

Una mujer dice: "Sólo tengo 23 años de edad, sin embargo he padecido durante cinco años de una infección vaginal causada por hongos. Visité un total de cuatro médicos, el último de los cuales era un especialista. Me recetaron todo tipo de remedios desde tintura púrpura hasta fuertes antibióticos, y al mismo tiempo, lo crea o no, los buenos médicos me dijeron que los antibióticos podrían provocar una infección vaginal causada por hongos al eliminar tanto las bacterias buenas como las malas... Luego de leer que el ajo actúa como un antibiótico, empecé a consumir ajo fresco picado, y después, píldoras de ajo fabricadas. He descubierto que, como un antibiótico, cuando dejo de tomar ajo, la infección comienza nuevamente. Pero hay dos ventajas diferentes al tomar ajo (combinado con las duchas de vinagre) sobre los antibióticos recetados por los médicos. Es mucho más barato y no produce efectos secundarios".

Un Alimento Bíblico Curativo para la anemia

Una mujer aseguraba que el ajo le había curado la anemia. Dice que el comer este vegetal alivió por completo los síntomas de digestión débil, entumecimiento, hormigueo, fatiga, falta de respiración después de un esfuerzo leve, palidez, falta de apetito, diarrea, pérdida de peso y fiebre. Sin complicaciones, estos síntomas por lo general se alivian con hígado y vitamina B-12. Sin embargo, esta mujer dijo que el ajo la curó. Ella parecía no cansarse de comer ajo y nunca volvió a enfermarse después de aquella "comilona de ajo".

Un Alimento Bíblico Curativo para los problemas de la mujer

Todas estas enfermedades se han curado con ajo, o con las sustancias contenidas en el mismo: depresión leve, irritabilidad, ansiedad, náuseas, dolor de cabeza, cansancio, agitación, hinchazón abdominal, hinchazón de las extremidades, mareo, visión borrosa, hinchazón y sensibilidad en los senos, retortijones, anemia, problemas de tiroides. Un emenagogo comprobado, el ajo estimula el flujo menstrual. Es un remedio de larga tradición para los problemas femeninos.

Casos relatados:

La Sra. L. D. expresa: "Siempre he tenido retortijones menstruales constantes durante los primeros dos días de mi período. Sin embargo, desde que empecé a consumir ajo (hace unos tres meses) casi no he tenido ninguno. Es difícil de creer, pero es la única cosa que estoy consumiendo que no lo hacía antes de mejorarme. Ahora en cada día de la menstruación tomo de cuatro a cinco píldoras de ajo. Tomo dos o tres todos los días y, como dije anteriormente, cuatro o cinco en esos días complicados".

Harriet D., un ama de casa de 35 años, sufría de debilidad tremenda durante el período, tan extrema que apenas podía hacer otra cosa más que acostarse y no hablar. Se sentía muy débil cuando estaba de pie, con nerviosismo y temblor. Padecía de sudor frío, sed extrema, una sensación de desmayo y en algunas ocasiones náuseas violentas y diarrea. Una amiga sugirió que podría mejorar su resistencia si incluía ajo en la dieta. Para su sorpresa, cada mes se sentía mejor y con más fuerza. El temblor y el nerviosismo desaparecieron, y ya no teme al período.

El ajo, por supuesto, viene en forma de polvo, píldora o cápsula, las cuales están disponibles en la mayoría de tiendas de alimentos naturales y farmacias herbarias. El té se prepara simplemente mezclando una cucharadita del polvo con una taza de agua caliente, agregando miel al gusto. O, antes de las comidas, se puede tragar una pequeña cantidad de ajo cortado en cubitos con una cucharadita de miel y un poco de agua.

Un Alimento Bíblico Curativo para el impétigo

La Srta. L. D. informa: "En el lapso de un año, el impétigo infeccioso me ha atacado en dos ocasiones. La primera vez, sin saber lo que era y temiendo su rápida propagación y la insoportable picazón, fui a un médico. Después de dos semanas de tomar medicamentos, de negarme a mí misma que sentía picazón y una cuenta médica, finalmente me alivié. Estaba dispuesta a pagar lo que fuera con tal de aliviar la picazón constante y la propagación de la picazón que siempre continuaba.

"Sin embargo, la segunda vez fue muy diferente. Un día, cuando mis manos y rostro estaban en un estado en que sentí que tenía que ir al médico para conseguir medicamentos... de repente me dí cuenta que el ajo podría aliviar la picazón, o curar el impétigo por completo. Así que cogí una de las píldoras de mi amiga, la abrí, esparcí un poco de ajo sobre las áreas irritadas y me tragué el ajo que sobró. En media hora, ¡la picazón desapareció por completo! Pude dormir toda la noche. Seguí frotando ajo fresco sobre estas áreas mientras creí que era necesario (tres días)".

Un Alimento Bíblico Curativo para las ampollas

El Sr. R. F. indica: "Soy un cartero y he padecido de dolor producido por las ampollas que se han desarrollado por llevar zapatos apretados. Había probado todos los productos farmacéuticos disponibles en el mercado sin poder disminuir el dolor o reducir las ampollas.

"Luego me acordé de las propiedades antisépticas del ajo y de inmediato fui a la tienda de alimentos naturales y compré una botella de cápsulas (*perlas*) de ajo naturales. Abrí unas pocas cápsulas y froté el aceite sobre los pies ampollados. Al día siguiente ¡la hinchazón había desaparecido casi por completo y no sentí más dolor!

"Cuando se lo conté al médico ¡se quedó pasmado! No podía creer que todos los medicamentos sofisticados que había comprado en la farmacia no habían tenido ningún efecto en mis ampollas, mientras que el simple ajo natural había acabado con mi afección. Luego tiré a la basura todos los medicamentos no naturales y prometí confiar primeramente en la Madre Naturaleza".

Un Alimento Bíblico Curativo para las úlceras causadas por reposo prolongado

"El ajo es una cura segura para las úlceras de decúbito producidas por reposo prolongado", dicen el Sr. y la Sra. C. R. G. "Es un milagro. Por casi un año, he probado todo lo que me recomendaron las enfermeras, hospitales y otros, pero nada me alivió... Leí que el ajo era bueno para los furúnculos y las llagas supurantes. Así que lo probé.

"Rallé un poco de ajo en un rallador muy fino, lo mezclé con aceite, preparé una cataplasma y lo coloqué sobre las úlceras por reposo prolongado, y lo dejé allí dos días. Mi esposo decía que ardía. Tenía miedo de ver cómo estaba. Cuando retiré la cataplasma, no podía creer lo que estaba viendo. La costra se había desprendido, la hinchazón había disminuido y ya no sangraba. Luego seguí colocando una almohadilla con ungüento de consuelda durante una semana. Toda la piel muerta alrededor de la llaga se había pelado. Toda la piel estaba tersa".

Un Alimento Bíblico alivia los tumores dolorosos y el colon espástico

M. V., dentista, informa que durante 10 años se sometió a tratamientos de rayos X y radio para erradicar varios tumores desagradables que aparecían constantemente en la piel, a pesar de que el médico decía que no eran malignos. Al aplicar el aceite de esta increíble planta, el ajo, que había aliviado el colon espástico, los tumores dolorosos del rostro desaparecieron por completo.

La primera vez que lo probó fue en un tumor que tenía cerca del ojo. Aplicaba con regularidad aceite de ajo, de unas cápsulas, y en alrededor de un mes el tumor desapareció. En la siguiente ocasión lo utilizó para aliviar un tumor que se encontraba un poco más adentro de la línea del cabello que había crecido rápidamente; de hecho, era del tamaño de una moneda de cinco centavos antes de que se diera cuenta de que estaba allí.

Una vez más, aparentemente, el aceite de ajo lo curó.

Estos tumores, dice, eran causados por una quemadura de sol muy severa, y el radiólogo que hizo el diagnóstico le aconsejó que usara alcohol para secarlas, lo que hizo durante 2 ó 3 meses sin tener éxito. "¿Puede imaginarse", dice, "que estamos interesados en informes sobre el ajo y el cáncer? Estos tumores, malignos o no, se podrían haber seguido desarrollando, tomando en cuenta mi historial. Y no se curaron hasta que apliqué el ajo. Además, eran deformes y dolorosos. Espero que nuestra experiencia pueda beneficiar a otras personas. El tratamiento es inofensivo y en nuestro caso fue un éxito".

Un Alimento Bíblico Curativo para el pie de atleta

Durante años, James T. padeció silenciosamente de un "caso galopante de pie de atleta", como él lo describía. Se quejaba de que todo se debía a una tiña (*ringworm*) u hongo que contrajo en el piso húmedo de un vestuario. Los dedos estaban rojos, pelándose y dolorosos. El talón y las yemas de los dedos estaban ásperos y con un millón de hoyuelos secos.

Probó todo para librarse del pie de atleta: remojos frecuentes con agua y jabón, calcetines (medias) recién secados, polvos, ungüento de marca *A&D*, crema fungicida. Algunos lo empeoraron. Algunos lo limpiaban temporalmente, pero siempre reaparecía, y el enrojecimiento o la peladura de los dedos nunca cesó. No tenía fin. Los pies tenían un olor repugnante y le daba vergüenza quitarse los zapatos. Sentía quemazón, picazón e inflamación.

Cuando todos los medicamentos han fracasado, el ajo es una cura segura para el pie de atleta. El método consiste en untar un poco de ajo recién triturado sobre el área afectada. Sentirá que la piel se calienta unos 5 minutos. Esto se debe aplicar sobre la piel durante media hora. Luego lave los pies con agua común. Haga esto una vez al día durante una semana y dígale adiós al pie de atleta. (Si se quema la piel, retire el ajo de inmediato, lave con agua común, y vuelva a intentar con jugo de ajo diluido con agua, hasta que encuentre una mezcla que no queme la piel, debido a que demasiado ajo puede empeorar esta afección). Para prevenir la reinfección, haga hervir las medias.

Un Alimento Bíblico Curativo para la artritis, el reumatismo y la neuralgia

Los remedios de ajo para la artritis incluyen el uso como tónico o linimento (el aceite vegetal ordinario en el cual se ha freído el ajo se usa como linimento). Según se informa, un simple tónico hecho a base de ajo picado en cubitos con una cucharada de miel, si se toma con las comidas durante un periodo de tiempo, puede hacer maravillas para aliviar el dolor y el sufrimiento, en especial en casos de ciática y gota.

Un científico de la India indica que el extracto de aceite de ajo, usado como linimento, siempre se ha usado con gran éxito en afecciones paralíticas y reumáticas. Otro médico dice que el dolor de las partes reumáticas se puede aliviar en gran medida frotándolas con ajo. "Da excelentes resultados", dice. Otro científico destacado y experto en terapia de ajo señala que, si se ingiere, el ajo calma rápidamente los dolores neurálgicos y reumáticos.

Cómo los Alimentos Curativos de la Biblia curaron un brazo debilitado

En su libro, *Of Men and Plants*, el renombrado herbolario francés Maurice Mességué describe a una paciente, Anne-Marie M., de 19 años, quien había nacido con un brazo corto y marchito que nunca creció lo suficiente, era inútil y lo mantenía doblado contra el pecho. No tenía ninguna sensación en el brazo (con excepción de los días de lluvia, cuando le dolían los huesos) y no lo podía mover. Había visitado a muchos médicos, ninguno de los cuales pudieron aliviar la parálisis ni la falta de crecimiento.

Este era un problema nuevo para Mességué, quien diagnosticó la atrofia como un tipo de raquitismo. El ingrediente más importante en su remedio, señala, era un simple Alimento Bíblico Curativo —el casi idéntico primo del ajo, la cebolla ("su contenido de azufre la hace muy eficaz para combatir el reumatismo"). Entre los demás ingredientes se encuentran: tomillo silvestre (*wild thyme*), ortiga mayor (*stinging nettle*), bardana (*great burdock*) y perejil —todos Alimentos Bíblicos Curativos que se usan como diuréticos para eliminar los venenos (la cebolla, también, dice, es "un diurético lo suficientemente poderoso como para limpiar los riñones de pacientes con uremia"). El espino (*hawthorn*), un Alimento Bíblico Curativo y capullos de tilo (*linden*) se recetaron como sedantes suaves. La manzanilla común, otro Alimento Bíblico Curativo, se utilizó para calmar los nervios. Para la atrofia, utilizaba cola de caballo de campo (*field horsetail*) en una cataplasma de col y berro, una de las hierbas amargas de la Última Cena. Este tipo de cataplasma ha hecho milagros en animales que apenas podían pararse. Tenía que usarlos sólo en aplicaciones externas, en forma de emplastos y baños de pies y manos.

Tres meses después, ella regresó milagrosamente curada. Extendió la mano. "¡Mire! dijo, y recogió una hoja de papel de la mesa con la mano. "¡Estoy tan contenta!", decía llorando. "Es tan maravilloso, ni siquiera lo puedo creer..."

Un testigo incrédulo dijo, "¿Quiere decir que antes no podía mover el brazo ni la mano, y ahora puede hacerlo?"

"Exactamente", respondió, y para comprobarlo le pellizcó varias veces. La historia apareció en todos los periódicos parisienses. Los padres de Anne-Marie dijeron que era como un milagro. Sólo los médicos que la habían tratado sin lograr éxito se negaron a creerlo. "No hay nada que se pueda hacer", dijo uno. "Esto va más allá del poder que cualquier médico pueda tener para corregir las deformidades congénitas".

CAPÍTULO · 16
EL NÉCTAR DEL CIELO QUE PRODUCE CURACIONES MILAGROSAS EN LA TIERRA

Palestina y Arabia poseen miel en abundancia, la cual era muy bien conocida entre los antiguos israelíes. De hecho, se llamaba "miel" a cualquier cosa dulce, como el almíbar hecho con higos o dátiles machacados, a los jugos de fruta dulces y la savia de árboles, y esto llevaba a confusiones. Sin embargo, la miel de colmena se encuentra específicamente en la Biblia.

Las abejas con frecuencia construyen sus colmenas en los árboles y por eso leemos que Jonatán entró al bosque en el Monte Efraín y encontró miel que literalmente fluía de los árboles y se derramaba sobre el suelo:

> Toda la gente había entrado en un bosque donde había miel...
>
> Jonatán... alargó la punta del bastón que tenía en la mano, la
>
> mojó en un panal de miel y se la llevó a la boca; sus ojos brilla-
>
> ban... *I Samuel 14:25-30*

La Biblia indica con claridad "abejas y miel" en este relato muy conocido de Sansón, en el Libro de Los Jueces:

> "...él se volvió y vio el esqueleto del león; y contempló un enjambre de abejas y miel en el esqueleto... Y tomó de esto en sus manos y continuó comiendo..."

La Tierra Prometida de la Biblia se ha mencionado veintiún veces, como una tierra rebosante de leche y miel. Laurie Croft, M.D., una renombrada especialista en miel, afirma: "en ocasiones sucede [que las abejas dejan que la miel se derrame de los panales], en particular durante un flujo intenso de néctar, como cualquier apicultor podrá comprobar. De hecho, viajeros a Israel en tiempos más recientes han documentado haber visto enormes colmenas, que colgaban de los árboles y que realmente derramaban miel".

¿Qué es lo que la Biblia trata de decirnos con estas numerosas referencias a la miel? (La palabra se usó 64 veces). Pienso que el mensaje es claro: Este es un Alimento Bíblico Curativo; úselo y muchos de sus problemas desaparecerán.

Los antiguos usaban la miel como remedio para casi todo, ya sea artritis, asma, quemaduras, estreñimiento, resacas, fiebre del heno, hemorroides, migrañas y herpes zoster, úlceras varicosas e incluso heridas de guerra. La magia de la miel consistía en que podía evitar infecciones y acelerar la curación.

Debido a su versatilidad asombrosa, la miel se consideraba una creación divina, un néctar del cielo. Para confirmar la autenticidad de esa creencia antigua, sus milagrosas propiedades curativas no han sido superadas hasta el día de hoy.

Un néctar del cielo con un poder espectacular para combatir los gérmenes

La miel tiene un efecto mortífero sobre los gérmenes, el cual se debe principalmente a su propiedad de absorber la humedad. Su poder de absorción es fenomenal. La miel puede extraer humedad de una roca, o aun de un recipiente de metal o de vidrio. Cuando los gérmenes entran en contacto con la miel, esta les extrae toda la humedad; se resecan y mueren. La miel ha eliminado las bacterias más perjudiciales imaginables, con la potencia real de la penicilina.

Cuando se colocaron en miel pura varios microbios causantes de enfermedades, los resultados fueron asombrosos. Los gérmenes tifoideos fueron destruidos en poco menos de 24 horas. Los gérmenes que producen la broncopulmonía, peritonitis, pleuritis, supuración de pus y disentería, fueron historia en cuestión de pocas horas, o a lo máximo, en unos cuantos días.

Desde la antigüedad, se sabe que la miel es capaz de evitar el deterioro causado por las bacterias. Un frasco de miel que fue colocado en una tumba egipcia hace unos 3.300 años, estaba tan bien conservado cuando fue desenterrado después de tantos siglos, que se había solidificado sólo parcialmente. Todavía se encontraba en un estado semilíquido y tan aromática, deliciosa y entera como cuando se la colocó en la tumba.

Asombroso alivio de primeros auxilios[1]

Debido a sus propiedades higroscópicas (es decir, que atrae el agua), se ha descubierto que la miel es buena para curar heridas y quemaduras. Los gérmenes que producen enfermedades no pueden vivir sin agua y la miel la absorbe y hace que se sequen y mueran. Esto detiene las infecciones y acelera la curación.

Un hombre relata: "En el invierno de 1933, encendí una caldera de 35 galones de agua. Cuando abrí la cubierta, esta voló con gran fuerza contra el techo. El vapor y el agua caliente cayeron sobre mi cabeza desprotegida, sobre mis hombros y pies. Algunos minutos después tuve violentos dolores y creo que me hubiera vuelto loco si mi mujer y mi hija no me hubieran ayudado inmediatamente.

"Ellas tomaron pedazos grandes de lienzo, los untaron con bastante miel y los colocaron en mi cabeza, cuello, manos y pies. El dolor cesó instantáneamente. Dormí bien toda la noche y no perdí ni un solo cabello de mi cabeza. Cuando vino a verme el médico, sacudió la cabeza y dijo: '¿Cómo puede ser posible algo así?'".

Otros casos relatados:

Una anciana con gangrena en el pie fue internada en el hospital, pero después de examinarla, los médicos concluyeron que

---

[1]Del libro *Milagrosos alimentos curativos* escrito por Rex Adams, Paramus, N.J.: Prentice Hall, Inc., 1998.

no sobreviviría una amputación. Se decidió probar con miel. Literalmente le vendaron el pie con una bolsa de miel. Para el asombro de todos, el pie se curó pronto y la anciana salió del hospital ¡por sus propios medios! Ella permaneció saludable.

Otra mujer padecía un caso terrible de varicela. Estaba cubierta de manchas de pies a cabeza. Al acordarse del poder curativo de la miel, se la untó por todo el cuerpo, se cubrió con toallas y se fue a la cama. En el transcurso de 3 días, se sintió perfectamente bien —¡La varicela había desaparecido y su piel estaba completamente clara y suave!

Un hombre tenía un gran carbunco en la espalda. Fue operado por un cirujano, quien le dejó una cicatriz profunda y desagradable. Luego, le apareció otro al que trató con miel. A pesar de su enorme tamaño, el segundo carbunco desapareció en forma rápida, dejando sólo un pequeño punto.

Una señora nos informa que mientras hacía café para sus invitados, de manera accidental se volcó el recipiente entero con agua hirviendo sobre el muslo. Sin decir nada a nadie, logró, con intenso dolor, llegar a la cocina. Allí, se cubrió el área quemada con grandes cantidades de miel y vendó la pierna con una toalla limpia. En pocos segundos, el dolor se había ido y ella regresó a la reunión con una falda limpia como si nada hubiera ocurrido. El dolor había desaparecido de tal manera que la señora olvidó el accidente y esa noche durmió profundamente. A la mañana siguiente, al quitar las vendas, encontró una ampolla enorme —más grande que el tamaño de dos manos— pero repetidas aplicaciones de miel la curaron en poco tiempo.

Se informa que las piernas con venas varicosas ulceradas no se curan fácilmente, sobre todo en los ancianos, pero que las aplicaciones regulares diarias de miel pueden reducir la infección pronto y curarlas por completo. Se dice que un remedio asombroso y eficaz para la erisipela, consiste en cubrir el área —y el contorno— con grandes cantidades de miel, vendar con algodón y dejar que se conserve así durante 24 horas, repitiéndolo si es necesario. En las selvas de Sudamérica, después de una cirugía, los médicos cubren con miel las heridas abiertas, con resultados excelentes. La miel es verdaderamente un alimento medicinal milagroso; un néctar celestial.

La ciencia médica descubre este Alimento Bíblico Curativo

Hipócrates (460-377 a.C.), el médico más célebre de la antigüedad, señaló lo siguiente sobre la miel: "Produce calor, limpia las llagas y úlceras, suaviza las úlceras labiales reacias, cura los carbuncos y las llagas supurantes".

Dos mil años más tarde descubrimos lo siguiente:

En 1959, en Rusia, un paciente de 63 años de edad, fue tratado con miel después de habérsele realizado una resección en la laringe para extraerle un tumor maligno. La herida se curó en forma rápida y, 10 años más tarde, el paciente aún estaba bien, activo y trabajando.

En 1955, un cirujano inglés relataba: "Todos aquellos que han observado los efectos de los apósitos con miel, han llegado a convencerse de su verdadero valor... Las ventajas señaladas consisten en que no es irritante ni tóxica, pero sí es autoestéril, bactericida, nutritiva, económica y, por sobre todo, eficaz".

En 1970, algunos médicos aplicaron miel pura en forma directa sobre las heridas de 12 pacientes que se recuperaban de una cirugía radical realizada por carcinoma de vulva. Se observó una curación rápida. Los médicos concluyeron que el tratamiento con miel fue mucho más eficaz que el tratamiento convencional con antibióticos caros.

En 1973, un cirujano estadounidense declaró: "He descubierto que [la miel], al aplicarse con un vendaje seco, cada dos o tres días, promueve la curación de úlceras y quemaduras mejor que cualquier otra aplicación tópica que haya usado".

Una mujer de 25 años de edad tenía una úlcera masiva causada por el decúbito y el hueso estaba expuesto. Se le aplicó una capa delgada de miel pura y se cubrió con un vendaje seco. Aunque se había planeado cerrarla por medios quirúrgicos, posteriormente se descubrió que no era necesario, ya que la herida se había cerrado sola. La paciente se recuperó por completo.

Una mujer de 20 años de edad tenía la herida causada por una laparotomía muy infectada y no respondía a la terapia con antibióticos. Le supuraba pus por la herida y también por la vagina. Se le aplicó miel con un vendaje limpio y en el término de dos semanas la herida se había curado completamente sin recurrir a los antibióticos.

Milagrosa Medicina para los que sufren de los pulmones

Rex Adams, en su libro *Milagrosos alimentos curativos*, relata que un hombre se enfermó y consultó a varios médicos que le diagnosticaron tuberculosis activa. Después de unos meses, los médicos se dieron por vencidos y le dijeron que su única esperanza era ir a Arizona, pero él no tenía el dinero para hacer eso. Luego, le dijeron lisa y llanamente que le quedaban pocas semanas de vida. Empezó a tomar miel a diario. Cinco años después, los mismos médicos lo revisaron y encontraron sólo unas pocas manchas en los pulmones. Cuarenta años después, todavía estaba en buen estado de salud.

En otro caso, los médicos le dijeron a una niña con tuberculosis que no tenía esperanzas de curarse. Alguien le aconsejó una dieta de miel y leche de cabra, el resultado fue que ¡se curó de la enfermedad por el resto de su vida y aún se le ve enérgica y sana a los 90 años!

Un Alimento Bíblico Curativo para el asma alérgico

En 1969, el doctor William Peterson, alergólogo, descubrió que podía tratar con éxito a pacientes que padecían de asma alérgico por medio de la miel. Su tratamiento consistía en pequeñas dosis diarias de miel, la cual debía ser pura, no procesada ni calentada, según especificaba.

El tratamiento del doctor Peterson para el asma bronquial mediante el uso de miel no calentada, no era una novedad. Sir John Hill, en su libro *The Virtues of Honey*, publicado en 1759, recomendaba miel a sus pacientes asmáticos. El doctor Donald Monro en su *Treatise on Medical and Pharmaceutical Chymistry* y *Materia Medica*, publicados en Londres en 1788, proporciona la siguiente notable relación sobre las propiedades curativas de la miel:

> El ya fallecido Dr. John Hume, miembro de la Comisión para los marinos reales enfermos y heridos, estuvo durante muchos años muy afectado por el asma. Al haber tomado muchos remedios sin que le proporcionaran ningún alivio, por último resolvió probar los efectos de la miel. Durante dos o tres años comió algunas onzas de miel diariamente y se libró completamente del asma y, de la misma manera, de una enfermedad molesta que había padecido durante mucho tiempo. Dos años más tarde, el Dr. Hume había recuperado la salud. Un día estaba sentado en la Oficina de los enfermos y heridos, cuando una persona, que tenía gran dificultad para respirar y parecía como si no fuera a vivir muchos días más, se le aproximó y le preguntó de qué manera se había aliviado. Durante dos años no supo nada de esta persona, que era un extraño para el Dr. Hume, y tenía tan mal aspecto que no imaginó que podría haber vivido muchos días más, y por lo tanto, no le había ni siquiera preguntado quién era. Pero al final de aquel periodo, un hombre que parecía gozar de buena salud, y vestido apropiadamente, vino a la Oficina de los enfermos y heridos, y le dio las gracias por su curación, la que, le aseguró, se había debido completamente al uso de miel a discreción.

Una curación para la fiebre del heno

El uso de miel en el tratamiento de la fiebre del heno tiene antecedentes exitosos desde hace mucho tiempo y ha producido "curaciones completas", las cuales se han denominado como sensacionales. Según la investigadora inglesa Laurie Croft, M.D., a diferencia de las inyecciones para las alergias, las que pueden provocar un shock o la muerte, el tratamiento con miel es "completamente inocuo y sin la posibilidad de producir efectos secundarios".

Parece actuar vigorizando el sistema inmunitario del individuo para combatir la sustancia ofensiva, el polen. El polen de la miel parece ser el ingrediente activo.

Aunque las personas que viven en áreas rurales conocían este tratamiento desde hace mucho tiempo, se popularizó primero en 1958, en un best-séller explosivo llamado *Folk Medicine*, escrito por D. C. Jarvis, M.D. Este médico recomendaba masticar una cucharadita de panal de miel de una a tres veces por día o tomar dos cucharaditas de miel líquida con cada comida, empezando aproximadamente un mes antes del comienzo de la época de la fiebre del heno. Con este método, la nariz se conservará descongestionada y seca. El Dr. Jarvis declara haber obtenido una tasa de éxito de un noventa por ciento.

La miel parece crear inmunidad para los problemas respiratorios y actúa como un tipo de agente desensibilizante.

Un primo mío, quien tuvo uno de los peores casos de fiebre del heno que jamás se haya visto, afirma que sí funciona. Él tomó más cantidad que la dosis recomendada. Dijo que masticó el panal de miel aproximadamente cinco veces por día, un par de días, y luego aumentó la dosis a tres veces, pero con eso se le secaron los ojos llorosos en un periodo de entre dos y tres minutos; la nariz obstruida se le despejó en tres a cinco minutos y pudo respirar por la nariz. Dejó de estornudar, pudo acariciar al perro, dormir con una almohada de plumas, trabajar en el jardín y oler las rosas. Todos los síntomas desaparecieron en un periodo de dos o tres días.

Casos relatados:

> En la década de 1950, yo solía pasar tiempo con amigos que tenían una granja en el norte del estado de Nueva York. Tenían un hijo de 15 años, aproximadamente de mi edad, quien decía que cuando vaciaba las bolsas de granos, la nariz le chorreaba y los ojos le lagrimeaban. Su madre, que había oído en un programa de radio sobre el panal de miel para la fiebre del heno, le dio un poco para que masticara. En menos

de una semana se sintió bien y se mantuvo libre de la fiebre del heno, aun en medio del polvo del henaje.

Un hombre dijo que, durante 25 años, padecía cada junio de fiebre del heno. Los ataques comenzaban en la primera semana de junio y finalizaban en la primera semana de julio. Al oír que recomendaban el panal de miel para la combatir la fiebre del heno, compró un poco y masticó en dosis de una cucharadita durante un ataque severo. La fiebre del heno desapareció en segundos y cada vez que reapareció, el mismo remedio sencillo la hizo desvanecer.

La Sra. F. O. relata: "Mi esposo solía tener una fiebre del heno terrible. [Luego un amigo sugirió la miel], dos cucharadas por día, comenzando un mes antes de la época de la fiebre del heno y durante la misma. Verdaderamente dio buenos resultados. Antes le daban inyecciones y permanecía adentro con aire acondicionado. Este es el segundo año sin inyecciones. Mi hija también tuvo fiebre del heno y al comienzo no probó el panal. No le gustaba la miel pero ahora la toma. En la actualidad, no más inyecciones. ¡Es maravilloso!"

Un buen estimulante para el corazón

La miel es un buen estimulante cardiaco, mejor que el brandy o el whisky, los cuales vigorizan el corazón en forma temporaria y luego su efecto se disipa. La miel tiene un efecto que dura mucho tiempo debido a la levulosa, un azúcar de absorción lenta. Muchos médicos han usado miel en casos de enfermedades cardiacas. El Dr. G. N. W. Thomas de Edimburgo, Escocia, en un artículo en *The Lancet* observó: "He descubierto que para la debilidad cardiaca, la miel tiene un efecto notable al estimular la actividad del corazón y mantener vivos a los pacientes. Tuve evidencia adicional de ello en un reciente caso de pulmonía. El paciente consumió dos libras (casi un kilo) de miel durante la enfermedad; tuvo una crisis temprana sin elevación subsiguiente de la temperatura y un pulso excepcionalmente bueno".

Diabetes

La miel es mayormente una combinación de varios azúcares y contiene un tipo raro de azúcar conocida como levulosa, que tiene la ventaja de absorberse muy lentamente y no produce el efecto de "shock" de otros azúcares, los que traen dificultades a personas con el azúcar en sangre elevado o bajo. Un doctor en medicina, experto en la terapia de la miel, sugiere que existe más de una posibilidad de usar miel con estos pacientes.

Otro médico afirma: "...el empleo de miel en el tratamiento de diabéticos puede parecer no científico, no estar de acuerdo con la medicina y más bien tonto aun para la mentalidad teórica, los no iniciados o para el observador superficial. En este momento, mi enjambre de abejas... se encuentra aquí muy ocupado recolectando miel de una planta que está florida... De esta planta, hacemos tintura y extracto líquido... y se los administro a los pacientes diabéticos en dosis que consisten en gotas (con un efecto decididamente bueno)".

Si la planta es buena para sus pacientes, deduce el médico, ¿por qué no va a ser buena la miel que deriva de ella? El Dr. A. Y. Davidov, de Rusia, ha descubierto que la miel es un buen sustituto del azúcar para la diabetes. Uno de sus pacientes usó una libra de miel en diez días, sin que aumentara el azúcar en la orina. Cuando abandonó la miel, el azúcar se elevó. Con cuatro cucharaditas de miel por día, el azúcar disminuyó. El mencionado médico informó sobre seis casos más en los que la miel había tenido un efecto beneficioso para la diabetes. El especialista Dr. L. R. Emerick, de Eaton, Ohio, usó exitosamente la miel en la dieta de más de 250 pacientes diabéticos.

Curación de casos que parecían incurables

Algunas personas dicen que han usado la miel en casos diabéticos incurables, con gran éxito, incluso curaciones. Un hombre relata:

"Contraje diabetes y tuve que jubilarme porque me sentía muy débil. Los médicos dijeron que no existía cura. Luego empecé una dieta de vegetales crudos endulzados con miel y lima: espinaca, lechuga, col, zanahorias, tomates frescos y pan de trigo integral. La comencé alrededor de 1920 y, un año más tarde, los médicos no pudieron encontrar vestigios de azúcar. En la actualidad, a los 70 años de edad, puedo comer cualquier cosa y trabajar más que cualquier hombre de mi edad".

Otro hombre expresa que curó con miel muchos casos de reumatismo y diabetes. Cita el caso de un hombre y su esposa quienes sufrían de diabetes y consultaron a varios médicos durante mucho tiempo sin mejorar. Por último, siguieron una dieta que consistía en grandes cantidades de miel y abundante fruta, y hoy se encuentran en buenas condiciones físicas.

Advertencia: Como con todos los remedios de este libro, le advertimos que tenga la precaución de no usar miel sin la autorización y control estricto de su médico. Usted puede sufrir de una afección, como la diabetes juvenil, con la cual este método es totalmente inapropiado. Puede ser incompatible con algún medicamento que usted esté tomando y el cual su médico piense que no debería interrumpir. Su médico tal vez piense que no es seguro que usted dependa de este método como único medio de tratamiento para esta enfermedad. Sólo su médico sabe con seguridad. Discútalo con él o con ella. Para mayores detalles sobre el mejor tratamiento para varias clases de diabetes, le recomiendo *The Best Treatment* de Isadore Rosenfeld, M.D., ahora en edición de bolsillo, el cual proporciona una excelente discusión sobre esta y muchas otras enfermedades desde el punto de vista médico. Además de ser una autoridad en la materia, es fácil de entender y divertido para leer.

Curación de enfermos con úlceras "sin esperanzas"

El Dr. Schacht de Weisbaden, Alemania, afirma haber curado con miel y sin operaciones, muchos casos de pacientes desahuciados con úlceras gástricas e intestinales. Otro médico señala que "la miel curará las ulceraciones gástricas e intestinales", a las cuales llama la "enfermedad más penosa y peligrosa, una precursora del cáncer". Pero dice que la información todavía no ha llegado al 99 por ciento de los profesionales de la medicina y aquellos que la conocen se sienten temerosos de decirlo porque sus colegas se pueden burlar de ellos.

El Padre Sebastian Kneipp, el gran herbolario alemán de fines del siglo XIX, expresó: "[La miel] rápidamente detiene, contrae y cura las úlceras estomacales más pequeñas".

Un hombre informa: "He sufrido a causa del estómago ulcerado durante varios años. Pasaba parte del tiempo en el hospital y parte en la cama, y casi todo el tiempo con mucho dolor. Notaba (después de ingerir miel) que me sentía mucho mejor y no me puse a pensar en la razón, pero continué comiendo miel porque me gustaba. Desde entonces no he tenido más ataques".

Curación de las cataratas de un caballo

Un hombre dice: "Yo tenía un caballo que se estaba volviendo ciego y tenía una película blanca sobre los ojos que parecía producirle dolor. El ojo estaba cerrado y lloroso. Le coloqué miel blanca dentro de los ojos con una pluma durante varias noches. En más o menos un día, la película había desaparecido y el ojo se veía brillante y bien".

Alivia las migrañas

D. C. Jarvis, M.D., en su libro *Folk Medicine*, afirma que tomar dos cucharaditas de miel detendrá cualquier dolor de cabeza —incluso una migraña— en el transcurso de media hora.

Una mujer que sufría de migrañas informó que se curó al tomar una cucharada de miel con los primeros síntomas. Si vuelve el dolor de cabeza, continúa con una segunda dosis de miel y tres vasos de agua. El dolor desaparece por completo y no reaparece.

Un Alimento Bíblico Curativo alivia las picaduras de avispones

La Sra. A. W. señala: "Mi esposo estaba cortando el césped, en pantalones deportivos cortos, cuando un enjambre de avispones lo atacó. Entró velozmente en la casa y rodó por el suelo para deshacerse de algunos avispones que todavía lo picaban y pidió a gritos un médico. Frenéticamente comencé a untarle miel suavemente en las piernas y brazos. La miel empezó a aliviarle los terribles dolores ¡casi inmediatamente! (Mi hermana, quien me confió este secreto, recomendó alternar la miel con bolsas de hielo). Y la parte maravillosa de todo esto es que mi esposo ¡casi no estaba hinchado!" ¡Alivio inmediato del dolor!

Un poderoso sedante en base a un Alimento Bíblico Curativo puede aliviar el insomnio

Si usted tiene dificultades para dormir durante la noche, o se despierta temprano y no puede conciliar el sueño nuevamente, agregue 3 cucharaditas de vinagre de sidra de manzana a una taza de miel. Tome 2 cucharaditas de la mezcla antes de irse a dormir. Le permitirá quedarse dormido en el término de media hora después de haberse ido a la cama. A diferencia de los fármacos que se comercializan, este Alimento Bíblico Curativo es inocuo y puede tomarse indefinidamente.

Cómo este néctar del cielo disminuye la presión sanguínea

La miel actúa como un imán con el agua. Si se toma con cada comida, extrae el exceso de líquidos de la sangre y reduce la presión sanguínea. Ya que también es un sedante, alivia la tensión del sistema nervioso.

Una mujer presentaba una presión sanguínea inusualmente elevada, de casi 300, cuando se la midieron en una clínica. El personal se sorprendió de que siquiera estuviera viva. Pero con la ayuda de 2 cucharaditas de miel con cada comida, ella pudo vivir hasta los 84 años de edad.

Un Alimento Bíblico Curativo para aquellos que se orinan en la cama

La exclusiva propiedad de la miel para atraer y conservar el agua, combinada con su efecto sedante natural, hace que constituya una curación eficaz para el orinarse en cama.

La capacidad de la miel para conservar la humedad puede observarse con facilidad en panes y tortas que contengan miel, los cuales se mantienen húmedos y apetitosos indefinidamente.

El mismo fenómeno se puede utilizar para atraer y conservar los líquidos en el organismo del niño durante las horas del sueño, de manera que no se orine en la cama. Cuando el niño se va a dormir dele una cucharadita de miel. Actuará como sedante y ayudará al niño a quedarse dormido. Y atraerá y conservará los líquidos mientras el niño duerme.

Un Alimento Bíblico Curativo para los calambres musculares

Según se ha informado, se puede hacer desaparecer una molesta contracción de los párpados o en las esquinas de la boca tomando 2 cucharaditas de miel con cada comida. Los calambres en los músculos del cuerpo, sobre todo en las piernas y pies durante la noche, por lo general se pueden controlar de la misma manera. Habitualmente, los calambres desaparecen en el término de una semana. Debe continuarse tomando la miel indefinidamente.

Un Alimento Bíblico curó a un alcohólico en 24 horas y en forma permanente

Michael D. celebró su quincuagésimo cumpleaños yéndose de parranda, bebiendo durante dos semanas y terminó ebrio y paralizado. Se le dio 6 cucharaditas de miel. Veinte minutos más tarde se le dio otras 6 más y veinte minutos después, una tercera dosis de la misma cantidad. Se continuó el tratamiento durante una hora más: 6 cucharaditas de miel cada 20 minutos.

Michael durmió muy bien por primera vez en años. Cuando se despertó tomó un trago de whisky, como de costumbre, pero se le proporcionó en la hora siguiente 6 cucharaditas de miel cada 20 minutos. Luego tomó un desayuno ligero seguido de 6 cucharaditas más de miel.

Su almuerzo consistió en 2 ó 3 cucharaditas de miel seguidas de una hamburguesa y un café. Para postre —¿adivine?— 4 cucharaditas más de miel. Después de la cena se le ofreció una copa de licor pero la rechazó diciendo que ya no la quería. Nunca más tomó otra copa.

Según se informa, la miel, que es una buena fuente de potasio, combate las ansias de alcohol y contribuye a curar el alcoholismo.

CAPÍTULO · 17
EL ROBLE DE ABRAHAM

...y él era fuerte como los robles... *Amós 2:9*

El Señor se presentó a Abraham junto a los terebintos [robles]
de Mambré... *Génesis 18:1**

En los tiempos bíblicos, el roble fue siempre venerado y respetado
por su gran tamaño y fortaleza. El roble (*oak*) de Abraham se tenía
en gran estima, no sólo porque se encontraba en el lugar donde
Dios y Sus ángeles les hablaron a Abraham, sino también porque
Jesús se presentó ante los santos debajo de la sombra de una encina
(*holm oak*), después de Su resurrección. Se convirtió en el árbol de
María, madre de Cristo, con sus ramas elevadas hacia el cielo como
en oración.

Los robles alcanzan una altura tremenda, más de 150 pies, y en
realidad parecen remontarse hacia el cielo.

---

*Científicos y estudiosos de la Biblia creían profundamente que los terebintos
de Mambré habían sido robles. El roble se encuentra en abundancia en Galilea y
en toda Palestina. Después de visitar Tierra Santa en 1860, un científico declaró: "El
célebre árbol de Abraham en Hebrón... es, en la actualidad, un venerable roble y
no vi ningún terebinto en las cercanías".

...Yo contemplé un árbol en el centro de la tierra, y su altura era grandiosa. El árbol creció y se hizo fuerte y su altura alcanzaba el cielo y desde allí podían verse hasta los confines de toda la tierra; las hojas eran bellas y los frutos mucho más, y en él había alimento para todos; las bestias del campo tenían sombra debajo del árbol y las aves del cielo habitaban en sus ramas y todo ser vivo se alimentó de él. *Daniel 4:10-12*

La madera del roble es prácticamente indestructible. Las escolleras de roble construidas por los romanos todavía existen. La mesa redonda del rey Arturo, hecha de una sola pieza de madera de roble que se cortó de un enorme tronco, aún existe y está en exhibición en Winchester, Inglaterra. Se han recuperado troncos de roble enterrados hace mil años y todavía se encuentran en buenas condiciones como para construir. No es excepcional que un roble viva quinientos, mil o hasta dos mil años.

Usos medicinales

Desde los tiempos bíblicos, los robles se han usado para curar todo tipo de enfermedades, no sólo en seres humanos, sino también en animales.

✛ Para trastornos cardiacos, la corteza interior del erizo (*bur oak*), el roble rojo (*red oak*) y el álamo temblón (*aspen*) se raspaban, se secaban y se mezclaban en partes iguales, con partes iguales de la raíz, brotes y capullos de la tacamahaca (tacamaca, *balsam poplar*). Se agrega a éstas la raíz de *seneca snakeroot*, secada y molida hasta lograr un polvo. Se tomaba un solo trago como remedio para el corazón. Puede ser que la quercitrina, un glucósido amarillo pálido que se obtiene de la corteza, constituya el factor curativo. Algunos glucósidos tienen la propiedad de acrecentar la fuerza y el vigor del latido del corazón sin incrementar la cantidad de oxígeno que necesita el músculo cardiaco.

＋ Para problemas pulmonares e infecciones bronquiales, se preparaba una cocción de raíz de zarzamora (mora negra, *black-berry*) con la corteza interior del erizo (*bur oak*) y se bebía. Otro método consistía en hervir la corteza interior del roble blanco (*white oak*) y beber la cocción que había sido puesta en remojo y colada. Esto hacía que el paciente expulsara la flema de los pulmones y que por lo tanto se aliviara.

＋ Según un artículo titulado "*Diabetic Cataracts*", aparecido en *Science*, volumen 195, de 1977, "El comienzo de las cataratas [en el cristalino de animales diabéticos], se difirió eficazmente al administrar quercetina [un glucósido del roble] en forma continua".

＋ Según señala un experto, para lesiones en el hígado y para evitar el endurecimiento de las arterias, coloque 2/3 de taza de corteza de roble, seca y cortada gruesa, hierva a fuego lento durante 20 minutos en un cuarto de galón (un litro) de agua hirviendo. Deje hervir a fuego lento durante una hora más y cuele. Beba una taza un día sí y otro no. Esta solución también puede usarse, cuando se enfría, para lavar y cubrir heridas y quemaduras serias. Al tratar las quemaduras, se puede mojar la gasa en esta solución y cambiarla a intervalos de pocas horas.

＋ Para aliviar las hemorroides, una tribu de indígenas estadounidenses, los menomini, introducían en el recto, mediante una jeringa hecha de vejiga animal y el hueso tubular de un pájaro, una infusión de trocitos de la corteza interior del roble. El tipo de jeringa mencionada se confeccionaba comúnmente en muchas tribus. Los iroqués simplemente hervían la corteza del roble blanco y bebían el líquido para curar las hemorroides sangrantes o la diarrea. El tanino de la corteza del roble es el elemento que suministra a la infusión la propiedad de secar y curar los tejidos orgánicos.

＋ Según se informa, para venas varicosas hinchadas se prepara un té al hervir una pinta y media de agua y agregar una cucharadita de bellota (*acorn*) y una de corteza de roble blanco (*white oak bark*) molidas. Cubra y hierva a fuego lento durante 12 minutos; luego, deje en reposo durante 20 minutos más y cuele. Agregue media taza de la cocción a una cantidad de leche equivalente. Beba una taza del té todas las noches. Después de beber una taza del té tibio, aplique en forma externa compresas remojadas en el té y alternando compresas frías y calientes durante 25 minutos. Siga este método durante 10 días.

+ Antídoto para hierbas y remedios venenosos. Según Maude Grieve, durante generaciones, la cocción de bellotas y corteza de roble, hecha con leche, se consideró un antídoto para hierbas y medicinas venenosas.

Un remedio milagroso de múltiples usos

Esta misma combinación de bellotas y corteza de roble, hecha con leche, puede ayudar con muchos otros problemas de salud. Depende del tipo de trastorno para el cual se va a utilizar que el té se tome frío o caliente . El herbolario John Heinerman proporciona las siguientes pautas:[1]

fiebre (té caliente)	llagas en la boca (té frío)
garganta irritada (caliente)	menstruación, exceso (frío)
hemorroides (frío)	orina o heces sangrantes (frío)
irritaciones de la piel (caliente)	úlceras (caliente)

La corteza de roble tiene una larga historia de uso en casos de hemorragia, diarrea, colitis, disentería, fiebre (es tan buena como la quinina), leucorrea, gonorrea, úlceras, gangrena, tos, asma, amenorrea, reumatismo, crecimientos, enfermedades venéreas, calambres, infecciones vaginales causadas por hongos, úlceras en la piel, tiña (*ringworm*), infecciones provocadas por hongos, eczema, hemorroides y venas varicosas.

Lo mencionado se debe al hecho de que la corteza de roble contiene grandes cantidades de tanino, el cual es astringente, antiséptico y antivirósico, con un efecto antitumoral y anticancerígeno.

---

[1]*Heinerman's Encyclopedia of Healing Herbs & Spices*, West Nyack, NY: Parker Publishing Company, Inc., 1996.

Rudolf Weiss, M.D., en su libro *Herbal Medicine*, dice que este tanino es bien tolerado por la piel, sin riesgo de provocar irritación y que se usa no sólo para tratar afecciones como la dermatitis y el eczema supurante (*wheeping eczema*), sino también para enfermedades oculares inflamatorias.

Para la dermatitis y los eczemas, el Dr. Weiss dice que el método es sencillo. Se hierven durante 15 minutos una o dos cucharadas de corteza, cortada en trocitos, en 1/2 litro de agua. Se cuela el líquido, se deja enfiar y se usa sin diluir. Se aplica en forma de compresas húmedas.

No importa qué tipo de eczema o dermatitis tenga usted, dice el médico, use las compresas de corteza de roble. En casos de inflamaciones agudas y supurantes, este método trae un alivio sorprendentemente rápido.

Las compresas deben conservarse en el lugar mediante un vendaje, pero deben estar lo suficientemente flojas como para dejar que el aire circule. Deben cambiarse cuando se secan y se calientan, habitualmente cada 15 ó 20 minutos. El tratamiento debe durar aproximadamente una hora y debe administrarse tres veces al día.

Para quemaduras graves, para la hiedra y el zumaque venenosos, un remedio consiste en partir un par de docenas de bellotas, con una piedra pesada o martillo, y colocarlas en un recipiente (con capacidad de medio galón o dos litros) con agua hirviendo. Cuando se haya hervido y consumido la mitad del líquido, después de varias horas, colar y guardar el agua que contiene el ácido tánico de las bellotas. Este agua luego puede aplicarse, como cataplasma o lavaje, a cualquier quemadura grave o erupción de la piel.

Prueba de la eficacia de este tratamiento es un informe de 17 páginas, aparecido en *Annals of Surgery* de julio de 1926, cuyos autores son dos médicos de Cleveland que trataron con éxito quemaduras extremadamente graves en niños y adultos, sólo con ácido tánico (que las bellotas contienen en abundancia). Imágenes donde se muestran los pacientes antes y después del tratamiento, corroboran las curaciones.

Detiene la diarrea en pocos minutos. Un remedio indígena tradicional para la diarrea se prepara con cuatro bellotas machacadas que se hierven en un cuarto de galón de agua (un litro), a fuego lento, durante aproximadamente 40 minutos; luego se cuela. Se toma una taza llena cuando se haya enfriado. Se sabe que, en el término de algunos minutos, detiene aun el peor caso de diarrea debido a la potente propiedad astringente del ácido tánico del té.

Alivia la disentería. Se dice que se alivia la disentería con una cocción similar hecha con una onza de corteza de roble en un cuarto de galón (un litro) de agua; se hierve hasta que el agua se consume a una pinta y se toma en dosis del tamaño de un vaso de vino.

Algunas personas han relatado haber obtenido buenos resultados al eliminar la diarrea y disentería mediante el uso de la corteza de roble blanco en cápsulas de gelatina (*gelatin capsules*) que contienen la corteza en polvo. Se toman dos cápsulas con un vaso de agua tibia, tres o cuatro veces al día.

Alivia la colitis. Para afecciones leves, se hierven 1/2 onza de cada uno de los siguientes ingredientes: corteza de roble, raíz de malvavisco (*marshmallow*), raíz de consuelda (*comfrey*), corteza de olmo norteamericano (*slippery-elm*), raíz de ácoro (*sweetflag*) y corteza de arrayán (*bayberry*), en 3 pintas de agua durante 20 minutos. Cuando se haya enfriado, se cuela la cocción, se embotella y se guarda en el refrigerador. Se toman de 3 a 4 cucharaditas en un poco de agua tibia después de las comidas, hasta que se logren resultados.

CAPÍTULO · 18
UNA PLANTA HUMILDE E INSIGNIFICANTE CON PODER CURATIVO MILAGROSO

Rugían entre las zarzas y se reunían bajo las *ortigas. Job 30:7*

La Biblia relata que los marginados encontraban abrigo bajo las matas de ortiga (*nettle*). Y Job comparó a las personas inferiores con esta humilde planta. Pero la Biblia también dice:

Dichosos los de corazón humilde, pues recibirán la tierra que
Dios les ha prometido. *Mateo 5:5*

De manera que no debería ser ninguna sorpresa para usted, que la ortiga —una de las Plantas Bíblicas más modestas— tenga propiedades curativas milagrosas.

Se dice que el término inglés *nettle* viene del holandés *netel*, que significa aguja, nombre que definitivamente se encuentra a la altura de su reputación ya que es intensamente urticante cuando se toca. Esta planta necesita estas protuberancias para sobrevivir. Cuando se prepara en té (una onza de la hierba en una pinta de agua hirviendo) las agujas se marchitan y entonces pueden comerse las hojas como verdura deliciosa sin problemas.

413

Un Jugo Bíblico para el corazón

Rudolf Weiss, M.D., observa: "...un jugo puro exprimido hecho de ortigas frescas tiene un efecto comprobado en casos de edema cardiaco e insuficiencia venosa... En ellos, el jugo de ortiga es indudablemente útil. Tiene la gran ventaja de ser bien tolerado y completamente inocuo, a diferencia de la tiazida que se usa mucho.

"El jugo de ortiga puede llenar un vacío en esas situaciones, porque se puede administrar bien antes de que se necesite uno de los potentes diuréticos sintéticos", dice el médico. Estimula la circulación deficiente y alivia el edema, incluso la hinchazón crónica producida como consecuencia de una herida.

Un Alimento Bíblico Curativo que alivia los riñones, la vejiga, la retención de líquidos y la presión sanguínea elevada

El té de ortiga se considera un diurético suave y seguro para los riñones y la vejiga, y los casos de edema (hinchazón producida por retención de líquidos), nefritis o cistitis (inflamación de los riñones y vejiga), supresión de la orina y arenilla pueden aliviarse con este té.

Colocar una onza de ortigas frescas en una pinta de agua hirviendo. Tomada en dosis del tamaño de una taza de té llena, dos veces al día, se ha comprobado que es de gran ayuda para reducir la presión sanguínea elevada.

Un Alimento Bíblico que alivia el asma y la bronquitis

La ortiga alivia el asma. El jugo de las raíces u hojas, mezclado con miel o azúcar, aliviará los trastornos asmáticos y bronquiales y las afecciones que afectan la mucosa pulmonar. Las hojas secas, quemadas e inhaladas producen el mismo efecto.

Sobrevive una persona con tuberculosis incurable

La ortiga puede ser una ayuda muy valiosa para cualquiera que padezca de tuberculosis. En un caso una mujer había estado gravemente enferma de tuberculosis pulmonar. Su médico no le podía dar esperanzas de que se curara. Su esposo decidió darle jugo fresco de ortiga u ortigas verdes frescas finamente picadas y las agregaba a la sopa todos los días. En el término de un año, ella estaba sana.

Las semillas también se han usado para el consumo. La infusión de la hierba o semillas se han tomado en dosis del tamaño de un vaso de vino.

Fiebre del heno curada

A finales de la década de 1980, un científico del *National College of Naturopathic Medicine* de Portland, Oregon, accidentalmente descubrió que las ortigas liofilizadas (secadas a frío, *freeze-dried*) le habían curado la fiebre del heno. Otros estudios revelaron que dos cápsulas de 300 mg de ortigas liofilizadas habían proporcionado alivio considerable a personas que padecían de fiebre del heno. En el momento en que se escribe esto, estas cápsulas no están disponibles comercialmente, pero el té de ortiga se puede preparar con la hierba seca que se consigue en la mayoría de las tiendas de alimentos naturales (*health food stores*) (una o dos cucharaditas en una taza de agua hirviendo, dejar en reposo durante 20 minutos, y tomar una o dos veces al día).

Aclamada como una cura para el bocio y un asombroso reductor de peso

Se considera que las semillas de ortiga, en polvo, constituyen una cura para el bocio y un eficaz reductor de peso. Se ha informado que aquellos que seguían una dieta parcial con ortiga mayor (*stinging nettles*) cocida han adelgazado hasta 32 libras (15 kilos) en tres meses o menos.

Para introducir las ortigas en su dieta, se pican finamente ortigas nuevas y se echan en la sopa como decoración o se agregan en ensaladas. Ya que el jugo (que se consigue en las tiendas de alimentos naturales) no es muy sabroso, es mejor mezclarlo con la sopa que usted prefiera: de vegetales, papas o avena. Una cucharada por día para un adulto, y de media a una cucharadita para un niño, contiene suficientes propiedades medicinales como para hacer efecto. Usted también puede cocinar al vapor ortigas nuevas con aceite y un poco de cebolla. Esto le proporcionará un sabor parecido al plato que se prepara con espinaca y combina bien con papas salteadas o en puré. O el extracto de jugo de ortiga se puede comprar en una tienda de alimentos naturales. Para un bebé, serían suficientes de 5 a 10 gotas del extracto por día, agregadas a diferentes alimentos hechos puré.

En la prensa inglesa, en 1926, una persona que padecía de diabetes informó sobre un tratamiento para dicha enfermedad. Se señaló que una dieta de ortigas nuevas cocidas (luego de un ayuno de dos días) y beber el líquido que quedó en la olla, después de su cocción, habían constituido los medios por los que redujo su peso en 6 "*stone*" (medida de peso usada en el Reino Unido) —¡84 libras!— en 3 días, y su enfermedad mejoró notablemente.

Estimula el crecimiento del cabello

Para estimular el crecimiento del cabello, los herbolarios recomiendan peinar el cabello diariamente con jugo de ortiga. Y para evitar la caída del cabello, se prepara un tónico hirviendo a fuego lento un puñado de ortigas nuevas en un cuarto de galón (un litro) de agua durante 2 horas. Luego se cuela y se coloca en una botella cuando esté frío. Sature el cuero cabelludo con esta loción una noche sí y otra no. Además, evita la pérdida de cabello y lo deja suave y brillante. La loción de ortiga para el cabello también puede prepararse hirviendo toda la planta en vinagre y agua, colando y agregando agua de colonia.

También se dice que consumir ortigas cocidas o beber el té hace que el cabello se ponga más brillante y grueso, la piel más clara y contribuye a curar el eczema y otras enfermedades de la piel.

Un remedio para la impotencia proveniente de un Alimento Bíblico Curativo

La Dra. Julia F. Morton señala, en *Folk Remedies of the Low Country*, que los indígenas del área costera de Charleston, Carolina del Sur —el pueblo Gullah— consideran a la ortiga mayor como un poderoso afrodisíaco. La Dra. Morton dice que se bebe la savia lechosa de la raíz para obtener "coraje" (potencia). Se pican las raíces de la ortiga y las raíces "gomo", se dejan en remojo en whisky o ginebra y se toma la bebida para incrementar la potencia. "Algunos hombres han pagado $1 o $2 por una sola raíz", dice la Dra. Morton.

Alivia las quemaduras y las erupciones

Se pueden curar rápidamente las quemaduras aplicando paños de lino saturados en tintura de ortigas y volviendo a saturar frecuentemente. El té de ortiga también es calmante. Los romanos preparaban un ungüento curativo dejando en maceración hojas de ortiga en aceite. El jugo de ortiga se ha usado para aliviar el escozor de las erupciones cutáneas (tomar una cucharadita tres veces por día y además colocar algo del jugo sobre la misma erupción).

Un Alimento Bíblico detiene las hemorragias nasales, pulmonares, estomacales y uterinas

Las ortigas constituyen un poderoso hemostático, es decir que detienen las hemorragias porque contienen algunos componentes astringentes, entre los que se incluyen el nitrato de potasa, tanino y los ácidos fórmico y gálico. Se han usado con buenos resultados en casos de hemorragias nasales, pulmonares, estomacales o uterinas y aun en un caso de hemofilia. La dosis que se usó fue de 3 onzas (90 g) de jugo exprimido. También se hizo un almíbar poniendo en infusión 1/2 libra (225 g) de ortigas en 2 pintas y media de agua durante 12 horas. Esto se filtraba y se agregaba el doble de su peso en azúcar. Se administraba una dosis 6 onzas (175 g) y se repetía si era necesario.

El té de ortiga se puede usar internamente para detener úlceras sangrantes o aplicar en forma externa como emplasto para suprimir cualquier hemorragia seria.

Se puede colocar un pequeño trozo de tela, saturado en jugo de ortiga, en el orificio nasal en casos de hemorragias nasales.

La séptima edición del *U.S. Dispensatory* declaró que las ortigas se habían usado especialmente para detener hemorragias uterinas: "El extracto fluido se puede administrar en dosis de media dracma líquida [0,0625 onzas] o una cocción de una onza [de hojas de ortiga secas] en una pinta de agua y en dosis de una taza".

Durante la guerra de Secesión (*Civil War*), en cuestión de minutos se detenía completamente la hemorragia de una arteria importante de un animal herido, empapando un poco de gasa en un té fuerte de ortiga y aplicándola directamente sobre la herida. Sorprendentemente, el jugo de ortiga podía hacer que la sangre fresca coagulara en segundos.

Un famoso Alimento Bíblico alivia artritis, reumatismo y gota

Las ortigas son famosas por aliviar la artritis, reumatismo, gota y trastornos relacionados con estas enfermedades. Los soldados romanos se golpeaban la piel con ortigas, en los climas fríos europeos, para entrar en calor y descubrieron que eso aliviaba el entumecimiento y dolor en las articulaciones.

Esto evolucionó como una práctica llamada "urticación", es decir, frotar o golpear la parte afectada con un atado de ortigas frescas. En Alemania, a fines del siglo XIX, el padre Sebastian Kneipp, famoso "curandero naturista", dijo: "El temor de una vara (de castigo) a la que uno no está habituado, muy pronto proporcionará un goce equivalente a su notable eficacia curativa".

Casos relatados:

"Las ortigas", dice William Thompson, M.D., "siempre me recuerdan a mi viejo amigo, el herrero, en Francombe, Surrey, a quien llegué a conocer bien durante [la segunda guerra mundial]. En su patio tenía un macizo de ortigas magnífico, y una vez le pregunté por qué no lo sacaba... 'Doctor', me dijo, 'cuando el reumatismo de mis manos se agrava a tal punto que no puedo soportarlas más, las introduzco en un macizo de ortigas y el dolor desaparece de inmediato'. Un remedio drástico pero eficaz, seguro y económico".

Una mujer, que había sufrido durante años de reumatismo, fue a recoger zarzamoras (mora negra, *blackberry*) y repetidamente rozó las piernas contra algunas ortigas. Para su sorpresa, 3 días más tarde, sus extremidades reumáticas se encontraron virtualmente sin dolor y ella ha estado mejor desde entonces.

Según Rudolf Weiss, M.D., puede usarse ortiga "para tratar dolores reumáticos y neurálgicos... particularmente enfermedades artríticas y degenerativas crónicas, como el lumbago y el dolor de la ciática, la tendinitis crónica, los esguinces y muchas otras afecciones similares".

Alivio para los músculos, ligamentos, articulaciones y tobillos doloridos

Pero usted no tiene que frotarse con ortigas para lograr sus efectos curativos. Según el Dr. Weiss, un buen tratamiento para el reumatismo y la gota consiste en una cucharadita de la hierba seca hervida durante 5 minutos en una taza de agua; tomar 3 tazas diariamente. O jugo de ortiga, disponible en las tiendas de alimentos naturales: una cucharada tres veces al día, durante un periodo de 4 a 6 semanas.

El Dr. Eric Powell dice: "Tuve un paciente que sufría intensamente de reumatismo, el cual afectaba sus músculos y articulaciones, y siempre se desgarraba los ligamentos. Después de que algunos buenos remedios... fracasaron en aliviarlo, Urtica lo curó. La dosis consistió en 6 gotas de tintura [ortiga] cuatro veces al día.

"Es my probable que un té hecho con una planta seca y consumido en grandes dosis, hubiera producido resultados similares pero habría llevado más tiempo". El Dr. Powell dice que la ortiga "tiene una afinidad con los ligamentos y debería emplearse cuando el paciente tiene reumatismo".

Otros casos:

> El Dr. J. Compton Burnett, el famoso médico homeópata in-
> glés, tenía tanto éxito al tratar casos de gota con tintura de or-
> tiga que sus pacientes lo llamaban "Dr. Urtica" por el nombre
> botánico de la planta (*Urtica dioica*). Este médico prescribía la
> tintura de la hierba (que se consigue en las tiendas de alimen-
> tos naturales) en dosis de 10 gotas en agua.

> "Hace unos cincuenta años, cuando yo era niño, mi padre su-
> fría intensamente de gota. Una amiga [dijo]... 'Consigue dos
> puñados de ortiga mayor (si tienen las semillas, mucho
> mejor). Pela finamente una libra de manzanas. Coloca las
> ortigas y las cáscaras de manzana en dos cuartos de galón
> (dos litros) de agua hirviendo y deja que todo eso hierva du-
> rante 20 minutos. Cuela y tómalo en dosis de una taza cuatro
> veces o más por día'... el consejo de la anciana [dio buenos
> resultados]. Desde entonces he brindado este consejo a mu-
> chas personas que sufren de gota y siempre con excelentes
> resultados. Recientemente he recomendado este tratamiento a
> personas que padecen de tobillos doloridos, y en cada caso
> se han sentido muy beneficiados". Sr. W. J. G.[1]

Alivio para la ciática y la neuralgia

En Alemania, la ortiga es uno de los remedios favoritos para la neuralgia. Dosis: 4 cucharadas de la cocción tres veces por día (la cocción por lo general consiste en una onza de la hierba que se hierve
tapada en una pinta de agua durante 30 minutos, se cuela y enfría),
y al mismo tiempo machacar levemente las hojas y aplicar como emplasto en las partes afectadas.

También puede prepararse un emplasto para la neuralgia colocando un puñado de ortigas en una bolsa de muselina que luego se

---

[1]Richard Lucas, *Magic Herbs for Arthritis, Rheumatism, and Related Ailments*,
West Nyack, NY: Parker Publishing Company, Inc., 1981.

remoja en agua caliente durante 10 minutos. Se aplica al área dolorida, tan caliente como pueda tolerarse, varias veces por día.

La ortiga es un buen remedio para la ciática. Se hierven lentamente dos onzas (60 g) de ortiga en un cuarto de galón (un litro) de agua durante 20 minutos. Se deja reposar la cocción hasta que enfríe y luego se cuela. Una vez colada se calienta nuevamente y se toma caliente: una taza cada dos horas. Se prepara una segunda cocción de ortiga de la misma manera y se usa para hacer fomentos calientes, los cuales se aplican localmente para aliviar el dolor.

Casos relatados:[2]

Una mujer que describió los dolores de neuralgia como "terribles", informó que se curó completamente mediante la utilización de tratamientos a base de ortiga.

Un hombre que se quejaba de que a duras penas podía levantarse de la cama a la mañana debido a la dolorosa ciática de la cadera, comenzó a utilizar un tratamiento en base a ortiga. Poco tiempo después, el dolor se redujo a un nivel tan notable que pudo interrumpir los fomentos y usar sólo el té. En el término de tres días se consideró curado.

El Dr. Jon Evans de Inglaterra expresa: "Mi experiencia con la ortiga la sitúa como uno de los remedios supremos del dispensario de la naturaleza. Pienso que de ninguna manera hemos agotado sus usos medicinales y que investigaciones más extensas harán que esta hierba sea más accesible".

Un Alimento Bíblico que alivia la próstata agrandada

Si su médico ha determinado que usted tiene un agrandamiento de próstata benigno o no canceroso, puede considerar la utilización del té de ortiga para obtener alivio, si el médico da su autorización. Los

---

[2]Lucas, *op. cit.*

investigadores administraron diariamente unas cucharadas de extracto de ortiga a 67 hombres, de más de 60 años, con este problema y descubrieron que redujo significativamente sus necesidades de levantarse por la noche a orinar.

Cuando la hormona masculina, testosterona, se transforma en un compuesto asociado, dihidrotestosterona, provoca el agrandamiento de las células de la próstata. De manera similar a los fármacos recetados *Proscar* y *Hytrin*, la ortiga parece inhibir la transformación química de la testosterona.

Cerveza de ortiga

La cerveza de ortiga es un remedio inglés tradicional para el reumatismo y la gota, y también una bebida agradable. Se puede preparar de la siguiente manera: tome 2 galones (8 litros) de agua fría y (lo que cabe en) un cubo (balde) de los tallos y hojas de ortiga nuevas (*nettle tops*) lavadas. Agregue 3 ó 4 puñados grandes de diente de león (*dandelion*), una cantidad equivalente de presera (*goosegrass*) y 2 onzas de jengibre (*ginger*) entero apenas machacado. Hierva levemente durante 40 minutos, luego cuele, agregue dos tazas de azúcar morena y revuelva. Cuando esté tibio coloque en la parte de arriba una rodaja de pan tostado, esparza una onza de levadura de cerveza en bloque (*compressed yeast*), revuelva hasta que esté líquido con una cucharadita de azúcar. Conserve bastante tibio durante 6 ó 7 horas, luego saque la espuma, agregue una cucharada de crémor tártaro y revuelva. Embotelle y ajuste bien el corcho. El producto consiste en una clase especial de cerveza de jengibre muy saludable. El jugo de dos limones puede ser sustituido por diente de león y presera. A menudo, al elaborar la cerveza herbaria, se agregan a la ortiga otras hierbas como bardana, ulmaria (*meadowsweet*), marrubio (*avens horehound*). La combinación produce una refrescante bebida de verano.

Cómo manipular la ortiga

Deben usarse guantes gruesos, camisa de mangas largas y pantalones largos cuando se recoge ortiga. Para lavarlas y prepararlas, se deben usar tenazas. Es curioso que el jugo de ortiga sea el mejor antídoto para el ardor que causa la misma planta y cuando se aplica trae alivio instantáneo. El jugo de acedera (*dock*) provoca el mismo efecto calmante. La irritación producida por la ortiga también puede curarse frotándose con romero, menta u hojas de salvia.

Una forma más fácil, por supuesto, es comprar hojas o raíces de ortiga secas o en polvo, que se consiguen en la mayoría de las tiendas de alimentos naturales.

CÓMO ELABORAR RÁPIDA Y FÁCILMENTE REMEDIOS CON PLANTAS BÍBLICAS

Las tiendas de alimentos naturales (*health food stores*) venden productos elaborados en forma de píldoras, cápsulas, almíbar, aceite, ungüento, tintura y lociones. Sin embargo, le resultará a usted mucho más económico y satisfactorio elaborar sus propios remedios de Plantas Bíblicas con hierbas cultivadas en casa y recogidas directamente de su huerto o jardín. Y su pureza está garantizada, ya que usted no las cultiva con ninguna sustancia química tóxica.

Té

Usualmente, las plantas medicinales se preparan en té. Para que sea eficaz, el té medicinal debe ser mucho más fuerte que el té común; se usa mayor cantidad de la hierba y se deja en remojo más tiempo. Se prepara vertiendo una pinta (medio litro) de agua hirviendo sobre una onza ó 30 gramos (aproximadamente dos puñados) de las hojas o flores secas, y se deja en reposo durante 10 a 15 minutos.

Por el contrario, los saquitos (bolsitas) de tés no medicinales —los que se venden en el supermercado— contienen sólo alrededor de una séptima parte (1/7) de esa cantidad de hierbas por medio litro de agua. No es necesario dejar en remojo durante mucho tiempo y tienen mejor sabor.

Ese es precisamente el problema con los tés medicinales: no tienen un sabor muy agradable, lo cual tal vez sea la forma en que la naturaleza previene que usted los consuma en exceso. Pero si no los toma, tampoco le producirán ningún beneficio. Por lo tanto, no dude en endulzarlos con miel o cualquier otro endulzador que le ayude a tomarlos.

İnfusión

Algunos herbolarios usan las palabras té e infusión en forma intercambiable. No obstante, las infusiones no son tés; se dejan en remojo durante más tiempo y son mucho más fuertes. A la hierba le puede tardar desde 20 minutos hasta varias horas, liberar sus propiedades curativas en el agua. Por lo general, cualquier sustancia macerada más de 15 minutos se llama infusión.

La infusión se prepara colocando en un recipiente, una onza (30 g) de la hierba (generalmente las partes más tiernas, como los pimpollos, hojas, etc.). Se vierte sobre ella una pinta (1/2 litro) de agua hirviendo, se tapa, y se deja en reposo entre 15 y 20 minutos, revolviendo ocasionalmente. Nunca se dejan hervir las infusiones. Se endulza al gusto, se cuela y se guarda en una botella. Una pinta es suficiente para un día, si usted bebe 1/2 taza tres veces al día.

Tisana

Las infusiones no se conservan en buen estado durante mucho tiempo y deberían prepararse a medida que se necesiten. Para hacer una cantidad más pequeña —para uso inmediato— se coloca una cucharadita de la hierba en una taza y se vierte agua hirviendo sobre ella. Entonces se tapa con un plato y se deja en remojo entre 15 y 20 minutos; luego se cuela y se endulza al gusto. Esto se llama tisana.

Decocción

Cuando la sustancia química de la hierba se encuentra dentro un material duro, como la raíz, la corteza o las semillas, se hace una decocción colocando una onza (30 g) de la hierba en una pinta y media (3/4 litro) de agua fría. Se cubre y se deja hervir durante media hora. Luego se cuela y se endulza al gusto.

(Considerando que en la decocción se reduce la cantidad de agua, los herbolarios usan una pinta y media —3/4 litro— de agua, para conseguir una pinta o 1/2 litro del producto medicinal).

Tintura

De vez en cuando se necesita algo un poco más fuerte que el agua para lograr que la hierba libere su ingrediente curativo. Por eso se agrega alcohol, para disolver ese componente, sin tener que calentar. De hecho, en algunos casos el valor de la hierba se pierde si se calienta.

Para preparar una tintura, por lo general se mezclan 4 onzas (120 ml) de agua y 12 onzas (360 ml) de bebidas alcohólicas (usualmente se usa brandy, vodka o ginebra) con una onza (30 g) de la hierba en polvo. Esta mezcla se deja en remojo durante dos semanas, agitándola bien todas las noches. Luego se cuela y se embotella el líquido claro para usar; se descarta el sedimento.

Sugerencias útiles

Use agua pura (agua destilada, mineral o de manantial) para elaborar sus medicinas con Plantas Bíblicas. El cloro y otras sustancias químicas contenidas en el agua corriente pueden aniquilar gérmenes dañinos, pero también pueden interferir o reaccionar con las sustancias químicas curativas de las hierbas de manera no deseada. El cloro, por ejemplo, interfiere en la absorción del yodo proveniente de los alimentos, lo cual puede tener efectos adversos en la glándula tiroides.

Si una receta pide una hierba seca y usted sólo tiene hierba fresca, duplique la cantidad necesaria, a menos que se indique de otra manera.

Si una receta pide hierba fresca y usted sólo tiene hierba seca, disminuya la cantidad de hierba en un 50%.

Use un recipiente de vidrio o de cerámica para el agua hirviendo o hervida. El material de ollas y teteras hechas de aluminio, hierro, estaño y otros metales puede filtrarse en el agua con efectos perjudiciales imprevistos. El aluminio, por ejemplo, se ha relacionado con la enfermedad de Alzheimer. Una olla esmaltada en buenas condiciones (no descascarada) podría ser una excepción y apta para usar.

No continúe hirviendo el agua después que la mezcla con la hierba. Quite el recipiente del fuego y deje la hierba en remojo en él.

Si usted huele el aroma del té que está preparando, esto significa que los aceites esenciales de la hierba se están escapando al aire, en lugar de ser retenidos en el líquido. Para evitar esto, tape muy bien el recipiente.

Si usa hierba fresca, debería "magullarla" —desmenuzarla con las palmas de las manos o machacarlas en un mortero con el majador— para ayudar a liberar sus ingredientes activos.

Almíbar

Algunas recetas piden un almíbar de hierba para aliviar la tos, la inflamación de garganta o el resfrío. Para hacer un almíbar de hierba, mezcle 3 onzas (90 g) de la hierba seca que pide la receta, con un cuarto de galón (un litro) de agua, en una olla grande. Hierva hasta reducir el líquido a la mitad (una pinta), luego agregue 1 ó 2 cucharadas de miel. Un almíbar de hierba puede guardarse en el refrigerador hasta un mes.

Compresa

Las compresas se usan para tratar la congestión, la tensión, los músculos doloridos, la hinchazón y los esguinces. Se preparan sumergiendo una toalla en un brebaje caliente de hierba y colocándola sobre el área afectada. Asegúrese que la toalla no esté muy caliente para evitar que queme la piel. Cubra la compresa con una toalla seca. Cuando la compresa ya no esté tibia, reemplácela por otra. Continúe aplicando compresas aproximadamente cada 30 minutos. Interrumpa el tratamiento si comienza a sentir un hormigueo o ardor en el área, o si el área se enrojece y se inflama. Las hierbas usadas se escogen por su acción penetrante y por su capacidad de estimular la circulación o enfriar y disipar el exceso de calor.

Cataplasma

Las cataplasmas se usan para extraer la infección, aliviar y acelerar la curación de un área lesionada o dolorida. Se colocan directamente sobre la piel, hojas frescas machacadas o picadas —las cuales han sido maceradas en agua hirviendo durante un breve periodo para ablandarlas— tan calientes como se puedan soportar, y luego se cubren con una tela seca para retener el calor y conservarlas en su lugar. Esto se repite cambiando las hojas cuando sea necesario.

Cómo usar cápsulas

Después de haber secado y reducido a polvo sus hierbas (moliéndolas en un mortero con un majador o un molinillo para moler café), usted puede envasarlas en cápsulas estándar de gelatina. Estas constituyen una forma conveniente de ingerir las medicinas herbarias con sabor desagradable o llevarlas cuando usted viaja. Estas cápsulas vienen en diferentes medidas —00 es la medida estándar— y todo lo que tiene que hacer es medir la cantidad de la hierba en polvo que quepa en una medida determinada, para que no exceda la dosis recomendada. También puede abrir una cápsula y vaciar su contenido en una tasa de agua caliente para preparar una tisana —una pequeña cantidad para uso inmediato (vea las instrucciones anteriormente mencionadas).

A P É Π D Í C E · B
CÓMO CULTIVAR BROTES

Cultivar brotes en un jardín interior es sencillo, fácil y divertido. Usted no tiene que preocuparse acerca de fertilizantes, malezas o heladas peligrosas. Es fácil proporcionarles la cantidad adecuada de luz solar y agua. Y el valor nutritivo de los brotes es mucho más elevado que en ninguna otra época de la vida de la planta.

Por ejemplo, los frijoles fabas (*fava beans*) constituyen la mejor fuente alimenticia de L-dopa (levodopa), el fármaco usado para controlar el temblor y la rigidez de la enfermedad de Parkinson. Aunque nadie sugiere que los frijoles fabas puedan reemplazar la medicación habitual del paciente, podrían ser útiles en las primeras etapas de esta enfermedad, con la autorización de su médico. La L-dopa es un fármaco caro, pero los frijoles fabas son baratos. Asombrosamente, los *brotes* de frijoles fabas contienen diez veces más dopa que los no germinados.

Muchos de los alimentos de la Biblia mencionados en este libro —como almendras, col, garbanzos (*chickpeas*), frijoles fabas, fenogreco, frijoles rojos (habichuelas, alubias, *kidney beans*), lentejas, judías de mung (frijoles chinos, *mung beans*) y trigo— pueden hacerse germinar en un jardín de interiores. Existen varios métodos. Con cualquier método que usted elija, los pasos básicos son tan sencillos que, con frecuencia, puede darle este trabajo a un niño.

Usted pudiera consumir la primera cosecha de brotes frescos cultivados en casa en 1 ó 2 días, a diferencia de las 3 ó 6 semanas

431

que tardaría el cultivarlos en un huerto al aire libre. Los brotes son deliciosos y se pueden comer solos, como agregados a ensaladas o sandwiches o en forma de jugo exprimido.

Para comenzar

Al elegir las semillas para hacer germinar, busque uniformidad en la forma y el color. Las semillas quebradas, descascaradas o dañadas pueden podrirse o no germinar. Un puñado de semillas malas puede arruinar una tanda. Busque colores intensos como el rojo o el verde. El rosado o el verde claro significan que probablemente no estén maduras. Evite las semillas que se encuentran llenas de grava o tierra por que tendrá que limpiarlas. Comprar semillas a granel o sueltas le ahorrará dinero. Las semillas cultivadas en forma orgánica efectivamente constituyen una gran diferencia, ya que son más resistentes a las enfermedades de las plantas.

1. El método del frasco

Para comenzar a usar el método del frasco, consiga siete frascos de vidrio de boca ancha y algunos trozos de estopilla (gasa, *cheesecloth*) o malla abierta de nailon que puedan usarse para cubrir los frascos y, al mismo tiempo, dejar que el aire circule. Utilice una banda de goma para ajustar la cubierta. Mida la cantidad apropiada de semillas en cada frasco usando la tabla de las páginas 436-441. Las semillas más pequeñas deberían apenas cubrir el fondo del frasco. Los frijoles y semillas más grandes no deberían llenar más de 1/8 a 1/4 de la capacidad del frasco porque los brotes se expanden. Por ejemplo, una libra de semillas de alfalfa produce 8 libras de brotes. Tape el frasco con estopilla o tejido metálico. Luego llénelo hasta la mitad con agua. Deje que las semillas se remojen durante el tiempo requerido (vea la tabla de las páginas 436-441). Después, drene el agua. Coloque el frasco en un ángulo de 45 grados, *boca abajo*, en un lugar donde pueda drenar a discreción *a través* de la tapa de estopilla o malla de nailon.

Enjuague los brotes un par de veces al día colocando el frasco debajo del grifo, llenándolo con agua y dejando que derrame. El aspecto del agua será algo espumoso debido al material de desecho producido por los brotes. Vuelva a ubicar el frasco con los brotes —*boca abajo* (cubierto con una estopilla y ajustado con una bandita de goma)— en la posición de un ángulo de 45 grados, de manera que el exceso de agua se desagote. Cuando los brotes se maduren, siga las instrucciones en la página 435 para cosecharlos y almacenarlos.

2. El método de la bandeja

Las bandejas para la germinación (*sprouting trays*) pueden comprarse en los viveros (*nursery supply stores*). Las bandejas del tamaño aproximado de 10 x 14 pulgadas (25 x 35 cm) son buenas para uso doméstico. Bandejas más pequeñas se venden en las tiendas de alimentos naturales (*health food stores*). Vienen con tapa y con instrucciones. Si usted compra estas últimas, necesitará al menos dos. Los orificios de las bandejas deberían ser de un diámetro de 1/4 de pulgada (1/2 cm) o más pequeños. Para hacer germinar semillas en una bandeja, mida la cantidad de semillas necesaria usando la tabla en las páginas 436-441 (cantidades equivalentes como para un frasco de capacidad de medio galón —dos litros—). Remoje las semillas en un frasco de agua durante el tiempo especificado. Si los orificios de la bandeja son suficientemente pequeños, usted puede colocar las semillas directamente en la bandeja. Si los orificios son grandes, es mejor comenzar la germinación de las semillas en un frasco y cultivarlas usando el método del frasco durante tres días. Cuando los brotes tienen de 1/4 a 1/2 pulgada (1/2 a 1-1/4 cm) de longitud, espárzalos en el fondo de la bandeja y coloque la misma en una bolsa de plástico transparente. Haga unos orificios en el plástico para que el aire circule. La bolsa de plástico evita que los brotes se sequen. Mantener la bandeja un poco elevada sobre una rejilla de algún tipo, permitirá que el aire circule hacia las raíces de los brotes. Los germinadores vendidos en las tiendas, usualmente tienen pequeñas patas para sostener la bandeja.

Riegue los brotes dos veces por día, quitando la cubierta de plástico, con un rociador (*pump-style mist spray*) aplicado a una botella de agua limpia. Cuando las hojas se pongan verdes los brotes estarán listos para cosechar. Vea los procedimientos para recolección y almacenamiento en la página 435.

3. El germinador automático

Los germinadores automáticos permiten germinar semillas con poco o sin ningún esfuerzo. No tienen por qué colocarse en la mesada de la cocina y pueden ubicarse en casi cualquier parte, siempre que haya luz, un buen suministro de agua y un desagüe o balde que reciba el agua del enjuague. El estilo más popular tiene el aspecto de una cómoda en miniatura; cada cajón es, en realidad, una bandeja con un determinado ángulo para el desagüe adecuado. Los rociadores (*mist sprayers*) están situados encima de cada cajón. Los brotes que requieren luz se deben poner en el primer cajón de arriba, cuya parte superior es de plástico transparente para permitir que penetre la luz. Los brotes que no requieren luz, tales como los frijoles y granos, se cultivan en los cajones de abajo, que se conservan oscuros.

Para usar un germinador automático, conecte el agua y la corriente eléctrica, según las instrucciones provistas. Esparza la cantidad apropiada de semillas en cada bandeja y abra la llave. Los brotes serán regados cada par de horas y el exceso de agua se drenará. Se puede colocar una bombilla eléctrica (*grow light*) opcional sobre la primera bandeja de arriba para acelerar el crecimiento de los brotes.

Consejos

Las semillas quebradas o descascaradas deben sacarse y descartarse antes de realizar la germinación. Al preparar las semillas para germinar, si observa cualquier insecto pequeño flotando en el agua, eche a la basura toda la tanda de semillas, no sólo las del frasco sino todo el paquete. Almacene semillas crudas y sin germinar en recipientes de vidrio o de plástico tapados. Si el suministro de agua en su zona es de calidad deficiente, pruebe filtrar el agua que va a usar para remojar las semillas, o humedézcalas con agua de manantial en botella.

Cosecha de los brotes

Al cosechar los brotes maduros, las lentejas, los guisantes (arvejas) y cereales se pueden consumir o guardar con sus cascarillas intactas. Retire y descarte las cascarillas de la col, el fenogreco y las judías de mung. Los brotes descascarillados tienen mejor sabor y se pueden conservar durante más tiempo, aunque cuando se extrae el jugo se pueden usar con cascarillas y todo.

Para quitar las cascarillas, coloque los brotes en un fregadero lleno de agua. Revuelva suavemente con los dedos. Esto hace que casi todas las cascarillas suban a la superficie. Recójalas y descártelas. Luego saque los brotes del agua y póngalos en un colador para que drenen antes de ingerirlos o guardarlos. Los brotes deteriorados deben tirarse, no saben bien y pueden contaminar a los sanos.

Los brotes deberían guardarse en un frasco de vidrio limpio con tapa, o en una bolsa de plástico cerrada herméticamente. Pueden conservarse de esta manera de 7 a 10 días en el refrigerador.

Tabla para realizar la germinación[1]

Variedad	Tiempo de remojo (horas)	Medida en seco*	Longitud al recolectarlos†	Listos para cosechar (días)
Adzuki (frijoles rojos japoneses)	12	1 taza	1/2"-1"	3-5
Ajonjolí (sesame)	4-6	1 taza	0"	1-2
Alfalfa	4-6	3-4 cucharadas	1" a 1-1/2"	4-6
Almendra (almonds)	12	1 taza	0"	1
Avenas (oats)	12	1 taza	1/4"-1/2"	2-3
Berro (watercress)	4-6	4 cucharadas	1/2"	4-5
Calabaza pumpkin	8	1 taza	0"	1
Caretas (judías de carita, cow peas, black-eyed peas)	12	1 taza	1/2"-1"	3-6
Centeno (rye)	12	1 taza	1/4"-1/2"	2-3

*por frasco de medio galón (dos litros)
†1" (1 pulgada) equivale 2,5 cm.

[1]Del libro *The Sprouting Book* escrito por Ann Wigmore. Copyright 1986. Publicado por Avery Publishing, Inc., Garden City Park, NY. Reimpreso con permiso.

Consejos para germinar	Características Nutritivas	Usos sugeridos
Fácil de germinar. Pruebe variedades cortas y largas.	proteína de elevada calidad; hierro, vitamina C	comidas orientales, ensaladas, guisos, pan de brotes (*sprout loaves*), sandwiches
Brote diminuto que se vuelve amargo si crece demasiado.	rico en proteínas, calcio y otros minerales; vitaminas B y E, grasas, fibra	aliños, cereales, dulces, ensaladas, leches, panes, quesos, yogur
Coloquelos en la luz, de 1 a 2 días, antes de la recolección para que produzcan clorofila.	vitaminas A, B, C, E y K; ricos en minerales y microelementos	ensaladas, jugos, pan de brotes, sandwiches, sopas
Se hincha, no germina.	ricas en proteínas, grasas, minerales, vitaminas B y E	aliños, leches, panes, postres, quesos
Consiga la variedad entera para germinación.	vitaminas B y E, proteínas, carbohidratos, fibras, minerales	cereales, guisos, panes, panes de brotes, sopas
Picante; mezcle con otras semillas.	vitaminas A y C, minerales	ensaladas, guarniciones, panes, sandwiches
Se hincha, no germina.	proteína, grasas, vitamina E, fósforo, hierro, zinc	aliños, cereales, leches, meriendas, panes, panes de brotes, postres, quesos, yogur
Crece en la oscuridad. Pruebe variedades cortas y medianas.	proteínas, vitaminas A y C, minerales	comidas orientales, ensaladas, panes de brotes
Pruebe mezclar con trigo y lentejas.	vitaminas B y E, minerales, proteínas, carbohidratos	cereales, ensaladas, granola, leches, panes, sopas

Tabla para realizar la germinación *(continuación)*

Variedad	Tiempo de remojo (horas)	Medida en seco*	Longitud al recolectarlos†	Listos para cosechar (días)
Col (repollo, *cabbage*)	4-6	1/3 de taza	1"	4-5
Fenogreco (*fenugreek*)	8	1/2 taza	1/2"-1"	3-5
Garbanzos (*chick peas*)	12	1 taza	1/2"	2-3
Girasol (*sunflower*)	8	2 tazas	0"-1/2"	1-3
Guisante (arveja, *green pea*)	12	1 taza	1/2"	2-3
Judía de *mung*	12	1/2 taza	1/2" a 1-1/2"	3-6
Lenteja (*lentil*)	12	1 taza	1/4"-3/4"	3-5
Maíz (*corn*)	12	1 taza	1/2"	2-3
Mijo (*millet*)	8	1 taza	1/4"	2-3
Mostaza (*mustard*)	4-6	1/4 de taza	1"	4-5

*por frasco de medio galón (dos litros)

†1" (1 pulgada) equivale 2,5 cm.

Consejos para germinar	Características Nutritivas	Usos sugeridos
Produce clorofila cuando madura.	vitaminas A, C, y U; microelementos	ensaladas, ensalada de col (*cole slaw*), sandwiches, sopas
Sabor acre; mezcle con otras semillas.	rico en hierro, fósforo, microelementos	comidas con curry, ensaladas, guisos, jugos, panes de brotes, sopas
Usélos solos o mézclelos con lentejas y trigo.	carbohidratos, fibra, proteínas, minerales	ensaladas, guisos, mezclas para untar, panes, panes de brotes, salsas
Use semillas sin cáscaras. Mezcle con alfalfa y deje crecer 4 a 5 días.	rico en minerales, grasas, proteínas, vitaminas B y E	aliños, cereales, ensaladas, leches, panes, panes de brotes, postres, quesos, sopas, yogur
Use guisantes enteros.	carbohidratos, fibras, proteínas, minerales, vitaminas A y C	aliños, ensaladas, guisos, panes de brotes, salsas, sopas
Crece en la oscuridad. Enjuague en agua fría durante 1 minuto.	proteína de elevada calidad; hierro, potasio, vitamina C	comidas orientales, ensaladas, jugos, panes de brotes, sandwiches, sopas
Sabor a tierra. Pruebe variedades cortas y largas. Germinación versátil.	rica en proteína, hierro y otros minerales, vitamina C	comidas con curry, cremas para untar, ensaladas, guisos, panes, panes de brotes, sopas, vegetales marinados
Use maíz dulce. Pruebe variedades cortas y largas.	carbohidratos, fibra, minerales, vitaminas A B y E	cereales, comidas con granos, granola, meriendas, panes
Use variedad con cáscara.	carbohidratos, fibra, vitaminas B y E, proteínas	cereales, ensaladas, guisos, panes, sopas
Sabor picante; mezcle con otras semillas.	aceite de mostaza, vitaminas A y C, minerales	ensaladas, jugos, sandwiches, sopas

Tabla para realizar la germinación *(continuación)*

Variedad	Tiempo de remojo (horas)	Medida en seco*	Longitud al recolectarlos†	Listos para cosechar (días)
Rábano (*radish*)	4-6	1/4 de taza	1"	4-5
Trébol (*clover*)	4-6	3 cucharadas	1" a 1-1/2"	4-5
Trigo (*wheat*)	12	1 taza	1/4"-1/2"	2-3
Triticale	12	1 taza	1/4"-1/2"	2-3

*por frasco de medio galón (dos litros)
†1" (1 pulgada) equivale 2,5 cm.

Consejos para germinar	Características Nutritivas	Usos sugeridos
Sabor picante; mezcle con otras semillas. Produce clorofila.	potasio, vitamina C	aliños, comida al estilo. mexicano, ensaladas, jugos, sandwiches, sopas
Mezcle con otras semillas. Produce clorofila.	vitaminas A y C; microelementos	ensaladas, panes, sandwiches, sopas
Pruebe variedades cortas y largas. Para lograr un sabor más dulce mezcle con otras semillas.	carbohidratos, proteínas, vitaminas B y E, fósforo	cereales, ensaladas, granola, leches, meriendas, panes, postres, sopas
Un grano híbrido parecido al trigo.	vea Trigo	vea Trigo

ÍNDICE

A

443